《史记》选本丛书 主编·丁德科 凌朝栋

史记英选

(汉)司马迁 原著
(李朝)李算 编选
李淑芳 凌朝栋 整理

2018年·北京

图书在版编目（CIP）数据

史记英选 /（汉）司马迁原著；（李朝）李算编选；李淑芳，凌朝栋整理 . — 北京：商务印书馆，2018
（《史记》选本丛书）
ISBN 978-7-100-15732-2

Ⅰ.①史… Ⅱ.①司… ②李… ③李… ④凌… Ⅲ.①中国历史－古代史－纪传体 Ⅳ.①K204.2

中国版本图书馆CIP数据核字（2018）第007877号

权利保留，侵权必究。

《史记》选本丛书

史记英选

（汉）司马迁 原著
（李朝）李算 编选
李淑芳　凌朝栋 整理

商 务 印 书 馆 出 版
（北京王府井大街36号　邮政编码 100710）
商 务 印 书 馆 发 行
三河市尚艺印装有限公司印刷
ISBN 978-7-100-15732-2

2018年3月第1版　开本 640×960　1/16
2018年3月第1次印刷　印张 26

定价：88.00元

陕西省重点扶持学科渭南师范学院中国语言文学学科建设项目
陕西省哲学社会科学研究基地——中国司马迁与史记研究院项目
渭南师范学院特色优势学科建设项目

《史记》选本丛书

顾　问：张大可　张新科
主　编：丁德科　凌朝栋
编委会：（按姓氏笔画排序）
　　　　丁德科　马雅琴　王　昱　王双喜
　　　　王麦巧　王炳社　王晓红　韦爱萍
　　　　李淑芳　张瑞芳　赵前明　党大恩
　　　　党艺峰　党旺旺　凌朝栋　高军强
　　　　曹　强　梁建邦　韩艳秋　蔡静波

写在"《史记》选本丛书"(第二辑)出版前

2013—2014年出版了8种《史记》选本后,我们再次组织渭南师范学院中国司马迁与史记研究院的同志做进一步搜集整理。前8种为第一辑,再后整理的为第二辑。第二辑将于2016—2017年出版。

随着对一个个选本的了解、研究和整理,我们越来越强烈地感受到,古今中外对《史记》多有注疏、解读和编选,尤其是一些著名学者、历史学家、文学家的《史记》选文,透视出具有较强的文学审美功能和思想文化意义,彰显了《史记》作为重要文化典籍的社会影响力。

正是这种广泛而深远的社会影响力的感召,司马迁故里的渭南师范学院的专家学者,长期以来,一直致力于《史记》研究。研究团队以过去的司马迁与史记研究所、现在的中国司马迁与史记研究院为平台,出版学术论文、专著,促进了学术研究,为区域经济、社会发展建言献策,备受好评。关于《史记》选本的搜集整理,形成了"《史记》选本丛书"系列。如前所述,第一辑8册丛书已于2013—2014年由商务印书馆陆续出版。从出版后的反响看,所整理的《史记》选本,影响较大、学术价值高,发挥了良好的阅读、研究和参考价值。在丛书的整理过程中,以忠实原作、方便读者阅读为主要原则,考虑到当代读者的阅读习惯与需要,改竖排版为横排版,改繁体字为简化字。在点校整理时,还对各《史记》选本所折射的思想文化精神进行研究提炼,在书首简介中做扼要陈述,以便广大读者阅读掌握。丛书集研究与普及作用于一体的做法,使得丛书选本既可作为《史记》初学者的入门之书,又可作为《史记》研究者的参考之书,还是一般古典文化爱好者的优选读本。

Ⅱ 史记英选

　　第一辑丛书第一次印本,已告售罄,其中《史记七篇读法》、《史记选》、《史记精华》等均进行多次印刷。《史记选》被广州市教育局列入广州市中小学校园经典阅读推荐书目。著名历史学家、思想史家张岂之先生为丛书第一辑作序。南京大学文学院博士生导师徐有富教授撰文《别开生面的〈史记〉文献整理工作》,给予该套丛书很高的评价,认为"别开生面,颇能拓宽与深化《史记》文献整理与研究的领域",徐有富教授的重要观点被《高等文科学报文摘》转摘;曹强、张瑞芳、雷炳锋、师帅、张虹等学者先后在《博览群书》、《渭南师范学院学报》"司马迁与《史记》研究"栏目(教育部名栏建设工程项目)等发表评论文章,认为该套丛书为推动《史记》的研究和普及工作做出积极贡献。陕西师范大学张新科教授承担的国家社科基金重大招标项目"中外《史记》文学研究资料整理与研究"(13&ZD111)也吸纳了中国司马迁与史记研究院学者的研究成果。

　　正因为前期整理的"《史记》选本丛书"引起学界广泛的关注,司马迁与《史记》研究学术界对《史记》选本有更多的期待,所以,我们渭南师范学院及中国司马迁与史记研究院精心推出选本第二辑(共14册)。这次推出的有唐、宋、明、清及民国时期的选本,均为中国古代代表性的选本,如《史记治要》、《文章正宗》、《古文翼》、《史记综芬》等。同时,也包括美国、日本、韩国和我国台湾地区《史记》精品选本,如日本《史记十传纂评》、美国《史记选评》(*Records of the Grand Historian*)、韩国《史记英选》等。相信这些《史记》选本的出版,能为司马迁与《史记》研究的普及发挥作用,为读者呈现一幅更为悠远广阔的《史记》文化传播的风景。

　　对《史记》选本的搜集、整理工作,我们还将继续。欢迎读者指出我们的遗误错谬，并提出宝贵意见和建议，我们将更加认真、努力、严谨地做好后续工作。

丁德科

凌朝栋

2016 年 8 月 31 日

于渭南师范学院中国司马迁与史记研究院

"《史记》选本丛书"序言

张岂之

西汉史学家、文学家、思想家司马迁（前145或前135—前87？）所撰纪传体作品《史记》被誉为"史家之绝唱，无韵之离骚"，揭示了《史记》的历史学和文学价值，实际上，《史记》也具有重要的思想文化价值。多元性是《史记》这部经典文献的根本属性，这促使人们可以从多个角度对《史记》及《史记》学史展开广泛而深入的研究。

中国史记研究会和陕西省司马迁研究会等研究团体及学人对《史记》进行了多方面的研究，成果丰硕；《史记》及其传播影响，也引起海外学者的重视，产生了一系列的作品。这些都是中华文明传承和弘扬中可喜可贺的现象。

在历史上，《史记》产生后，历朝历代对《史记》多有注疏、索隐、编选的工作，这些工作进一步增进了《史记》作为文化典籍的影响力。特别是《史记》选文，虽然大多从文学作品角度着手，但因为选本背后隐藏着一定的历史、文学、审美及思想文化观念，某种意义上选本不仅具有文学审美的功能，也具有思想文化的功能，更可以作为把握选文者思想观念的史料之一。《史记》及《史记》选本在历史编纂学、散文史以及思想文化史上都占有重要的地位。

司马迁故里云集着一批从事《史记》及《史记》学研究的学者和研究团队。渭南师范学院《史记》研究团队就承担着国家社科基金研究项目，成员多年来一直从事《史记》选本的调研与整理工作，并在此基础上尝试探讨《史记》一百三十篇中被广泛认可的文学精华、编选原则与学术价值。

Ⅱ 史记英选

近年来,《史记》选本有的已被整理,如南宋吕祖谦撰《史记详节》(完颜绍元整理,上海古籍出版社 2007 年版)、清人姚苎田编选《史记菁华录》(王兴康整理,上海古籍出版社 2007 年版),但还有相当一部分没有被整理,也不方便读者检索阅览。

渭南师范学院《史记》研究者们尝试编选"《史记》选本丛书",用以弥补这个不足,努力为《史记》研究做些扎实细致的基础工作。他们近多年兢兢业业,四处奔波,搜集和校点整理《史记》选本文献,为推动《史记》研究的深化和细化作出了贡献。

这套"《史记》选本丛书"主要包括:明代凌稚隆《史记纂》(马雅琴教授整理)、茅坤《史记抄》(王晓红副教授整理),清代王又朴《史记七篇读法》(凌朝栋教授整理)、汤谐《史记半解》(韦爱萍教授整理)、储欣《史记选》(凌朝栋教授整理),民国时期王有宗《分段详注评点史记菁华录》(高军强讲师与凌朝栋教授整理)、中华书局 1933 年版《史记精华》(王麦巧副教授整理)、周宇澄《广注史记精华》(梁建邦教授、张晶讲师整理)。

凌稚隆《史记纂》,编刻于明万历年间。全书分为二十四卷,从《史记》中选文一百零二篇,附《报任少卿书》一篇。此书最大的特色是:采用节选加评点的形式,撷取《史记》精华;所选篇章节奏鲜明,条理清晰,内容集中,首尾照应,与天头批注、正文批点的形式相辅相成;编选者学习、研究《史记》,知人论世,折射出不凡的见解;全书兼容并包,博览众采,资料丰富。整理底本为凌稚隆《史记纂》二十四卷,明万历己卯本。

茅坤《史记抄》共九十二卷,明万历三年自刻。编选者从《史记》中选文九十八篇进行评点。此书最大的特点是:每篇作品皆施圈点和批评;用心独到,评论扼要,且多发明。编选者的评论,代表了明代学者评价《史记》的总倾向,诸如赞赏、推崇《史记》文章的审美价值，高度评价《史记》写人的艺术价值，肯定《史记》以风神取胜的艺术风格等。整理底本为茅坤《史记抄》九十一卷，明万历乙亥本，参校北图《史记抄》九十一卷、首一卷，《四库存目丛书》影印明万历三年自刻本。

王又朴《史记七篇读法》共二卷，从《史记》中选录《项羽本纪》、《外戚世家》、《萧相国世家》、《曹相国世家》、《淮阴侯列传》、《李将军列传》、《魏其武安候列传》等七篇。此书最大的特色在于：编选者既有对阅读方法的提示，又有对所选篇目艺术风格的鉴赏；提出了"一气读"、"分段细读"的阅读技巧；深入分析了司马迁写人的高超技艺及所蕴含的深刻用意。整理底本为王又朴选评《史记读法》（又名《史记七篇读法》）诗礼堂藏版，1754年刊本，清华大学图书馆藏书。

汤谐《史记半解》，对《史记》中的六十八篇文章进行了注解。编选者深谙太史公用意，主要从叙事、人物形象刻画、细节、段落、语言等方面探讨《史记》文法笔力，为后人做了很好的导读；评析言论精辟老到，妙趣横生，引人深思，注重文脉，语言简洁明了，充满诗情画意，给读者留下深刻的印象。整理底本为汤谐《史记半解》（不分卷），清康熙慎余堂1713年刻本。

储欣《史记选》，从《史记》中选录作品五十五篇。此选本最大的特色是：所选篇目以记载秦以后历史人物为主；重视选取《史记》中的书表；编选者对于精彩部分用不同的符号加以圈点，并有大量的精彩评点。用语长短不一，恰到好处，或指出词句作用，或评点章法布局，或揭示史公深意，或探讨前后关联等；所选篇章末多有评语，盛赞史公文章精彩处，与文中评语形成照应。整理底本为储欣《史记选》六卷，乾隆癸巳（1773）同文堂梓行刻本，每页十行，每行十五字，有原版书。

王有宗《分段详注评点史记菁华录》，完成于1924年。此版本优胜之处在于：大部分选文前均加"解题"部分，有助于读者对正文的理解；对所选篇章进行分段，便于读者较清楚地了解选文的层次；通过注释，疏通了文字注音、词义等障碍，以方便阅读。整理底本为王有宗《分段详注评点史记菁华录》六册，浙江达文印书馆1924版，有原书。

《史记精华》是中华书局1914年辑校的《史记》选本。全书共选录《史记》一百零二篇。这些篇目的取舍原则为历史性、思想性、文学性。此书收录了多家评点，侧重对人物、历史事件、文章艺术手法、思想倾向等进行详尽的评论和说明；对同一人物、历史事件的点评，则以文采、语言、思想为主要内容，尽可能为读者提供精华性的评语。中华书局《史记精华》，1914年第一版，本次整理依据1937年版，西北大学图书馆藏书影印版，参校1933年版。

周宇澄《广注史记精华》，是民国时期出版的《史记》读本中重要的一部。全书共选录《史记》本纪、表、世家、列传中三十二篇文章，分为三十四个题目。此选本最大的特点是：选取《史记》中文学色彩浓烈、偏重于人物、事件和描写精彩的篇章；对所选文章进行"划分段落，将难字注以音义，其有典故疑义者，一律注释，使读者一目了然"；注释详尽，有很强的可读性；编选者根据自己的理解进行了明晰的段落划分和断句，体现了编选者对《史记》的理解和思想观点。整理底本选用周宇澄《广注史记精华》，世界书局1943年版。

这些选本，均是影响较大、流传较广的《史记》选本，内容丰富，各具特色，具有较高的学术研究和参考价值。

在整理过程中，整理者尽可能搜集多种版本，认真选择工作底本，并主要参考中华书局1982年版点校本《史记》进行整理，包括段落划分与标点，文字出入较大者则予以注释。忠实原作、方便当代读者阅读是整理者坚持的主要原则,比如改竖排版为横排版,繁体字为简化字,便考虑到读者的阅读习惯与需要。选本评点中的总评、评注、行批、夹批等,则尽量标注在原作相应的位置,以尽可能反映底本的原貌。底本中明显的错字,则采用加"按"的形式标明。难能可贵的是,整理者在点校整理的同时,还对《史记》选本所折射的思想文化精神进行了研读,并在简介中作了扼要论述。

当然,古籍的点校整理是一项科学严谨、费时费力的工作,而且往往难以避免讹误乖错,在这方面,欢迎读者朋友在阅读中对该丛书的版本甄别以及具体点校整理工作,提出积极的合理化建议,以不断推陈出新,力臻完善。

该研究团队原本设想还要进一步选编和整理日本、韩国、美国等学者的《史记》选本,我们愿意乐观其成。希望"《史记》选本丛书"的编校整理工作为进一步系统研究司马迁的思想学术、《史记》及《史记》学作出积极贡献,为推介和弘扬中华优秀传统文化增砖添瓦。

是为序。

2013 年 3 月
于西北大学中国思想文化研究所

《史记英选》整理前言

该书名为奎章阁《史记英选》，而收录该书的《奎章总目》四卷由徐浩修编，是朝鲜李朝时代正祖（1776—1800年在位）初期奎章阁所藏中国本的图书目录。

"奎章阁"一名始见于中国。根据南京大学文学院张伯伟师考证，元文宗天历二年（1329）二月设奎章阁于京师，"置学士员，日以祖宗明训、古昔治乱得失陈说于前"，收藏图书字画。但为时仅十二年，元顺帝至元六年（1340）十一月易名为宣文阁。朝鲜时代奎章阁之建立，当推溯至朝鲜世祖朝（1456—1468）同知中枢府事梁诚之奏章，拟以宋太宗之龙图阁、真宗之天章阁、仁宗之宝文阁、神宗之显谟阁、哲宗之徽猷阁、高宗之焕章阁、孝宗之华文阁为先例，"乞令臣等勘进御制诗文，奉安于麟趾阁东别室名曰奎章阁"，"世祖亟称其可行，而设施则未遑也。肃宗朝（1675—1720）为奉列圣御制御书，别建小阁于宗正寺，御书'奎章阁'三字揭之，而规制则未备也"。正祖于丙申（1776）初即位，即下令仿宋朝故事，但与宋代每朝易阁之制不同，新建奎章阁，以收藏列朝御制御书。其地在昌德宫禁苑之北，工程始于当年三月，至七月竣工。此后，为有所区分，特建阅古观、皆有窝以藏华本，建西库以藏东本。另外还建有奉谟堂、移安阁（旧名书香阁）等，收藏御制、御真、御笔等王室档案。

日本学者池田四郎次郎《史记研究书目解题》中著录："《史记英选》六卷　特大三册　朝鲜版，铜活刷　朝鲜正祖编［大东急—大图］卷末的《太史公自序》后有识语。"大东急所藏的读物，是用成色极佳的版本，全编正文无注释。每半叶有界，十行，每行十八字。第一册首上部有"奎章之宝"四个字的大朱印。同页右下方有"江

II　史记英选

风山月庄"五字的小朱印。扉页内侧有"御定史记英选／丙辰内阁活印",此印文上"丙辰"即 1796 年。收录篇目有项羽一篇本纪,萧相国、留侯两篇世家之外,还有二十三篇列传。《史记英选》属于稀见书。据说京都大学人文科学研究所也藏有一部。

《史记英选》盖有"京城帝国大学"(即 1924 年成立的首尔大学前身)、"朝鲜总督府藏书之印"、"首尔大学校"图书印章。该选本没有前言后记,缺乏编选标准,也没有注释,整体为白文本。该书选目分为八卷,其中前六卷为《史记》选本,后两卷为《汉书》选本,但《汉书》选本中的《匈奴传》实为《史记》中的《匈奴列传》的文字。前面六卷所选篇目有项羽本纪、萧相国世家、留侯世家、伯夷传、管仲晏婴传、伍子胥传、苏秦传、孟尝君传(冯骥)、平原君传、信陵君传、范雎传、乐毅传、屈原传、张耳陈馀传、郦生陆贾传、袁盎传、吴王濞传、魏其侯武安侯灌夫传、汲黯传、李将军传、刺客传(聂政、荆轲)、游侠传(鲁朱家、剧孟、郭解)、滑稽传(淳于髡、优孟、优旃)、货殖传、太史公自序。

我们编校整理《史记英选》目的有三:一是该选本编纂较早,是韩国学界较为认同的《史记》选本,也是我们为学界和广大读者了解中外《史记》选本丛书情况提供的一种途径,以便于窥探《史记》在异域他国的选读情况。二是为了方便读者阅读,我们在整理过程中,对卷一至卷六添加了《史记》三家注。尽管卷七和卷八中除了《匈奴传》外,均非《史记》里的文字,但我们还是将其保留下来,以保持该选本的内容完整,但是没有添加注释。三是该选本虽然没有明确的编选体例,在选篇类型上兼顾了本纪、世家、列传三个部分,然而其本纪、世家部分较少,书、表部分则完全不涉及。当代韩国学者所编选的《史记》选本选目偏重于列传部分,几乎不涉及本纪、世家、书、表,可见这种编选方式是《史记英选》影响的结果。

目 录

卷之一
项羽本纪 3
萧相国世家 40
留侯世家 46

卷之二
伯夷传 61
管仲晏婴传 69
伍子胥传 75
苏秦传 86
孟尝君传　冯驩 108
平原君传 118

卷之三
信陵君传 125
范雎传 132

II 史记英选

乐毅传 146
屈原传 154
张耳陈馀传 160

卷之四

淮阴侯传 175
郦生陆贾传 192
袁盎传 201
吴王濞传 208

卷之五

魏其侯武安侯灌夫传 223
汲黯传 237
李将军传 243
刺客传　聂政　荆轲 251
游侠传　鲁朱家　剧孟　郭解 265

卷之六

滑稽传　淳于髡　优孟　优旃 275
货殖传 281
太史公自序 306

卷之七

苏武传 323
李陵传 328
匈奴传 332
霍光传 347

夏侯胜传 359

卷之八

魏相丙吉传 365

萧望之传 373

赵充国传 381

梅福传 392

卷之一

项羽本纪

[索隐]项羽掘起，争雄一朝，假号西楚，竟未践天子之位，而身首别离，斯亦不可称《本纪》，宜降为《系家》。

项籍者，下相人也，【一】字羽。【二】初起时，年二十四。其季父项梁，【三】梁父即楚将项燕，【四】为秦将王翦所戮者也。【五】项氏世世为楚将，封于项，【六】故姓项氏。

【一】[集解]《地理志》临淮有下相县。[索隐]县名，属临淮。案：应劭云"相，水名，出沛国。沛国有相县，其水下流，又因置县，故名下相也"。[正义]《括地志》云："相故城在泗州宿豫县西北七十里，秦县。"项，胡讲反。籍，秦昔反。

【二】[索隐]按：下《序传》籍字子羽也。

【三】[索隐]按：崔浩云"伯、仲、叔、季，兄弟之次，故叔云叔父，季云季父"。

【四】[正义]燕，乌贤反。

【五】[集解]《始皇本纪》云："项燕自杀。"[索隐]此云为王翦所杀，与《楚汉春秋》同，而《始皇本纪》云项燕自杀。不同者，盖燕为王翦所围逼而自杀，故不同耳。

【六】[索隐]《地理志》有项城县，属汝南。[正义]《括地志》云："今陈州项城县城即古项子国。"

项籍少时，学书不成，去；学剑，又不成。项梁怒之。籍曰："书足以记名姓而已。剑一人敌，不足学，学万人敌。"于是项梁乃教籍兵法，籍大喜，略知其意，又不肯竟学。项梁尝有栎阳逮，【一】乃请蕲【二】狱掾曹咎书抵栎阳狱掾司马欣，以故事得已。【三】项梁杀人，与籍避仇于吴中。吴中贤士大夫皆出项梁下。每吴中有大繇役及丧，项梁常为主办，阴以兵法部勒宾客及子弟，以是知其能。秦始皇帝游会稽，渡浙江，【四】梁与籍俱观。籍曰："彼可取而代也。"梁掩其口，曰："毋妄言，族矣！"梁以此奇籍。籍长八尺余，力能扛鼎，【五】才气过人，虽吴中子弟皆已惮籍矣。

【一】索隐按：逮训及。谓有罪相连及，为栎阳县所逮录也。故汉史每制狱皆有逮捕也。正义栎音药。逮音代。

【二】集解苏林曰："蕲，音机，县，属沛国。"

【三】集解应劭曰："项梁曾坐事传系栎阳狱，从蕲狱掾曹咎取书与司马欣。抵，归；已，止也。"韦昭曰："抵，至也。谓梁尝被栎阳县逮捕，梁乃请蕲狱掾曹咎书至栎阳狱掾司马欣，事故得止息也。"索隐按：服虔云"抵，归也"。韦昭云"抵，至也"。刘伯庄云"抵，相凭托也"。故应劭云"项梁曾坐事系栎阳狱，从蕲狱掾曹咎取书与司马欣。抵，归；已，息也"。

【四】索隐韦昭云："浙江在今钱塘。"浙音"折狱"之"折"。晋灼音逝，非也。盖其流曲折，《庄子》所谓"浙河"，即其水也。"浙""折"声相近也。

【五】集解韦昭曰："扛，举也。"索隐《说文》云："横关对举也。"韦昭云："扛，举也。"音江。

秦二世元年七月，陈涉等起大泽中。【一】其九月，会稽守【二】通谓梁曰：【三】"江西皆反，此亦天亡秦之时也。吾闻先即制人，后则为人所制。【四】吾欲发兵，使公及桓楚将。"【五】是时桓楚亡在泽中。梁曰："桓楚亡，人莫知其处，独籍知之耳。"梁乃出，诫籍持剑居外待。梁复入，与守坐，曰："请召籍，使受命召桓楚。"守曰："诺。"梁召籍入。须臾，梁眴籍曰："可行矣！"于是籍遂拔剑斩守头。项梁持守头，佩其印绶。门下大惊，扰乱，籍所击杀数十百人。【六】一府中皆慴伏，【七】莫敢起。梁乃召故所知豪吏，谕以所为起大事，遂举吴中兵。使人收下县，得精兵八千人。梁部署吴中豪杰为校尉、候、司马。有一人不得用,自言于梁。梁曰:"前时某丧使公主某事,不能办,以此不任用公。"众乃皆伏。于是梁为会稽守,籍为裨将,徇下县。【八】

【一】索隐徐氏以为在沛郡,即蕲县大泽中。

【二】集解徐广曰:"尔时未言太守。"正义守音狩。《汉书》云景帝中二年七月,更郡守为太守。

【三】集解《楚汉春秋》曰:"会稽假守殷通。"正义按:言"假"者,兼摄之也。

【四】索隐按:谓先举兵能制得人,后则为人所制。故《荀卿子》曰"制人之与为人制也,其相去远矣"。

【五】正义张晏云:"项羽杀宋义时,桓楚为羽使怀王。"

【六】索隐此不定数也。自百已下或至八十九十,故云数十百。

【七】索隐《说文》云:"讋,失气也。"音之涉反。

【八】集解李奇曰:"徇,略也。"如淳曰:"徇音'抚徇'之'徇'。徇其人民。"

广陵人召平于是为陈王徇广陵,【一】未能下。【二】闻陈王败走,秦兵又且至,乃渡江矫陈王命,【三】拜梁为楚王上柱国。【四】曰:"江东已定,急引兵西击秦。"项梁乃以八千人渡江而西。闻陈婴已下东阳,【五】使使欲与连和俱西。陈婴者,故东阳令史,【六】居县中,素信谨,称为长者。东阳少年杀其令,相聚数千人,欲置长,无适用,乃请陈婴。婴谢不能,遂强立婴为长,县中从者得二万人。少年欲立婴便为王,异军苍头特起。【七】陈婴母谓婴曰:"自我为汝家妇,未尝闻汝先古之有贵者。今暴得大名,不祥。不如有所属,事成犹得封侯,事败易以亡,非世所指名也。"【八】婴乃不敢为王。谓其军吏曰:"项氏世世将家,有名于楚。今欲举大事,将非其人不可。我倚名族,亡秦必

矣。"于是众从其言，以兵属项梁。项梁渡淮，黥布、蒲将军【九】亦以兵属焉。凡六七万人，军下邳。【一〇】

【一】正义扬州。

【二】正义胡嫁反。以兵威服之曰下。

【三】正义娇，纪兆反。召平从广陵渡京口江至吴，诈陈王命拜梁。

【四】集解徐广曰："二世之二年正月也。"骃案：应劭曰"上柱国，上卿官，若今相国也"。

【五】集解晋灼曰："东阳县本属临淮郡，汉明帝分属下邳，复分属广陵。"索隐下音如字。按：以兵威伏之曰下，胡嫁反。彼自归伏曰下，如字读。他皆放此。东阳，县名，属广陵也。正义《括地志》："东阳故城在楚州盱眙县东七十里，秦东阳县城也，在淮水南。"

【六】集解晋灼曰："《汉仪注》云令吏曰令史，丞吏曰丞史。"正义《楚汉春秋》云东阳狱史陈婴。

【七】集解应劭曰："苍头特起，言与众异也。苍头，谓士卒皂巾，若赤眉、青领，以相别也。"如淳曰："魏君兵卒之号也。《战国策》魏有苍头二十万。"索隐晋灼曰："殊异其军为苍头，谓著青帽。"如淳曰："特起犹言新起也。"按：为苍头军特起，欲立陈婴为王，婴母不许婴称王，言天下方乱，未知瞻乌所止。

【八】集解张晏曰："陈婴母，潘旌人，墓在潘旌。"索隐按：潘旌是邑聚之名，后为县，属临淮。

【九】集解服虔曰："英布起于蒲地，因以为号。"如淳曰："言当阳君、蒲将军皆属项羽，此自更有蒲将军。"索隐按：布姓英，咎繇之后，后以罪被黥，故改姓黥，以应相者之言。韦昭云"蒲，姓也"，是英布与蒲将军二人共以兵属项梁也。故服虔以为"英布起蒲"，非也。按：黥布初起于江湖之间。

【一〇】正义被悲反。下邳，泗水县也。应劭云："邳在薛，徙此，故曰下邳。"按：有上邳，故曰下邳。

当是时，秦嘉【一】已立景驹为楚王，【二】军彭城东，【三】欲距项梁。项梁谓军吏曰："陈王先首事，战不利，未闻所在。今秦嘉倍陈王而立景驹，逆无道。"乃进兵击秦嘉。秦嘉军败走，追之至胡陵。【四】嘉还战一日，嘉死，军降。景驹走死梁地。项梁已并秦嘉军，军胡陵，将引军而西。章邯军至栗，【五】项梁使别将朱鸡石、馀樊君与战。馀樊君死。朱鸡石军败，亡走胡陵。项梁乃引兵入薛，【六】诛鸡石。项梁前使项羽别攻襄城，【七】襄城坚守不下。已拔，皆坑之。还报项梁。项梁闻陈王定死，召诸别将会薛计事。此时沛公亦起沛，往焉。

【一】集解《陈涉世家》曰："秦嘉，广陵人。"

【二】集解文颖曰："景驹，楚族，景，氏；驹，名。"

【三】正义《括地志》云："徐州彭城县，古彭祖国也。"言秦嘉军于此城之东。

【四】集解邓展曰："今胡陆，属山阳。汉章帝改曰胡陵。"

【五】集解徐广曰："县名，在沛。"

【六】正义《括地志》云："故薛城古薛侯国也，在徐州滕县界，黄帝之所封。《左传》曰定公元年薛宰云'薛之祖奚仲居薛，为夏车正'，后为孟尝君田文封邑也。"

【七】正义许州襄城县。

居鄛人范增，【一】年七十，素居家，好奇计，往说项梁曰："陈胜败固当。【二】夫秦灭六国，楚最无罪。自怀王入秦不反，楚人怜之至今，故楚南公曰【三】'楚虽三户，亡秦必楚'也。【四】今陈胜首事，不立楚后而自立，其势不长。今君起江东，楚蜂午之将【五】皆争附君者，以君世世楚将，为能复立楚之后也。"【六】于是项梁然其言，乃求楚怀王孙心民间，为人牧羊，立以为楚怀王，【七】从民所望也。【八】陈婴为楚上柱国，封五县，与怀王都盱台。【九】项梁自号为武信君。

【一】索隐　晋灼音"勖绝"之"勖"。《地理志》居鄛县在庐江郡，音巢。是故巢国，夏桀所奔。荀悦《汉纪》云："范增，阜陵人也。"

【二】正义　顾著作云："固宜当应败也。"当音如字。

【三】集解　徐广曰："楚人也，善言阴阳。"骃案：文颖曰"南方老人也"。索隐　徐广云："楚人，善言阴阳者。"见《天文志》也。正义　虞喜《志林》云："南公者，道士，识废兴之数，知亡秦者必于楚。"《汉书·艺文志》云《南公》十三篇，六国时人，在阴阳家流。

【四】集解　瓒曰："楚人怨秦，虽三户，犹足以亡秦也。"索隐　臣瓒与苏林解同。韦昭以为三户，楚三大姓昭、屈、景也。二说皆非也。按：《左氏》"以畀楚师于三户"，杜预注云"今丹水县北三户亭"，则是地名不疑。正义　按：服虔云"三户，漳水津也"。孟康云"津峡名也，在邺西三十里"。《括地志》云"浊漳水又东经葛公亭北，经三户峡，为三户津，在相州滏阳县界"。然则南公辨阴阳，识废兴之数，知秦亡必于三户，故出此言。后项羽果度三户津破章邯军，降章邯，秦遂亡。是南公之善谶。

【五】集解　如淳曰："蜂午犹言蜂起也。众蜂飞起，交横若午，言其多也。"索隐　凡物交横为午，言蜂之起交横屯聚也。故《刘向传》注云"蜂午，杂沓也"。又郑玄曰"一纵一横为午"。

【六】正义　为，于伪反。

【七】集解　徐广曰："此时二世之二年六月。"

【八】集解　应劭曰："以祖谥为号者，顺民望。"

【九】集解　郑氏曰："音煦怡。"正义　盱，况于反，眙，以之反。盱眙，今楚州，临淮水，怀王都之。

居数月，引兵攻亢父，【一】与齐田荣、司马龙且【二】军救东阿，【三】大破秦军于东阿。田荣即引兵归，逐其王假。假亡走楚。假相田角亡走赵。角弟田间故齐将,居赵不敢归。田荣立田儋子市为齐王。项梁已破东阿下军,遂追秦军。数使使趣【四】齐兵,欲与俱西。田荣曰:"楚杀田假,赵杀田角、田间,乃发兵。"项梁曰:"田假为与国之王,【五】穷来从我,不忍杀之。"赵亦不杀田角、田间以市于齐。【六】齐遂不肯发兵助楚。项梁使沛公及项羽别攻城阳,【七】屠之。西破秦军濮阳东,【八】秦兵收入濮阳。沛公、项羽乃攻定陶。【九】定陶未下,去,西略地至雝丘,【一〇】大破秦军,斩李由。【一一】还攻外黄,【一二】外黄未下。

【一】正义亢音刚,又苦浪反。父音甫。《括地志》云:"亢父故城在兖州任城县南五十一里。"

【二】正义子余反。

【三】正义《括地志》云:"东阿故城在济州东阿县西南二十五里,汉东阿县城,秦时齐之阿也。"

【四】正义下"使"色吏反。趣音促。

【五】集解如淳曰:"相与交善为与国,党与也。"索隐按:高诱注《战国策》云"与国,同祸福之国也"。

【六】集解张晏曰:"若市买相贸易以利也。梁救荣难,犹不用命。梁念杀假等,荣未必多出兵,不如依《春秋》寄公待以礼也,又可以贸易他利,以除己害,遂背德可辅假以伐齐,故曰市贸易也。"晋灼曰:"假,故齐王建之弟,欲令楚杀之,以为己利,而楚保全不杀,以买其计,故曰市也。"索隐按:张晏云:"市,贸易也。"韦昭云:"市利于齐也",故刘氏亦云:"市犹要也。"留田假而不杀,欲以要胁田荣也。

【七】正义《括地志》云:"濮州雷泽县,本汉城阳,在州东九十一里。《地理志》云城阳属济阴郡,古郕伯国,姬姓之国。《史记》周武王封季弟载于郕,其后迁于城之阳,故曰城阳。"

【八】正义《括地志》云:"濮阳县在濮州西八十六里濮县也,古吴之国。"

按：攻城阳，屠之，西破秦军濮阳县也。东即此县东。

【九】正义定陶，曹州城也。从濮阳南攻定陶。

【一〇】正义雍丘，今汴州县也。《地理志》云"古杞国，武王封禹后于杞，号东楼公，二十一世简公为楚所灭"，即此城也。

【一一】集解应劭曰："由，李斯子也。"

【一二】正义《括地志》云："故周城即外黄之地，在雍丘县东。"张晏曰："魏郡有内黄县，故加'外'也。"臣瓒曰："县有黄沟，故名。"

项梁起东阿西，比至定陶，再破秦军，项羽等又斩李由，益轻秦，有骄色。宋义乃谏项梁曰："战胜而将骄卒惰者败。今卒少惰矣，秦兵日益，臣为君畏之。"项梁弗听。乃使宋义使于齐。道遇齐使者高陵君显，【一】曰："公将见武信君乎？"曰："然。"曰："臣论武信君军必败。公徐行即免死，疾行则及祸。"秦果悉起兵益章邯，击楚军，大破之定陶，项梁死。沛公、项羽去外黄攻陈留，陈留坚守，不能下。沛公、项羽相与谋曰："今项梁军破，士卒恐。"乃与吕臣军俱引兵而东。吕臣军彭城东，项羽军彭城西，沛公军砀。【二】

【一】集解张晏曰："显，名也。高陵，县名。"索隐按：晋灼云"高陵属琅邪"。

【二】集解应劭曰："砀，属梁国。"苏林曰："砀音唐。"正义《括地志》云："宋州砀山县，本汉砀县也，在宋州东百五十里。"

章邯已破项梁军，则以为楚地兵不足忧，乃渡河击赵，大破之。当此时，赵歇为王，陈馀为将，张耳为相，皆走入钜鹿城。章邯令王离、涉间围钜鹿，【一】章邯军其南，筑甬道而输之粟。【二】陈馀为将，将卒数万人而军钜鹿之北，此所谓河北之军也。

【一】集解张晏曰："涉，姓；间，名。秦将也。"

【二】集解应劭曰："恐敌抄辎重，故筑墙垣如街巷也。"

楚兵已破于定陶，怀王恐，从盱台之彭城，并项羽、吕臣军自将之。以吕臣为司徒，以其父吕青为令尹。【一】以沛公为砀郡长，【二】封为武安侯，将砀郡兵。

【一】集解应劭曰："天子曰师尹，诸侯曰令尹，时去六国尚近，故置令尹。"瓒曰："诸侯之卿，唯楚称令尹。时立楚之后，故置官司皆如楚旧。"

【二】集解苏林曰："长如郡守也。"

初，宋义所遇齐使者高陵君显在楚军，见楚王曰："宋义论武信君之军必败，居数日，军果败。兵未战而先见败征，此可谓知兵矣。"王召宋义与计事而大说之，因置以为上将军；项羽为鲁公，为次将，范增为末将，救赵。诸别将皆属宋义，号为卿【一】子冠军。【二】行至安阳，留四十六日不进。【三】项羽曰："吾闻秦军围赵王钜鹿，疾引兵渡河，楚击其外，赵应其内，破秦军必矣。"宋义曰："不然。夫搏牛之虻不可以破虮虱。【四】今秦攻赵，战胜则兵罢，我承其敝；不胜，则我引兵鼓行而西，必举秦矣。故不如先斗秦赵。夫被坚执锐，义不如公；坐而运策，公不如义。"因下令军中曰："猛如虎，很如羊，【五】贪如狼，强不可使者，皆斩之。"乃遣其子宋襄相齐，身送之至无盐，【六】饮酒高会。【七】天寒大雨，士卒冻饥。项羽曰："将戮力而攻秦，久留不行。今岁饥民贫，士卒食芋菽，【八】军无见粮，【九】乃饮酒高会，不引兵渡河因赵食，与赵并力攻秦，乃曰'承其敝'。夫以秦之强，攻新造之赵，其势必举赵。赵举而秦强，何敝之承！且国兵新破，王坐不安席，埽境内而专属于将军，国家安危，在此一举。今不恤士卒而徇其私，【一〇】非社稷之臣。"项羽晨朝上将军宋义，即其帐中斩宋义头，出令军中曰："宋义与齐谋反楚，楚王阴令羽诛之。"当是时，诸将皆慴服，莫敢枝梧。【一一】皆曰："首立楚者，将军家也。今将军诛乱。"乃相与共立羽为假上将军。【一二】使人追宋义子，及之齐，杀之。使桓楚报命于怀王。怀王因使项羽为上将军，【一三】当阳君、蒲将军皆属项羽。

【一】集解徐广曰："一作'庆'。"

【二】集解文颖曰："卿子，时人相褒尊之辞，犹言公子也。上将，故言冠军。"张晏曰："若霍去病功冠三军，因封为冠军侯，至今为县名。"

【三】索隐按：《傅宽传》云"从攻安阳、杠里"，则安阳与杠里俱在河南。颜师古以为今相州安阳县。按：此兵犹未渡河，不应即至相州安阳。今检《后魏书·地形志》，云"己氏有安阳城，隋改己氏为楚丘"，今宋州楚丘西北四十里有安阳故城是也。正义《括地志》云："安阳县，相州所理县。七国时魏宁新中邑，秦昭王拔魏宁新中，更名安阳。"《张耳传》云章邯军钜鹿南，筑甬道属河，饷王离。项羽数绝邯甬道，王离军乏食。项羽悉引兵渡河，遂破章邯，围钜鹿下。又云渡河湛船，持三日粮。按：从滑州白马津赍三日粮不至邢州，明此渡河，相州漳河也。宋义遣其子襄相齐，送之至无盐，即今郓州之东宿城是也。若依颜监说，在相州安阳，宋义送子不可弃军渡河，南向齐，西南入鲁界，饮酒高会，非入齐之路。义虽知送子曲，由宋州安阳理顺，然向钜鹿甚远，不能数绝章邯甬道及持三日粮至也。均之二理，安阳送子至无盐为长。济河绝甬道，持三日粮，宁有迟留？史家多不委曲说之也。

【四】集解如淳曰："用力多而不可以破虮虱，犹言欲以大力伐秦而不可以救赵也。"索隐张晏云："搏音博。"韦昭云"蛇大在外，虱小在内"。故颜师古言"以手击牛之背，可以杀其上蛇，而不能破其内虱，喻方欲灭秦，不可与章邯即战也"。邹氏搏音附。今按：言蛇之搏牛，本不拟破其上之虮虱，以言志在大不在小也。

【五】正义很，何恳反。

【六】索隐按：《地理志》东平郡之县，在今郓州之东也。

【七】集解韦昭曰："皆召尊爵，故云高。"索隐韦昭曰："皆召高爵者，故曰高会。"服虔云："大会是也。"

【八】集解徐广曰："芋,一作'半'。半,五升器也。"骃案:瓒曰"士卒食蔬菜,以菽杂半之。"索隐芋,蹲鸱也。菽,豆也。故臣瓒曰"士卒食蔬菜,以菽半杂之",则芋菽义亦通。《汉书》作"半菽"。徐广曰:"芋,一作'半'。半,五升也。"王劭曰:"半,量器名,容半升也。"

【九】正义胡练反。颜监云:"无见在之粮。"

【一〇】索隐私,谓使其子相齐,是徇其私情。崔浩云:"徇,营也。"

【一一】集解如淳曰:"梧音悟。枝梧犹枝捍也。"瓒曰:"小柱为枝,邪柱为梧,今屋梧邪柱是也。"正义枝音之移反。梧音悟。

【一二】正义未得怀王命也。假,摄也。

【一三】集解徐广曰:"二世三年十一月。"

项羽已杀卿子冠军,威震楚国,名闻诸侯。乃遣当阳君、蒲将军将卒二万渡河,【一】救钜鹿。战少利,陈馀复请兵。项羽乃悉引兵渡河,皆沉船,破釜甑,烧庐舍,持三日粮,以示士卒必死,无一还心。于是至则围王离,与秦军遇,九战,绝其甬道,大破之,杀苏角,【二】虏王离。涉间不降楚,自烧杀。当是时,楚兵冠诸侯。诸侯军救钜鹿下者十余壁,莫敢纵兵。及楚击秦,诸将皆从壁上观。楚战士无不一以当十,楚兵呼声动天,诸侯军无不人人惴恐。【三】于是已破秦军,项羽召见诸侯将,入辕门,【四】无不膝行而前,莫敢仰视。项羽由是始为诸侯上将军,诸侯皆属焉。

【一】正义漳水。

【二】集解文颖曰:"秦将也。"

【三】集解《汉书音义》曰:"惴音章瑞反。"

【四】集解张晏曰:"军行以车为陈,辕相向为门,故曰辕门。"

章邯军棘原,【一】项羽军漳南,【二】相持未战。秦军数却,二世使人让章邯。章邯恐，使长史欣请事。至咸阳，留司马门【三】三日，赵高不见，有不信之心。长史欣恐，还走其军，【四】不敢出故道，赵高果使人追之，不及。欣至军，报曰："赵高用事于中，下无可为者。今战能胜，高必疾妒吾功；战不能胜，不免于死。愿将军孰计之。"陈馀亦遗章邯书曰："白起为秦将，南征鄢、郢，北坑马服，【五】攻城略地，不可胜计，而竟赐死。蒙恬为秦将，北逐戎人，开榆中地数千里，【六】竟斩阳周。【七】何者？功多，秦不能尽封，因以法诛之。今将军为秦将三岁矣，所亡失以十万数，而诸侯并起滋益多。彼赵高素谀日久，今事急，亦恐二世诛之，故欲以法诛将军以塞责，使人更代将军以脱其祸。夫将军居外久，多内郤，有功亦诛，无功亦诛。且天之亡秦，无愚智皆知之。今将军内不能直谏，外为亡国将，孤特独立而欲常存，岂不哀哉！将军何不还兵与诸侯为从，【八】约共攻秦，分王其地，南面称孤；此孰与身伏鈇质，【九】妻子为僇乎？"章邯狐疑，阴使候始成【一〇】使项羽，欲约。约未成，项羽使蒲将军日夜引兵度三户，【一一】军漳南，与秦战，再破之。项羽悉引兵击秦军汙水上，【一二】大破之。

【一】集解张晏曰："在漳南。"晋灼曰："地名，在钜鹿南。"

【二】正义《括地志》云："浊漳水一名漳水，今俗名柳河，在邢州平乡县南。注《水经》云漳水一名大漳水，兼有浅水之目也。"

【三】集解凡言司马门者，宫垣之内，兵卫所在，四面皆有司马，主武事。总言之，外门为司马门也。索隐按：天子门有兵阑，曰司马门也。

【四】正义走音奏。

【五】索隐韦昭云："赵奢子括也，代号马服。"崔浩云："马服，赵官名，言服武事。"

【六】索隐服虔云："金城县所治。"苏林曰："在上郡。"崔浩云："蒙恬树榆为塞也。"

【七】集解孟康曰:"县属上郡。"正义《括地志》云:"宁州罗川县在州东南七十里,汉阳周县。"

【八】索隐此诸侯谓关东诸侯也。何以知然?文颖曰:"关东为从,关西为横。"高诱曰:"关东地形从长,苏秦相六国,号为合从。关西地形横长,张仪相秦,坏关东从,使与秦合,号曰连横。"

【九】索隐《公羊传》云:"加之鈇锧。"何休云:"要斩之罪。"崔浩云:"锧,斩人椹也。"又郭注《三苍》云:"锧,莝椹也。"

【一〇】集解张晏曰:"候,军候。"索隐候,军候,官名。始成,其名。

【一一】集解服虔曰:"漳水津也。"张晏曰:"三户,地名,在梁淇西南。"孟康曰:"津峡名也,在邺西三十里。"索隐《水经注》云"漳水东经三户峡,为三户津"也。淇当为"湛"。案:《晋八王故事》云"王浚伐邺,前至梁湛",盖梁湛在邺西四十里。孟康云"在邺西三十里"。又阚骃《十三州志》云"邺北五十里梁期故县也",字有不同。

【一二】集解徐广曰:"在邺西。"索隐汙音于。《郡国志》邺县有汙城。郦元云"汙水出武安山东南,经汙城北入漳"。正义《括地志》云:"汙水源出怀州河内县北大行山。"又云:"故邘城在河内县西北二十七里,古邘国地也。《左传》云'邘、晋、应、韩,武之穆也'。"

　　章邯使人见项羽,欲约。项羽召军吏谋曰:"粮少,欲听其约。"军吏皆曰:"善。"项羽乃与期洹水南殷虚上。【一】已盟,章邯见项羽而流涕,为言赵高。项羽乃立章邯为雍王,置楚军中。使长史欣为上将军,将秦军为前行。【二】

【一】集解徐广曰:"二世三年七月也。"骃案:应劭曰"洹水在汤阴界。殷墟,故殷都也"。瓒曰"洹水在今安阳县北,去朝歌殷都一百五十里。然则此殷虚非朝歌也。《汲冢古文》曰'盘庚迁于此',《汲冢》曰'殷虚南去邺三十里'。是旧殷虚,然则朝歌非盘庚所迁者"。索隐按:《释例》云"洹水出汲郡林虑县,东北至长乐入清水"是也。《汲冢古文》云"盘庚自奄迁于北蒙，曰殷虚，南去邺州三十里"，是殷虚南旧地名号北蒙也。

【二】正义胡郎反。

到新安。【一】诸侯吏卒异时故繇使屯戍过秦中，秦中吏卒遇之多无状，及秦军降诸侯，诸侯吏卒乘胜多奴虏使之，轻折辱秦吏卒。秦吏卒多窃言曰："章将军等诈吾属降诸侯，今能入关破秦，大善；即不能，诸侯虏吾属而东，秦必尽诛吾父母妻子。"诸将微闻其计，以告项羽。项羽乃召黥布、蒲将军计曰："秦吏卒尚众，其心不服，至关中不听，事必危，不如击杀之，而独与章邯、长史欣、都尉翳入秦。"于是楚军夜击坑秦卒二十余万人新安城南。【二】

【一】正义《括地志》云："新安故城在洛州渑池县东一十三里，汉新安县城也。即坑秦卒处。"

【二】集解徐广曰："汉元年十一月。"

行略定秦地。函谷关【一】有兵守关，不得入。又闻沛公已破咸阳，项羽大怒，使当阳君等击关。项羽遂入，至于戏西。沛公军霸上，未得与项羽相见。沛公左司马曹无伤使人言于项羽曰："沛公欲王关中，使子婴为相，珍宝尽有之。"项羽大怒，曰："旦日飨士卒，为击破沛公军！"当是时，项羽兵四十万，在新丰鸿门，【二】沛公兵十万，在霸上。范增说项羽曰："沛公居山东时，贪于财货，好美姬。今入关，财物无所取，妇女无所幸，此其志不在小。吾令人望其气，皆为龙虎，成五采，此天子气也。急击勿失。"

【一】集解文颖曰："时关在弘农县衡山岭，今移在河南穀城县。"索隐文颖曰："在弘农县衡山岭，今移在穀城。"颜师古云："今桃林县南有洪溜涧水，即古之函关。"按：山形如函，故称函关。正义《括地志》云："函谷关在陕州桃林县西南十二里,秦函谷关也。《图记》云西去长安四百余里,路在谷中,故以为名。"

【二】集解孟康曰:"在新丰东十七里,旧大道北下阪口名也。"

楚左尹项伯者,项羽季父也,【一】素善留侯张良。张良是时从沛公,项伯乃夜驰之沛公军,私见张良,具告以事,欲呼张良与俱去。曰:"毋从俱死也。"张良曰:"臣为韩王送沛公,【二】沛公今事有急,亡去不义,不可不语。"良乃入,具告沛公。沛公大惊,曰:"为之奈何?"张良曰:"谁为大王为此计者?"曰:"鲰生【三】说我曰'距关,毋内诸侯,秦地可尽王也'。故听之。"良曰:"料大王士卒足以当项王乎?"沛公默然,曰:"固不如也,且为之奈何?"张良曰:"请往谓项伯,言沛公不敢背项王也。"沛公曰:"君安与项伯有故?"张良曰:"秦时与臣游,项伯杀人,臣活之。今事有急,故幸来告良。"沛公曰:"孰与君少长?"良曰:"长于臣。"沛公曰"君为我呼入,吾得兄事之。"张良出,要项伯。项伯即入见沛公。沛公奉卮酒为寿,约为婚姻,曰:"吾入关,秋毫不敢有所近,籍吏民,封府库,而待将军。所以遣将守关者,备他盗之出入与非常也。日夜望将军至,岂敢反乎!愿伯具言臣之不敢倍德也。"项伯许诺。谓沛公曰:"旦日不可不蚤自来谢项王。"沛公曰:"诺。"于是项伯复夜去,至军中,具以沛公言报项王。因言曰:"沛公不先破关中,公岂敢入乎?今人有大功而击之,不义也,不如因善遇之。"项王许诺。

【一】索隐名缠,字伯,后封射阳侯。

【二】正义为,于伪反。

【三】集解徐广曰:"鲰音士垢反,鱼名。"骃案:服虔曰:"鲰音浅。鲰,小人貌也。"瓒曰"《楚汉春秋》鲰,姓也。"

沛公旦日从百余骑来见项王，至鸿门，谢曰："臣与将军戮力而攻秦，将军战河北，臣战河南，然不自意能先入关破秦，得复见将军于此。今者有小人之言，令将军与臣有郤。"项王曰："此沛公左司马曹无伤言之；不然，籍何以至此。"项王即日因留沛公与饮。项王、项伯东向坐，亚父南向坐。亚父者，范增也。【一】沛公北向坐，张良西向侍。范增数目项王，举所佩玉玦以示之者三，项王默然不应。范增起，出召项庄，【二】谓曰："君王为人不忍，若入前为寿，寿毕，请以剑舞，因击沛公于坐，杀之。不者，若属皆且为所虏。"庄则入为寿。寿毕，曰："君王与沛公饮，军中无以为乐，请以剑舞。"项王曰："诺。"项庄拔剑起舞，项伯亦拔剑起舞，常以身翼蔽沛公，庄不得击。于是张良至军门，见樊哙。樊哙曰："今日之事何如？"良曰："甚急。今者项庄拔剑舞，其意常在沛公也。"哙曰："此迫矣，臣请入，与之同命。"哙即带剑拥盾入军门。【三】交戟之卫士欲止不内，樊哙侧其盾以撞，【四】卫士仆地，哙遂入，披帷西向立，瞋目视项王，【五】头发上指，目眦尽裂。【六】项王按剑而跽【七】曰："客何为者？"张良曰："沛公之参乘樊哙者也。"项王曰："壮士，赐之卮酒。"则与斗卮酒。哙拜谢，起，立而饮之。项王曰："赐之彘肩。"则与一生彘肩。樊哙覆其盾于地，加彘肩上，拔剑切而啖之。【八】项王曰："壮士，能复饮乎？"樊哙曰："臣死且不避，卮酒安足辞！夫秦王有虎狼之心，杀人如不能举，刑人如恐不胜，天下皆叛之。怀王与诸将约曰'先破秦入咸阳者王之'。今沛公先破秦入咸阳，豪毛不敢有所近，封闭宫室，还军霸上，以待大王来。故遣将守关者，备他盗出入与非常也。劳苦而功高如此，未有封侯之赏，而听细说，欲诛有功之人。此亡秦之续耳，窃为大王不取也。"项王未有以应，曰："坐。"樊哙从良坐。坐须臾，沛公起如厕，因招樊哙出。

【一】集解 如淳曰："亚，次也。尊敬之次父，犹管仲为仲父。"

【二】正义项羽从弟。

【三】正义拥,纡拱反。盾,食允反。

【四】正义直江反。

【五】正义瞋,昌真反。

【六】正义眦,自赐反。

【七】索隐其纪反,谓长跪。

【八】索隐啖,徒览反。凡以食倭人则去声,自食则上声。

沛公已出,项王使都尉【一】陈平召沛公。沛公曰:"今者出,未辞也,为之奈何?"樊哙曰:"大行不顾细谨,大礼不辞小让。如今人方为刀俎,我为鱼肉,何辞为。"于是遂去。乃令张良留谢。良问曰:"大王来何操?"曰:"我持白璧一双,欲献项王,玉斗一双,欲与亚父,会其怒,不敢献。公为我献之。"张良曰:"谨诺。"当是时,项王军在鸿门下,沛公军在霸上,相去四十里。沛公则置车骑,脱身独骑,与樊哙、夏侯婴、靳强、纪信等【二】四人持剑盾步走,从郦山下,道芷阳间行。沛公谓张良曰:"从此道至吾军,不过二十里耳。度我至军中,公乃入。"沛公已去,间至军中,张良入谢,曰:"沛公不胜杯杓,不能辞。谨使臣良奉白璧一双,再拜献大王足下;玉斗一双,再拜奉大将军足下。"项王曰:"沛公安在?"良曰:"闻大王有意督过之,脱身独去,已至军矣。"【三】项王则受璧,置之坐上。亚父受玉斗,置之地,拔剑撞而破之,曰:"唉!【四】竖子不足与谋。夺项王天下者,必沛公也,吾属今为之虏矣。"沛公至军,立诛杀曹无伤。

【一】集解徐广曰:"一本无'都'字。"

【二】索隐《汉书》作"纪通"。通,纪成之子。

【三】集解如淳曰:"脱身逃还其军。"

【四】集解徐广曰:"咉,乌来反。"索隐音虚其反。皆叹恨发声之辞。

居数日,项羽引兵西屠咸阳,杀秦降王子婴,烧秦宫室,火三月不灭;收其货宝妇女而东。人或说项王曰:"关中阻山河四塞,【一】地肥饶,可都以霸。"项王见秦宫室皆以烧残破,又心怀思欲东归,曰:"富贵不归故乡,如衣绣夜行,谁知之者!"说者曰:"人言楚人沐猴而冠耳,果然。"【二】项王闻之,烹说者。【三】

【一】集解徐广曰:"东函谷,南武关,西散关,北萧关。"

【二】集解张晏曰:"沐猴,猕猴也。"索隐言猕猴不任久著冠带,以喻楚人性躁暴。果然,言果如人言也。

【三】集解《楚汉春秋》、《杨子法言》云说者是蔡生,《汉书》云是韩生。

项王使人致命怀王。怀王曰:"如约。"乃尊怀王为义帝。项王欲自王,先王诸将相。谓曰:"天下初发难时,【一】假立诸侯后以伐秦。然身被坚执锐首事,暴露于野【二】三年,灭秦定天下者,皆将相诸君与籍之力也。义帝虽无功,故当分其地而王之。"诸将皆曰:"善。"乃分天下,立诸将为侯王。项王、范增疑沛公之有天下,业已讲解,【三】又恶负约,恐诸侯叛之,乃阴谋曰:"巴、蜀道险,秦之迁人皆居蜀。"乃曰:"巴、蜀亦关中地也。"故立沛公为汉王,【四】王巴、蜀、汉中,都南郑。【五】而三分关中,王秦降将以距塞汉王。项王乃立章邯为雍王,王咸阳以西,都废丘。【六】长史欣者,故为栎阳狱掾,尝有德于项梁;都尉董翳者,本劝章邯降楚。故立司马欣为塞王,【七】王咸阳以东至河,都栎阳。【八】立董翳为翟王,王上郡,都高奴。【九】徙魏王豹为西魏王,王河东,都平阳。瑕丘【一〇】申阳者,【一一】张耳嬖臣也,先下河南郡,迎楚河上,故立申阳为河南王,都雒阳。【一二】韩王成因故都,都阳翟。【一三】赵将司马卬定河内,数有功,故立卬为殷王，王河内，都朝歌。徙赵王歇为代王。赵相张耳素贤，又从入关，故立耳为常山王，王赵地，都襄国。【一四】当阳君黥布为楚将，常冠军，故立布为九江王，都六。【一五】鄱君【一六】吴芮率百越佐诸侯，【一七】又从入关，故立芮为衡山王，都邾。【一八】义帝柱国共敖【一九】将兵击南郡，功多，因立敖为临江王，【二〇】都江陵。【二一】徙燕王韩广为辽东王。【二二】燕将臧荼从楚救赵，因从入关，故立荼为燕王，都蓟。徙齐王田巿为胶东王。【二三】齐将田都从共救赵，因从入关，故立都为齐王，都临菑。【二四】故秦所灭齐王建孙田安，项羽方渡河救赵，田安下济北数城，引其兵降项羽，故立安为济北王，都博阳。【二五】田荣者，数负项梁，又不肯将兵从楚击秦，以故不封。成安君【二六】陈馀弃将印去，不从入关，然素闻其贤，有功于赵，闻其在南皮，【二七】故因环封三县。【二八】番君将梅鋗【二九】功多，故封十万户侯。项王自立为西楚霸王，【三〇】王九郡，都彭城。【三一】

【一】集解服虔曰："兵初起时。"正义难，乃惮反。

【二】正义暴，蒲北反。

【三】集解苏林曰："讲，和也。"索隐服虔云："解，折伏也。"《说文》云："讲，和解也。"《汉书》作"媾解"。苏林云："媾，和也。"是"讲"之与"媾"俱训和也。业，事也。言虽有疑心，然事已和解也。

【四】集解徐广曰："以正月立。"

【五】正义《括地志》云："南梁州所理县也。"

【六】索隐孟康曰："县名。今槐里是也。"韦昭曰："周时名犬丘，懿王所都，秦欲废之，故曰废丘。"正义《括地志》云："犬丘故城一名废丘，故城在雍州始平县东南十里。《地理志》云汉高二年，引水灌废丘，章邯自杀，更废丘曰槐里。"

【七】集解韦昭曰："在长安东，名桃林塞。"

【八】集解苏林曰："栎音药。"正义《括地志》云："栎阳故城一名万年城，在雍州栎阳东北二十五里。秦献公之城栎阳,即此也。"

【九】[集解]文颖曰:"上郡,秦所置,项羽以董翳为翟王,更名为翟。"[索隐]按:今鄜州有高奴城。[正义]《括地志》云:"延州州城即汉高奴县。"

【一〇】[集解]徐广曰:"一云瑕丘公也。"

【一一】[集解]服虔曰:"瑕丘县属山阳。申,姓;阳,名。"文颖曰:"姓瑕丘,字申阳。"瓒曰:"瑕丘公申阳是。瑕丘,县名。"

【一二】[正义]《括地志》云:"洛阳故城在洛州洛阳县东北二十六里,周公所筑,即成周城也。《舆地志》云成周之地,秦庄襄王以为洛阳县,三川守理之。后汉都洛阳,改为'雒'。汉以火德,忌水,故去洛旁'水'而加'隹'。魏于行次为土,土,水之忌也,水得土而流,土得水而柔,故除'隹'而加'水'。"

【一三】[正义]括地志云:"阳翟,洛州县也。《左传》云'郑伯突入于栎'。杜预云'栎,郑别都,今河南阳翟县'是也。《地理志》云阳翟县是,属颍川郡,夏禹之国。"

【一四】[正义]《括地志》云:"邢州城本汉襄国县,秦置三十六郡,于此置信都县,属钜鹿郡,项羽改曰襄国,立张耳为常山王,理信都。《地理志》云故邢侯国也。《帝王世纪》云邢侯为纣三公,以忠谏被诛。《史记》云周武王封周公旦之子为邢侯。《左传》云'凡、蒋、邢、茅,周公之胤也'。"

【一五】[索隐]六县,古国,皋陶之后。[正义]《括地志》云:"故六城在寿州安丰县南百三十二里,本六国,偃姓,皋繇之后所封也。黥布亦皋繇之后,居六也。"

【一六】[正义]番君。番音婆。

【一七】[集解]韦昭曰:"鄱音蒲河反。初,吴芮为鄱令,故号曰鄱君。今鄱阳县是也。"

【一八】[集解]文颖曰:"邾音朱,县名,属江夏。"[正义]《说文》云音诛。《括地志》云:"故邾城在黄州黄冈县东南二十里,本春秋时邾国。邾子,曹姓。侠居。至鲁隐公徙蕲。"音机。

【一九】正义共音恭。

【二〇】集解《汉书音义》曰："本南郡，改为临江国。"

【二一】正义江陵，荆州县。《史记》江陵，故郢都也。

【二二】集解徐广曰："都无终。"

【二三】集解徐广曰："都即墨。"正义《括地志》云："即墨故城在莱州胶水县南六十里。古齐地，本汉旧县。"胶音交。在胶水之东。

【二四】索隐按：《高纪》及《田儋传》云"临济"，此言"临菑"，误。正义菑，侧其反。《括地志》云："青州临菑县也。即古临菑地也。一名齐城，古营丘之地，所封齐之都也。少昊时有爽鸠氏，虞、夏时有季萴，殷时有逢伯陵，殷末有薄姑氏，为诸侯，国此地。后太公封，方五百里。"

【二五】正义在济北。

【二六】正义《地理志》云成安县在颍川郡，属豫州。

【二七】正义《括地志》云："故南皮城在沧州南皮县北四里，本汉皮县城，即陈馀所封也。"

【二八】集解《汉书音义》曰："绕南皮三县以封之。"

【二九】集解韦昭曰："呼玄反。"

【三〇】正义《货殖传》云淮以北，沛、陈、汝南、南郡为西楚也。彭城以东，东海、吴、广陵为东楚也。衡山、九江、江南、豫章、长沙为南楚。孟康云："旧名江陵为南楚，吴为东楚，彭城为西楚。"

【三一】集解孟康曰："旧名江陵为南楚，吴为东楚，彭城为西楚。"正义彭城，徐州县。

汉之元年四月，诸侯罢戏下，各就国。【一】项王出之国，使人徙义帝，曰："古之帝者地方千里，必居上游。"【二】乃使使徙义帝长沙郴县。【三】趣义帝行，其群臣稍稍背叛之，乃阴令衡山、临江王击杀之江中。【四】韩王成无军功，项王不使之国，与俱至彭城，废以为侯，已又杀之。臧荼之国，因逐韩广之辽东，广弗听，荼击杀广无终，并王其地。

【一】索隐戏，音義，水名也。言"下"者，如许下、洛下然也。按：上文云项羽入至戏西鸿门，沛公还军霸上，是羽初停军于戏水之下。后虽引兵西屠咸阳，烧秦宫室，则亦还戏下。今言"诸侯罢戏下"，是各受封邑号令讫，自戏下各就国。何须假借文字，以为麾麾之下乎？颜师古、刘伯庄之说皆非。

【二】集解文颖曰："居水之上流也。淤，或作'流'。"

【三】集解如淳曰："郴音綝。"

【四】集解文颖曰："郴县有义帝冢，岁时常祠不绝。"

田荣闻项羽徙齐王市胶东，而立齐将田都为齐王，乃大怒，不肯遣齐王之胶东，因以齐反，迎击田都。田都走楚。齐王市畏项王，乃亡之胶东就国。田荣怒，追击杀之即墨。荣因自立为齐王，而西击杀济北王田安，并王三齐。【一】荣与彭越将军印，令反梁地。陈馀阴使张同、夏说说齐王田荣曰："项羽为天下宰不平。今尽王故王于丑地，而王其群臣诸将善地，逐其故主，赵王乃北居代，馀以为不可。闻大王起兵，且不听不义，愿大王资馀兵，请以击常山，以复赵王，请以国为扞蔽。"齐王许之，因遣兵之赵。陈馀悉发三县兵，与齐并力击常山，大破之。张耳走归汉。陈馀迎故赵王歇于代，反之赵。赵王因立陈馀为代王。

【一】集解《汉书音义》曰："齐与济北、胶东。"正义《三齐记》云："右即墨，中临淄，左平陆，谓之三齐。"

是时，汉还定三秦。项羽闻汉王皆已并关中，且东，齐、赵叛之，大怒。乃以故吴令郑昌为韩王，以距汉。令萧公角【一】等击彭越。彭越败萧公角等。汉使张良徇韩，乃遗项王书曰："汉王失职，欲得关中，如约即止，不敢东。"又以齐、梁反书遗项王曰："齐欲与赵并灭楚。"楚以此故无西意，而北击齐。征兵九江王布。布称疾不往，使将将数千人行。项王由此怨布也。

【一】集解苏林曰："官号也。或曰萧令也。时令皆称公。"

汉之二年冬，项羽遂北至城阳，田荣亦将兵会战。田荣不胜，走至平原，平原民杀之。遂北烧夷齐城郭室屋，皆坑田荣降卒，系虏其老弱妇女。徇齐至北海，多所残灭。齐人相聚而叛之。于是田荣弟田横收齐亡卒得数万人，反城阳。项王因留，连战未能下。

春，汉王部【一】五诸侯兵，【二】凡五十六万人，东伐楚。项王闻之，即令诸将击齐，而自以精兵三万人南从鲁出胡陵。【三】四月，汉皆已入彭城，收其货宝美人，日置酒高会。项王乃西从萧晨击汉军【四】而东，至彭城，日中，大破汉军。【五】汉军皆走，相随入穀、泗水，【六】杀汉卒十余万人。汉卒皆南走山，【七】楚又追击至灵壁东【八】睢水上。【九】汉军却，为楚所挤，【一〇】多杀，汉卒十余万人皆入睢水，睢水为之不流。【一一】围汉王三匝。于是大风从西北而起，折木发屋，扬沙石，窈冥昼晦，【一二】逢迎楚军。楚军大乱，坏散，而汉王乃得与数十骑遁去。欲过沛，收家室而西；楚亦使人追之沛，取汉王家；家皆亡，不与汉王相见。汉王道逢得孝惠、鲁元，【一三】乃载行。楚骑追汉王，汉王急，推堕孝惠、鲁元车下，滕公常下收载之。如是者三。曰："虽急不可以驱，奈何弃之？"于是遂得脱。求太公、吕后不相遇。审食其【一四】从太公、吕后间行，【一五】求汉王，反遇楚军。楚军遂与归，报项王，项王常置军中。

【一】集解徐广曰："一作'劫'。"索隐按：《汉书》见作"劫"字。

【二】集解徐广曰："塞、翟、魏、殷、河南。"骃案：应劭曰"雍、翟、塞、殷、韩也"。韦昭曰"塞、翟、殷、韩、魏，雍时已败也"。索隐按：徐广、韦昭皆数翟、塞及殷、韩等；颜师古不数三秦，谓常山、河南、韩、魏、殷；顾胤意略同，乃以陈馀兵为五，未知孰是。郦意按：韩王郑昌拒汉，汉使韩信击破之，则是韩兵不下而已破散也。韩不在此数。五诸侯者，塞、翟、河南、魏、殷也。[正义]师古云："诸家之说皆非。张良遗羽书曰'汉欲得关中，如约即止，不敢复东'，谓出关之东也。今羽闻汉东之时，汉固已得三秦矣。五诸侯者，谓常山、河南、韩、魏、殷也。此年十月，常山王张耳降，河南王申阳降，韩王郑昌降，魏王豹降，虏殷王卬，皆汉东之后，故知谓此为五诸侯。时虽未得常山之地，《功臣年表》云'张耳弃国，与大臣归汉'，则当亦有士卒尔。时雍王犹在废丘被围，即非五诸侯之数也。寻此纪文，昭然可晓。前贤注释，并失指趣。"《高纪》及《汉书》皆言"劫五诸侯兵"。凡兵初降，士卒未有自指麾，故须劫略而行。又云"发关中兵，收三河士"。发谓差点拨发也，收谓劫略收敛也。韦昭云河南、河东、河内。申阳都雒阳，韩王成都阳翟，皆河南也。魏豹都平阳，河东也。司马卬都朝歌，张耳都襄国，河内也。此三河士则五诸侯兵也。更著雍、塞、翟，则成八诸侯矣。重明颜公之说是。故《韩信传》云"汉二年出关，收魏河南、韩、殷王皆降"是。

【三】[正义]《括地志》云："鲁，兖州曲阜县也。《地理志》云胡陵在山阳县属也。"

【四】[正义]《括地志》云："徐州萧县，古萧叔之国，春秋时为宋附庸。《帝王世纪》云周封子姓之别为附庸也。"

【五】[集解]张晏曰："一日之中也。或曰旦击之，至日中大破。"

【六】[集解]瓒曰："二水皆在沛郡彭城。"

【七】[正义]走音奏。

【八】[集解]徐广曰："在彭城。"[索隐]孟康曰："故小县，在彭城南。"

【九】[集解]徐广曰："睢水于彭城入泗水。"[正义]睢音虽。《括地志》云："灵璧故城在徐州符离县西北九十里。睢水首受浚仪县莨荡水，东经取虑，入泗，过郡四，行千二百六十里。"

【一○】集解服虔曰："挤音'济民'之'济'。"瓒曰："排挤也。"

【一一】正义为，于伪反。

【一二】集解徐广曰："窃亦作'官'字。"

【一三】集解服虔曰："元，长也。食邑于鲁。"韦昭曰："元，谥也。"

【一四】集解瓒曰："其音基。"索隐食音异。按：郦、审、赵三人同名，其音合并同，以六国时卫有司马食其，并慕其名。

【一五】集解如淳曰："间出，间步，微行，皆同义也。"

是时吕后兄周吕侯【一】为汉将兵居下邑，【二】汉王间往从之，稍稍收其士卒。至荥阳，诸败军皆会，萧何亦发关中老弱未傅悉诣荥阳，【三】复大振。楚起于彭城，常乘胜逐北，与汉战荥阳南京、索间，汉败楚，【四】楚以故不能过荥阳而西。

【一】集解徐广曰："名泽。"正义苏林云："以姓名侯也。"晋灼云："《外戚表》周吕令武侯泽也。吕，县名。封于吕，以为国。"颜师古云："周吕，封名。令武，其谥也。苏云'以姓名侯'，非也。"

【二】集解徐广曰："在梁。"正义《括地志》云："宋州砀山县本下邑县也，在宋州东一百五十里。"按：今下邑在宋州东一百一十里。

【三】集解服虔曰："傅音附。"孟康曰："古者二十而傅，三年耕有一年储，故二十三年而后役之。"如淳曰："律，年二十三傅之，畴官各从其父畴内学之。高不满六尺二寸以下为罢癃。《汉仪注》'民年二十三为正，一岁为卫士，一岁为材官骑士，习射御骑驰战阵'。又曰'年五十六衰老，乃得免为庶民，就田里'。今老弱未尝傅者皆发之。未二十三为弱，过五十六为老。《食货志》曰'月为更卒，已复为正，一岁屯戍，一岁力役，三十倍于古者'。"索隐按：姚氏云"古者更卒不过一月，践更五月而休"。又颜云"五当为'三'，言一岁之中三月居更，三日戍边，总九十三日。古者役人岁不过三日，此所谓'一岁力役三十倍于古'"也。斯说得之。

【四】集解应劭曰："京，县名，属河南，有索亭。"晋灼曰："索音栅。"正义《括地志》云："京县城在郑州荥阳县东南二十里。郑之京邑也。《晋太康地志》云郑太叔段所居邑。荥阳县即大索城。杜预云'成皋东有大索城'，又有小索，故城在荥阳县北四里。京相璠《地名》云京县有大索亭、小索亭，大小氏兄弟居之，故有小大之号。"按：楚与汉战荥阳南京、索间，即此三城耳。

项王之救彭城，追汉王至荥阳，田横亦得收齐，立田荣子广为齐王。汉王之败彭城，诸侯皆复与楚而背汉。汉军荥阳，筑甬道属之河，以取敖仓粟。【一】

【一】集解瓒曰："敖，地名，在荥阳西北，山临河有大仓。"正义《括地志》云："敖仓在郑州荥阳县西十五里，县门之东，北临汴水，南带三皇山，秦时置仓于敖山，名敖仓云。"

汉之三年，项王数侵夺汉甬道，汉王食乏，恐，请和，割荥阳以西为汉。项王欲听之。历阳侯范增曰：【一】"汉易与耳，今释弗取，后必悔之。"项王乃与范增急围荥阳。汉王患之，乃用陈平计间项王。项王使者来，为太牢具，举欲进之。见使者，详惊愕曰："吾以为亚父使者，乃反项王使者。"更持去，以恶食食【二】项王使者。使者归报项王，项王乃疑范增与汉有私，稍夺之权。范增大怒，曰："天下事大定矣，君王自为之。愿赐骸骨归卒伍。"项王许之。行未至彭城，疽发背而死。【三】

【一】正义《括地志》云："和州历阳县，本汉旧县也。《淮南子》云'历阳之都，一夕而为湖'。汉帝时，历阳沦为历湖。"

【二】正义上如字，下音寺。

【三】集解《皇览》曰："亚父冢在庐江居巢县郭东。居巢廷中有亚父井，吏民皆祭亚父于居巢廷上。长吏初视事，皆祭然后从政。后更造祠于郭东，至今祠之。"[正义]疽，七余反。崔浩云："疽，附骨痈也。"《括地志》云："髑髅山在庐州巢县东北五里。昔范增居北山之阳，后佐项羽。"

汉将纪信说汉王曰："事已急矣，请为王诳楚为王，王可以间出。"于是汉王夜出女子荥阳东门被甲二千人，楚兵四面击之。纪信乘黄屋车，【一】傅左纛，【二】曰："城中食尽，汉王降。"楚军皆呼万岁。汉王亦与数十骑从城西门出，走成皋。【三】项王见纪信，问："汉王安在？"信曰："汉王已出矣。"项王烧杀纪信。

【一】[正义]李斐云："天子车以黄缯为盖里。"

【二】[集解]李斐曰："纛，毛羽幢也。在乘舆车衡左方上注之。"蔡邕曰："以犛牛尾为之，如斗，或在騑头，或在衡上也。"

【三】[正义]《括地志》云："成皋故县在洛州汜水县西南二里。"

汉王使御史大夫周苛、枞公、【一】魏豹守荥阳。周苛、枞公谋曰："反国之王，难与守城。"乃共杀魏豹。楚下荥阳城，生得周苛。项王谓周苛曰："为我将，我以公为上将军，封三万户。"周苛骂曰："若不趣降汉，汉今虏若，若非汉敌也。"项王怒，烹周苛，并杀枞公。

【一】[集解]枞音七容反。

汉王之出荥阳，南走宛、叶，得九江王布，行收兵，复入保成皋。汉之四年，项王进兵围成皋。汉王逃，【一】独与滕公出成皋北门，【二】渡河走修武，从张耳、韩信军。诸将稍稍得出成皋，从汉王。楚遂拔成皋，欲西。汉使兵距之巩，令其不得西。

【一】[集解]晋灼曰："独出意。"[索隐]音徒凋反。《汉书》作"跳"字。

【二】[集解]徐广曰："北门名玉门。"

是时，彭越渡河击楚东阿，杀楚将军薛公。项王乃自东击彭越。汉王得淮阴侯兵，欲渡河南。郑忠说汉王，乃止壁河内。使刘贾将兵佐彭越，烧楚积聚。【一】项王东击破之，走彭越。汉王则引兵渡河，复取成皋，军广武，就敖仓食。项王已定东海来西，与汉俱临广武而军，【二】相守数月。

【一】正义上积赐反。

【二】集解孟康曰："于荥阳筑两城相对为广武，在敖仓西三皇山上。"正义《括地志》云："东广武，西广武在郑州荥阳县西二十里。戴延之《西征记》云三皇山上有二城，东曰东广武，西曰西广武，各在一山头，相去百步。汴水从广涧中东南流，今涸无水。城各有三面，在敖仓西。郭缘生《述征记》云一涧横绝上过，名曰广武。相对皆立城堑，遂号东西广武。"

当此时，彭越数反梁地，绝楚粮食，项王患之。为高俎，置太公其上，【一】告汉王曰："今不急下，吾烹太公。"汉王曰："吾与项羽俱北面受命怀王，曰'约为兄弟'，吾翁即若翁，必欲烹而翁，则幸分我一杯羹。"项王怒，欲杀之。项伯曰："天下事未可知，且为天下者不顾家，虽杀之无益，只益祸耳。"项王从之。

【一】集解如淳曰："高俎，几之上。"李奇曰："军中巢橹，方面，人谓之俎也。"索隐俎亦机之类，故夏侯湛《新论》为"机"，机犹俎也。比太公于牲肉，故置之俎上。姚察按：《左氏》"楚子登巢车以望晋军"，杜预谓"车上橹也"，故李氏云"军中巢橹"，又引时人亦谓此为俎也。正义《括地志》云："东广武城有高坛，即项羽坐太公俎上者，今名项羽堆，亦呼为太公亭。"颜师古云："俎者，所以荐肉，示欲烹之，故置俎上。"

楚汉久相持未决，丁壮苦军旅，老弱罢转漕。项王谓汉王曰："天下匈匈数岁者，徒以吾两人耳，愿与汉王挑战【一】决雌雄，毋徒苦天下之民父子为也。"汉王笑谢曰:"吾宁斗智,不能斗力。"项王令壮士出挑战。汉有善骑射者楼烦,【二】楚挑战三合,楼烦辄射杀之。项王大怒,乃自被甲持戟挑战。楼烦欲射之,项王瞋目叱之,楼烦目不敢视,手不敢发,遂走还入壁,不敢复出。汉王使人间问之,乃项王也。汉王大惊。于是项王乃即汉王相与临广武间而语。汉王数之,项王怒,欲一战。汉王不听,项王伏弩射中汉王。汉王伤,走入成皋。

【一】集解李奇曰:"挑身独战,不复须众也。挑音荼了反。"瓒曰:"挑战,擿娆敌求战,古谓之致师。"

【二】集解应劭曰:"楼烦,胡也。"今楼烦县。

项王闻淮阴侯已举河北,破齐、赵,且欲击楚,乃使龙且【一】往击之。淮阴侯与战,骑将灌婴击之,大破楚军,杀龙且。韩信因自立为齐王。项王闻龙且军破,则恐,使盱台人武涉往说淮阴侯。淮阴侯弗听。是时,彭越复反,下梁地,绝楚粮。项王乃谓海春侯大司马曹咎等曰:"谨守成皋,则汉欲挑战,慎勿与战,毋令得东而已。我十五日必诛彭越,定梁地,复从将军。"乃东,行击陈留、【二】外黄。

【一】集解韦昭曰:"音子闾反。"

【二】正义《括地志》云:"陈留,汴州县也。在州东五十里,本汉陈留郡及陈留县之地。"孟康云:"留,郑邑也。后为陈所并,故曰陈留。"臣瓒又按:宋有留,彭城留是也。此留属陈,故曰陈留。

外黄不下。数日,已降,项王怒,悉令男子年十五已上诣城东,欲坑之。外黄令舍人儿年十三,【一】往说项王曰:"彭越强劫【二】外黄,外黄恐,故且降,待大王。大王至,又皆坑之,百姓岂有归心?从此以东,梁地十余城皆恐,莫肯下矣。"项王然其言,乃赦外黄当坑者。东至睢阳【三】闻之皆争下项王。

【一】[集解]苏林曰:"令之舍人儿也。"瓒曰:"称儿者,以其幼弱,故系其父,《春秋传》曰'仍叔之子'是也。"

【二】[正义]强,其两反。

【三】[正义]《括地志》云:"宋州外城本汉睢阳县也。《地理志》云睢阳县,故宋国也。"

汉果数挑楚军战,楚军不出。使人辱之,五六日,大司马怒,渡兵汜水。【一】士卒半渡,汉击之,大破楚军,尽得楚国货赂。大司马咎、长史翳、塞王欣皆自刭汜水上。【二】大司马咎者,故蕲狱掾,长史欣亦故栎阳狱吏,两人尝有德于项梁,是以项王信任之。当是时,项王在睢阳,闻海春侯军败,则引兵还。汉军方围锺离眜【三】于荥阳东,项王至,汉军畏楚,尽走险阻。

【一】[集解]张晏曰:"汜水在济阴界。"如淳曰:"汜音祀。《左传》曰'鄙在郑地汜'。"瓒曰:"高祖攻曹咎成皋,渡汜水而战,今成皋城东汜水是也。"[索隐]按:今此水见名汜水,音似。张晏云在济阴,亦未全失。按:古济水当此截河而南,又东流,溢为荥泽。然水南曰阴,此亦在济之阴,非彼济阴郡耳。臣瓒之说是。[正义]《括地志》云:"汜水源出洛州汜水县东南三十二里方山。《山海经》云'浮戏之山,汜水出焉'。"

【二】[集解]郑氏曰:"刭音经鼎反。以刀割颈为刭。"

【三】[集解]《汉书音义》曰:"眜音末。"

是时,汉兵盛食多,项王兵罢食绝。汉遣陆贾说项王,请太公,项王弗听。汉王复使侯公往说项王,项王乃与汉约,中分天下,割鸿沟以西者为汉,【一】鸿沟而东者为楚。项王许之,即归汉王父母妻子。军皆呼万岁。汉王乃封侯公为平国君。【二】匿弗肯复见。曰:"此天下辩士，所居倾国，故号为平国君。"项王已约，乃引兵解而东归。

【一】集解文颖曰："于荥阳下引河东南为鸿沟，以通宋、郑、陈、蔡、曹、卫，与济、汝、淮、泗会于楚，即今官渡水也。"正义应劭云："在荥阳东二十里。"张华云："大梁城在浚仪县北，县西北渠水东经此城南，又北屈分为二渠。其一渠东南流，始皇凿引河水以灌大梁，谓之鸿沟，楚汉会此处也。其一渠东经阳武县南，为官渡水。"按：张华此说是。

【二】正义《楚汉春秋》云："上欲封之，乃肯见。曰'此天下之辩士，所居倾国，故号曰平国君'。"按：说归太公、吕后，能和平邦国。

汉欲西归，张良、陈平说曰："汉有天下太半，【一】而诸侯皆附之。楚兵罢食尽，此天亡楚之时也，不如因其机而遂取之。今释弗击，此所谓'养虎自遗患'也。"【二】汉王听之。汉五年，汉王乃追项王至阳夏【三】南，止军，与淮阴侯韩信、建成侯彭越期会而击楚军。至固陵，【四】而信、越之兵不会。楚击汉军，大破之。汉王复入壁，深堑而自守。谓张子房曰："诸侯不从约，为之奈何？"对曰："楚兵且破，信、越未有分地，【五】其不至固宜。君王能与共分天下，今可立致也。即不能，事未可知也。君王能自陈以东傅海，【六】尽与韩信；睢阳以北至穀城，【七】以与彭越：使各自为战，【八】则楚易败也。"汉王曰："善。"于是乃发使者告韩信、彭越曰："并力击楚。楚破，自陈以东傅海与齐王，睢阳以北至穀城与彭相国。"使者至，韩信、彭越皆报曰："请今进兵。"韩信乃从齐往，刘贾军从寿春并行，屠城父，【九】至垓下。【一〇】大司马周殷叛楚，以舒屠六，【一一】举九江兵，【一二】随刘贾、彭越皆会垓下，诣项王。

【一】集解韦昭曰："凡数三分有二为太半，一为少半。"

【二】正义遗，唯季反。

【三】集解如淳曰："夏音贾。"正义《括地志》云："陈州太康县，本汉阳夏县也。《续汉书·郡国志》云阳夏县属陈国。"按：太康县城夏后太康所筑，隋改阳夏为太康。

【四】集解徐广曰："在阳夏。"骃案：晋灼曰"即固始也"。正义《括地志》云："固陵，县名也。在陈州宛丘县西北四十二里。"

【五】集解李奇曰："信、越等未有益地之分也。"韦昭曰："信等虽名为王，未有所画经界。"

【六】正义傅音附，著也。陈即陈州，古陈国都也。自陈著海，并齐旧地，尽与齐王韩信也。

【七】正义《括地志》云："穀城故在济州东阿县东二十六里。"睢阳，宋州也。自宋州以北至济州穀城际黄河，尽与相国彭越。

【八】正义为，于伪反。

【九】集解如淳曰："并行，并击之。"正义父音甫。寿州寿春县也。城父，亳州县也。屠谓多刑杀也。刘贾入围寿州，引兵过淮北，屠杀亳州城父，而东北至垓下。

【一〇】集解徐广曰："在沛之洨县。洨，下交切。"骃案：应劭曰"垓音该"。李奇曰"沛洨县聚邑名也"。索隐张揖《三苍注》云："垓，堤名，在沛郡。"正义按：垓下是高冈绝岩，今犹高三四丈，其聚邑及堤在垓之侧，因取名焉。今在亳州真源县东十里，与老君庙相接。洨音户交反。

【一一】集解如淳曰："以舒之众屠破六县。"正义《括地志》云："舒，今庐江之故舒城是也。故六城在寿州安丰南百三十二里，偃姓，咎繇之后。"按：周殷叛楚，兼举九江郡之兵，随刘贾而至垓下。

【一二】正义九江郡寿州也。楚考烈王二十二年，自陈徙寿春，号曰郢。至王负刍为秦将王翦、蒙武所灭，于此置九江郡。应劭云："自庐江寻阳分为九江。"

项王军壁垓下，兵少食尽，汉军及诸侯兵围之数重。夜闻汉军四面皆楚歌，【一】项王乃大惊曰："汉皆已得楚乎？是何楚人之多也！"项王则夜起，饮帐中。有美人名虞，【二】常幸从；骏马名骓，【三】常骑之。于是项王乃悲歌忼慨，自为诗曰："力拔山兮气盖世，时不利兮骓不逝。骓不逝兮可奈何，虞兮虞兮奈若何！"歌数阕，美人和之。【四】项王泣数行下，【五】左右皆泣，莫能仰视。

【一】集解应劭曰："楚歌者，谓《鸡鸣歌》也。汉已略得其地，故楚歌者多鸡鸣时歌也。"正义颜师古云："楚人之歌也，犹言'吴讴'、'越吟'。若鸡鸣为歌之名，于理则可，不得云'鸡鸣时'也。高祖戚夫人楚舞，自为楚歌，岂亦鸡鸣时乎？"按：颜说是也。

【二】集解徐广曰："一云姓虞氏。"正义《括地志》云："虞姬墓在濠州定远县东六十里。长老传云项羽美人冢也。"

【三】正义音佳。顾野王云青白色也。释畜云："苍白杂毛，骓也。"

【四】正义和音胡卧反。《楚汉春秋》云："歌曰'汉兵已略地，四方楚歌声。大王意气尽，贱妾何聊生'。"

【五】正义数，色庚反。行，户郎反。

于是项王乃上马骑，【一】麾下【二】壮士骑从者八百余人，直夜溃围南出，驰走。平明，汉军乃觉之，令骑将灌婴以五千骑追之。项王渡淮，骑能属者【三】百余人耳。项王至阴陵，【四】迷失道，问一田父，田父绐曰"左"。【五】左，乃陷大泽中。以故汉追及之。项王乃复引兵而东，至东城，【六】乃有二十八骑。汉骑追者数千人。项王自度不得脱。谓其骑曰："吾起兵至今八岁矣，身七十余战，所当者破，所击者服，未尝败北，遂霸有天下。然今卒困于此，【七】此天之亡我，非战之罪也。今日固决死，愿为诸君快战，必三胜之，为诸君溃围，斩将，刈旗，令诸君知天亡我，非战之罪也。"乃分其骑以为四队，四向。汉军围之数重。项王谓其骑曰："吾为公取彼一将。"令四面骑驰下，期山东为三处。【八】于是项王大呼【九】驰下，汉军皆披靡，【一〇】遂斩汉一将。是时，赤泉侯为骑将，追项王，项王瞋目而叱之，赤泉侯人马俱惊，辟易数里，【一一】与其骑会为三处。汉军不知项王所在，乃分军为三，复围之。项王乃驰，复斩汉一都尉，杀数十百人，复聚其骑，亡其两骑耳。乃谓其骑曰："何如？"骑皆伏曰："如大王言。"

【一】正义其倚反。凡单乘曰骑。后同。

【二】正义麾亦作"戏"，同呼危反。

【三】正义属音烛。

【四】集解徐广曰："在淮南。"正义《括地志》云："阴陵县故城在濠州定远县西北六十里。《地理志》云阴陵县属九江郡。"

【五】集解文颖曰："绐，欺也。欺令左去。"

【六】集解《汉书音义》曰："县名，属临淮。"正义《括地志》云："东城县故城在濠州定远县东南五十里。《地理志》云东城县属九江郡。"

【七】正义辛，子律反。

【八】正义期遇山东，分为三处，汉军不知项羽处。《括地志》云："九头山在滁州全椒县西北九十六里。《江表传》云项羽败至乌江，汉兵追羽至此，一日九战，因名。"

【九】正义火故反。

【一〇】正义上披彼反。靡，言精体低垂。

【一一】正义言人马俱惊，开张易旧处，乃至数里。

于是项王乃欲东渡乌江。【一】乌江亭长檥船待，【二】谓项王曰："江东虽小，地方千里，众数十万人，亦足王也。愿大王急渡。今独臣有船，汉军至，无以渡。"项王笑曰："天之亡我，我何渡为！且籍与江东子弟八千人渡江而西，今无一人还，纵江东父兄怜而王我，我何面目见之？纵彼不言，籍独不愧于心乎？"乃谓亭长曰："吾知公长者。吾骑【三】此马五岁，所当无敌，尝一日行千里，不忍杀之，以赐公。"乃令骑皆下马步行，持短兵接战。独籍所杀汉军数百人。项王身亦被十余创。顾见汉骑司马吕马童，曰："若非吾故人乎？"马童面之，【四】指王翳曰：【五】"此项王也。"项王乃曰："吾闻汉购我头千金，【六】邑万户，吾为若德。"【七】乃自刎而死。王翳取其头，余骑相蹂践争项王，相杀者数十人。最其后，郎中骑杨喜，骑司马吕马童，郎中吕胜、杨武各得其一体。五人共会其体，皆是。故分其地为五：封吕马童为中水侯，【八】封王翳为杜衍侯，【九】封杨喜为赤泉侯，【一〇】封杨武为吴防侯，【一一】封吕胜为涅阳侯。【一二】

【一】集解瓒曰："在牛渚。"索隐按：晋初属临淮。正义《括地志》云："乌江亭即和州乌江县是也。晋初为县。注《水经》云江水又北，左得黄律口，《汉书》所谓乌江亭长檥船以待项羽，即此也。"

【二】集解徐广曰："檥音仪。一音俄。"骃案：应劭曰"檥，正也"。孟康曰"檥音蚁，附也，附船箸岸也"。如淳曰"南方人谓整船向岸曰檥"。索隐檥字，服、应、孟、晋各以意解尔。邹诞本作"漾船"，以尚反，刘氏亦有此音。

【三】正义音奇。

【四】集解张晏曰："以故人故，难视斫之，故背之。"如淳曰："面，不正视也。"

【五】集解如淳曰："指示王翳。"

【六】正义汉以一斤金为一金，当一万钱也。

【七】集解徐广曰："亦可是'功德'之'德'。"正义为，于伪反。言吕马童与项羽先是故人，旧有恩德于羽。一云德行也。

【八】索隐按《晋书地道记》，其中水县属河间。正义《地理志》云中水县属涿郡。应劭云："在易、滱二水之中，故曰中水。"

【九】索隐按《地理志》，县在南阳。按：《表》作"王蠹"也。正义《括地志》云："杜衍侯故县在邓州南阳县西八里。"

【一〇】索隐南阳有丹水县，疑赤泉后改。按：《汉书·表》及《后汉》作"悥"，音火志反。

【一一】索隐《地理志》县名，属汝南，故房子国。正义吴防，豫州县。《括地志》云："吴房县本汉旧县。孟康云吴王阖庐弟夫概奔楚，楚封于此，为堂豁氏，本房子国，以封吴，故曰吴房。"

【一二】集解徐广曰："五人后卒，皆谥壮侯。"索隐《地理志》南阳县名。正义涅，年结反。《括地志》云："涅阳故城在邓州穰县东北六十里，本汉旧县也。应劭云在涅水之阳。"

项王已死，【一】楚地皆降汉，独鲁不下。汉乃引天下兵欲屠之，为其守礼义，为主死节，乃持项王头视鲁，鲁父兄乃降。始，楚怀王初封项籍为鲁公，及其死，鲁最后下，故以鲁公礼葬项王穀城。【二】汉王为发哀，泣之而去。

【一】集解徐广曰："汉五年之十二月也。项王以始皇十五年己巳岁生，死时年三十一。"

【二】集解《皇览》曰："项羽冢在东郡穀城，东去县十五里。"正义《括地志》云："项羽墓在济州东阿县东二十七里，穀城西三里。《述征记》项羽墓在穀城西北三里半许，毁坏，有碣石'项王之墓'。"

诸项氏枝属，汉王皆不诛。乃封项伯为射阳侯。【一】桃侯、【二】平皋侯、【三】玄武侯【四】皆项氏，赐姓刘氏。

【一】集解徐广曰："项伯名缠，字伯。"正义射音食夜反。《括地志》云："楚州山阳，本汉射阳县。《吴地志》云在射水之阳，故曰射阳。"

【二】集解徐广曰："名襄。其子舍为丞相。"正义《括地志》云："故城在滑州胙城县东四十里。《汉书》云高祖十二年封刘襄为桃侯也。"

【三】集解徐广曰："名佗。"正义《括地志》云："平皋故城在怀州武德县东二十里，汉平皋县。"按：佗音徒何反。

【四】集解徐广曰："《诸侯表》中不见。"

[编者按：该选本此处略去项羽死后，刘邦收降余部及祭奠项羽之事。]

太史公曰：吾闻之周生曰【一】"舜目盖重瞳子"，【二】又闻项羽亦重瞳子。羽岂其苗裔邪？何兴之暴也！夫秦失其政，陈涉首难，豪杰蜂起，相与并争，不可胜数。然羽非有尺寸，乘势起陇亩之中，三年，遂将五诸侯灭秦，【三】分裂天下，而封王侯，政由羽出，号为"霸王"，位虽不终，近古以来未尝有也。及羽背关怀楚，【四】放逐义帝而自立，怨王侯叛己，难矣。自矜功伐，奋其私智而不师古，谓霸王之业，欲以力征经营天下，五年卒亡其国，【五】身死东城，尚不觉悟而不自责，过矣。乃引"天亡我，非用兵之罪也"，岂不谬哉！

【一】集解文颖曰："周时贤者。"正义孔文祥云："周生，汉时儒者，姓周也。"按：太史公云"吾闻之周生"，则是汉人，与太史公耳目相接明矣。

【二】集解《尸子》曰："舜两眸子，是谓重瞳。"

【三】集解此时山东六国，而齐、赵、韩、魏、燕五国并起，从伐秦，故云五诸侯。

【四】正义颜师古云："背关，背约不王高祖于关中。怀楚，谓思东归而都彭城。"

【五】正义辛音子律反。五年，谓高帝元年至五年，杀项羽东城。

萧相国世家

萧相国何者，沛丰人也。【一】以文无害【二】为沛主吏掾。【三】

【一】索隐按：《春秋纬》"萧何感昴精而生，典狱制律"。

【二】集解《汉书音义》曰："文无害，有文无所枉害也。律有无害都吏，如今言公平吏。一曰，无害者如言'无比'，陈留间语也。"索隐按：裴注已列数家，今更引二说。应劭云"虽为文吏，而不刻害也"。韦昭云："为有文理，无伤害也。"

【三】索隐《汉书》云"何为主吏"。主吏，功曹也。又云"何为沛掾"，是何为功曹掾也。

高祖为布衣时，何数以吏事护高祖。【一】高祖为亭长，常左右之。高祖以吏繇咸阳，吏皆送奉钱三，何独以五。【二】

【一】索隐《说文》云："护，救视也。"

【二】集解李奇曰："或三百，或五百也。"索隐奉音扶用反。谓资俸之。如字读，谓奉送之也。钱三百，谓他人三百，何独五百也。刘氏云："时钱有重者一当百，故有送钱三者。"

秦御史监郡者与从事，常辨之。【一】何乃给泗水卒史【二】事，第一。【三】秦御史欲入言征何，何固请，得毋行。

【一】集解张晏曰："何与共事修辨，明何素有方略也。"苏林曰："辟何与从事也。秦时无刺史，以御史监郡。"索隐按：何与御史从事常辨，明言称职也。故张晏曰"何与共事修辨，明何素有方略"是也。

【二】集解徐广曰："沛县有泗水亭。又秦以沛为泗水郡。"骃按：文颖曰"何为泗水郡卒史"。索隐如淳按：律，郡卒史书佐各十人也。卒，祖忽反。

【三】索隐按：谓课最居第一也。

及高祖起为沛公，何常为丞督事。【一】沛公至咸阳，诸将皆争走【二】金帛财物之府分之，何独先入收秦丞相御史律令图书藏之。沛公为汉王，以何为丞相。项王与诸侯屠烧咸阳而去。汉王所以具知天下阨塞，户口多少，强弱之处，民所疾苦者，以何具得秦图书也。何进言韩信，汉王以信为大将军。语在淮阴侯事中。

【一】索隐谓高祖起沛，令何为丞，常监督庶事也。

【二】索隐音奏。奏者，趋向之。

汉王引兵东定三秦，何以丞相留收巴蜀，填抚谕告，使给军食。汉二年，汉王与诸侯击楚，何守关中，侍太子，治栎阳。为法令约束，立宗庙社稷宫室县邑，辄奏上，可许以从事；即不及奏上，辄以便宜施行，上来以闻。【一】关中事计户口转漕【二】给军，汉王数失军遁去，何常兴关中卒，辄补缺。上以此专属任何关中事。

【一】集解应劭曰："上来还，乃以所为闻之。"

【二】索隐转，刘氏音张恋反。漕，水运也。

汉三年，汉王与项羽相距京索之间，上数使使劳苦丞相。鲍生谓丞相曰："王暴衣露盖，数使使劳苦君者，有疑君心也。为君计，莫若遣君子孙昆弟能胜兵者悉诣军所，上必益信君。"于是何从其计，汉王大说。

汉五年，既杀项羽，定天下，论功行封。群臣争功，岁余功不决。高祖以萧何功最盛，封为酇侯，【一】所食邑多。功臣皆曰："臣等身被坚执锐，多者百余战，少者数十合，攻城略地，大小各有差。今萧何未尝有汗马之劳，徒持文墨议论，不战，顾反居臣等上，何也?"高帝曰:"诸君知猎乎?"曰:"知之。""知猎狗乎?"曰:"知之。"高帝曰:"夫猎,追杀兽兔者狗也,而发踪指示兽处者人也。今诸君徒能得走兽耳,功狗也。至如萧何,发踪指示,功人也。且诸君独以身随我,多者两三人;今萧何举宗数十人皆随我,功不可忘也。"群臣皆莫敢言。

【一】集解文颖曰:"音赞。"瓒曰:"今南乡酇县也。孙检曰'有二县,音字多乱。其属沛郡者音嵯,属南阳者音讃'。按《茂陵书》,萧何国在南阳,宜呼讃。今多呼嵯,嵯旧字作'酂',今皆作'酇',所由乱也。"索隐邹氏云:"属沛郡音嵯,属南阳音赞。"又臣瓒按《茂陵书》:"萧何国在南阳,则字当音赞,今多呼为嵯也。"注:"瓒曰今南乡酇县。"顾氏云:"南乡,郡名也。《太康地理志》云'魏武帝建安中分南阳立南乡郡,晋武帝又曰顺阳郡也'。"

列侯毕已受封,及奏位次,皆曰:"平阳侯曹参身被七十创,攻城略地,功最多,宜第一。"上已桡【一】功臣,多封萧何,至位次未有以复难之,然心欲何第一。关内侯鄂君【二】进曰:"群臣议皆误。夫曹参虽有野战略地之功,此特一时之事。夫上与楚相距五岁,常失军亡众,逃身遁者数矣。然萧何常从关中遣军补其处,非上所诏令召,而数万众会上之乏绝者数矣。夫汉与楚相守荥阳数年,军无见粮,萧何转漕关中,给食不乏。陛下虽数亡山东,萧何常全关中以待陛下,此万世之功也。今虽亡曹参等百数,何缺于汉?汉得之不必待以全。奈何欲以一旦之功而加万世之功哉!萧何第一,曹参次之。"高祖曰:"善。"于是乃令萧何第一,赐带剑履上殿,入朝不趋。

【一】集解应劭曰:"桡,屈也。"索隐音女教反。
【二】索隐按《功臣表》,鄂君即鄂千秋,封安平侯。

上曰:"吾闻进贤受上赏。萧何功虽高,得鄂君乃益明。"于是因鄂君故所食关内侯邑封为安平侯。【一】是日，悉封何父子兄弟十余人，皆有食邑。乃益封何二千户，以帝尝繇咸阳时何送我独赢奉钱二也。【二】

【一】集解徐广曰："以谒者从定诸侯有功，秩举萧何功，故因侯二千户。封九年卒。至玄孙但，坐与淮南王安通，弃市，国除。"正义《括地志》云："泽州安平县，本汉安平县。"

【二】索隐谓人皆三，何独五，所以为赢二也。音盈。

汉十一年，陈豨反，高祖自将，至邯郸。未罢，淮阴侯谋反关中，吕后用萧何计，诛淮阴侯，语在《淮阴》事中。上已闻淮阴侯诛，使使拜丞相何为相国，益封五千户，令卒五百人一都尉为相国卫。诸君皆贺，召平独吊。召平者，故秦东陵侯。秦破，为布衣，贫，种瓜于长安城东，瓜美，故世俗谓之"东陵瓜"，从召平以为名也。召平谓相国曰："祸自此始矣。上暴露于外而君守于中，非被矢石之事而益君封置卫者，以今者淮阴侯新反于中，疑君心矣。夫置卫卫君，非以宠君也。愿君让封勿受，悉以家私财佐军，则上心说。"相国从其计，高帝乃大喜。

汉十二年秋，黥布反，上自将击之，数使使问相国何为。相国为上在军，乃拊循勉力百姓，悉以所有佐军，如陈豨时。客有说相国曰："君灭族不久矣。夫君位为相国，功第一，可复加哉？然君初入关中，得百姓心，十余年矣，皆附君，常复孳孳得民和。上所为数问君者，畏君倾动关中。今君胡不多买田地，贱贳贷【一】以自污？上心乃安。"于是相国从其计，上乃大说。

【一】正义贳音世。又食夜反，赊也。下天得反。

上罢布军归，民道遮行上书，言相国贱强买民田宅数千万。上至，相国谒。上笑曰："夫相国乃利民！"【一】民所上书皆以与相国，曰："君自谢民。"相国因为民请曰："长安地狭，上林中多空地，弃，愿令民得入田，毋收稾为禽兽食。"【二】上大怒曰："相国多受贾人财物，乃为请吾苑！"乃下相国廷尉，械系之。数日，王卫尉侍，【三】前问曰："相国何大罪，陛下系之暴也？"上曰："吾闻李斯相秦皇帝，有善归主，有恶自与。今相国多受贾竖金而为民请吾苑，以自媚于民，故系治之。"王卫尉曰："夫职事苟有便于民而请之，真宰相事，陛下奈何乃疑相国受贾人钱乎！且陛下距楚数岁，陈狶、黥布反，陛下自将而往，当是时，相国守关中，摇足则关以西非陛下有也。相国不以此时为利，今乃利贾人之金乎？且秦以不闻其过亡天下，李斯之分过，【四】又何足法哉。陛下何疑宰相之浅也。"【五】高帝不怿。是日，使使持节赦出相国。相国年老，素恭谨，入，徒跣谢。高帝曰："相国休矣！相国为民请苑，吾不许，我不过为桀纣主，而相国为贤相。吾故系相国，欲令百姓闻吾过也。"

【一】索隐谓相国取人田宅以为利，故云"乃利人"也。所以令相国自谢之。

【二】索隐苗子还种田人，留稾入官。

【三】集解如淳曰："《百官公卿表》'卫尉王氏'，无名字。"

【四】索隐按：上文李斯归恶而自予，是分过。

【五】集解韦昭曰："用意浅。"

何素不与曹参相能，及何病，孝惠自临视相国病，因问曰："君即百岁后，谁可代君者？"对曰："知臣莫如主。"孝惠曰："曹参何如？"何顿首曰："帝得之矣！臣死不恨矣！"

何置田宅必居穷处，为家不治垣屋。曰："后世贤，师吾俭；不贤，毋为势家所夺。"

孝惠二年，相国何卒，【一】谥为文终侯。【二】

【一】集解《东观汉记》云:"萧何墓在长陵东司马门道北百步。"正义《括地志》云:"萧何墓在雍州咸阳县东北三十七里。"

【二】集解徐广曰:"《功臣表》萧何以客初起从也。"

后嗣以罪失侯者四世,绝,天子辄复求何后,封续酂侯,功臣莫得比焉。

太史公曰:萧相国何于秦时为刀笔吏,录录未有奇节。【一】及汉兴,依日月之末光,何谨守管籥,因民之疾秦法,顺流与之更始。淮阴、黥布等皆以诛灭,而何之勋烂焉。位冠群臣,声施后世,与闳夭、散宜生等争烈矣。

【一】索隐录音禄。

留侯世家

留侯【一】张良者,【二】其先韩人也。【三】大父开地,【四】相韩昭侯、宣惠王、襄哀王。父平,相釐王、悼惠王。【五】悼惠王二十三年,平卒。卒二十岁,秦灭韩。良年少,未宦事韩。韩破,良家僮三百人,弟死不葬,悉以家财求客刺秦王,为韩报仇,以大父、父五世相韩故。【六】

【一】索隐韦昭云"留,今属彭城"。按:良求封留,以始见高祖于留故也。正义《括地志》云:"故留城在徐州沛县东南五十五里。今城内有张良庙也。"

【二】索隐《汉书》云"字子房"。按:王符、皇甫谧并以良为韩之公族,姬姓也。秦索贼急,乃改姓名。而韩先有张去疾及张谴,恐非良之先代。

【三】索隐良既历代相韩,故知其先韩人。顾氏按:《后汉书》云"张良出于城父",城父县属颍川也。正义《括地志》云:"城父在汝州郏城县东三十里,韩地也。"

【四】集解应劭曰:"大父,祖父。开地,名。"

【五】集解《韩系家》及《系本》并作"桓惠王"。

【六】索隐谓大父及父相韩五王,故云五代。

良尝学礼淮阳。【一】东见仓海君。【二】得力士,为铁椎重百二十斤。秦皇帝东游,良与客狙【三】击秦皇帝博浪沙中,【四】误中副车。【五】秦皇帝大怒,大索天下,求贼甚急,为张良故也。良乃更名姓,亡匿下邳。

【一】正义今陈州也。

【二】集解如淳曰:"秦郡县无仓海。或曰东夷君长。"索隐姚察以武帝时东夷秽君降,为仓海郡,或因以名,盖得其近也。正义《汉书·武帝纪》云"元朔元年,东夷秽君南闾等降,为仓海郡",今貊秽国,得之。太史公修史时已降为郡,自书之。《括地志》云:"秽貊在高丽南,新罗北,东至大海西。"

【三】集解服虔曰:"狙,伺候也。"应劭曰:"狙,七预反,伺也。"徐广曰:"伺候也,音千恕反。"索隐按:应劭云"狙,伺也"。一曰狙,伏伺也,音七豫反。谓狙之伺物,必伏而候之,故今云"狙候"是也。

【四】索隐服虔云:"地在阳武南。"按:今浚仪西北四十里有博浪城。正义《晋地理记》云"郑阳武县有博浪沙"。按:当官道也。

【五】索隐按:《汉官仪》天子属车三十六乘。属车即副车,而奉车郎御而从后。

良尝闲从容【一】步游下邳【二】圯上,【三】有一老父,衣褐,至良所,直堕其履圯下,【四】顾谓良曰:"孺子,下取履!"良愕然,欲殴之。【五】为其老,强忍,下取履。父曰:"履我!"良业为取履,因长跪履之。【六】父以足受,笑而去。良殊大惊,随目之。父去里所,复还,【七】曰:"孺子可教矣。后五日平明,与我会此。"良因怪之,跪曰:"诺。"五日平明,良往。父已先在,怒曰:"与老人期,后,何也?"去,曰:"后五日早会。"五日鸡鸣,良往。父又先在,复怒曰:"后,何也?"去,曰:"后五日复早来。"五日,良夜未半往。有顷,父亦来,喜曰:"当如是。"出一编书,【八】曰:"读此则为王者师矣。后十年兴。十三年,孺子见我济北,穀城山下黄石即我矣。"【九】遂去,无他言,不复见。旦日视其书,乃《太公兵法》也。【一〇】良因异之,常习诵读之。

【一】索隐尝训经也。闲,闲字也。从容,闲暇也。从容谓从任其容止,不矜庄也。

【二】索隐邳,被眉反。按:《地理志》下邳县属东海。又云邳在薛,后徙此。有上邳,故此曰下邳也。

【三】集解徐广曰:"圯,桥也,东楚谓之圯。音怡。"索隐李奇云"下邳人谓桥为圯,音怡"。文颖曰"沂水上桥也"。应劭云"沂水之上也"。姚察见《史记》本有作土旁者,乃引今会稽东湖大桥名为灵圯。圯亦音夷,理或然也。

【四】索隐崔浩云"直犹故也",亦恐不然。直言正也,谓至良所正堕其履也。

【五】集解徐广曰:"一云'良怒,欲骂之'。"索隐殴音乌后反。

【六】索隐业犹本先也。谓良心先已为取履,故遂跪而履之。

【七】集解徐广曰:"一曰'为其老,强忍,下取履,因进之。父以足受,笑而去。良殊大惊。父去里所,复还'。"

【八】集解徐广曰:"编,一作'篇'。"

【九】正义《括地志》云:"谷城山一名黄山,在济州东阿县东。济州,故济北郡。孔文祥云'黄石公,须眉皆白,状杖丹黎,履赤舄'。"

【一〇】正义《七录》云:"《太公兵法》一帙三卷。太公,姜子牙,周文王师,封齐侯也。"

居下邳,为任侠。项伯常杀人,从良匿。

后十年,陈涉等起兵,良亦聚少年百余人。景驹自立为楚假王,在留。良欲往从之,道遇沛公。沛公将数千人,略地下邳西,遂属焉。沛公拜良为厩将。【一】良数以《太公兵法》说沛公,沛公善之,常用其策。良为他人言,皆不省。良曰:"沛公殆天授。"【二】故遂从之,不去见景驹。

【一】集解《汉书音义》曰:"官名。"

【二】索隐殆训近也。

及沛公之薛,见项梁。项梁立楚怀王。良乃说项梁曰:"君已立楚后,而韩诸公子横阳君成贤,可立为王,益树党。"项梁使良求韩成，立以为韩王。以良为韩申徒，【一】与韩王将千余人西略韩地，得数城，秦辄复取之，往来为游兵颍川。

【一】集解徐广曰："即司徒耳，但语音讹转，故字亦随改。"

沛公之从雒阳南出轘辕，良引兵从沛公，下韩十余城，击破杨熊军。沛公乃令韩王成留守阳翟，与良俱南，攻下宛，西入武关。沛公欲以兵二万人击秦峣下军，【一】良说曰："秦兵尚强，未可轻。臣闻其将屠者子，贾竖易动以利。愿沛公且留壁，使人先行，为五万人具食，【二】益为张旗帜【三】诸山上，为疑兵，令郦食其持重宝啖秦将。"秦将果畔，欲连和俱西袭咸阳，沛公欲听之。良曰："此独其将欲叛耳，恐士卒不从。不从必危，不如因其解【四】击之。"沛公乃引兵击秦军，大破之。遂北至蓝田，再战，秦兵竟败。遂至咸阳，秦王子婴降沛公。

【一】集解徐广曰："峣音尧。"
【二】集解徐广曰："五，一作'百'。"
【三】索隐音其试二音。
【四】索隐谓卒将离心而懈怠。

沛公入秦宫，宫室帷帐狗马重宝妇女以千数，意欲留居之。樊哙谏沛公出舍，沛公不听。【一】良曰："夫秦为无道，故沛公得至此。夫为天下除残贼，宜缟素为资，【二】今始入秦，即安其乐，此所谓'助桀为虐'。且'忠言逆耳利于行，毒药苦口利于病'，【三】愿沛公听樊哙言。"沛公乃还军霸上。

【一】集解徐广曰："一本'哙谏曰：沛公欲有天下邪？将欲为富家翁邪？'沛公曰：'吾欲有天下。'哙曰：'今臣从入秦宫，所观宫室帷帐珠玉重宝钟鼓之饰，奇物不可胜极，入其后宫，美人妇女以千数，此皆秦所以亡天下也。愿沛公急还霸上,无留宫中。"沛公不听'。"

【二】集解晋灼曰:"资,藉也。欲沛公反秦奢泰,服俭素以为藉也。"

【三】索隐按:此语见《孔子家语》。

项羽至鸿门下,欲击沛公,项伯乃夜驰入沛公军,私见张良,欲与俱去。良曰:"臣为韩王送沛公,今事有急,亡去不义。"乃具以语沛公。沛公大惊,曰:"为将奈何?"良曰:"沛公诚欲倍项羽邪?"沛公曰:"鲰生【一】教我距关无内诸侯,秦地可尽王,故听之。"良曰:"沛公自度能却项羽乎?"沛公默然良久,曰:"固不能也。今为奈何?"良乃固要项伯。项伯见沛公。沛公与饮为寿,结宾婚。令项伯具言沛公不敢倍项羽,所以距关者,备他盗也。及见项羽后解,语在《项羽》事中。

【一】集解徐广曰:"吕静曰'鲰,鱼也,音此垢反'。"索隐吕静云"鲰,鱼也,谓小鱼也,音此垢反"。臣瓒按:《楚汉春秋》鲰生本姓解。

汉元年正月,沛公为汉王,王巴蜀。汉王赐良金百溢,珠二斗,良具以献项伯。汉王亦因令良厚遗项伯,使请汉中地。【一】项王乃许之,遂得汉中地。汉王之国,良送至褒中,【二】遣良归韩。良因说汉王曰:"王何不烧绝所过栈道,示天下无还心,以固项王意。"乃使良还,行烧绝栈道。

【一】集解如淳曰:"本但与巴蜀,故请汉中地。"

【二】正义《括地志》云:"褒谷在梁州褒城县北五十里南中山。昔秦欲伐蜀,路无由入,乃刻石为牛五头,置金于后,伪言此牛能屎金,以遗蜀。蜀侯贪,信,乃令五丁共引牛,堑山堙谷,致之成都。秦遂寻道伐之,因号曰石牛道。《蜀赋》以石门在汉中之西,褒中之北是。"又云:"斜水源出褒城县西北衙岭山,与褒水同源而流派。《汉书·沟洫志》云'褒水通沔,斜水通渭,皆以行船'。"

良至韩，韩王成以良从汉王故，项王不遣成之国，从与俱东。良说项王曰："汉王烧绝栈道，无还心矣。"乃以齐王田荣反书告项王。项王以此无西忧汉心，而发兵北击齐。

项王竟不肯遣韩王，乃以为侯，又杀之彭城。良亡，间行归汉王，汉王亦已还定三秦矣。复以良为成信侯，从东击楚。至彭城，汉败而还。至下邑，汉王下马踞鞍而问曰："吾欲捐关以东等弃之，谁可与共功者？"良进曰："九江王黥布，楚枭将，与项王有郄；彭越与齐王田荣反梁地：此两人可急使。而汉王之将独韩信可属大事，当一面。即欲捐之，捐之此三人，则楚可破也。"汉王乃遣随何说九江王布，而使人连彭越。及魏王豹反，使韩信将兵击之，因举燕、代、齐、赵。然卒破楚者，此三人力也。

张良多病，未尝特将也，常为画策臣，时时从汉王。

汉三年，项羽急围汉王荥阳，汉王恐忧，与郦食其谋桡楚权。食其曰："昔汤伐桀，封其后于杞。武王伐纣，封其后于宋。今秦失德弃义，侵伐诸侯社稷，灭六国之后，使无立锥之地。陛下诚能复立六国后世，毕已受印，此其君臣百姓必皆戴陛下之德，莫不乡风慕义，愿为臣妾。德义已行，陛下南乡称霸，楚必敛衽而朝。"汉王曰："善。趣刻印，先生因行佩之矣。"

食其未行，张良从外来谒。汉王方食，曰："子房前！客有为我计桡楚权者。"具以郦生语告，曰："于子房何如？"良曰："谁为陛下画此计者？陛下事去矣。"汉王曰："何哉？"张良对曰："臣请藉前箸为大王筹之。"【一】曰："昔者汤伐桀而封其后于杞者，度能制桀之死命也。今陛下能制项籍之死命乎？"曰："未能也。""其不可一也。武王伐纣封其后于宋者，度能得纣之头也。今陛下能得项籍之头乎？"曰："未能也。""其不可二也。武王入殷，表商容之间，【二】释箕子之拘，【三】封比干之墓。今陛下能封圣人之墓，表贤者之间，式智者之门乎？"曰："未能也。""其不可三也。发钜桥之粟，散鹿台之钱，以赐贫穷。今陛下能散府库以赐贫穷乎？"曰："未能也。""其不可四矣。殷事已毕，偃革为轩，【四】倒置干戈，覆以虎皮，以示天下不复用兵。今陛下能偃武行文，不复用兵乎？"曰："未能也。""其不可五矣。休马华山之阳，示以无所为。今陛下能休马无所用乎？"曰："未能也。""其不可六矣。放牛桃林之阴，【五】以示不复输积。今陛下能放牛不复输积乎？"曰："未能也。""其不可七矣。且天下游士离其亲戚，弃坟墓，去故旧，从陛下游者，徒欲日夜望咫尺之地。今复六国，立韩、魏、燕、赵、齐、楚之后，天下游士各归事其主，从其亲戚，反其故旧坟墓，陛下与谁取天下乎？其不可八矣。且夫楚唯无强，六国立者复桡而从之，【六】陛下焉得而臣之？诚用客之谋，陛下事去矣。"汉王辍食吐哺，骂曰："竖儒，几败而公事！"【七】令趣销印。

【一】集解张晏曰："求借所食之箸用指画也。或曰前世汤武筹明之事，以筹度今时之不若也。"

【二】索隐按：崔浩云"表者，标榜其里门也"。商容，纣时贤人也。《韩诗外传》曰"商容执羽籥，冯于马徒，欲以化纣而不能，遂去，伏于太行山。武王欲以为三公，固辞不受"。余解在《商纪》。

【三】集解徐广曰："释，一作'式'。拘，一作'囚'。"

【四】集解如淳曰："革者，革车也；轩者，赤毂乘轩也。偃武备而治礼乐也。"索隐苏林云："革者，兵车也；轩者，朱轩皮轩也。谓废兵车而用乘车也。"《说文》云："轩，曲周屏车。"

【五】索隐按：晋灼云"在弘农闅乡南谷中"。应劭《十三州记》"弘农有桃丘聚，古桃林也"。《山海经》云"夸父之山，北有桃林，广三百里"也。

【六】集解《汉书音义》曰："唯当使楚无强，强则六国弱从之。"索隐按：荀悦《汉纪》说此事云"独可使楚无强，若强，则六国屈桡而从之"。又韦昭云

"今无强楚者,言六国立必复屈桡从楚"。是二说意同也。

【七】索隐高祖骂郦生为竖儒,谓此儒生竖子耳。几音祈。几者,殆近也。而公,高祖自谓也。《汉书》作"乃公",乃亦汝也。

汉四年,韩信破齐而欲自立为齐王,汉王怒。张良说汉王,汉王使良授齐王信印,语在《淮阴》事中。

其秋,汉王追楚至阳夏南,战不利而壁固陵,诸侯期不至。良说汉王,汉王用其计,诸侯皆至。语在《项籍》事中。

汉六年正月,封功臣。良未尝有战斗功,高帝曰:"运筹策帷帐中,决胜千里外,子房功也。自择齐三万户。"良曰:"始臣起下邳,与上会留,此天以臣授陛下。陛下用臣计,幸而时中,臣愿封留足矣,不敢当三万户。"乃封张良为留侯,与萧何等俱封。

六年,上已封大功臣二十余人,其余日夜争功不决,未得行封。上在雒阳南宫,从复道【一】望见诸将往往相与坐沙中语。上曰:"此何语?"留侯曰:"陛下不知乎?此谋反耳。"上曰:"天下属安定,何故反乎?"留侯曰:"陛下起布衣,以此属取天下,今陛下为天子,而所封皆萧、曹故人所亲爱,而所诛者皆生平所仇怨。今军吏计功,以天下不足遍封,此属畏陛下不能尽封,恐又见疑平生【二】过失及诛,故即相聚谋反耳。"上乃忧曰:"为之奈何?"留侯曰:"上平生所憎,群臣所共知,谁最甚者?"上曰:"雍齿与我故,【三】数尝窘辱我。我欲杀之,为其功多,故不忍。"留侯曰:"今急先封雍齿以示群臣,群臣见雍齿封,则人人自坚矣。"于是上乃置酒,封雍齿为什方侯,【四】而急趣丞相、御史定功行封。群臣罢酒,皆喜曰:"雍齿尚为侯,我属无患矣。"

【一】集解如淳曰:"复音複。上下有道,故谓之复道。"韦昭曰:"阁道。"

【二】集解徐广曰:"多作'生平'。"

【三】集解《汉书音义》曰："未起时有故怨。"

【四】索隐《地理志》县名，属广汉。什音十。正义《括地志》云："雍齿城在益州什邡县南四十步。汉什邡县，汉初封雍齿为侯国。"

刘敬说高帝曰："都关中。"上疑之。左右大臣皆山东人，多劝上都雒阳："雒阳东有成皋，西有崤黾，倍河，向伊雒，其固亦足恃。"留侯曰："雒阳虽有此固，其中小，不过数百里，田地薄，四面受敌，此非用武之国也。夫关中左殽函，【一】右陇蜀，【二】沃野千里，南有巴蜀之饶，北有胡苑之利，【三】阻三面而守，独以一面东制诸侯。诸侯安定，河渭漕挽天下，西给京师；诸侯有变，顺流而下，足以委输。此所谓金城千里，天府之国也，【四】刘敬说是也。"于是高帝即日驾，西都关中。【五】

【一】正义殽，二殽山也，在洛州永宁县西北二十八里。函谷关在陕州桃林县西南十二里。

【二】正义陇山南连蜀之岷山，故云右陇蜀也。

【三】索隐崔浩云："苑马牧外接胡地，马生于胡，故云胡苑之利。"正义《博物志》云"北有胡苑之塞"。按：上郡、北地之北与胡接，可以牧养禽兽，又多致胡马，故谓胡苑之利也。

【四】索隐按：此言"谓"者，皆是依凭古语。言秦有四塞之国，如金城也。故《淮南子》云"虽有金城，非粟不守"。又苏秦说秦惠王云"秦地势形便，所谓天府"。是所凭也。

【五】索隐按：《周礼》"二曰询国迁"，乃为大事。高祖即日西迁者，盖谓其日即定计耳，非即日遽行也。

留侯从入关。留侯性多病，即道引不食谷，【一】杜门不出岁余。

【一】集解《汉书音义》曰："服辟谷之药，而静居行气。"

上欲废太子，立戚夫人子赵王如意。大臣多谏争，未能得坚决者也。吕后恐，不知所为。人或谓吕后曰："留侯善画计策，上信用之。"吕后乃使建成侯吕泽劫留侯，曰："君常为上谋臣，今上欲易太子，君安得高枕而卧乎？"留侯曰："始上数在困急之中，幸用臣策。今天下安定，以爱欲易太子，骨肉之间，虽臣等百余人何益。"吕泽强要曰："为我画计。"留侯曰："此难以口舌争也。顾上有不能致者，天下有四人。【一】四人者年老矣，皆以为上慢侮人，故逃匿山中，义不为汉臣。然上高此四人。今公诚能无爱金玉璧帛，令太子为书，卑辞安车，因使辩士固请，宜来。来，以为客，时时从入朝，令上见之，则必异而问之。问之，上知此四人贤，则一助也。"于是吕后令吕泽使人奉太子书，卑辞厚礼，迎此四人。四人至，客建成侯所。

【一】索隐四人，四皓也，谓东园公、绮里季、夏黄公、角里先生。按：《陈留志》云"园公姓庾，字宣明，居园中，因以为号。夏黄公姓崔名广，字少通，齐人，隐居夏里修道，故号曰夏黄公。角里先生，河内轵人，太伯之后，姓周名术，字元道，京师号曰霸上先生，一曰角里先生"。又孔安国《秘记》作"禄里"。此皆王劭据崔氏、周氏系谱及陶元亮《四八目》而为此说。

汉十一年，黥布反，上病，欲使太子将，往击之。四人相谓曰："凡来者，将以存太子。太子将兵，事危矣。"乃说建成侯曰："太子将兵，有功则位不益太子；无功还，则从此受祸矣。且太子所与俱诸将，皆尝与上定天下枭将也，今使太子将之，此无异使羊将狼也，皆不肯为尽力，其无功必矣。臣闻'母爱者子抱'，【一】今戚夫人日夜侍御，赵王如意常抱居前，上曰'终不使不肖子居爱子之上'，明乎其代太子位必矣。君何不急请吕后承间为上泣言：'黥布，天下猛将也，善用兵，今诸将皆陛下故等夷，【二】乃令太子将此属，无异使羊将狼，莫肯为用，且使布闻之，则鼓行而西耳。【三】上虽病，强载辎车，卧而护之，诸将不敢不尽力。上虽苦，为妻子自强。'"于是吕泽立夜见吕后，吕后承间为上泣涕而言，如四人意。上曰："吾惟竖子固不足遣，而公自行耳。"于是上自将兵而东，群臣居守，皆送至灞上。留侯病，自强起，至曲邮，【四】见上曰："臣宜从，病甚。楚人剽疾，愿上无与楚人争锋。"因说上曰："令太子为将军，监关中兵。"上曰："子房虽病，强卧而傅太子。"是时叔孙通为太傅，留侯行少傅事。

【一】索隐 此语出《韩子》。

【二】集解 徐广曰："夷犹侪也。"索隐 如淳云："等夷，言等辈。"

【三】集解 晋灼曰："鼓行而西，言无所畏也。"

【四】集解 司马彪曰："长安县东有曲邮聚。"索隐 邮音尤。按：司马彪《汉书·郡国志》长安有曲邮聚。今在新丰西，俗谓之邮头。《汉书旧仪》云"五里一邮，邮人居间，相去二里半"。按：邮乃今之候也。

汉十二年，上从击破布军归，疾益甚，愈欲易太子。留侯谏，不听，因疾不视事。叔孙太傅称说引古今，以死争太子。上详许之，犹欲易之。及燕，置酒，太子侍。四人从太子，年皆八十有余，须眉皓白，衣冠甚伟。上怪之，问曰："彼何为者？"四人前对，各言名姓，曰东园公，角里先生，绮里季，夏黄公。上乃大惊，曰："吾求公数岁，公辟逃我，今公何自从吾儿游乎？"四人皆曰："陛下轻士善骂，臣等义不受辱，故恐而亡匿。窃闻太子为人仁孝，恭敬爱士，天下莫不延颈欲为太子死者，故臣等来耳。"上曰："烦公幸卒调护太子。"【一】

【一】集解 如淳曰："调护犹营护也。"

四人为寿已毕，趋去。上目送之，召戚夫人指示四人者曰："我欲易之，彼四人辅之，羽翼已成，难动矣。吕后真而主矣。"戚夫人泣，上曰："为我楚舞，吾为若楚歌。"歌曰："鸿鹄高飞，一举千里。羽翮已就，横绝四海。横绝四海，当可奈何！虽有矰缴，【一】尚安所施！"歌数阕，【二】戚夫人嘘唏流涕，上起去，罢酒。竟不易太子者，留侯本招此四人之力也。

【一】集解韦昭曰："缴，弋射也。其矢曰矰。"索隐马融注《周礼》云："矰者，缴系短矢谓之矰。"一说云矰一弦，可以仰高射，故云矰也。

【二】索隐音曲穴反，谓曲终也。《说文》曰："阕，事已闭门也。"

留侯从上击代，出奇计马邑下，【一】及立萧何相国【二】，所与上从容言天下事甚众，非天下所以存亡，故不著。留侯乃称曰："家世相韩，及韩灭，不爱万金之资，为韩报雠强秦，天下振动。今以三寸舌【三】为帝者师，封万户，位列侯，此布衣之极，于良足矣。愿弃人间事，欲从赤松子【四】游耳。"乃学辟【五】谷，道引轻身。【六】会高帝崩，吕后德留侯，乃强食之，曰："人生一世间，如白驹过隙，何至自苦如此乎！"留侯不得已，强听而食。

【一】集解徐广曰："一云'出奇计下马邑'。"

【二】集解《汉书音义》曰："何时未为相国，良劝高祖立之。"

【三】索隐《春秋纬》云："舌在口，长三寸，象斗玉衡。"

【四】索隐《列仙传》："神农时雨师也，能入火自烧，昆仑山上随风雨上下也。"

【五】索隐宾亦反。

【六】集解徐广曰："一云'乃学道引，欲轻举'也。"

后八年卒，谥为文成侯。子不疑代侯。【一】

【一】集解徐广曰："文成侯立十六年卒，子不疑代立。十年，坐与门大夫吉谋杀故楚内史，当死，赎为城旦，国除。"

子房始所见下邳圯上老父与《太公书》者，后十三年从高帝过济北，果见穀城山下黄石，取而葆祠之。【一】留侯死，并葬黄石冢。【二】每上冢伏腊，祠黄石。

【一】集解徐广曰："《史记》珍宝字皆作'葆'。"

【二】正义《括地志》云："汉张良墓在徐州沛县东六十五里，与留城相近也。"

留侯不疑，孝文帝五年坐不敬，国除。

太史公曰：学者多言无鬼神，然言有物。【一】至如留侯所见老父予书，亦可怪矣。【二】高祖离困者数矣，而留侯常有功力焉，岂可谓非天乎？上曰："夫运筹策帷帐之中，决胜千里外，吾不如子房。"余以为其人计魁梧奇伟，【三】至见其图，状貌如妇人好女。盖孔子曰："以貌取人，失之子羽。"【四】留侯亦云。

【一】索隐按：物谓精怪及药物也。

【二】索隐按：《诗纬》云"风后，黄帝师，又化为老子，以书授张良"。亦异说。

【三】集解应劭曰："魁梧，丘虚壮大之意。"索隐苏林云"梧音忤"。萧该云"今读为吾，非也"。小颜云"言其可惊悟"。

【四】索隐子羽，澹台灭明字也。《仲尼弟子传》云"状貌甚恶"。又《韩子》云"子羽有君子之容，而行不称其貌"，与《史记》文相反。

卷之二

伯夷传

【索隐】列传者,谓叙列人臣事迹,令可传于后世,故曰列传。【正义】其人行迹可序列,故云列传。

夫学者载籍极博,犹考信于六艺。《诗》、《书》虽缺,【一】然虞夏之文可知也。【二】尧将逊位,让于虞舜,舜禹之间,岳牧咸荐,乃试之于位,典职数十年,【三】功用既兴,然后授政,示天下重器,【四】王者大统,传天下若斯之难也。而说者曰尧让天下于许由,【五】许由不受,耻之,逃隐。及夏之时,有卞随、务光者。此何以称焉?【六】太史公曰:余登箕山,【七】其上盖有许由冢云。孔子序列古之仁圣贤人,如吴太伯、伯夷之伦详矣。余以所闻由、光【八】义至高,【九】其文辞不少概见,何哉?【一〇】

【一】【索隐】按:《孔子系家》称古诗三千余篇,孔子删三百五篇为《诗》,今亡五篇。又《书纬》称孔子求得黄帝玄孙帝魁之书,迄秦穆公,凡三千三百三十篇,乃删以一百篇为《尚书》,十八篇为《中候》。今百篇之内见亡四十二篇,是《诗》、《书》又有缺亡者也。

【二】【索隐】按:《尚书》有《尧典》、《舜典》、《大禹谟》,备言虞夏禅让之事,故云"虞夏之文可知也"。

【三】【正义】舜禹皆典职事二十余年,然后践帝位。

【四】【索隐】言天下者是王者之重器,故《庄子》云"天下大器"是也。则大器亦重器也。

【五】【正义】皇甫谧《高士传》云:"许由字武仲。尧闻,致天下而让焉,乃退而遁于中岳颍水之阳,箕山之下隐。尧又召为九州长,由不欲闻之,洗耳于颍水滨。时有巢父牵犊欲饮之,见由洗耳,问其故。对曰:'尧欲召我为九州长,恶闻其声,是故洗耳。'巢父曰:'子若处高岸深谷,人道不通,谁能见子?子故浮游欲闻，求其名誉。污吾犊口。'牵犊上流饮之。许由殁，葬此山，亦名许由山。"在洛州阳城县南十三里。

【六】索隐按："说者"谓诸子杂记也。然尧让于许由，及夏时有卞随、务光等，殷汤让之天下，并不受而逃，事具《庄周·让王》篇。正义经史唯称伯夷、叔齐，不及许由、卞随、务光者，不少概见，何以哉？故言"何以称焉"，为不称说之也。

【七】索隐盖杨恽、东方朔见其文称"余"，而加"太史公曰"也。

【八】索隐谓太史公闻《庄周》所说许由、务光等。

【九】索隐谓尧让天下于许由，由遂逃箕山，洗耳于颍水；卞随自投于桐水；务光负石自沈于卢水：是义至高。

【一〇】索隐按：概是梗概，谓略也。盖以由、光义至高，而《诗书》之文辞遂不少梗概载见，何以如此哉？是太史公疑说者之言或非实也。正义概，古代反。

孔子曰："伯夷、叔齐，不念旧恶，怨是用希。""求仁得仁，又何怨乎？"余悲伯夷之意，睹轶诗可异焉。【一】其传曰：

伯夷、叔齐，孤竹君之二子也。【二】父欲立叔齐，及父卒，叔齐让伯夷。伯夷曰："父命也。"遂逃去。叔齐亦不肯立而逃之。国人立其中子。于是伯夷、叔齐闻西伯昌善养老，盍往归焉。【三】及至，西伯卒，武王载木主，号为文王，东伐纣。伯夷、叔齐扣马而谏曰："父死不葬，爰及干戈，可谓孝乎？以臣弑君，可谓仁乎？"左右欲兵之。太公曰："此义人也。"扶而去之。武王已平殷乱，天下宗周，而伯夷、叔齐耻之，义不食周粟，隐于首阳山，【四】采薇而食之。【五】及饿且死，作歌。其辞曰："登彼西山兮，【六】采其薇兮。以暴易暴兮，不知其非矣。【七】神农、虞、夏忽焉没兮，我安适归矣?【八】于嗟徂兮,命之衰矣!"【九】遂饿死于首阳山。

由此观之,怨耶非耶?【一〇】

【一】索隐谓悲其兄弟相让,又义不食周粟而饿死。睹音覩。軼音逸。谓见逸诗之文,即下《采薇》之诗是也。不编入三百篇,故云逸诗也。可异焉者,按《论语》云"求仁得仁,又何怨乎"。今其诗云"我安适归矣,于嗟徂兮,命之衰矣"。是怨词也,故云可异焉。

【二】索隐按:"其传"盖《韩诗外传》及《吕氏春秋》也。其传云孤竹君,是殷汤三月丙寅日所封。相传至夷、齐之父,名初,字子朝。伯夷名允,字公信。叔齐名致,字公达。解者云,夷、齐,谥也;伯、仲,又其长少之字。按:《地理志》孤竹城在辽西令支县。应劭云伯夷之国也。其君姓墨胎氏。正义本前注"丙寅"作"殷汤正月三日丙寅"。《括地志》云:"孤竹古城在卢龙县南十二里,殷时诸侯孤竹国也。"

【三】索隐刘氏云:"盍者,疑辞。盖谓其年老归就西伯也。"

【四】集解马融曰:"首阳山在河东蒲阪华山之北,河曲之中。"正义曹大家注《幽通赋》云:"夷、齐饿于首阳山,在陇西首。"又戴延之《西征记》云:"洛阳东北首阳山有夷齐祠。"今在偃师县西北。又《孟子》云:"夷、齐避纣,居北海之滨。"首阳山,《说文》云首阳山在辽西。史传及诸书,夷、齐饿于首阳凡五所,各有案据,先后不详。《庄子》云:"伯夷、叔齐西至岐阳,见周武王伐殷,曰:'吾闻古之士,遭治世不避其任,遇乱世不为苟存。今天下闇,周德衰,其并乎周以涂吾身也,不若避之以絜吾行。'二子北至于首阳之山,遂饥饿而死。"又下诗"登彼西山",是今清源县首阳山,在岐阳西北,明即夷、齐饿死处也。

【五】索隐薇,蕨也。《尔雅》云:"蕨,鳖也。"正义陆玑《毛诗草木疏》云:"薇,山菜也。茎叶皆似小豆,蔓生,其味亦如小豆藿,可作羹,亦可生食也。"

【六】索隐按：西山即首阳山也。

【七】索隐谓以武王之暴臣易殷纣之暴主，而不自知其非矣。

【八】索隐言羲、农、虞、夏敦朴禅让之道，超忽久矣，终没矣。今逢此君臣争夺，故我安适归矣。

【九】索隐于嗟，嗟叹之辞也。徂者，往也，死也。言己今日饿死，亦是运命衰薄，不遇大道之时，至幽忧而饿死。

【一〇】索隐太史公言己观此诗之情，夷、齐之行似是有所怨邪？又疑其云非是怨邪？

或曰："天道无亲，常与善人。"若伯夷、叔齐，可谓善人者非耶？【一】积仁絜行如此而饿死！且七十子之徒，仲尼独荐颜渊为好学。然回也屡空，糟糠不厌，【二】而卒蚤夭。天之报施善人，其何如哉？盗跖日杀不辜，【三】肝人之肉，【四】暴戾恣睢，【五】聚党数千人横行天下，竟以寿终。【六】是遵何德哉？【七】此其尤大彰明较著者也。【八】若至近世，操行不轨，专犯忌讳，而终身逸乐，【九】富厚累世不绝。或择地而蹈之，【一〇】时然后出言，【一一】行不由径，【一二】非公正不发愤，而遇祸灾者，不可胜数也。【一三】余甚惑焉，傥所谓天道，是耶非耶？【一四】

【一】索隐又叙论云若夷、齐之行如此，可谓善人者邪，又非善人者邪，亦疑也。

【二】索隐厌者，饫也，不厌谓不饱也。糟糠，贫者之所餐也，故曰"糟糠之妻"是也。然颜生箪食瓢饮，亦未见"糟糠"之文也。

【三】索隐跖及注作"蹠"，并音之石反。按：盗跖，柳下惠之弟，亦见《庄子》，为篇名。正义按：跖者，黄帝时大盗之名。以柳下惠弟为天下大盗，故世放古，号之盗跖。

【四】索隐刘氏云"谓取人肉为生肝"，非也。按：《庄子》云"跖方休卒太山之阳，脍人肝而铺之"。

【五】索隐暴戾谓凶暴而恶戾也。邹诞本恣音资，睢音千馀反。刘氏恣音如字，睢音休季反。恣睢谓恣行为睢恶之貌也。正义睢，仰白目，怒貌也。言盗跖凶暴，恶戾，恣性，怒白目也。

【六】集解《皇览》曰："盗跖冢在河东大阳，临河曲，直弘农华阴县潼乡。"按：盗跖即柳下惠弟也。索隐直音如字。直者，当也。或音值，非也。潼音同。按：潼，水名，因为乡，今之潼津关是，亦为县也。正义《括地志》云："盗跖冢在陕州河北县西二十里。河北县本汉大阳县也。又今齐州平陵县有盗跖冢，未详也。"

【七】索隐言盗跖无道，横行天下，竟以寿终，是其人遵行何德而致此哉？

【八】索隐按：较，明也。言伯夷有德而饿死，盗跖暴戾而寿终，是贤不遇而恶道长，尤大著明之证也。

【九】索隐谓若鲁桓、楚灵、晋献、齐襄之比皆是。

【一〇】索隐谓不仕暗君，不饮盗泉，裹足高山之顶，窜迹沧海之滨是也。正义谓北郭骆、鲍焦等是也。

【一一】索隐按：《论语》"夫子时然后言"。

【一二】索隐按：《论语》澹台灭明之行也。

【一三】索隐谓人臣之节，非公正之事不感激发愤。或出忠言，或致身命，而卒遇祸灾者，不可胜数。谓龙逢、比干、屈平、伍胥之属是也。

【一四】索隐太史公惑于不轨而逸乐，公正而遇灾害，为天道之非而又是邪？深惑之也。盖天道玄远，聪听暂遗，或穷通数会，不由行事，所以行善未必福，行恶未必祸，故先达皆犹昧之也。正义傥音他荡反。傥，未定之词也。为天道不敢旳言是非，故云傥也。

　　子曰"道不同不相为谋"，亦各从其志也。【一】故曰"富贵如可求，虽执鞭之士，吾亦为之。【二】如不可求，从吾所好"。【三】"岁寒，

然后知松柏之后凋"。【四】举世混浊，清士乃见。【五】岂以其重若彼，其轻若此哉？【六】

【一】正义 太史公引孔子之言证前事也。言天道人道不同，一任其运遇，亦各从其志意也。

【二】集解 郑玄曰："富贵不可求而得之，当修德以得之。若于道可求而得之者，虽执鞭贱职，我亦为之。"

【三】集解 孔安国曰："所好者古人之道。"

【四】集解 何晏曰："大寒之岁，众木皆死，然后松柏少凋伤；平岁众木亦有不死者，故须岁寒然后别之。喻凡人处治世，亦能自修整，与君子同，在浊世然后知君子之正不苟容也。"

【五】索隐 《老子》曰："国家昏乱，有忠臣"，是举代混浊，则士之清絜者乃彰见，故上文"岁寒然后知松柏之后彫"，先为此言张本也。正义 言天下泯乱，清絜之士不挠，不苟合于盗跖也。

【六】索隐 按：谓伯夷让德之重若彼，而采薇饿死之轻若此。又一解云，操行不轨，富厚累代，是其重若彼；公正发愤而遇祸灾，是其轻若此也。正义 重谓盗跖等也。轻谓夷、齐、由、光等也。

"君子疾没世而名不称焉。"【一】贾子曰：【二】"贪夫徇财，【三】烈士徇名，夸者死权，【四】众庶冯生。"【五】"同明相照，【六】同类相求。"【七】"云从龙，风从虎，【八】圣人作而万物睹。"【九】伯夷、叔齐虽贤，得夫子而名益彰。【一〇】颜渊虽笃学，附骥尾而行益显。【一一】岩穴之士，趣舍有时若此，类名堙灭而不称，悲夫！【一二】闾巷之人，欲砥行立名者，【一三】非附青云之士，恶能施于后世哉？

【一】索隐 自此已下，虽论伯夷得夫子而名彰，颜回附骥尾而行著，盖亦欲微见己之著撰不已，亦是疾没世而名不称焉，故引贾子"贪夫徇财，烈士徇名"是也。又引"同明相照，同类相求"，"云从龙，风从虎"者，言物各以类相求。

故太史公言己亦是操行廉直而不用于代,卒陷非罪,与伯夷相类,故寄此而发论也。正义君子疾没世后惧名堙灭而不称,若夷、齐、颜回絜行立名,后代称述,亦太史公欲渐见己立名著述之美也。

【二】索隐贾子,贾谊也。谊作《鵩鸟赋》云然,故太史公引之而称"贾子"也。

【三】正义徇,才迅反。徇,求也。瓒云:"以身从物曰徇。"

【四】索隐言贪权势以矜夸者,至死不休,故云"死权"也。

【五】索隐冯者,恃也,音凭。言众庶之情,盖恃矜其生也。邹诞本作"每生"。每者,冒也,即贪冒之义。正义太史公引贾子譬作《史记》,若贪夫徇财,烈士徇名,夸者死权,众庶冯生,乃成其《史记》。

【六】索隐已下并《易·系辞》文也。

【七】正义天欲雨而柱础润,谓同德者相应。

【八】集解王肃曰:"龙举而景云属,虎啸而谷风兴。"张璠曰:"犹言龙从云,虎从风也。"

【九】集解马融曰:"作,起也。"索隐按:又引此句者,谓圣人起而居位,则万物之情皆得睹见,故己今日又得著书言世情之轻重也。正义此有识也。圣人有养生之德,万物有长育之情,故相感应也。此以上至"同明相照"是《周易乾象辞》也。太史公引此等相感者,欲见述作之意,令万物有睹也。孔子殁后五百岁而己当之,故作《史记》,使万物见睹之也。《太史公序传》云:"先人有言:'自周公卒五百岁而有孔子,孔子卒后至于今五百岁,有能绍明世,正《易传》,继《春秋》,本《诗》、《书》、《礼》、《乐》之际?'意在斯乎!小子何敢让焉。"作述《六经》云:"《易》著天地阴阳四时五行,故长于变。《礼》经纪人伦,故长于行。《书》记先王之事,故长于政。《诗》记山川、谿谷、禽兽、草木、牝牡、雌雄,故长于风。《乐》乐所以立,故长于和。《春秋》辨是非,故长于治人。是故《礼》以节人,《乐》以发和,《书》以道事,《诗》以达意,《易》以道化,《春秋》以道义。拨乱世反之正,莫近于《春秋》。"按:述作而万物睹见。

【一〇】正义伯夷、叔齐虽有贤行，得夫子称扬而名益彰著。万物虽有生养之性，得太史公作述而世事益睹见。

【一一】索隐按：苍蝇附骥尾而致千里，以譬颜回因孔子而名彰也。

【一二】正义趣音趋。舍音捨。趣，向也。舍，废也。言隐处之士，时有附骥尾而名晓达；若埋灭不称数者，亦可悲痛。

【一三】正义砥音旨。砺行修德在乡间者，若不托贵大之士，何得封侯爵赏而名留后代也？

管仲晏婴传

　　管仲夷吾者，颍上人也。【一】少时常与鲍叔牙游，鲍叔知其贤。管仲贫困，常欺鲍叔，【二】鲍叔终善遇之，不以为言。已而鲍叔事齐公子小白，管仲事公子纠。及小白立，为桓公，公子纠死，管仲囚焉。鲍叔遂进管仲。【三】管仲既用，任政于齐，【四】齐桓公以霸，九合诸侯，一匡天下，管仲之谋也。

　　【一】索隐颍，水名。《地理志》颍水出阳城。汉有颍阳、临颍二县，今亦有颍上县。正义韦昭云："夷吾，姬姓之后，管严之子敬仲也。"

　　【二】索隐《吕氏春秋》："管仲与鲍叔同贾南阳，及分财利，而管仲尝欺鲍叔，多自取。鲍叔知其有母而贫，不以为贪也。"

　　【三】正义《齐世家》云："鲍叔牙曰：'君将治齐，则高傒与叔牙足矣。君且欲霸王，非管夷吾不可。夷吾所居国国重，不可失也。'于是桓公从之。"韦昭云："鲍叔，齐大夫，姒姓之后，鲍叔之子叔牙也。"

　　【四】正义《管子》云："相齐以九惠之教，一曰老，二曰慈，三曰孤，四曰疾，五曰独，六曰病，七曰通，八曰赈，九曰绝也。"

　　管仲曰："吾始困时，尝与鲍叔贾，【一】分财利多自与，鲍叔不以我为贪，知我贫也。吾尝为鲍叔谋事而更穷困，鲍叔不以我为愚，知时有利不利也。吾尝三仕三见逐于君，鲍叔不以我为不肖，知我不遭时也。吾尝三战三走，鲍叔不以我怯，知我有老母也。公子纠败，召忽死之，吾幽囚受辱，鲍叔不以我为无耻，知我不羞小节而耻功名不显于天下也。生我者父母，知我者鲍子也。"

　　【一】正义音古。

鲍叔既进管仲，以身下之。子孙世禄于齐，有封邑者十余世，【一】常为名大夫。天下不多管仲之贤而多鲍叔能知人也。

【一】索隐按：《系本》云"庄仲山产敬仲夷吾，夷吾产武子鸣，鸣产桓子启方，启方产成子孺，孺产庄子卢，卢产悼子其夷，其夷产襄子武，武产景子耐涉，耐涉产徽，凡十代"。《系谱》同。

管仲既任政相齐，【一】以区区之齐在海滨，【二】通货积财，富国强兵，与俗同好恶。故其称曰：【三】"仓廪实而知礼节，衣食足而知荣辱，上服度则六亲固。【四】四维不张，国乃灭亡。【五】下令如流水之原，令顺民心。"故论卑而易行。【六】俗之所欲，因而予之；俗之所否，因而去之。

【一】正义《国语》云："齐桓公使鲍叔为相，辞曰：'臣之不若夷吾者五：宽和惠民，不若也；治国家不失其柄，不若也；忠惠可结于百姓，不若也；制礼义可法于四方，不若也；执枹鼓立于军门，使百姓皆加勇，不若也。'"

【二】正义齐国东滨海也。

【三】索隐是夷吾著书所称《管子》者，其书有此言，故略举其要。

【四】正义上之服御物有制度，则六亲坚固也。六亲谓外祖父母一，父母二，姊妹三，妻兄弟之子四，从母之子五，女之子六也。王弼云"父、母、兄、弟、妻、子也"。

【五】集解《管子》曰："四维，一曰礼，二曰义，三曰廉，四曰耻。"

【六】正义言为政令卑下鲜少，而百姓易作行也。

其为政也，善因祸而为福，转败而为功。贵轻重，【一】慎权衡。【二】桓公实怒少姬，【三】南袭蔡，管仲因而伐楚，责包茅不入贡于周室。桓公实北征山戎，而管仲因而令燕修召公之政。于柯之会，【四】桓公欲背曹沫之约，【五】管仲因而信之，【六】诸侯由是归齐。故曰：

"知与之为取，政之宝也。"【七】

【一】索隐 轻重谓钱也。今《管子》有《轻重篇》。

【二】正义 轻重谓耻辱也，权衡谓得失也。有耻辱甚贵重之，有得失甚戒慎之。

【三】索隐 按：谓怒荡舟之姬，归而未绝，蔡人嫁之。

【四】正义 今齐州东阿也。

【五】索隐 沫音昧，亦音末。《左传》作"曹刿"。正义 沫，莫葛反。

【六】正义 以劫许之，归鲁侵地。

【七】索隐 《老子》曰"将欲取之，必固与之"，是知此为政之所宝也。

管仲富拟于公室，有三归、反坫，【一】齐人不以为侈。管仲卒，【二】齐国遵其政，常强于诸侯。后百余年而有晏子焉。

【一】正义 三归，三姓女也。妇人谓嫁曰归。

【二】正义 《括地志》云："管仲冢在青州临淄县南二十一里牛山之阿。《说苑》云：'齐桓公使管仲治国，管仲对曰："贱不能临贵。"桓公以为上卿，而国不治，曰："何故？"管仲对曰："贫不能使富。"桓公赐之齐市租，而国不治。桓公曰："何故？"对曰："疏不能制近。"桓公立以为仲父，齐国大安，而遂霸天下。'孔子曰：'管仲之贤而不得此三权者，亦不能使其君南面而称伯。'"

晏平仲婴者，莱之夷维人也。【一】事齐灵公、庄公、景公，【二】以节俭力行重于齐。既相齐，食不重肉，妾不衣帛。其在朝，君语及之，即危言；【三】语不及之，即危行。【四】国有道，即顺命；无道，即衡命。【五】以此三世显名于诸侯。

【一】集解 刘向《别录》曰："莱者，今东莱地也。"索隐 名婴，平，谥；仲，字。父桓子名弱也。正义 晏氏《齐记》云齐城三百里有夷安，即晏平仲之邑。汉为夷安县，属高密国。应劭云故莱夷维邑。

【二】索隐按：《系家》及《系本》灵公名环，庄公名光，景公名杵臼也。

【三】正义谓已谦让，非云功能。

【四】正义行，下孟反。谓君不知己，增修业行，畏责及也。

【五】正义衡，秤也。谓国无道则制秤量之，可行即行。

越石父贤，在缧绁中。【一】晏子出，遭之涂，解左骖赎之，载归。弗谢，入闺，久之。越石父请绝。晏子愳然，【二】摄衣冠谢曰："婴虽不仁，免子于厄，何子求绝之速也？"石父曰："不然。吾闻君子诎于不知己而信于知己者。【三】方吾在缧绁中，彼不知我也。夫子既以感寤而赎我，是知己；知己而无礼，固不如在缧绁之中。"晏子于是延入为上客。

【一】正义缧音力追反。缧，黑索也。绁，系也。《晏子春秋》云："晏子之晋，至中牟，睹弊冠反裘负薪，息于途侧。晏子问曰：'何者？'对曰：'我石父也。苟免饥冻，为人臣仆。'晏子解左骖赎之，载与俱归。"按：与此文小异也。

【二】正义愳，床缚反。

【三】索隐信读曰申，古《周礼》皆然也。申于知己谓以彼知我而我志获申。

晏子为齐相，出，其御之妻从门间而窥其夫。其夫为相御，拥大盖，策驷马，意气扬扬，甚自得也。既而归，其妻请去。夫问其故。妻曰："晏子长不满六尺，身相齐国，名显诸侯。今者妾观其出，志念深矣，常有以自下者。今子长八尺，乃为人仆御，然子之意自以为足，妾是以求去也。"其后夫自抑损。晏子怪而问之，御以实对。晏子荐以为大夫。【一】

【一】集解《皇览》曰："晏子冢在临菑城南淄水南桓公冢西北。"正义注《皇览》云："晏子冢在临淄城南菑水南桓公冢西北。"《括地志》云："齐桓公墓在青州临淄县东南二十三里鼎足上。"又云："齐晏婴冢在齐子城北门外。《晏子》

云'吾生近市，死岂易吾志'。乃葬故宅后，人名曰清节里。"按：恐《皇览》误，乃管仲冢也。

太史公曰：吾读管氏《牧民》、《山高》、《乘马》、《轻重》、《九府》，【一】及《晏子春秋》，【二】详哉其言之也。既见其著书，欲观其行事，故次其传。至其书，世多有之，是以不论，论其轶事。【三】

【一】集解刘向《别录》曰："《九府》书民间无有。《山高》一名《形势》。"索隐皆管氏所著书篇名也。按：九府，盖钱之府藏，其书论铸钱之轻重，故云《轻重·九府》。余如《别录》之说。正义《七略》云《管子》十八篇，在法家。

【二】索隐按：婴所著书名《晏子春秋》。今其书有七篇，故下云"其书世多有"也。正义《七略》云《晏子春秋》七篇，在儒家。

【三】正义轶音逸。

管仲，世所谓贤臣，然孔子小之。岂以为周道衰微，桓公既贤，而不勉之至王，乃称霸哉？【一】语曰"将顺其美，匡救其恶，故上下能相亲也"。【二】岂管仲之谓乎？

【一】正义言管仲世所谓贤臣，孔子所以小之者，盖以为周道衰，桓公贤主，管仲何不劝勉辅弼至于帝王，乃自称霸主哉？故孔子小之云。盖为前疑夫子小管仲为此。

【二】正义言管仲相齐，顺百姓之美，匡救国家之恶，令君臣百姓相亲者，是管之能也。

方晏子伏庄公尸哭之，成礼然后去，【一】岂所谓"见义不为无勇"者邪？至其谏说，犯君之颜，此所谓"进思尽忠，退思补过"者哉！假令晏子而在，余虽为之执鞭，所忻慕焉。【二】

【一】索隐按：《左传》崔杼弑庄公，晏婴入，枕庄公尸股而哭之，成礼而出，崔杼欲杀之是也。

【二】索隐太史公之美慕仰企平仲之行，假令晏生在世，己虽与之为仆隶，为之执鞭，亦所忻慕。其好贤乐善如此。贤哉良史，可以示人臣之炯戒也。

伍子胥传

伍子胥者，楚人也，名员。员父曰伍奢。员兄曰伍尚。其先曰伍举，以直谏事楚庄王，【一】有显，故其后世有名于楚。

【一】索隐按：举直谏，见《左氏》、《楚系家》。

楚平王有太子名曰建，使伍奢为太傅，费无忌【一】为少傅。无忌不忠于太子建。平王使无忌为太子取妇于秦，秦女好，无忌驰归报平王曰："秦女绝美，王可自取，而更为太子取妇。"平王遂自取秦女而绝爱幸之，生子轸。更为太子取妇。

【一】索隐按：《左传》作"费无极"。

无忌既以秦女自媚于平王，因去太子而事平王。恐一旦平王卒而太子立，杀己，乃因谗太子建。建母，蔡女也，无宠于平王。平王稍益疏建，使建守城父，【一】备边兵。

【一】集解《地理志》颍川有城父县。索隐本陈邑，楚伐陈而有之。《地理志》颍川有城父县。

顷之，无忌又日夜言太子短于王曰："太子以秦女之故，不能无怨望，愿王少自备也。自太子居城父，将兵，外交诸侯，且欲入为乱矣。"平王乃召其太傅伍奢考问之。伍奢知无忌谗太子于平王，因曰："王独奈何以谗贼小臣疏骨肉之亲乎？"无忌曰："王今不制，其事成矣。王且见禽。"于是平王怒，囚伍奢，而使城父司马奋扬【一】往杀太子。行未至，奋扬使人先告太子："太子急去，不然将诛。"太子建亡奔宋。

【一】[索隐]城父司马之姓名也。

无忌言于平王曰:"伍奢有二子,皆贤,不诛,且为楚忧。可以其父质而召之,不然,且为楚患。"王使使谓伍奢曰:"能致汝二子则生,不能则死。"伍奢曰:"尚为人仁,呼必来。员为人刚戾忍訽,【一】能成大事,彼见来之并禽,其势必不来。"王不听,使人召二子曰:"来,吾生汝父;不来,今杀奢也。"伍尚欲往,员曰:"楚之召我兄弟,非欲以生我父也,恐有脱者后生患,故以父为质,诈召二子。二子到,则父子俱死。何益父之死?往而令雠不得报耳。不如奔他国,借力以雪父之耻,俱灭,无为也。"伍尚曰:"我知往终不能全父命。然恨父召我以求生而不往,后不能雪耻,终为天下笑耳。"谓员:"可去矣!汝能报杀父之雠,我将归死。"尚既就执,使者捕伍胥。伍胥贯弓【二】执矢向使者,使者不敢进,伍胥遂亡。闻太子建之在宋,往从之。奢闻子胥之亡也,曰:"楚国君臣且苦兵矣。"伍尚至楚,楚并杀奢与尚也。

【一】[集解]音火候反。[索隐]邹氏云:"一作'诟',骂也,音逅。"刘氏音火候反。

【二】[集解]贯,乌还反。[索隐]刘氏音贯为弯,又音古患反。贯谓满张弓。

伍胥既至宋,宋有华氏之乱,【一】乃与太子建俱奔于郑。郑人甚善之。太子建又适晋,晋顷公曰:"太子既善郑,郑信太子。太子能为我内应,而我攻其外,灭郑必矣。灭郑而封太子。"太子乃还郑。事未会,会自私欲杀其从者,从者知其谋,乃告之于郑。郑定公与子产诛杀太子建。建有子名胜。伍胥惧,乃与胜俱奔吴。到昭关,【二】昭关欲执之。伍胥遂与胜独身步走,几不得脱。追者在后。至江,江上有一渔父乘船,知伍胥之急,乃渡伍胥。伍胥既渡,解其剑曰:

"此剑直百金，以与父。"父曰："楚国之法，得伍胥者赐粟五万石，爵执珪，岂徒百金剑邪！"不受。伍胥未至吴而疾，止中道，乞食。【三】至于吴，吴王僚方用事，公子光为将。伍胥乃因公子光以求见吴王。

【一】索隐《春秋》昭二十年，宋华亥、向宁、华定与君争而出奔是也。

【二】索隐其关在江西、乃吴楚之境也。

【三】集解张勃曰："子胥乞食处在丹阳溧阳县。"索隐按：张勃，晋人，吴鸿胪俨之子也，作《吴录》，裴氏注引之是也。溧，音栗，水名也。

　　久之，楚平王以其边邑锺离与吴边邑卑梁氏俱蚕，两女子争桑相攻，乃大怒，至于两国举兵相伐。吴使公子光伐楚，拔其锺离、居巢而归。【一】伍子胥说吴王僚曰："楚可破也。愿复遣公子光。"公子光谓吴王曰："彼伍胥父兄为戮于楚，而劝王伐楚者，欲以自报其雠耳。伐楚未可破也。"伍胥知公子光有内志，欲杀王而自立，未可说以外事，乃进专诸【二】于公子光，退而与太子建之子胜耕于野。

【一】索隐二邑楚县也。按：锺离县在六安，古锺离子之国，《系本》谓之"终犁"，嬴姓之国。居巢亦国也。桀奔南巢，其国盖远。《尚书序》"巢伯来朝"，盖因居之于淮南楚地也。

【二】索隐《左传》谓之"专设诸"。

　　五年而楚平王卒。初，平王所夺太子建秦女生子轸，及平王卒，轸竟立为后，是为昭王。吴王僚因楚丧，使二公子将兵往袭楚。楚发兵绝吴兵之后，不得归。吴国内空，而公子光乃令专诸袭刺吴王僚而自立，是为吴王阖庐。阖庐既立，得志，乃召伍员以为行人，而与谋国事。

　　楚诛其大臣郤宛、伯州犁，伯州犁之孙伯嚭亡奔吴，【一】吴亦以嚭为大夫。前王僚所遣二公子将兵【二】伐楚者，道绝不得归。后闻阖庐弑王僚自立，遂以其兵降楚，楚封之于舒。阖庐立三年，乃兴师与伍胥、伯嚭伐楚，拔舒，遂禽故吴反二将军。因欲至郢，将军孙武曰：“民劳，未可，且待之。”乃归。

【一】集解徐广曰："伯州犁者，晋伯宗之子也。伯州犁之子曰郤宛，郤宛之子曰伯嚭。宛亦姓伯，又别氏郤。《楚世家》云杀郤宛，宛之宗姓伯氏子曰嚭。《吴世家》云'楚诛伯州犁，其孙伯嚭奔吴'也。"索隐按：州犁，伯宗子也。郤宛，州犁子。伯嚭，郤宛子。嚭音喜。伯氏别姓郤。

【二】索隐公子烛庸及盖馀也。

四年，吴伐楚，取六与灊。【一】五年，伐越，败之。六年，楚昭王使公子囊瓦【二】将兵伐吴。吴使伍员迎击，大破楚军于豫章，【三】取楚之居巢。

【一】集解六，古国，皋陶之后所封。灊县有天柱山。索隐六，古国也，皋陶之后所封。灊县有天柱山。

【二】集解案：《左传》楚公子贞字子囊，其孙名瓦，字子常。此言公子，又兼称囊瓦，误也。索隐按：《左氏》楚公子贞字子囊，其孙名瓦，字子常。此言公子，又兼称囊瓦，盖误。

【三】集解豫章在江南。索隐按：杜预云"昔豫章在江北，盖后徙之于江南也"。

九年，吴王阖庐谓子胥、孙武曰："始子言郢未可入，今果何如？"二子对曰："楚将囊瓦贪，而唐、蔡皆怨之。王必欲大伐之，必先得唐、蔡乃可。"阖庐听之，悉兴师与唐、蔡伐楚，与楚夹汉水而陈。吴王之弟夫概【一】将兵请从，王不听，遂以其属五千人击楚将子常。【二】子常败走，奔郑。于是吴乘胜而前，五战，遂至郢。【三】己卯，楚昭王出奔。庚辰，吴王入郢。

【一】索隐古贲反。

【二】集解子常，公孙瓦。索隐公孙瓦也。

【三】集解郢，楚都。索隐郢，楚都也。音以正反，又一音以井反。

昭王出亡，入云梦；盗击王，王走郧。【一】郧公弟怀曰："平王杀我父，我杀其子，不亦可乎！"郧公恐其弟杀王，与王奔随。【二】吴兵围随，谓随人曰："周之子孙在汉川者，楚尽灭之。"随人欲杀王，王子綦匿王，己自为王以当之。随人卜与王于吴，不吉，乃谢吴不与王。

【一】集解音云，国名。索隐奏云二音。走，向也。郧，国名。

【二】正义今有楚昭王故城，昭王奔随之处，宫之北城即是。

始伍员与申包胥为交，员之亡也，谓包胥曰："我必覆楚。"包胥曰："我必存之。"及吴兵入郢，伍子胥求昭王。既不得，乃掘楚平王墓，出其尸，鞭之三百，然后已。申包胥亡于山中，使人谓子胥曰："子之报雠，其以甚乎！吾闻之，人众者胜天，天定亦能破人。【一】今子故平王之臣，亲北面而事之，今至于僇死人，此岂其无天道之极乎！"伍子胥曰："为我谢申包胥曰，吾日暮途远，吾故倒行而逆施之。"【二】于是申包胥走秦告急，求救于秦。秦不许。包胥立于秦廷，昼夜哭，七日七夜不绝其声。秦哀公怜之，曰："楚虽无道，有臣若是，可无存乎！"乃遣车五百乘救楚击吴。六月，败吴兵于稷。【三】会吴王久留楚求昭王，而阖庐弟夫概乃亡归，自立为王。阖庐闻之，乃释楚而归，击其弟夫概。夫概败走，遂奔楚。楚昭王见吴有内乱，乃复入郢。封夫概于堂谿，【四】为堂谿氏。楚复与吴战，败吴，吴王乃归。

【一】 正义 申包胥言闻人众者虽一时凶暴胜天，及天降其凶，亦破于强暴之人。

【二】 索隐 按：倒音丁老反。施音如字。子胥言志在复雠，常恐且死，不遂本心，今幸而报，岂论理乎！譬如人行，前途尚远，而日势已莫，其在颠倒疾行，逆理施事，何得责吾顺理乎！

【三】 集解 稷丘，地名，在郊外。 索隐 按：《左传》作"稷丘"。杜预云稷丘，地名，在郊外。

【四】 集解 徐广曰："在慎县。"骃案：《地理志》汝南有吴房县。应劭曰"夫概奔楚，封于堂谿，本房子国，以封吴，故曰吴房"，然则不得在慎县也。 正义 案：今豫州吴房县在州西北九十里。

后二岁，阖庐使太子夫差将兵伐楚，取番。【一】楚惧吴复大来，乃去郢，徙于鄀。【二】当是时，吴以伍子胥、孙武之谋，西破强楚，北威齐晋，南服越人。

【一】 集解 音普寒反，又音婆。 索隐 音普寒反，又音婆。盖鄱阳也。

【二】 集解 楚地，音若。 索隐 音若。鄀，楚地，今阙。

其后四年，孔子相鲁。

后五年，伐越。越王句践迎击，败吴于姑苏，伤阖庐指，【一】军却。阖庐病创【二】将死，谓太子夫差曰："尔忘句践杀尔父乎？"夫差对曰："不敢忘。"是夕，阖庐死。夫差既立为王，以伯嚭为太宰，习战射。二年后伐越，败越于夫湫。【三】越王句践乃以余兵五千人栖于会稽之上，【四】使大夫种【五】厚币遗吴太宰嚭以请和，求委国为臣妾。吴王将许之。伍子胥谏曰："越王为人能辛苦。今王不灭，后必悔之。"吴王不听，用太宰嚭计，与越平。

【一】 正义 姑苏当作"檇李"，乃文误也。《左传》云"战檇李，伤将指，卒于陉"是也。解在《吴世家》。

【二】集解楚良反。索隐音痎。

【三】集解音椒。索隐音椒，又如字。正义太湖中椒山也。解在《吴世家》。

【四】正义《土地名》：在越州会稽县东南十二里。

【五】索隐刘氏云"大夫姓，种名"，非也。按：今吴南有文种埭，则种姓文，为大夫官也。正义高诱云："大夫种，姓文氏，字子禽，楚之郢人。"

其后五年，而吴王闻齐景公死而大臣争宠，新君弱，乃兴师北伐齐。伍子胥谏曰："句践食不重味，吊死问疾，且欲有所用之也。此人不死，必为吴患。今吴之有越，犹人之有腹心疾也。而王不先越而乃务齐，不亦谬乎！"吴王不听，伐齐，大败齐师于艾陵，【一】遂威邹鲁之君以归。【二】益疏子胥之谋。

【一】正义《括地志》云："艾山在兖州博城县南百六十里，本齐博邑。"

【二】正义邹君居兖州邹县。鲁，曲阜县。

其后四年，吴王将北伐齐，越王句践用子贡之谋，乃率其众以助吴，而重宝以献遗太宰嚭。太宰嚭既数受越赂，其爱信越殊甚，日夜为言于吴王。吴王信用嚭之计。伍子胥谏曰："夫越，腹心之病，今信其浮辞诈伪而贪齐。破齐，譬犹石田，无所用之。且《盘庚之诰》曰：'有颠越不恭，劓殄灭之，俾无遗育，无使易种于兹邑。'此商之所以兴。愿王释齐而先越；若不然，后将悔之无及。"而吴王不听，使子胥于齐。子胥临行，谓其子曰："吾数谏王，王不用，吾今见吴之亡矣。汝与吴俱亡，无益也。"乃属其子于齐鲍牧，而还报吴。

吴太宰嚭既与子胥有隙，因谗曰："子胥为人刚暴，少恩，猜贼，其怨望恐为深祸也。前日王欲伐齐，子胥以为不可，王卒伐之而有大功。子胥耻其计谋不用，乃反怨望。而今王又复伐齐，子胥专愎【一】

强谏，沮【二】毁用事，徒幸吴之败以自胜其计谋耳。今王自行，悉国中武力以伐齐，而子胥谏不用，因辍谢，详病不行。王不可不备，此起祸不难。且嚭使人微伺之，其使于齐也，乃属其子于齐之鲍氏。夫为人臣，内不得意，外倚诸侯，自以为先王之谋臣，今不见用，常鞅鞅怨望。愿王早图之。"吴王曰："微子之言，吾亦疑之。"乃使使赐伍子胥属镂【三】之剑，曰："子以此死。"伍子胥仰天叹曰："嗟乎！谗臣嚭为乱矣，王乃反诛我。我令若父霸。自若未立时，诸公子争立，我以死争之于先王，几不得立。【四】若既得立，欲分吴国予我，我顾不敢望也。然今若听谀臣言以杀长者。"乃告其舍人曰："必树吾墓上以梓，令可以为器；【五】而抉【六】吾眼县吴东门【七】之上，以观越寇之入灭吴也。"乃自刭死。吴王闻之大怒，乃取子胥尸盛以鸱夷革，【八】浮之江中。【九】吴人怜之，为立祠于江上，【一〇】因命曰胥山。【一一】

【一】索隐皮逼反。

【二】集解自吕反。

【三】集解录于反。

【四】正义几音祈。

【五】正义器谓棺也，以吴必亡也。《左传》云："树吾墓槚，槚可材也，吴其亡乎！"

【六】索隐乌穴反。抉亦决也。

【七】正义东门，鳝门，谓鲜门也，今名荓门。鳝音普姑反。鲜音覆浮反。越军开示浦，子胥涛荡罗城，开此门，有鳝鲜，随涛入，故以名门。顾野王云"鳝鱼一名江豚，欲风则涌"也。

【八】集解应劭曰："取马革为鸱夷，鸱夷，榼形。"正义盛音成。榼，古曷反。

【九】集解徐广曰："鲁哀公十一年。"正义案：《年表》云吴王夫差十一年也。

【一〇】正义《吴地记》曰:"越军于苏州东南三十里三江口,又向下三里,临江北岸立坛,杀白马祭子胥,杯动酒尽,后因立庙于此江上。今其侧有浦名上坛浦。至晋会稽太守麋豹,移庙吴郭东门内道南,今庙见在。"

【一一】集解张晏曰:"胥山在太湖边,去江不远百里,故云江上。"正义《吴地记》云:"胥山,太湖边胥湖东岸山,西临胥湖,山有古丞胥二王庙。"按:其庙不干子胥事,太史误矣,张注又非。

  吴王既诛伍子胥,遂伐齐。齐鲍氏杀其君悼公而立阳生。吴王欲讨其贼,不胜而去。其后二年,吴王召鲁卫之君会之橐皋。【一】其明年,因北大会诸侯于黄池,【二】以令周室。越王句践袭杀吴太子,【三】破吴兵。吴王闻之,乃归,使使厚币与越平。后九年,越王句践遂灭吴,杀王夫差;而诛太宰嚭,以不忠于其君,而外受重赂,与己比【四】周也。

【一】索隐音拓皋二音。杜预云:"地名,在淮南逡道县东南。"正义橐皋故县在庐州巢县西北五十六里。

【二】正义在汴州封丘县南七里。

【三】索隐《左传》太子名友。

【四】正义纪鼻二音。

  伍子胥初所与俱亡故楚太子建之子胜者,在于吴。吴王夫差之时,楚惠王欲召胜归楚。叶公【一】谏曰:"胜好勇而阴求死士,殆有私乎!"惠王不听。遂召胜,使居楚之边邑鄢,【二】号为白公。【三】白公归楚三年而吴诛子胥。

【一】正义上式涉反。杜预云:"子高,沈诸梁。"

【二】集解徐广曰:"颍川鄢陵是。"正义鄢音偃。《括地志》云:"故鄢城在豫州鄢城县南五里,与褒信白亭相近。"

【三】○集解徐广曰:"汝南襃信县有白亭。"○正义《括地志》云:"白亭在豫州襃信县南四十二里,又有白公故城。又许州扶沟县北四十五里北又有白亭也。"

白公胜既归楚,怨郑之杀其父,乃阴养死士求报郑。归楚五年,请伐郑,楚令尹子西许之。兵未发而晋伐郑,郑请救于楚。楚使子西往救,与盟而还。白公胜怒曰:"非郑之仇,乃子西也。"胜自砺剑,人问曰:【一】"何以为?"胜曰:"欲以杀子西。"子西闻之,笑曰:"胜如卵耳,何能为也。"

【一】○索隐《左传》作"子期之子平见曰'王孙何自砺也'"。

其后四岁,白公胜与石乞袭杀楚令尹子西、司马子綦【一】于朝。石乞曰:"不杀王,不可。"乃劫王如高府。【二】石乞从者屈固【三】负楚惠王亡走昭夫人之宫。【四】叶公闻白公为乱,率其国人攻白公。白公之徒败,亡走山中,自杀。【五】而虏石乞,而问白公尸处,不言将亨。石乞曰:"事成为卿,不成而亨,固其职也。"终不肯告其尸处。遂亨石乞,而求惠王复立之。

【一】○索隐《左传》作"子期"也。

【二】○索隐杜预云:"楚之别府也。"

【三】○集解徐广曰:"一作'惠王从者屈固'。《楚世家》亦云'王从者'。"○索隐按:徐广曰一作"惠王从者屈固",盖此本为得。而《左传》云"石乞尹门,圉公阳穴宫,负王以如昭夫人之宫",则圉公阳是楚之大夫,王之从者也。

【四】○索隐昭王夫人即惠王母,越女也。

【五】○正义《左传》云白公奔而缢。

太史公曰:怨毒之于人甚矣哉!王者尚不能行之于臣下,况同列乎!向令伍子胥从奢俱死,何异蝼蚁。弃小义,雪大耻,名垂于后世。悲夫！方子胥窘于江上，【一】道乞食，志岂尝须臾忘郢邪？故隐忍就功名，非烈丈夫孰能致此哉？白公如不自立为君者，其功谋亦不可胜道者哉！

【一】索隐窘音求殒反。

苏秦传

　　苏秦者，东周雒阳人也。【一】东事师于齐，而习之于鬼谷先生。【二】

【一】索隐苏秦字季子，盖苏忿生之后，己姓也。谯周云："秦兄弟五人，秦最少。兄代，代弟厉及辟、鹄，并为游说之士。"此下云"秦弟代，代弟厉"也。正义《战国策》云："苏秦，雒阳乘轩里人也。"《艺文志》云《苏子》三十一篇，在纵横流。敬王以子朝之乱从王城东迁雒阳故城，乃号东周，以王城为西周。

【二】集解徐广曰："颍川阳城有鬼谷，盖是其人所居，因为号。"骃案：《风俗通义》曰"鬼谷先生，六国时从横家"。索隐按：鬼谷，地名也。扶风池阳、颍川阳城并有鬼谷墟，盖是其人所居，因为号。又乐壹注《鬼谷子》书云"苏秦欲神秘其道，故假名鬼谷"。

　　出游数岁，大困而归。【一】兄弟嫂妹妻妾窃皆笑之，曰："周人之俗，治产业，力工商，逐什二以为务。今子释本而治口舌，困，不亦宜乎！"苏秦闻之而惭，自伤，乃闭室不出，出其书遍观【二】之。曰："夫士业已屈首受书，【三】而不能以取尊荣，虽多亦奚以为！"于是得周书《阴符》，伏而读之。期年，以出揣摩，【四】曰："此可以说当世之君矣。"求说周显王。显王左右素习知苏秦，皆少之。【五】弗信。

【一】索隐按：《战国策》此语在说秦王之后。

【二】索隐音遍官二音。按：谓尽观览其书也。

【三】索隐按：谓士之立操。业者，素也，本也。言本已屈首低头，受书于师也。

【四】集解《战国策》曰："乃发书，陈箧数十，得太公《阴符》之谋，伏而诵之，简练以为揣摩。读书欲睡，引锥自刺其股，血流至踵。曰：'安有说人主不能出其金玉锦绣,取卿相之尊者乎?'期年,揣摩成。"《鬼谷子》有《揣摩篇》也。[索隐]《战国策》云"得太公《阴符》之谋",则阴符是太公之兵符也。揣音初委反,摩音姥何反。邹诞本作"揣靡",靡读亦为摩。王劭云"《揣情》《摩意》是《鬼谷》之二章名,非为一篇也"。高诱曰"揣,定也。摩,合也。定诸侯使雠其术,以成六国之从也"。江邃曰"揣人主之情,摩而近之",其意当矣。

【五】[索隐]谓王之左右素惯习知秦浮说,多不中当世,而以为苏秦智识浅,故云"少之"。刘氏云:"少谓轻之也。"

乃西至秦。秦孝公卒。说惠王曰:"秦四塞之国,被山带渭,东有关河,【一】西有汉中,南有巴蜀,北有代马,【二】此天府也。【三】以秦士民之众,兵法之教,可以吞天下,称帝而治。"秦王曰:"毛羽未成,不可以高蜚;文理未明,不可以并兼。"方诛商鞅,疾辩士,弗用。

【一】[正义]东有黄河,有函谷、蒲津、龙门、合河等关;南山及武关、峣关;西有大陇山及陇山关、大震、乌兰等关;北有黄河南塞:是四塞之国,被山带渭以为界。地里。江谓岷江,西从渭州陇山之西南流入蜀,东至荆阳入海也。河谓黄河,从同州小积石山东北流,至胜州即南流,至华州又东北流,经魏、沧等州入海。各是万里已下。

【二】[索隐]按:谓代郡马邑也。《地理志》代郡又有马城县。一云代马,谓代郡兼有胡马之利。

【三】[索隐]按:《周礼·春官》有天府。郑玄曰:"府,物所藏。言天,尊此所藏若天府然。"

乃东之赵。赵肃侯令其弟成为相,号奉阳君。奉阳君弗说之。去游燕,岁余而后得见。说燕文侯【一】曰:"燕东有朝鲜、【二】辽东，北有林胡、楼烦，【三】西有云中、九原，【四】南有呼沱、易水，【五】地方二千余里，带甲数十万，车六百乘，骑六千匹，粟支数年。【六】南有碣石、【七】雁门之饶，【八】北有枣栗之利，民虽不佃作而足于枣栗矣。此所谓天府者也。

【一】索隐说音税，下并同。燕文侯，史失名。

【二】索隐潮仙二音，水名。

【三】索隐《地理志》楼烦属雁门郡。正义二胡国名，朔、岚已北。

【四】索隐按：《地理志》云中、九原二郡名。秦曰九原，汉武帝改曰五原郡。正义二郡并在胜州也。云中郡城在榆林县东北四十里。九原郡城在榆林县西界。

【五】集解《周礼》曰："正北曰并州，其川呼沱。"郑玄曰："呼沱出卤城。"索隐按：滹池，水名，并州之川也，音呼沱。又《地理志》卤城，县名，属代郡。滹池河自县东至参合，又东至文安入海也。正义呼沱出代州繁畤县，东南流经五台山北，东南流过定州，流入海。易水出易州易县，东流过幽州归义县，东与呼沱河合也。

【六】索隐按：《战国策》"车七百乘，粟支十年"。

【七】索隐《战国策》碣石山在常山九门县。《地理志》大碣石山在右北平骊城县西南。

【八】正义雁门山在代，燕西门。

"夫安乐无事，不见覆军杀将，无过燕者。大王知其所以然乎？夫燕之所以不犯寇被甲兵者，以赵之为蔽其南也。秦赵五战，秦再胜而赵三胜。秦赵相毙，而王以全燕制其后，此燕之所以不犯寇也。且夫秦之攻燕也，逾云中、九原，过代、上谷，弥地数千里，虽得燕城，秦计固不能守也。秦之不能害燕亦明矣。今赵之攻燕也，发号出令，不至十日而数十万之军军于东垣矣。【一】渡嘑沱，涉易水，不至四五日而距国都矣。故曰秦之攻燕也，战于千里之外；赵之攻燕也，战于百里之内。夫不忧百里之患而重千里之外，计无过于此者。是故愿大王与赵从亲，天下为一，则燕国必无患矣。"

【一】索隐《地理志》高帝改曰真定也。正义赵之东邑，在恒州真定县南八里，故常山城是也。

文侯曰："子言则可，然吾国小，西迫强赵，【一】南近齐，【二】齐、赵强国也。子必欲合从以安燕，寡人请以国从。"

【一】正义贝、冀、深、赵四州，七国时属赵，即燕西界。
【二】正义河北博、沧、德三州，齐地北境，与燕相接，隔黄河。

于是资苏秦车马金帛以至赵。而奉阳君已死，即因说赵肃侯【一】曰："天下卿相人臣及布衣之士，皆高贤君之行义，皆愿奉教陈忠于前之日久矣。【二】虽然，奉阳君妒君而不任事，是以宾客游士莫敢自尽于前者。今奉阳君捐馆舍，君乃今复与士民相亲也，臣故敢进其愚虑。

【一】索隐按：《世本》云肃侯名言。
【二】正义奉，符用反。

"窃为君计者，莫若安民无事，且无庸有事于民也。安民之本，在于择交，择交而得则民安，择交而不得则民终身不安。请言外患：齐秦为两敌而民不得安，倚秦攻齐而民不得安，倚齐攻秦而民不得安。故夫谋人之主，伐人之国，常苦出辞断绝人之交也。愿君慎勿出于口。请别白黑，所以异阴阳而已矣。【一】君诚能听臣，燕必致旃裘狗马之地，齐必致鱼盐之海，楚必致橘柚之园，韩、魏、中山皆可使致汤沐之奉，而贵戚父兄皆可以受封侯。夫割地包利，五伯之所以覆军禽将而求也；封侯贵戚，汤武之所以放弑而争也。今君高拱而两有之，此臣之所以为君愿也。

【一】索隐按：《战国策》云"请屏左右，白言所以异阴阳"，其说异此。然言别白黑者，苏秦言己今论赵国之利，必使分明，有如白黑分别，阴阳殊异也。

"今大王与秦，则秦必弱韩、魏；与齐，则齐必弱楚、魏。【一】魏弱则割河外，韩弱则效宜阳，宜阳效则上郡绝，【二】河外割则道不通，【三】楚弱则无援。此三策者，不可不孰计也。

【一】正义楚东淮泗之上，与齐接境。

【二】正义宜阳即韩城也，在洛州西，韩大郡也。上郡在同州西北。言韩弱，与秦宜阳城，则上郡路绝矣。

【三】正义河外，同、华等地也。言魏弱，与秦河外地，则道路不通上郡矣。《华山记》云："此山分秦晋之境，晋之西鄙则曰阴晋，秦之东邑则曰宁秦。"

"夫秦下轵道，【一】则南阳危；【二】劫韩包周，【三】则赵氏自操兵；【四】据卫取卷，【五】则齐必入朝秦。秦欲已得乎山东，则必举兵而向赵矣。秦甲渡河逾漳，据番吾，【六】则兵必战于邯郸之下矣。此臣之所为君患也。

【一】正义轵音止。故亭在雍州万年县东北十六里苑中。

【二】正义南阳，怀州河南也，七国时属韩。言秦兵下轵道，从东渭桥历北道过蒲津攻韩，即南阳危矣。

【三】正义周都洛阳，秦若劫取韩南阳，是包裹周都也。赵邯郸危，故须起兵自守。

【四】索隐《战国策》作"自销铄"。

【五】集解丘权反。索隐《地理志》卷县属河南。按：《战国策》云"取洪"。正义卫地濮阳也。卷城在郑州武原县西北七里。言秦守卫得卷，则齐必来朝秦。

【六】集解徐广曰:"常山有蒲吾县。"索隐按:徐氏所引,据《地理志》云然也。正义番音婆,又音蒲,又音盘。疑古番吾公邑也。《括地志》云:"蒲吾故城在镇州常山县东二十里。"漳水在潞州。言秦兵渡河,历南阳,入羊肠,经泽、潞,渡漳水,守蒲吾城,则与赵战于都城下矣。

"当今之时,山东之建国莫强于赵。赵地方二千余里,带甲数十万,车千乘,骑万匹,粟支数年。西有常山,【一】南有河漳,【二】东有清河,【三】北有燕国。【四】燕固弱国,不足畏也。秦之所害于天下者莫如赵,然而秦不敢举兵伐赵者,何也?畏韩、魏之议其后也。然则韩、魏,赵之南蔽也。秦之攻韩、魏也,无有名山大川之限,稍蚕食之,傅【五】国都而止。韩、魏不能支秦,必入臣于秦。秦无韩、魏之规,则祸必中于赵矣。此臣之所为君患也。

【一】正义在镇州西。

【二】正义"河"字一作"清",即漳河也,在潞州。《地理志》浊漳出长子鹿谷山,东至邺,入清漳。

【三】正义清河,今贝州也。

【四】正义然三家分晋,赵得晋阳,襄子又伐戎取代。既云"西有常山者",赵都邯郸近北燕也。

【五】集解音附。

"臣闻尧无三夫之分,舜无咫尺之地,以有天下;禹无百人之聚,以王诸侯;汤武之士不过三千,车不过三百乘,卒不过三万,立为天子:诚得其道也。是故明主外料其敌之强弱,内度其士卒贤不肖,不待两军相当而胜败存亡之机固已形于胸中矣,岂揜于众人之言而以冥冥决事哉!

"臣窃以天下之地图案之,诸侯之地五倍于秦,料度诸侯之卒十倍于秦，六国为一，并力西乡而攻秦，秦必破矣。今西面而事之，见臣于秦。夫破人之与破于人也，【一】臣人之与臣于人也，【二】岂可同日而论哉！

【一】 正义 破人谓破前敌也。破于人，为被前敌破。

【二】 索隐 按：臣人谓己为彼臣也。臣于人者，谓我为主，使彼臣己也。正义 臣人谓己得人为臣。臣于人谓己事他人。

"夫衡人者，【一】皆欲割诸侯之地以予秦。秦成，则高台榭，美宫室，听竽瑟之音，前有楼阙轩辕，【二】后有长姣【三】美人，国被秦患而不与其忧。是故夫衡人日夜务以秦权恐愒诸侯【四】以求割地，故愿大王孰计之也。

【一】 索隐 按：衡人即游说从横之士也。东西为横，南北为从。秦地形东西横长，故张仪相秦，为秦连横。正义 衡音横。谓为秦人。

【二】 索隐 《战国策》云"前有轩辕"。又《史记》俗本亦有作"轩冕"者，非本文也。

【三】 索隐 音绞。《说文》云："姣，美也。"

【四】 集解 愒音呼曷反。索隐 恐，起拱反。愒，许曷反。谓相恐胁也。邹氏愒音憩，其意疏。

"臣闻明主绝疑去谗，屏流言之迹，塞朋党之门，故尊主广地强兵之计臣得陈忠于前矣。故窃为大王计，莫如一韩、魏、齐、楚、燕、赵以从亲，以畔秦。令天下之将相会于洹水之上，【一】通质，【二】刳白马而盟。要约曰：'秦攻楚，齐、魏各出锐师以佐之，韩绝其粮道，【三】赵涉河漳，【四】燕守常山之北。秦攻韩魏，【五】则楚绝其后，【六】齐出锐师而佐之，赵涉河漳，燕守云中。秦攻齐，则楚绝其后，韩守城皋，【七】魏塞其道，【八】赵涉河漳、博关，【九】燕出锐师以佐之。秦攻燕，则赵守常山，楚军武关，齐涉勃海，【一〇】韩、魏皆出锐师以佐之。秦攻赵，则韩军宜阳，楚军武关，魏军河外，【一一】齐涉清河，【一二】燕出锐师以佐之。诸侯有不如约者，以五国之兵共伐之。'六国从亲以宾秦，【一三】则秦甲必不敢出于函谷以害山东矣。如此，则霸王之业成矣。"

【一】集解徐广曰："洹水出汲郡林虑县。"

【二】索隐音如字，又音踬。以言通其交质之情。

【三】索隐谓拥兵于峣关之外，又守宜阳也。

【四】索隐谓赵亦涉河漳而西，欲与韩作援，以阻秦军。

【五】正义谓道蒲津之东攻之。

【六】索隐谓出兵武关，以绝秦兵之后。

【七】正义在洛州汜水县。

【八】索隐按：其道即河内之道。《战国策》"其"作"午"。

【九】集解徐广曰："齐威王六年，晋伐齐，到博陵。东郡有博平县。"

【一〇】正义齐从沧州渡河至瀛州。

【一一】索隐河外谓陕及曲沃等处也。正义谓同、华州。

【一二】正义齐从贝州过河而西。

【一三】索隐谓六国之军共为合从相亲，独以秦为宾而共伐之。

赵王曰："寡人年少，立国日浅，未尝得闻社稷之长计也。今上客有意存天下，安诸侯，寡人敬以国从。"乃饰车百乘，黄金千溢，【一】白璧百双，锦绣千纯【二】，以约诸侯。

【一】索隐《战国策》作"万溢"。一溢为一金，则二十两曰一溢，为米二升。郑玄以一溢为二十四分之一，其说异也。

【二】集解纯，匹端名。《周礼》曰："纯帛不过五两。"索隐音淳。裴氏云"纯，端疋名"。高诱注《战国策》音屯。屯，束也。又《礼·乡射》云"某贤于某若干纯"。纯,数也,音旋。

是时周天子致文、武之胙于秦惠王。惠王使犀首攻魏,禽将龙贾,取魏之雕阴,【一】且欲东兵。苏秦恐秦兵之至赵也,乃激怒张仪,入之于秦。

【一】索隐魏地也。刘氏曰"在龙门河之西北"。按:《地理志》雕阴属上郡。正义在鄜州洛交县北三十四里。

于是说韩宣王【一】曰:"韩北有巩洛、成皋【二】之固,西有宜阳、商阪之塞,【三】东有宛、穰、【四】洧水,【五】南有陉山,【六】地方九百余里,带甲数十万,天下之强弓劲弩皆从韩出。谿子、【七】少府时力、距来者,【八】皆射六百步之外。韩卒超足而射,【九】百发不暇止,远者括蔽洞胸,近者镝弇心。韩卒之剑戟皆出于冥山、【一〇】棠谿、【一一】墨阳、【一二】合赙、【一三】邓师、【一四】宛冯、【一五】龙渊、太阿,【一六】皆陆断牛马,水截鹄雁,当敌则斩。坚甲、铁幕、【一七】革抉、【一八】吱芮,【一九】无不毕具。以韩卒之勇,被坚甲,蹠劲弩,带利剑,一人当百,不足言也。夫以韩之劲与大王之贤,乃西面事秦,交臂而服,羞社稷而为天下笑,无大于此者矣。是故愿大王孰计之。

【一】索隐按:《世本》韩宣王,昭侯之子也。

【二】索隐二邑本属东周,后为韩邑。《地理志》二县并属河南。

【三】集解徐广曰:"商,一作'常'。"索隐刘氏云"盖在商、洛之间,适秦、楚之险塞"是也。正义宜阳在洛州福昌县东十四里。商阪即商山也,在商洛县南一里,亦曰楚山,武关在焉。

【四】集解宛,于袁反。索隐《地理志》宛、穰二县名,并属南阳。

【五】集解洧,于鬼反。索隐音于轨反,水名,出南方。正义在新郑东南,流入颍。

【六】集解徐广曰："召陵有陉亭。密县有陉山。"正义在新郑西南三十里。

【七】集解许慎云："南方谿子蛮夷柘弩，皆善材。"索隐按：许慎注《淮南子》，以为南方谿子蛮出柘弩及竹弩。

【八】集解韩有谿子弩，又有少府所造二种之弩。案：时力者，谓作之得时，力倍于常，故名时力也。距来者，谓弩埶劲利，足以距来敌也。索隐韩又有少府所造时力、距来二种之弩。按：时力者，谓作之得时则力倍于常，故有时力也。距来者，谓以弩埶劲利，足以距于来敌也。其名并见《淮南子》。

【九】索隐按：超足谓超腾用埶，盖起足蹋之而射也，故下云"蹠劲弩"是也。正义超足，齐足也。夫欲放弩，皆坐，举足踏弩，两手引揍机，然始发之。

【一〇】集解徐广曰："《庄子》云'南行至郢，北面而不见冥山'。"骃案：司马彪曰"冥山在朔州北"。索隐《庄子》云"南行至郢，北面而不见冥山"。司马彪云"冥山在朔州北"。郭象云"冥山在乎太极"。李轨云"在韩国"。

【一一】集解徐广曰："汝南吴房有棠谿亭。"索隐《地理志》棠谿亭在汝南吴房县。正义故城在豫州偃城县西八十里。《盐铁论》云"有棠谿之剑"是。

【一二】集解《淮南子》曰："墨阳之莫邪也。"索隐《淮南子》云"服剑者贵于剡利，而不期于墨阳莫邪"，则墨阳匠名也。

【一三】集解音附。徐广曰："一作'伯'。"索隐按：《战国策》作"合伯"，《春秋后语》作"合相"。

【一四】索隐邓国有工铸剑，而师名焉。

【一五】集解徐广曰："荥阳有冯池。"索隐徐广云"荥阳有冯池"，谓宛人于冯池铸剑，故号宛冯。

【一六】集解《吴越春秋》曰："楚王召风胡子而告之曰：'寡人闻吴有干将，越有欧冶，寡人欲因子请此二人作剑，可乎？'风胡子曰：'可。'乃往见二人，作剑，一曰龙渊，二曰太阿。"索隐按：《吴越春秋》楚王令风胡子请吴干将、越欧冶作剑二，其一曰龙泉，二曰太阿。又《太康地记》曰"汝南西平有龙泉水，可以淬刀剑，特坚利，故有龙泉之剑，楚之宝剑也。以特坚利，故有坚白之论云：'黄，所以为坚也；白，所以为利也。'齐辨之曰：'白，所以为不坚；黄，所以为不利也。'故天下之宝剑韩为众，一曰棠谿，二曰墨阳，三曰合伯，四曰邓师，五曰宛冯，六曰龙泉，七曰太阿，八曰莫邪，九曰干将也"。然干将、莫邪匠名也，其剑皆出西平县，今有铁官令一，别领户，是古铸剑之地也。

【一七】集解徐广曰："阳城出铁。"索隐按：《战国策》云"当敌则斩甲盾鞮鍪铁幕"也。邹诞幕一作"陌"。刘云："谓以铁为臂胫之衣。言其剑利，能斩之也。"

【一八】集解徐广曰："一作'决'。"索隐音决。谓以革为射决。决，射鞲也。

【一九】集解皢音伐。索隐皢与"瞂"同，音伐，谓楯也。芮音如字，谓系楯之绥也。正义《方言》云："盾，自关东谓之瞂，关西谓之盾。"

"大王事秦，秦必求宜阳、成皋。今兹效之，【一】明年又复求割地。与则无地以给之，不与则弃前功而受后祸。且大王之地有尽而秦之求无已，以有尽之地而逆无已之求，此所谓市怨结祸者也，不战而地已削矣。臣闻鄙谚曰：'宁为鸡口，无为牛后。'【二】今西面交臂而臣事秦，何异于牛后乎？夫以大王之贤，挟强韩之兵，而有牛后之名，臣窃为大王羞之。"

【一】索隐按：郑玄注《礼》云"效犹呈也，见也"。

【二】索隐按：《战国策》云"宁为鸡尸，不为牛从"。延笃注云"尸，鸡中主也。从谓牛子也。言宁为鸡中之主，不为牛之从后也"。正义鸡口虽小，犹进食；牛后虽大，乃出粪也。

于是韩王勃然作色，攘臂瞋目，按剑仰天太息【一】曰："寡人虽不肖，必不能事秦。今主君【二】诏以赵王之教，敬奉社稷以从。"

【一】索隐太息谓久蓄气而大吁也。

【二】索隐指苏秦也。礼,卿大夫称主。今嘉苏子合从诸侯,褒而美之,故称曰主。

又说魏襄王【一】曰:"大王之地,南有鸿沟、【二】陈、汝南、许、鄢、【三】昆阳、召陵、舞阳、新都、新郪、【四】东有淮、颍、【五】煑枣、【六】无胥,【七】西有长城之界,北有河外【八】卷、衍、酸枣,【九】地方千里。地名虽小,然而田舍庐庑之数,曾无所刍牧。人民之众,车马之多,日夜行不绝,輷輷殷殷,【一〇】若有三军之众。臣窃量大王之国不下楚。然衡人怵王【一一】交强虎狼之秦以侵天下,卒有秦患,【一二】不顾其祸。夫挟强秦之势以内劫其主,罪无过此者。魏,天下之强国也;王,天下之贤王也。今乃有意西面而事秦,称东藩,筑帝宫,【一三】受冠带,【一四】祠春秋,【一五】臣窃为大王耻之。

【一】索隐《世本》惠王子,名嗣。

【二】集解徐广曰:"在荥阳。"

【三】集解徐广曰:"在颍川。于憾切。"索隐音偃,又于建反。《战国策》作"鄢"。按:《地理志》颍川有许、鄢二县,又有傿陵县,故所称惑也。傿音焉。正义陈、汝南,今汝州、豫州县也。

【四】集解《地理志》颍川有昆阳、舞阳县,汝南有新郪县,南阳有新都县。索隐《地理志》昆阳、舞阳属颍川,召陵、新郪属汝南。按:新郪即郪丘,章帝以封殷后于宋。新都属南阳。按:《战国策》直云新郪,无"新都"二字。正义召陵在豫州,舞阳在许州。

【五】正义淮阳、颍川二郡。

【六】集解徐广曰:"在宛句。"正义在宛朐。按:宛朐,曹州县也。

【七】索隐按:其地阙。

【八】正义谓河南地。

【九】集解徐广曰:"荥阳卷县有长城,经阳武到密。衍,地名。"索隐徐广云"荥阳卷县有长城",盖据地险为说也。正义卷在郑州原武县北七里。酸枣在滑州。衍,徐云地名。

【一〇】正义鞠,麾宏反。殷音隐。

【一一】正义衡音横。怵音恤。

【一二】正义辛音息忽反。

【一三】索隐谓为秦筑宫,备其巡狩而舍之,故谓之"帝宫"。

【一四】索隐谓冠带制度皆受秦法。

【一五】索隐言春秋贡奉,以助秦祭祀。

"臣闻越王句践战敝卒三千人,禽夫差于干遂;【一】武王卒三千人,革车三百乘,制纣于牧野:【二】岂其士卒众哉,诚能奋其威也。今窃闻大王之卒,武士二十万,【三】苍头二十万,【四】奋击二十万,厮徒十万,【五】车六百乘,骑五千匹。此其过越王句践、武王远矣,今乃听于群臣之说而欲臣事秦。夫事秦必割地以效实,【六】故兵未用而国已亏矣。凡群臣之言事秦者,皆奸人,非忠臣也。夫为人臣,割其主之地以求外交,偷取一时之功而不顾其后,破公家而成私门,外挟强秦之势以内劫其主,以求割地,愿大王孰察之。

【一】索隐按:干遂,地名,不知所在。然按干是水旁之高地,故有"江干""河干"是也。又左思《吴都赋》云"长干延属",是干为江旁之地。遂者,道也。于干有道,因为地名。正义在苏州吴县西北四十余里万安山西南一里太湖。夫差败于姑苏,禽于干遂,相去四十余里。

【二】正义今卫州城是也。周武王伐纣于牧野,筑之。

【三】集解《汉书·刑法志》曰:"魏氏武卒衣三属之甲,操十二石之弩,负矢五十,置戈其上,冠胄带剑,赢三日之粮,日中而趋百里。中试,则复其户,利其田宅。"索隐衣音意。属音烛。按:三属谓甲衣也。覆髀,一也;甲裳,二也;胫衣,三也。甲之有裳,见《左传》也。赢音盈。谓赍糇粮。中音竹仲反。

谓其筋力能负重，所以得中试也。复音福。谓中试之人，国家当优复，赐之上田宅，故云"利其田宅"也。

【四】索隐谓以青巾裹头，以异于众。荀卿"魏有苍头二十万"是也。

【五】索隐厮音斯。谓厮养之卒。厮，养马之贱者，今起之为卒。正义厮音斯。谓炊烹供养杂役。

【六】索隐谓割地献秦，以效己之诚实。

"《周书》曰：'绵绵不绝，蔓蔓奈何？毫氂不伐，将用斧柯。'前虑不定，后有大患，将奈之何？大王诚能听臣，六国从亲，专心并力壹意，则必无强秦之患。故敝邑赵王使臣效愚计，【一】奉明约，在大王之诏诏之。"

【一】索隐此"效"犹呈也，见也。

魏王曰："寡人不肖，未尝得闻明教。今主君以赵王之诏诏之，敬以国从。"

因东说齐宣王【一】曰："齐南有泰山，东有琅邪，西有清河，【二】北有勃海，此所谓四塞之国也。齐地方二千余里，带甲数十万，粟如丘山。三军之良，五家之兵，【三】进如锋矢，【四】战如雷霆，解如风雨。即有军役，未尝倍泰山，绝清河，涉勃海也。【五】临菑之中七万户，臣窃度之，不下户三男子，三七二十一万，不待发于远县，而临菑之卒固已二十一万矣。临菑甚富而实，其民无不吹竽鼓瑟，弹琴击筑，【六】斗鸡走狗，六博【七】蹹鞠【八】者。临菑之涂，车毂击，人肩摩，连衽成帷，举袂成幕，挥汗成雨，家殷人足，志高气扬。夫以大王之贤与齐之强，天下莫能当。今乃西面而事秦，臣窃为大王羞之。

【一】索隐《世本》名辟疆，威王之子也。

【二】正义即贝州。

【三】索隐按：高诱注《战国策》云"五家即五国也"。

【四】索隐按：《战国策》作"疾如锥矢"。高诱曰"锥矢，小矢，喻径疾也"。《吕氏春秋》曰"所贵锥矢者，为应声而至"。正义齐军之进，若锋芒之刀，良弓之矢，用之有进而无退。

【五】正义言临淄自足也。绝、涉，皆度也。勃海，沧州也。齐有军役，不用度河取二部。

【六】正义筑似琴而大，头圆，五弦，击之不鼓。

【七】索隐按：王逸注《楚词》云"博，著也。行六棋，故曰六博"。

【八】集解刘向《别录》曰："蹴鞠者，传言黄帝所作，或曰起战国之时。蹋鞠，兵势也，所以练武士，知有材也，皆因嬉戏而讲练之。"蹋，徒猎反。鞠，求六反。索隐上徒腊反，下居六反。《别录注》云："蹴踘，促六反。蹴亦蹋也。"崔豹云："起黄帝时，习兵之执。"

"且夫韩、魏之所以重畏秦者，为与秦接境壤界也。兵出而相当，不出十日而战胜存亡之机决矣。韩、魏战而胜秦，则兵半折，四境不守；战而不胜，则国已危，亡随其后。是故韩、魏之所以重与秦战，而轻为之臣也。今秦之攻齐则不然。倍韩、魏之地，过卫阳晋之道，【一】径乎亢父之险，【二】车不得方轨，【三】骑不得比行，百人守险，千人不敢过也。秦虽欲深入，则狼顾，【四】恐韩、魏之议其后也。是故恫疑【五】虚喝，【六】骄矜而不敢进，【七】则秦之不能害齐亦明矣。

【一】集解徐广曰："魏哀王十六年，秦拔魏蒲坂、阳晋、封陵。"索隐按：阳晋，魏邑也。《魏系家》"哀王十六年，秦拔魏蒲阪、阳晋、封陵"是也。刘氏云"阳晋，地名，盖适齐之道，卫国之西南也"。正义言秦伐齐，背韩、魏地而与齐战。徐说阳晋非也，乃是晋阳耳。卫地曹、濮等州也。杜预云"曹，卫下邑也"。阳晋故城在曹州乘氏县西北三十七里。

【二】索隐亢音刚，又苦浪反。《地理志》县名，属梁国也。正义故县在兖州任城县南五十一里。

【三】正义言不得两车并行。

【四】正义狼性怯，走常还顾。

【五】索隐上音通，一音洞。恐惧也。

【六】集解呼葛反。索隐猲，本一作"喝"，并呼葛反。高诱曰："虚猲，喘息惧貌也。"刘氏云："秦自疑惧，不敢进兵，虚作恐怯之词，以胁韩、魏也。"

【七】正义言秦虽至亢父，犹恐惧狼顾，虚作喝骂，骄溢矜夸，不敢进伐齐明矣。

"夫不深料秦之无奈齐何，而欲西面而事之，是群臣之计过也。今无臣事秦之名而有强国之实，臣是故愿大王少留意计之。"

齐王曰："寡人不敏，僻远守海，穷道东境之国也，未尝得闻余教。今足下以赵王诏诏之，敬以国从。"

乃西南说楚威王【一】曰："楚，天下之强国也；王，天下之贤王也。西有黔中、【二】巫郡，【三】东有夏州、【四】海阳，【五】南有洞庭、【六】苍梧，【七】北有陉塞、郇阳，【八】地方五千余里，带甲百万，车千乘，骑万匹，粟支十年。此霸王之资也。夫以楚之强与王之贤，天下莫能当也。今乃欲西面而事秦，则诸侯莫不西面而朝于章台之下矣。

【一】索隐威王名商，宣王之子。

【二】集解徐广曰："今之武陵也。"正义今朗州，楚黔中郡，其故城在辰州西二十里，皆盘瓠后也。

【三】集解徐广曰："巫郡者，南郡之西界。"正义巫郡，夔州巫山县是。

【四】集解徐广曰："楚考烈王元年，秦取夏州。"骃案：《左传》"楚庄王伐陈，乡取一人焉以归，谓之夏州"。而注者不说夏州所在。车胤撰《桓温集》云："夏口城上数里有洲，名夏州。""东有夏州"谓此也。索隐裴骃据《左氏》及车胤说夏州，其文甚明，而刘伯庄以为夏州侯之国，亦未为得也。正义大江中州也。夏水口在荆州江陵县东南二十五里。

【五】索隐按：《地理志》无海阳。刘氏云"楚之东境"。

【六】索隐今之青草湖是也，在岳州界也。

【七】索隐地名。《地理志》有苍梧郡。正义苍梧山在道州南。

【八】集解徐广曰："《春秋》曰'遂伐楚，次于陉'。楚威王十一年，魏败楚陉山。析县有钧水，或者郦阳今之顺阳乎？一本'北有汾、陉之塞'也。"索隐陉山在楚北境，威王十一年，魏败楚陉山是也。郦音荀。北有郦阳，其地当在汝南、颖川之界。检《地理志》及《太康地记》，北境并无郦邑。郦邑在河东，晋地。计郦阳当是新阳，声相近字变耳。汝南有新阳县，应劭云"在新水之阳"，犹酃邑变为栒，亦当然也。徐氏云"郦阳当是慎阳"，盖其疏也。正义陉山在郑州新郑县西南三十里。顺阳故城在郑州穰县西百四十里。

"秦之所害莫如楚，楚强则秦弱，秦强则楚弱，其势不两立。故为大王计，莫如从亲以孤秦。大王不从亲，秦必起两军，一军出武关，一军下黔中，则鄢郢动矣。【一】

【一】集解徐广曰："今南郡宜城。"正义鄢乡故城在襄州率道县南九里。安郢城在荆州江陵县东北六里。秦兵出武关，则临鄢矣；兵下黔中，则临郢矣。

"臣闻治之其未乱也，为之其未有也。患至其后忧之，则无及已。故愿大王蚤孰计之。

"大王诚能听臣，臣请令山东之国奉四时之献，以承大王之明诏，委社稷，奉宗庙，练士厉兵，在大王之所用之。大王诚能用臣之愚计，则韩、魏、齐、燕、赵、卫之妙音美人必充后宫，燕、代橐驼良马必实外厩。故从合则楚王，衡成则秦帝。今释霸王之业，而有事人之名，臣窃为大王不取也。

"夫秦，虎狼之国也，有吞天下之心。秦，天下之仇雠也。衡人皆欲割诸侯之地以事秦，此所谓养仇而奉雠者也。夫为人臣，割其主之地以外交强虎狼之秦，以侵天下，卒有秦患，不顾其祸。夫外挟强秦之威以内劫其主，以求割地，大逆不忠，无过此者。故从亲则诸侯割地以事楚，衡合则楚割地以事秦，此两策者相去远矣，二者大王何居焉？故敝邑赵王使臣效愚计，奉明约，在大王诏之。"

楚王曰："寡人之国西与秦接境，秦有举巴蜀并汉中之心。秦，虎狼之国，不可亲也。而韩、魏迫于秦患，不可与深谋，与深谋恐反人以入于秦，故谋未发而国已危矣。寡人自料以楚当秦，不见胜也；内与群臣谋，不足恃也。寡人卧不安席，食不甘味，心摇摇然如县旌而无所终薄。【一】今主君欲一天下，收诸侯，存危国，寡人谨奉社稷以从。"

【一】集解白洛反。

于是六国从合而并力焉。苏秦为从约长，并相六国。

北报赵王，乃行过雒阳，车骑辎重，诸侯各发使送之甚众，疑于王者。【一】周显王闻之恐惧，除道，使人郊劳。【二】苏秦之昆弟妻嫂侧目不敢仰视，俯伏侍取食。苏秦笑谓其嫂曰："何前倨而后恭也？"嫂委蛇蒲服，【三】以面掩地而谢曰："见季子位高金多也。"【四】苏秦喟然叹曰："此一人之身，富贵则亲戚畏惧之，贫贱则轻易之，况众人乎！且使我有雒阳负郭田二顷，【五】吾岂能佩六国相印乎！"于是散千金以赐宗族朋友。初，苏秦之燕，贷人百钱为资，及得富贵，以百金偿之。遍报诸所尝见德者。其从者有一人独未得报，乃前自言。苏秦曰："我非忘子。子之与我至燕，再三欲去我易水之上，方是时，我困，故望子深，是以后子。子今亦得矣。"

【一】索隐疑作"拟"读。

【二】集解《仪礼》曰："宾至近郊，君使卿朝服用束帛劳。"

【三】索隐 委蛇谓以面掩地而进,若蛇行也。蒲服即匍匐,并音蒲仆。

【四】集解 谯周曰:"苏秦字季子。"索隐 按:其嫂呼小叔为季子耳,未必即其字。允南即以为字,未之得也。

【五】索隐 负者,背也,枕也。近城之地,沃润流泽,最为膏腴,故曰"负郭"也。

苏秦既约六国从亲,归赵,赵肃侯封为武安君,乃投从约书于秦。【一】秦兵不敢窥函谷关十五年。

【一】索隐 乃设从约书。案:诸本作"投"。言设者,谓宣布其从约六国之事以告于秦。若作"投",亦为易解。

其后秦使犀首欺齐、魏,与共伐赵,欲败从约。齐、魏伐赵,赵王让苏秦。苏秦恐,请使燕,必报齐。苏秦去赵【一】而从约皆解。

【一】集解 徐广曰:"自初说燕至此三年。"

秦惠王以其女为燕太子妇。是岁,文侯卒,太子立,是为燕易王。易王初立,齐宣王因燕丧伐燕,取十城。易王谓苏秦曰:"往日先生至燕,而先王资先生见赵,遂约六国从。今齐先伐赵,次至燕,以先生之故为天下笑,先生能为燕得侵地乎?"苏秦大惭,曰:"请为王取之。"

苏秦见齐王,再拜,俯而庆,仰而吊。【一】齐王曰:"时何庆吊相随之速也?"苏秦曰:"臣闻饥人所以饥而不食乌喙者,【二】为其愈充腹而与饿死同患。【三】今燕虽弱小,即秦王之少婿也。大王利其十城而长与强秦为仇。今使弱燕为雁行而强秦敝其后,以招天下之精兵,是食乌喙之类也。"齐王愀然变色【四】曰:"然则奈何?"苏秦曰:"臣闻古之善制事者,转祸为福,因败为功。大王诚能听臣计,即归燕之十城。燕无故而得十城，必喜；秦王知以己之故而归燕之十城，亦必喜。此所谓弃仇雠而得石交者也。夫燕、秦俱事齐，则大王号令天下，莫敢不听。是王以虚辞附秦，以十城取天下。此霸王之业也。"王曰："善。"于是乃归燕之十城。

【一】索隐刘氏云："当时庆吊应有其词，但史家不录耳。"

【二】集解《本草经》曰："乌头，一名乌喙。"索隐乌喙，音卓，又音许秽反。今之毒药乌头是。正义《广雅》云："糓，奚毒，附子也。一岁为乌喙，三岁为附子，四岁为乌头，五岁为天雄。"

【三】索隐刘氏以愈犹暂，非也。谓食乌头为其暂愈饥而充腹，少时毒发而死，亦与饥死同患也。

【四】索隐愀音自首反，又七小反。

人有毁苏秦者曰："左右卖国反覆之臣也，将作乱。"苏秦恐得罪，归，而燕王不复官也。苏秦见燕王曰："臣，东周之鄙人也，无有分寸之功，而王亲拜之于庙而礼之于廷。今臣为王却齐之兵而攻得十城，宜以益亲。今来而王不官臣者，人必有以不信伤臣于王者。臣之不信，王之福也。臣闻忠信者，所以自为也；进取者，所以为人也。且臣之说齐王，曾非欺之也。臣弃老母于东周，固去自为而行进取也。今有孝如曾参，廉如伯夷，信如尾生。得此三人者以事大王，何若？"王曰："足矣。"苏秦曰："孝如曾参，义不离其亲一宿于外，王又安能使之步行千里而事弱燕之危王哉？廉如伯夷，义不为孤竹君之嗣，不肯为武王臣，不受封侯而饿死首阳山下。有廉如此，王又安能使之步行千里而行进取于齐哉？信如尾生，与女子期于梁下，女子不来，水至不去，抱柱而死。有信如此，王又安能使之步行千里却齐之强兵哉？臣所谓以忠信得罪于上者也。"燕王曰："若不忠信耳，岂有以忠信而得罪者乎？"苏秦曰："不然。臣闻客有远为吏而其妻私于人者，其夫将来，其私者忧之，妻曰'勿忧，吾已作药酒待之矣'。居三日，其夫果至，妻使妾举药酒进之。妾欲言酒之有药，则恐其逐主母也；欲勿言乎，则恐其杀主父也。于是乎详僵而弃酒。【一】主父大怒，笞之五十。故妾一僵而覆酒，上存主父，下存主母，然而不免于笞，恶在乎忠信之无罪也？臣之过，不幸而类是乎！"燕王曰："先生复就故官。"益厚遇之。

【一】索隐　详音羊。详，诈也。僵，仆也，音姜。

易王母，文侯夫人也，与苏秦私通。燕王知之，而事之加厚。苏秦恐诛，乃说燕王曰："臣居燕不能使燕重，而在齐则燕必重。"燕王曰："唯先生之所为。"于是苏秦详为得罪于燕而亡走齐，齐宣王以为客卿。【一】

【一】集解　徐广曰："燕易王之十年时。"

齐宣王卒，湣王即位，说湣王厚葬以明孝，高宫室大苑囿以明得意，欲破敝齐而为燕。燕易王卒，【一】燕哙立为王。其后齐大夫多与苏秦争宠者，而使人刺苏秦，不死，殊而走。【二】齐王使人求贼，不得。苏秦且死，乃谓齐王曰："臣即死，车裂臣以徇于市，曰'苏秦为燕作乱于齐'，如此则臣之贼必得矣。"于是如其言，而杀苏秦者果自出，齐王因而诛之。燕闻之曰："甚矣，齐之为苏生【三】报仇也！"

【一】集解　徐广曰："易王十二年卒。"

【二】集解　《风俗通义》称汉令"蛮夷戎狄有罪当殊"。殊者，死也，与诛同指。而此云"不死，殊而走"者，苏秦时虽不即死，然是死创，故云"殊"。

【三】集解　徐广曰："一作'先'。"

苏秦既死，其事大泄。齐后闻之，乃恨怒燕。燕甚恐。

[编者按：该选本此处略去苏代、苏厉事迹。]

太史公曰：苏秦兄弟三人，【一】皆游说诸侯以显名，其术长于权变。而苏秦被反间以死，天下共笑之，讳学其术。然世言苏秦多异，异时事有类之者皆附之苏秦。夫苏秦起闾阎，连六国从亲，此其智有过人者。吾故列其行事，次其时序，毋令独蒙恶声焉。

【一】索隐按：谯允南以为苏氏兄弟五人，更有苏辟、苏鹄，《典略》亦同其说。按：《苏氏谱》云然。

孟尝君传　冯骦

　　孟尝君名文,姓田氏。文之父曰靖郭君田婴。田婴者,齐威王少子而齐宣王庶弟也。【一】田婴自威王时任职用事,与成侯邹忌及田忌将而救韩伐魏。成侯与田忌争宠,成侯卖田忌。田忌惧,袭齐之边邑,不胜,亡走。会威王卒,宣王立,知成侯卖田忌,乃复召田忌以为将。宣王二年,田忌与孙膑、田婴俱伐魏,败之马陵,虏魏太子申而杀魏将庞涓。【二】宣王七年,田婴使于韩、魏,韩、魏服于齐。婴与韩昭侯、魏惠王会齐宣王东阿南,【三】盟而去。【四】明年,复与梁惠王会甄。【五】是岁,梁惠王卒。宣王九年,田婴相齐。齐宣王与魏襄王会徐州而相王也。【六】楚威王闻之,怒田婴。明年,楚伐败齐师于徐州,而使人逐田婴。田婴使张丑说楚威王,威王乃止。田婴相齐十一年,宣王卒,湣王即位。即位三年,而封田婴于薛。【七】

　　【一】索隐按:《战国策》及诸书并无此言,盖诸田之别子也,故《战国策》每称"婴子"、"盼子",高诱注云"田盼"、"田婴"也。王劭又按:《战国策》云"齐貌辩谓宣王曰:'王方为太子时,辩谓靖郭君,不若废太子,更立郊师。靖郭君不忍。'宣王太息曰:'寡人少,殊不知。'"以此言之,婴非宣王弟明也。

　　【二】索隐《纪年》当梁惠王二十八年,至三十六年改为后元也。

　　【三】正义东阿,济州县也。

　　【四】索隐《纪年》当惠王之后元十一年。彼文作"平阿"。又云"十三年会齐威王于鄄",与此明年齐宣王与梁惠王会鄄文同。但齐之威宣二王,文舛互并不同。

　　【五】集解音绢。

　　【六】正义《纪年》云梁惠王三十年,下邳迁于薛,改名徐州。

　　【七】索隐《纪年》以为梁惠王后元十三年四月,齐威王封田婴于薛。十月,齐城薛。十四年,薛子婴来朝。十五年,齐威王薨,婴初封彭城。皆与此文异也。[正义]薛故城在今徐州滕县南四十四里也。

初,田婴有子四十余人,其贱妾有子名文,文以五月五日生。婴告其母曰:"勿举也。"其母窃举生之。【一】及长,其母因兄弟而见其子文于田婴。田婴怒其母曰:"吾令若去此子,而敢生之,何也?"文顿首,因曰:"君所以不举五月子者,何故?"婴曰:"五月子者,长与户齐,将不利其父母。"【二】文曰:"人生受命于天乎?将受命于户邪?"婴默然。文曰:"必受命于天,君何忧焉。必受命于户,则高其户耳,谁能至者!"婴曰:"子休矣。"

【一】[索隐]按:上"举"谓初诞而举之,下"举"谓浴而乳之。生谓长养之也。

【二】[索隐]按:《风俗通》云"俗说五月五日生子,男害父,女害母"。

久之,文承间问其父婴曰:"子之子为何?"曰:"为孙。""孙之孙为何?"曰:"为玄孙。""玄孙之孙为何?"曰:"不能知也。"【一】文曰:"君用事相齐,至今三王矣,齐不加广而君私家富累万金,门下不见一贤者。文闻将门必有将,相门必有相。今君后宫蹈绮縠而士不得短褐,【二】仆妾余粱肉而士不厌糟糠。今君又尚厚积余藏,欲以遗所不知何人,【三】而忘公家之事日损,文窃怪之。"于是婴乃礼文,使主家待宾客。宾客日进,名声闻于诸侯。诸侯皆使人请薛公田婴以文为太子,婴许之。婴卒,谥为靖郭君。【四】而文果代立于薛,是为孟尝君。

【一】[索隐]按:《尔雅》云"玄孙之子为来孙,来孙之子为昆孙,昆孙之子为仍孙,仍孙之子为云孙"。又有耳孙,亦是玄孙之子,不同也。

【二】[索隐]短亦音竖。竖褐,谓褐衣而竖裁之,以其省而便事也。

【三】[索隐]遗音唯季反。犹言不知欲遗与何人也。

【四】集解《皇览》曰："靖郭君冢在鲁国薛城中东南陬。"索隐按：谓死后别号之曰"靖郭"耳，则"靖郭"或封邑号，故汉齐王舅父驷钧封靖郭侯是也。陬音邹，亦音缁。陬者，城隅也。

孟尝君在薛，招致诸侯宾客及亡人有罪者，皆归孟尝君。孟尝君舍业厚遇之，【一】以故倾天下之士。食客数千人，无贵贱一与文等。孟尝君待客坐语，而屏风后常有侍史，主记君所与客语，问亲戚居处。客去，孟尝君已使使存问，献遗其亲戚。孟尝君曾待客夜食，有一人蔽火光。客怒，以饭不等，辍食辞去。孟尝君起，自持其饭比之。客惭，自刭。士以此多归孟尝君。孟尝君客无所择，皆善遇之。人人各自以为孟尝君亲己。

【一】索隐按：舍业者，舍弃其家产而厚事宾客也。刘氏云"舍音赦。谓为之筑舍立居业也"。

秦昭王闻其贤，乃先使泾阳君为质于齐，以求见孟尝君。孟尝君将入秦，宾客莫欲其行，谏，不听。苏代谓曰："今旦代从外来，见木禺人与土禺人相与语。【一】木禺人曰：'天雨，子将败矣。'土禺人曰：'我生于土，败则归土。今天雨，流子而行，未知所止息也。'今秦，虎狼之国也，而君欲往，如有不得还，君得无为土禺人所笑乎？"孟尝君乃止。

【一】索隐音偶，又音寓。谓以土木为之偶，类于人也。苏代以土偶比泾阳君，木偶比孟尝君也。

齐湣王二十五年，复卒使孟尝君入秦，昭王即以孟尝君为秦相。人或说秦昭王曰："孟尝君贤，而又齐族也，今相秦，必先齐而后秦，秦其危矣。"于是秦昭王乃止。囚孟尝君，谋欲杀之。孟尝君使人抵昭王幸姬求解。【一】幸姬曰："妾愿得君狐白裘。"【二】此时孟尝君有一狐白裘,直千金,天下无双,入秦献之昭王,更无他裘。孟尝君患之,遍问客,莫能对。最下坐有能为狗盗者,曰："臣能得狐白裘。"乃夜为狗,以入秦宫臧中,【三】取所献狐白裘至,以献秦王幸姬。幸姬为言昭王,昭王释孟尝君。孟尝君得出,即驰去,更封传,变名姓以出关。【四】夜半至函谷关。【五】秦昭王后悔出孟尝君,求之已去,即使人驰传逐之。孟尝君至关,关法鸡鸣而出客,孟尝君恐追至,客之居下坐者有能为鸡鸣,而鸡尽鸣,遂发传出。出如食顷,秦追果至关,已后孟尝君出,乃还。始孟尝君列此二人于宾客,宾客尽羞之,及孟尝君有秦难,卒此二人拔之。自是之后,客皆服。

【一】索隐抵音丁礼反。按:抵谓触冒而求之也。

【二】集解韦昭曰:"以狐之白毛为裘。谓集狐腋之毛,言美而难得者。"

【三】正义臧,在浪反。

【四】索隐更者,改也。改前封传而易姓名,不言是孟尝之名。封传犹今之驿券。

【五】正义关在陕州桃林县西南十三里。

孟尝君过赵,赵平原君客之。赵人闻孟尝君贤,出观之,皆笑曰:"始以薛公为魁然也,今视之,乃眇小丈夫耳。"孟尝君闻之,怒。客与俱者下,斫击杀数百人,遂灭一县以去。

齐湣王不自得,【一】以其遣孟尝君。孟尝君至,则以为齐相,任政。

【一】索隐不自德。是愍王遣孟尝君,自言己无德也。

孟尝君怨秦,将以齐为韩、魏攻楚,因与韩、魏攻秦,【一】而借兵食于西周。苏代为西周谓曰:【二】"君以齐为韩、魏攻楚九年,取宛、叶以北以强韩、魏，【三】今复攻秦以益之。韩、魏南无楚忧，西无秦患，则齐危矣。韩、魏必轻齐畏秦，臣为君危之。君不如令敝邑深合于秦，而君无攻，又无借兵食。君临函谷而无攻，令敝邑以君之情谓秦昭王曰'薛公必不破秦以强韩、魏。其攻秦也，欲王之令楚王割东国以与齐，【四】而秦出楚怀王以为和'。君令敝邑以此惠秦，秦得无破而以东国自免也，秦必欲之。楚王得出，必德齐。齐得东国益强，而薛世世无患矣。秦不大弱，而处三晋之西，三晋必重齐。"薛公曰："善。"因令韩、魏贺秦，使三国无攻，而不借兵食于西周矣。是时，楚怀王入秦，秦留之，故欲必出之。秦不果出楚怀王。

【一】集解徐广曰："《年表》曰韩、魏、齐共击秦军于函谷。"

【二】索隐《战国策》作"韩庆为西周谓薛公"。

【三】正义宛在邓州，叶在许州。二县以北旧属楚，二国共没以入韩、魏。

【四】正义东国，齐、徐夷。

孟尝君相齐，其舍人魏子【一】为孟尝君收邑入，【二】三反而不致一入。孟尝君问之，对曰："有贤者，窃假与之，以故不致入。"孟尝君怒而退魏子。居数年，人或毁孟尝君于齐湣王曰："孟尝君将为乱。"及田甲劫湣王，湣王意疑孟尝君，孟尝君乃奔。【三】魏子所与粟贤者闻之，乃上书言孟尝君不作乱，请以身为盟，遂自刭宫门以明孟尝君。湣王乃惊，而踪迹验问，孟尝君果无反谋，乃复召孟尝君。孟尝君因谢病，归老于薛。湣王许之。

【一】索隐舍人官微，记姓而略其名，故云魏子。

【二】索隐收其国之租税也。

【三】集解徐广曰："湣王三十四年，田甲劫王，薛文走。"

其后，秦亡将吕礼相齐，欲困苏代。代乃谓孟尝君曰："周最于齐，至厚也，【一】而齐王逐之，而听亲弗【二】相吕礼者，欲取秦也。齐、秦合，则亲弗与吕礼重矣。有用，齐、秦必轻君。君不如急北兵，趋赵以和秦、魏，收周最以厚行，且反齐王之信，【三】又禁天下之变。【四】齐无秦，则天下集齐，亲弗必走，则齐王孰与为其国也！"于是孟尝君从其计，而吕礼嫉害于孟尝君。

【一】正义周最，周之公子。

【二】集解亲弗，人姓名。索隐亲，姓；弗，名也。《战国策》作"祝弗"，盖"祝"为得之。

【三】索隐周最本厚于齐，今欲逐之而相秦之亡将。苏代谓孟尝君，令齐收周最以自厚其行，又且得反齐王之有信，以不逐周最也。

【四】索隐变谓齐、秦合则亲弗、吕礼用，用则秦、齐轻孟也。

　　孟尝君惧，乃遗秦相穰侯魏冉书曰："吾闻秦欲以吕礼收齐，齐，天下之强国也，子必轻矣。齐秦相取以临三晋，吕礼必并相矣，是子通齐以重吕礼也。若齐免于天下之兵，其雠子必深矣。子不如劝秦王伐齐。齐破，吾请以所得封子。齐破，秦畏晋之强，秦必重子以取晋。晋国敝于齐而畏秦，晋必重子以取秦。是子破齐以为功，挟晋以为重；是子破齐定封，秦、晋交重子。若齐不破，吕礼复用，子必大穷。"于是穰侯言于秦昭王伐齐，而吕礼亡。

　　后齐湣王灭宋，益骄，欲去孟尝君。孟尝君恐，乃如魏。魏昭王以为相，西合于秦、赵，与燕共伐破齐。齐湣王亡在莒，遂死焉。齐襄王立，而孟尝君中立于诸侯，无所属。齐襄王新立，畏孟尝君，与连和，复亲薛公。文卒，谥为孟尝君。【一】诸子争立，而齐魏共灭薛。孟尝绝嗣无后也。

【一】集解《皇览》曰："孟尝君冢在鲁国薛城中向门东。向门，出北边门也。"《诗》云"居常与许"，郑玄曰"'常'或作'尝'，在薛之南"。孟尝邑于薛城也。索隐按：孟尝袭父封薛，而号曰孟尝君，此云谥，非也。孟，字也；尝，邑名。《诗》云"居常与许"，郑《笺》云"'常'或作'尝'，尝邑在薛之旁"是也。正义《括地志》云："孟尝君墓在徐州滕县五十二里。卒在齐襄王之时也。"

初，冯驩【一】闻孟尝君好客，蹑蹻而见之。【二】孟尝君曰："先生远辱，何以教文也？"冯驩曰："闻君好士，以贫身归于君。"孟尝君置传舍十日，【三】孟尝君问传舍长曰："客何所为？"答曰："冯先生甚贫，犹有一剑耳，又蒯缑。【四】弹其剑而歌曰'长铗归来乎，食无鱼'。"孟尝君迁之幸舍，食有鱼矣。五日，又问传舍长。答曰："客复弹剑而歌曰'长铗归来乎，出无舆'。"孟尝君迁之代舍，出入乘舆车矣。五日，孟尝君复问传舍长。舍长答曰："先生又尝弹剑而歌曰'长铗归来乎，无以为家'。"孟尝君不悦。

【一】集解音欢。复作"媛"，音许袁反。索隐音欢。字或作"谖"，音况远反。

【二】索隐蹻音脚。字亦作"绣"，又作"𦜕"，亦作"僑"。

【三】索隐传音逐缘反。按：传舍、幸舍及代舍，并当上、中、下三等之客所舍之名耳。

【四】集解蒯音苦怪反。茅之类，可为绳。言其剑把无物可装，以小绳缠之也。缑音侯，亦作"候"，谓把剑之处。索隐蒯，草名，音"蒯聩"之"蒯"。缑音侯，字亦作"候"，谓把剑之物。言其剑无物可装，但以蒯绳缠之，故云"蒯缑"。

居期年，冯驩无所言。孟尝君时相齐，封万户于薛。其食客三千人。邑入不足以奉客，【一】使人出钱于薛。岁余不入，贷钱者多不能与其息，【二】客奉将不给。孟尝君忧之，问左右："何人可使收债于薛者？"传舍长曰："代舍客冯公形容状貌甚辩，长者，无他伎【三】能，宜可令收债。"孟尝君乃进冯驩而请之曰："宾客不知文不肖，幸临文者三千余人，邑入不足以奉宾客，故出息钱于薛。薛岁不入，民颇不与其息。今客食恐不给，愿先生责之。"冯驩曰："诺。"辞行，至薛，召取孟尝君钱者皆会，得息钱十万。乃多酿酒，买肥牛，召诸取钱者，能与息者皆来，不能与息者亦来，皆持取钱之券书合之。齐为会，日杀牛置酒。酒酣，乃持券如前合之，能与息者，与为期；贫不能与息者，取其券而烧之。曰："孟尝君所以贷钱者，为民之无者以为本业也；所以求息者，为无以奉客也。今富给者以要期，贫穷者燔券书以捐之。诸君强饮食。有君如此，岂可负哉！"坐者皆起，再拜。

【一】正义奉，符用反。

【二】索隐按：与犹还也。息犹利也。

【三】集解亦作"技"。

孟尝君闻冯驩烧券书，怒而使使召驩。驩至，孟尝君曰："文食客三千人，故贷钱于薛。文奉邑少，【一】而民尚多不以时与其息，客食恐不足，故请先生收责之。闻先生得钱，即以多具牛酒而烧券书，何？"冯驩曰："然。不多具牛酒即不能毕会，无以知其有余不足。有余者，为要期。不足者，虽守而责之十年，息愈多，急，即以逃亡自捐之。若急，终无以偿，上则为君好利不爱士民，下则有离上抵负之名，非所以厉士民彰君声也。焚无用虚债之券，捐不可得之虚计，令薛民亲君而彰君之善声也，君有何疑焉！"孟尝君乃拊手而谢之。

【一】索隐言文之奉邑少，故令出息于薛。

齐王惑于秦、楚之毁，以为孟尝君名高其主而擅齐国之权，遂废孟尝君。诸客见孟尝君废，皆去。冯骧曰："借臣车一乘，可以入秦者，必令君重于国而奉邑益广，可乎？"孟尝君乃约车币而遣之。冯骧乃西说秦王曰："天下之游士冯轼结靷西入秦者，无不欲强秦而弱齐；冯轼结靷东入齐者，无不欲强齐而弱秦。此雄雌之国也，势不两立为雄，雄者得天下矣。"秦王跽而问之曰："何以使秦无为雌而可？"冯骧曰："王亦知齐之废孟尝君乎？"秦王曰："闻之。"冯骧曰："使齐重于天下者，孟尝君也。今齐王以毁废之，其心怨，必背齐；背齐入秦，则齐国之情，人事之诚，尽委之秦，齐地可得也，岂直为雄也！君急使使载币阴迎孟尝君，不可失时也。如有齐觉悟，复用孟尝君，则雌雄之所在未可知也。"秦王大悦，乃遣车十乘黄金百镒以迎孟尝君。冯骧辞以先行，至齐，说齐王曰："天下之游士冯轼结靷东入齐者，无不欲强齐而弱秦者；冯轼结靷西入秦者，无不欲强秦而弱齐者。夫秦齐雄雌之国，秦强则齐弱矣，此势不两雄。今臣窃闻秦遣使车十乘载黄金百镒以迎孟尝君。孟尝君不西则已，西入相秦则天下归之，秦为雄而齐为雌，雌则临淄、即墨危矣。王何不先秦使之未到，复孟尝君，而益与之邑以谢之？孟尝君必喜而受之。秦虽强国，岂可以请人相而迎之哉！折秦之谋，而绝其霸强之略。"齐王曰："善。"乃使人至境候秦使。秦使车适入齐境，使还驰告之，王召孟尝君而复其相位，而与其故邑之地，又益以千户。秦之使者闻孟尝君复相齐，还车而去矣。

自齐王毁废孟尝君，诸客皆去。后召而复之，冯骧迎之。未到，孟尝君太息叹曰："文常好客，遇客无所敢失，食客三千有余人，先生所知也。客见文一日废，皆背文而去，莫顾文者。今赖先生得复其位，客亦有何面目复见文乎？如复见文者，必唾其面而大辱之。"冯骧结辔下拜。孟尝君下车接之，曰："先生为客谢乎？"冯骧曰："非为客谢也，为君之言失。夫物有必至，事有固然，君知之乎？"孟尝君曰："愚不知所谓也。"曰："生者必有死,物之必至也;富贵多士,贫贱寡友,事之固然也。君独不见夫趣市朝者乎?【一】明旦,侧肩争门而入;日暮之后,过市朝者掉臂而不顾。【二】非好朝而恶暮,所期物忘其中。【三】今君失位,宾客皆去,不足以怨士而徒绝宾客之路。愿君遇客如故。"孟尝君再拜曰："敬从命矣。闻先生之言,敢不奉教焉。"

【一】索隐趣音娶。趣,向也。

【二】索隐过音光卧反。朝音潮。谓市之行位有如朝列,因言市朝耳。

【三】索隐按:期物谓入市心中所期之物利,故平明侧肩争门而入,今日暮,所期忘其中。忘者,无也。其中,市朝之中。言日暮物尽,故掉臂不顾也。

　　太史公曰:吾尝过薛,其俗闾里率多暴桀子弟,与邹、鲁殊。问其故,曰:"孟尝君招致天下任侠,奸人入薛中盖六万余家矣。"世之传孟尝君好客自喜,名不虚矣。

平原君传

　　平原君赵胜者,【一】赵之诸公子也。【二】诸子中胜最贤,喜宾客,宾客盖至者数千人。平原君相赵惠文王及孝成王,三去相,三复位,封于东武城。【三】

　　【一】正义胜,式证反。

　　【二】集解徐广曰:"《魏公子传》曰赵惠文王弟。"

　　【三】集解徐广曰:"属清河。"正义今贝州武城县也。

　　平原君家楼临民家。民家有躄者,槃散【一】行汲。平原君美人居楼上,临见,大笑之。明日,躄者至平原君门,请曰:"臣闻君之喜士,士不远千里而至者,以君能贵士而贱妾也。臣不幸有罢癃之病,【二】而君之后宫临而笑臣,臣愿得笑臣者头。"平原君笑应曰:"诺。"躄者去,平原君笑曰:"观此竖子,乃欲以一笑之故杀吾美人,不亦甚乎!"终不杀。居岁余,宾客门下舍人稍稍引去者过半。平原君怪之,曰:"胜所以待诸君者未尝敢失礼,而去者何多也?"门下一人前对曰:"以君之不杀笑躄者,以君为爱色而贱士,士即去耳。"于是平原君乃斩笑躄者美人头,自造门进躄者,因谢焉。其后门下乃复稍稍来。是时齐有孟尝,魏有信陵,楚有春申,故争相倾以待士。【三】

　　【一】集解亦作"蹒"。索隐躄音壁。散音先寒反,亦作"蹒",同音。正义躄,跛也。

　　【二】集解徐广曰:"癃音隆。癃,病也。"索隐罢音皮。癃音吕宫反。罢癃谓背疾,言腰曲而背隆高也。

　　【三】集解徐广曰:"待,一作'得'。"

秦之围邯郸,【一】赵使平原君求救,合从于楚,约与食客门下有勇力文武备具者二十人偕。平原君曰:"使文能取胜,则善矣。文不能取胜,则歃血于华屋之下,必得定从而还。士不外索,取于食客门下足矣。"得十九人,余无可取者,无以满二十人。门下有毛遂者,前,自赞于平原君曰:"遂闻君将合从于楚,约与食客门下二十人偕,不外索。今少一人,愿君即以遂备员而行矣。"平原君曰:"先生处胜之门下几年于此矣?"毛遂曰:"三年于此矣。"平原君曰:"夫贤士之处世也,譬若锥之处囊中,其末立见。今先生处胜之门下三年于此矣,左右未有所称诵,胜未有所闻,是先生无所有也。先生不能,先生留。"毛遂曰:"臣乃今日请处囊中耳。使遂蚤得处囊中,乃颖脱而出,【二】非特其末见而已。"平原君竟与毛遂偕。十九人相与目笑之而未废也。【三】

【一】正义赵惠文王九年,秦昭王十五年。

【二】索隐按:郑玄曰"颖,环也"。脱音吐活反。

【三】索隐按:郑玄曰"皆目视而轻笑之,未能即废弃之也"。

毛遂比至楚,与十九人论议,十九人皆服。平原君与楚合从,言其利害,日出而言之,日中不决。十九人谓毛遂曰:"先生上。"毛遂按剑历阶而上,谓平原君曰:"从之利害,两言而决耳。今日出而言从,日中不决,何也?"楚王谓平原君曰:"客何为者也?"平原君曰:"是胜之舍人也。"楚王叱曰:"胡不下!吾乃与而君言,汝何为者也!"毛遂按剑而前曰:"王之所以叱遂者,以楚国之众也。今十步之内,王不得恃楚国之众也,王之命悬于遂手。吾君在前,叱者何也?且遂闻汤以七十里之地王天下,文王以百里之壤而臣诸侯,岂其士卒众多哉,诚能据其势而奋其威。今楚地方五千里,持戟百万,此霸王之资也。以楚之强,天下弗能当。白起,小竖子耳,率数万之众，兴师以与楚战，一战而举鄢郢，再战而烧夷陵，三战而辱王之先人。此百世之怨而赵之所羞，而王弗知恶焉。【一】合从者为楚，非为赵也。吾君在前，叱者何也？"楚王曰："唯唯，诚若先生之言，谨奉社稷而以从。"毛遂曰："从定乎？"楚王曰："定矣。"毛遂谓楚王之左右曰："取鸡狗马之血来。"【二】毛遂奉铜槃【三】而跪进之楚王曰："王当歃血而定从，次者吾君，次者遂。"遂定从于殿上。毛遂左手持槃血而右手招十九人曰："公相与歃此血于堂下。【四】公等碌碌，【五】所谓因人成事者也。"

【一】正义恶，乌故反。

【二】索隐按：盟之所用牲贵贱不同，天子用牛及马，诸侯用犬及豭，大夫已下用鸡。今此总言盟之用血，故云"取鸡狗马之血来"耳。

【三】索隐奉，敷奉反。若《周礼》则用珠盘也。

【四】索隐唼此血。音所甲反。

【五】集解音禄。索隐音禄。按：王劭云"录，借字耳"。又《说文》云"录录，随从之貌"。

平原君已定从而归，归至于赵，曰："胜不敢复相士。胜相士多者千人，寡者百数，自以为不失天下之士，今乃于毛先生而失之也。毛先生一至楚，而使赵重于九鼎大吕。【一】毛先生以三寸之舌，强于百万之师。胜不敢复相士。"遂以为上客。

【一】索隐九鼎大吕，国之宝器。言毛遂至楚，使赵重于九鼎大吕，言为天下所重也。正义大吕，周庙大钟。

平原君既返赵，楚使春申君将兵赴救赵，魏信陵君亦矫夺晋鄙军往救赵，皆未至。秦急围邯郸，邯郸急，且降，平原君甚患之。邯郸传舍吏子李同【一】说平原君曰："君不忧赵亡邪？"平原君曰："赵亡则胜为虏,何为不忧乎?"李同曰:"邯郸之民,炊骨易子而食,可谓急矣,而君之后宫以百数,婢妾被绮縠,余粱肉,而民褐衣不完,糟糠不厌。民困兵尽,或剡木为矛矢,而君器物钟磬自若。使秦破赵,君安得有此?使赵得全,君何患无有?今君诚能令夫人以下编于士卒之间,分功而作,家之所有尽散以飨士,士方其危苦之时,易德耳。"【二】于是平原君从之,得敢死之士三千人。李同遂与三千人赴秦军,秦军为之却三十里。亦会楚、魏救至,秦兵遂罢,邯郸复存。李同战死,封其父为李侯。【三】

【一】正义 名谈,太史公讳改也。

【二】正义 言士方危苦之时,易有恩德。

【三】集解 徐广曰:"河内成皋有李城。"正义 怀州温县,本李城也,李同父所封。隋炀帝从故温城移县于此。

虞卿欲以信陵君之存邯郸为平原君请封。公孙龙闻之,夜驾见平原君曰:"龙闻虞卿欲以信陵君之存邯郸为君请封,有之乎?"平原君曰:"然。"龙曰:"此甚不可。且王举君而相赵者,非以君之智能为赵国无有也。割东武城而封君者,非以君为有功也,而以国人无勋,乃以君为亲戚故也。君受相印不辞无能,割地不言无功者,亦自以为亲戚故也。今信陵君存邯郸而请封,是亲戚受城而国人计功也。【一】此甚不可。且虞卿操其两权,事成,操右券以责;【二】事不成,以虚名德君。君必勿听也。"平原君遂不听虞卿。

【一】集解 徐广曰:"一本'是亲戚受城而以国许人'。"

【二】索隐 言虞卿论平原君取封事成,则操其右券以责其报德也。

平原君以赵孝成王十五年卒【一】。子孙代,后竟与赵俱亡。

【一】索隐 按:《六国年表》及《世家》并云十四年卒,与此不同。

平原君厚待公孙龙。公孙龙善为坚白之辩,及邹衍过赵【一】言至道,乃绌公孙龙。【二】

【一】索隐过音戈。

【二】集解刘向《别录》曰:"齐使邹衍过赵,平原君见公孙龙及其徒綦毋子之属,论'白马非马'之辩,以问邹子。邹子曰:'不可。彼天下之辩有五胜三至,而辞正为下。辩者,别殊类使不相害,序异端使不相乱,抒意通指,明其所谓,使人与知焉,不务相迷也。故胜者不失其所守,不胜者得其所求。若是,故辩可为也。及至烦文以相假,饰辞以相悖,巧譬以相移,引人声使不得及其意。如此,害大道。夫缴纷争言而竞后息,不能无害君子。'坐皆称善。"索隐《注》抒意通指,抒音墅。抒者,舒也。《注》"缴纷"。缴音叫。谓缴绕纷乱,争言而竞后息,不能无害也。

[编者按:该选本此处略去虞卿事迹。]

太史公曰:平原君,翩翩浊世之佳公子也,然未睹大体。鄙语曰"利令智昏",平原君贪冯亭邪说,使赵陷长平兵四十余万众,邯郸几亡。【一】虞卿料事揣情,为赵画策,何其工也!及不忍魏齐,卒困于大梁,庸夫且知其不可,况贤人乎?然虞卿非穷愁,亦不能著书以自见于后世云。

【一】集解谯周曰:"长平之陷,乃赵王信间易将之咎,何怨平原受冯亭哉?"

卷之三

信陵君传

魏公子无忌者,魏昭王少子而魏安釐王异母弟也。昭王薨,安釐王即位,封公子为信陵君。【一】是时范雎亡魏相秦,以怨魏齐故,秦兵围大梁,破魏华阳下军,走芒卯。魏王及公子患之。

【一】索隐按:《地理志》无信陵,或是乡邑名也。

公子为人仁而下士,士无贤不肖皆谦而礼交之,不敢以其富贵骄士。士以此方数千里争往归之,致食客三千人。当是时,诸侯以公子贤,多客,不敢加兵谋魏十余年。

公子与魏王博,而北境传举烽,言"赵寇至,且入界"。【一】魏王释博,欲召大臣谋。公子止王曰:"赵王田猎耳,非为寇也。"【二】复博如故。王恐,心不在博。居顷,复从北方来传言曰:"赵王猎耳,非为寇也。"魏王大惊,曰:"公子何以知之?"公子曰:"臣之客有能深得赵王阴事【三】者,赵王所为,客辄以报臣,臣以此知之。"是后魏王畏公子之贤能,不敢任公子以国政。

【一】集解文颖曰:"作高木橹,橹上作桔槔,桔槔头兜零,以薪置其中,谓之烽。常低之,有寇即火然举之以相告。"

【二】正义为,于伪反。

【三】索隐按:谯周作"探得赵王阴事"。

魏有隐士曰侯嬴,【一】年七十,家贫,为大梁夷门监者。公子闻之,往请,欲厚遗之。不肯受,曰:"臣修身洁行数十年,终不以监门困故而受公子财。"公子于是乃置酒大会宾客。坐定,公子从车骑,虚左,自迎夷门侯生。侯生摄敝衣冠,直上载公子上坐,不让,欲以观公子。公子执辔愈恭。侯生又谓公子曰:"臣有客在市屠中,愿枉车骑过之。"公子引车入市,侯生下见其客朱亥,俾倪,【二】故久立与其客语,微察公子。公子颜色愈和。当是时,魏将相宗室宾客满堂,待公子举酒。市人皆观公子执辔。从骑皆窃骂侯生。侯生视公子色终不变,乃谢客就车。至家,公子引侯生坐上坐,徧赞宾客,【三】宾客皆惊。酒酣,公子起,为寿侯生前。侯生因谓公子曰:"今日嬴之为公子亦足矣。【四】嬴乃夷门抱关者也,而公子亲枉车骑,自迎嬴于众人广坐之中,不宜有所过,今公子故过之。然嬴欲就公子之名,故久立公子车骑市中,过客以观公子,公子愈恭。市人皆以嬴为小人,而以公子为长者能下士也。"于是罢酒,侯生遂为上客。

【一】索隐音盈。又曹植音"嬴瘦"之"嬴"。

【二】索隐上音浦计反,下音五计反。邹诞云又上音足未反,下音五弟反。正义不正视也。

【三】索隐徧音遍。赞者,告也。谓以侯生遍告宾客。

【四】集解徐广曰:"为,一作'羞'。"

侯生谓公子曰:"臣所过屠者朱亥,此子贤者,世莫能知,故隐屠间耳。"公子往数请之,朱亥故不复谢,公子怪之。

魏安釐王二十年,秦昭王已破赵长平军,又进兵围邯郸。公子姊为赵惠文王弟平原君夫人,数遗魏王及公子书,请救于魏。魏王使将军晋鄙【一】将十万众救赵。秦王使使者告魏王曰:"吾攻赵旦暮且下,而诸侯敢救者,已拔赵,必移兵先击之。"魏王恐,使人止晋鄙,留军壁邺,名为救赵,实持两端以观望。平原君使者冠盖相属于魏,让魏公子曰:"胜所以自附为婚姻者,以公子之高义,为能急人之困。今邯郸旦暮降秦而魏救不至,安在公子能急人之困也!且公子纵轻胜,弃之降秦,独不怜公子姊邪?"公子患之,数请魏王,及宾客辩士说王万端。魏王畏秦，终不听公子。公子自度终不能得之于王，计不独生而令赵亡，乃请宾客，约车骑百余乘，欲以客往赴秦军，与赵俱死。

【一】索隐魏将姓名也。

行过夷门，见侯生，具告所以欲死秦军状。辞决而行，侯生曰："公子勉之矣，老臣不能从。"公子行数里，心不快，曰："吾所以待侯生者备矣，天下莫不闻，今吾且死而侯生曾无一言半辞送我，我岂有所失哉？"复引车还，问侯生。侯生笑曰："臣固知公子之还也。"曰："公子喜士，名闻天下。今有难，无他端而欲赴秦军，譬若以肉投馁虎，何功之有哉？尚安事客？然公子遇臣厚，公子往而臣不送，以是知公子恨之复返也。"公子再拜，因问。侯生乃屏人閒语，【一】曰："嬴闻晋鄙之兵符常在王卧内，而如姬最幸，出入王卧内，力能窃之。嬴闻如姬父为人所杀，如姬资之三年，【二】自王以下欲求报其父仇，莫能得。如姬为公子泣，公子使客斩其仇头，敬进如姬。如姬之欲为公子死，无所辞，顾未有路耳。公子诚一开口请如姬，如姬必许诺，则得虎符夺晋鄙军，北救赵而西却秦，此五霸之伐也。"公子从其计，请如姬。如姬果盗晋鄙兵符与公子。

【一】索隐閒音闲。閒语谓静语也。

【二】索隐旧解资之三年谓服齐衰也。今案：资者，畜也。谓欲为父复雠之资畜于心已得三年矣。

公子行，侯生曰："将在外，主令有所不受，以便国家。公子即合符，而晋鄙不授公子兵而复请之，事必危矣。臣客屠者朱亥可与俱，此人力士。晋鄙听，大善；不听，可使击之。"于是公子泣。侯生曰："公子畏死邪？何泣也？"公子曰："晋鄙嚄唶【一】宿将，往恐不听，必当杀之，是以泣耳，岂畏死哉？"于是公子请朱亥。朱亥笑曰："臣乃市井鼓刀屠者，而公子亲数存之，所以不报谢者，以为小礼无所用。今公子有急，此乃臣效命之秋也。"遂与公子俱。公子过谢侯生。侯生曰："臣宜从，老不能。请数公子行日，以至晋鄙军之日，北乡自刭，以送公子。"公子遂行。

【一】集解上音乌百反，下音庄白反。索隐上乌白反，下争格反。案：嚄唶谓多词句也。正义《声类》云："嚄，大笑。唶，大呼。"

至邺，矫魏王令代晋鄙。晋鄙合符，疑之，举手视公子曰："今吾拥十万之众，屯于境上，国之重任，今单车来代之，何如哉？"欲无听。朱亥袖四十斤铁椎，椎杀晋鄙，公子遂将晋鄙军。勒兵下令军中曰："父子俱在军中，父归；兄弟俱在军中，兄归；独子无兄弟，归养。"得选兵八万人，进兵击秦军。秦军解去，遂救邯郸，存赵。赵王及平原君自迎公子于界，平原君负韊矢【一】为公子先引。赵王再拜曰："自古贤人未有及公子者也。"当此之时，平原君不敢自比于人。公子与侯生决，至军，侯生果北乡自刭。

【一】集解吕忱曰："韊盛弩矢。"索隐韊音兰。谓以盛矢，如今之胡簏而短也。吕，姓；忱，名，作《字林》者。言韊盛弩矢之器。

魏王怒公子之盗其兵符矫杀晋鄙，公子亦自知也。已却秦存赵，使将将其军归魏，而公子独与客留赵。赵孝成王德公子之矫夺晋鄙兵而存赵，乃与平原君计以五城封公子。公子闻之，意骄矜而有自功之色。客有说公子曰："物有不可忘，或有不可不忘。夫人有德于公子，公子不可忘也；公子有德于人，愿公子忘之也。且矫魏王令，夺晋鄙兵以救赵，于赵则有功矣，于魏则未为忠臣也。公子乃自矫而功之，窃为公子不取也。"于是公子立自责，似若无所容者。赵王扫除自迎，执主人之礼，引公子就西阶。公子侧行辞让，从东阶上。【一】自言罪过，以负于魏，【二】无功于赵。赵王侍酒至暮，口不忍献五城，以公子退让也。公子竟留赵。赵王以鄗【三】为公子汤沐邑，魏亦复以信陵奉公子。公子留赵。

【一】集解《礼记》曰："主人就东阶，客就西阶。客若降等，则就主人之阶。"

【二】索隐负音佩。

【三】索隐音臛，赵邑名，属常山。

公子闻赵有处士毛公藏于博徒，薛公藏于卖浆家，【一】公子欲见两人，两人自匿不肯见公子。公子闻所在，乃间步往从此两人游，甚欢。平原君闻之，谓其夫人曰："始吾闻夫人弟公子天下无双，今吾闻之，乃妄从博徒卖浆者游，公子妄人耳。"夫人以告公子。公子乃谢夫人去，曰："始吾闻平原君贤，故负魏王而救赵，以称平原君。平原君之游，徒豪举耳，【二】不求士也。无忌自在大梁时，常闻此两人贤，至赵，恐不得见。以无忌从之游，尚恐其不我欲也，今平原君乃以为羞，其不足从游。"乃装为去。夫人具以语平原君。平原君乃免冠谢，固留公子。平原君门下闻之，半去平原君归公子，天下士复往归公子，公子倾平原君客。

【一】集解徐广曰："浆，一作'醪'。"索隐按：《别录》云"浆，或作'醪'字"。

【二】索隐谓豪者举之。举亦音据也。

公子留赵十年不归。秦闻公子在赵，日夜出兵东伐魏。魏王患之，使使往请公子。公子恐其怒之，乃诫门下："有敢为魏王使通者，死。"宾客皆背魏之赵，莫敢劝公子归。毛公、薛公【一】两人往见公子曰:"公子所以重于赵,名闻诸侯者,徒以有魏也。今秦攻魏,魏急而公子不恤,使秦破大梁而夷先王之宗庙,公子当何面目立天下乎?"语未及卒,公子立变色,告车趣驾归救魏。

【一】索隐史不记其名。

魏王见公子,相与泣,而以上将军印授公子,公子遂将。魏安釐王三十年,公子使使遍告诸侯。诸侯闻公子将,各遣将将兵救魏。公子率五国之兵破秦军于河外,走蒙骜。遂乘胜逐秦军至函谷关,抑秦兵,【一】秦兵不敢出。当是时,公子威振天下,诸侯之客进兵法,公子皆名之,【二】故世俗称《魏公子兵法》。【三】

【一】索隐抑音忆。按:抑谓以兵魇之。

【二】索隐言公子所得进兵法而必称其名,以言其恕也。

【三】集解刘歆《七略》有《魏公子兵法》二十一篇,《图》七卷。

秦王患之,乃行金万斤于魏,求晋鄙客,令毁公子于魏王曰:"公子亡在外十年矣,今为魏将,诸侯将皆属,诸侯徒闻魏公子,不闻魏王。公子亦欲因此时定南面而王,诸侯畏公子之威,方欲共立之。"秦数使反间,伪贺公子得立为魏王未也。魏王日闻其毁,不能不信,后果使人代公子将。公子自知再以毁废,乃谢病不朝,与宾客为长夜饮,饮醇酒,多近妇女。日夜为乐饮者四岁,竟病酒而卒。其岁,魏安釐王亦薨。

秦闻公子死,使蒙骜攻魏,拔二十城,初置东郡。其后秦稍蚕食魏,十八岁而虏魏王,【一】屠大梁。

【一】索隐魏王名假。

高祖始微少时,数闻公子贤。及即天子位,每过大梁,常祠公子。高祖十二年，从击黥布还，为公子置守冢五家，世世岁以四时奉祠公子。

太史公曰：吾过大梁之墟，求问其所谓夷门。夷门者，城之东门也。天下诸公子亦有喜士者矣，然信陵君之接岩穴隐者，不耻下交，有以也。名冠诸侯，不虚耳。高祖每过之而令民奉祠不绝也。

范雎传

范雎者,魏人也,字叔。游说诸侯,欲事魏王,家贫无以自资,乃先事魏中大夫【一】须贾。【二】

【一】索隐按:《汉书百官表》中大夫,秦官。此魏有中大夫,盖古官也。

【二】索隐须,姓;贾,名也。须氏盖密须之后。

须贾为魏昭王【一】使于齐,范雎从。留数月,未得报。齐襄王【二】闻雎辩口,乃使人赐雎金十斤及牛酒,雎辞谢不敢受。须贾知之,大怒,以为雎持魏国阴事告齐,故得此馈,令雎受其牛酒,还其金。既归,心怒雎,以告魏相。魏相,魏之诸公子,曰魏齐。魏齐大怒,使舍人笞击雎,折胁摺齿。【三】雎佯死,即卷以箦,【四】置厕中。宾客饮者醉,更溺雎,【五】故僇辱以惩后,令无妄言者。雎从箦中谓守者曰:"公能出我,我必厚谢公。"守者乃请出弃箦中死人。魏齐醉,曰:"可矣。"范雎得出。后魏齐悔,复召求之。魏人郑安平闻之,乃遂操范雎亡,伏匿,更名姓曰张禄。

【一】索隐按:《系本》昭王名遫,襄王之子也。

【二】索隐名法章。

【三】索隐摺音力答反。谓打折其胁,而又拉折其齿也。

【四】索隐箦谓苇荻之薄也,用之以裹尸也。

【五】索隐更音羹。溺即溲也。溺音年吊反。溲音所留反。正义溺,古"尿"字。

当此时,秦昭王使谒者王稽于魏。郑安平诈为卒,侍王稽。【一】王稽问:"魏有贤人可与俱西游者乎?"郑安平曰:"臣里中有张禄先生，欲见君，言天下事。其人有仇，不敢昼见。"王稽曰："夜与俱来。"郑安平夜与张禄见王稽。语未究，王稽知范雎贤，谓曰："先生待我于三亭之南。"【二】与私约而去。

【一】正义卒，祖律反。

【二】索隐按：三亭，亭名，在魏境之边，道亭也，今无其处。一云魏之郊境，总有三亭，皆祖饯之处。与期三亭之南，盖送饯已毕，无人处。正义《括地志》云："三亭冈在汴州尉氏县西南三十七里。"按：三亭冈在山部中名也，盖"冈"字误为"南"。

王稽辞魏去，过，载范雎入秦。至湖【一】望见车骑从西来。范雎曰："彼来者为谁？"王稽曰："秦相穰侯东行县邑。"范雎曰："吾闻穰侯专秦权，恶内诸侯客【二】，此恐辱我，我宁且匿车中。"有顷，穰侯果至，劳王稽，因立车而语曰："关东有何变？"曰："无有。"又谓王稽曰："谒君得无与诸侯客子俱来乎？无益，徒乱人国耳。"王稽曰："不敢。"即别去。范雎曰："吾闻穰侯智士也，其见事迟，乡者疑车中有人，忘索之。"【三】于是范雎下车走，曰："此必悔之。"行十余里，果使骑还索车中，无客，乃已。王稽遂与范雎入咸阳。

【一】索隐按：《地理志》京兆有湖县，本名胡，武帝更名湖，即今湖城县也。正义今虢州湖城县也。

【二】索隐内音纳，亦如字。内者亦犹入也。

【三】索隐索犹搜也。音栅，又先格反。

已报使，因言曰："魏有张禄先生，天下辩士也。曰'秦王之国危于累卵，【一】得臣则安。然不可以书传也'。臣故载来。"秦王弗信，使舍食草具。【二】待命岁余。

【一】正义按：《说苑》云"晋灵公造九层之台，费用千金，谓左右曰：'敢有谏者斩。'苟息闻之,上书求见。灵公张弩持矢见之。曰:'臣不敢谏也。臣能累十二博棋,加九鸡子其上。'公曰:'子为寡人作之。'苟息正颜色,定志意,以棋子置下,加九鸡子其上。左右惧慴息,灵公气息不续。公曰:'危哉,危哉!'苟息曰:'此殆不危也,复有危于此者。'公曰:'愿见之。'苟息曰:'九层之台三年不成,男不耕,女不织,国用空虚,邻国谋议将兴,社稷亡灭,君欲何望?'灵公曰:'寡人之过也乃至于此!'即坏九层台也"。

【二】索隐谓亦舍之,而食以下客之具。然草具谓粗食草菜之馔具。

当是时,昭王已立三十六年。南拔楚之鄢郢,楚怀王幽死于秦。秦东破齐。湣王尝称帝,后去之。数困三晋。厌天下辩士,无所信。

穰侯,华阳君,【一】昭王母宣太后之弟也;而泾阳君、高陵君皆昭王同母弟也。穰侯相,三人者更将,有封邑,以太后故,私家富重于王室。及穰侯为秦将,且欲越韩、魏而伐齐纲、寿,欲以广其陶封。范雎乃上书曰:

【一】集解徐广曰:"华,一作'叶'。"索隐穰侯,谓魏冉,宣太后之异父弟。穰,县,在南阳。华阳君,芈戎,宣太后之同父弟,亦号为新城君是也。

臣闻明主立政,【一】有功者不得不赏,有能者不得不官,劳大者其禄厚,功多者其爵尊,能治众者其官大。故无能者不敢当职焉,有能者亦不得蔽隐。使以臣之言为可,愿行而益利其道;以臣之言为不可,久留臣无为也。语曰:"庸主赏所爱而罚所恶;明主则不然,赏必加于有功,而刑必断于有罪。"今臣之胸不足以当椹质,【二】而要不足以待斧钺,岂敢以疑事尝试于王哉!虽以臣为贱人而轻辱,独不重任臣者之无反复于王邪?

【一】索隐按:《战国策》"立"作"莅"也。

【二】索隐椹音陟林反。按:椹者,椹椹也。质者,剑刃也。腰斩者当椹质也。

且臣闻周有砥砨，宋有结绿，梁有县藜，【一】楚有和朴，【二】此四宝者，土之所生，良工之所失也，而为天下名器。然则圣王之所弃者，独不足以厚国家乎？

【一】集解薛综曰："县藜一日美玉。"

【一】正义县音玄。刘伯庄云珍玉朴也。

臣闻善厚家者取之于国，善厚国者取之于诸侯。天下有明主则诸侯不得擅厚者，何也？为其割荣也。【一】良医知病人之死生，而圣主明于成败之事，利则行之，害则舍之，疑则少尝之，虽舜禹复生，弗能改已。语之至者，臣不敢载之于书，其浅者又不足听也。意者臣愚而不概【二】于王心邪？亡其言【三】臣者贱而不可用乎？自非然者，臣愿得少赐游观之间，望见颜色。一语无效，请伏斧质。

【一】索隐割荣，即上之"擅厚"，谓擅权也。

【二】集解徐广曰："一作'溉'，音同。"索隐按：《战国策》"概"作"关"，谓关涉于于王心也。徐注"音同"，非也。

【三】索隐亡犹轻蔑也。

于是秦昭王大说，乃谢王稽，使以传车【一】召范雎。

【一】集解徐广曰："一云'使持车'。"索隐"使持车"，《战国策》之文也。

于是范雎乃得见于离宫，【一】详为不知永巷而入其中。【二】王来而宦者怒，逐之，曰："王至！"范雎缪为曰："秦安得王？秦独有太后、穰侯耳。"欲以感怒昭王。昭王至，闻其与宦者争言，遂延迎，谢曰："寡人宜以身受命久矣，会义渠之事急，寡人旦暮自请太后；今义渠之事已，寡人乃得受命。窃闵然不敏，【三】敬执宾主之礼。"范睢辞让。是日观范睢之见者，群臣莫不洒然【四】变色易容者。

【一】正义长安故城本秦离宫，在雍州长安北十三里也。

【二】正义永巷，宫中狱也。

【三】索隐邹诞本作"㦖然"，音昏。又云一作"闵"，音敏。闵犹昏暗也。

【四】集解徐广曰："洒，先典反。"索隐郑玄曰"洒然，肃敬之貌"也。

秦王屏左右，宫中虚无人。秦王跽【一】而请曰："先生何以幸教寡人？"范睢曰："唯唯。"有间，秦王复跽而请曰："先生何以幸教寡人？"范睢曰："唯唯。"若是者三。秦王跽曰："先生卒不幸教寡人邪？"范睢曰："非敢然也。臣闻昔者吕尚之遇文王也，身为渔父而钓于渭滨耳。若是者，交疏也。已说而立为太师，载与俱归者，其言深也。故文王遂收功于吕尚而卒王天下。乡使文王疏吕尚而不与深言，是周无天子之德，而文武无与成其王业也。今臣羁旅之臣也，交疏于王，而所愿陈者皆匡君之事，处人骨肉之间，愿效愚忠而未知王之心也。此所以王三问而不敢对者也。臣非有畏而不敢言也。臣知今日言之于前而明日伏诛于后，然臣不敢避也。大王信行臣之言，死不足以为臣患，亡不足以为臣忧，漆身为厉【二】被发为狂不足以为臣耻。且以五帝之圣焉而死，三王之仁焉而死，五伯之贤焉而死，乌获、任鄙之力焉而死，成荆、【三】孟贲、【四】王庆忌、【五】夏育之勇焉而死。【六】死者，人之所必不免也。处必然之势，可以少有补于秦，此臣之所大愿也，臣又何患哉！伍子胥橐载而出昭关，夜行昼伏，至于陵水，【七】无以糊其口，膝行蒲伏，稽首肉袒，鼓腹吹篪，【八】乞食于吴市，卒兴吴国，阖闾为伯。使臣得尽谋如伍子胥，加之以幽囚，终身不复见，是臣之说行也，臣又何忧？箕子、接舆漆身为厉，被发为狂，无益于主。假使臣得同行于箕子，可以有补于所贤之主，是臣之大荣也，臣有何耻？臣之所恐者，独恐臣死之后，天下见臣之尽忠而身死,因以是杜口裹足,莫肯乡秦耳。足下上畏太后之严,下惑于奸臣之态,【九】居深宫之中,不离阿保之手,终身迷惑,无与昭奸。【一〇】大者宗庙灭覆,小者身以孤危,此臣之所恐耳。若夫穷辱之事,死亡之患,臣不敢畏也。臣死而秦治,是臣死贤于生。"秦王跽曰:"先生是何言也!夫秦国辟远,寡人愚不肖,先生乃幸辱至于此,是天以寡人恩先生【一一】而存先王之宗庙也。寡人得受命于先生,是天所以幸先王,而不弃其孤也。先生奈何而言若是!事无小大,上及太后,下至大臣,愿先生悉以教寡人,无疑寡人也。"范雎拜,秦王亦拜。

【一】索隐音其纪反。跽者,长跪,两膝枝地。

【二】索隐音赖,癞病也。言漆涂身,生疮如病癞。

【三】集解徐广曰:"一作'羌'。"

【四】集解许慎曰:"成荆,古勇士。孟贲,卫人。"

【五】集解《吴越春秋》曰:"吴王僚子庆忌。"

【六】集解《汉书音义》曰:"或云夏育,卫人,力举千钧。"

【七】索隐刘氏云:"陵水即栗水也。"按:"陵""栗"声相近,故惑也。

【八】集解徐广曰:"一作'篇'。"

【九】索隐按:态谓奸臣谄诈之志也。

【一〇】正义昭,明也。无与明其奸恶。

【一一】集解徐广曰:"乱先生也。音涠。"索隐恩及注"涠"字并胡困反。恩犹汨乱之意。

范雎曰:"大王之国,四塞以为固,北有甘泉、谷口,【一】南带泾、渭,右陇、蜀,左关、阪,奋击百万,战车千乘,利则出攻,不利则入守,此王者之地也。民怯于私斗而勇于公战,此王者之民也。王并此二者而有之。夫以秦卒之勇,车骑之众,以治诸侯,譬若驰韩卢而搏蹇兔也,【二】霸王之业可致也,而群臣莫当其位。至今闭关十五年,不敢窥兵于山东者,是穰侯为秦谋不忠,而大王之计有所失也。"秦王跽曰:"寡人愿闻失计。"

【一】正义《括地志》云:"甘泉山一名鼓原,俗名磨石岭,在雍州云阳县西北九十里。《关中记》云'甘泉宫在甘泉山上,年代永久,无复甘泉之名,失其实也。宫北云有连山,土人为磨石岭'。《郊祀志》公孙卿言黄帝得仙寒门,寒门者,谷口也。按:九嵏山西谓之谷口,即古寒门也。在雍州醴泉县东北四十里。"

【二】索隐《战国策》云:"韩卢者,天下之壮犬也。"是韩呼卢为犬,谓施韩卢而搏蹇兔,以喻秦强,言取诸侯之易。

然左右多窃听者,范雎恐,未敢言内,先言外事,以观秦王之俯仰。因进曰:"夫穰侯越韩、魏而攻齐纲、寿,非计也。少出师则不足以伤齐,多出师则害于秦。臣意王之计,欲少出师而悉韩、魏之兵也,则不义矣。今见与国之不亲也,越人之国而攻,可乎?其于计疏矣。且昔齐湣王南攻楚,破军杀将,再辟地千里,【一】而齐尺寸之地无得焉者,岂不欲得地哉,形势不能有也。诸侯见齐之罢弊,君臣之不和也,兴兵而伐齐,大破之。士辱兵顿,皆咎其王,曰:'谁为此计者乎?'王曰:'文子为之。'【二】大臣作乱,文子出走。故齐所以大破者,以其伐楚而肥韩、魏也。此所谓借贼兵【三】而赍盗粮者也。【四】王不如远交而近攻,得寸则王之寸也,得尺亦王之尺也。今释此而远攻,不亦缪乎!且昔者中山之国地方五百里,赵独吞之,功成名立而利附焉,天下莫之能害也。今夫韩、魏,中国之处而天下之枢也,王其欲霸,必亲中国以为天下枢,以威楚、赵。楚强则附赵,赵强则附楚,楚、赵皆附,齐必惧矣。齐惧,必卑辞重币以事秦。齐附而韩、魏因可虏也。"昭王曰:"吾欲亲魏久矣,而魏多变之国也,寡人不能亲。请问亲魏奈何?"对曰:"王卑词重币以事之;不可,则割地而赂之；不可，因举兵而伐之。"王曰："寡人敬闻命矣。"乃拜范雎为客卿，谋兵事。卒听范雎谋，使五大夫绾伐魏，拔怀。【五】后二岁，拔邢邱。

【一】<u>正义</u>怀，尺亦反。

【二】<u>索隐</u>谓田文，即孟尝君也。犹《战国策》谓田盼、田婴为盼子、婴子然也。

【三】<u>索隐</u>借音子夜反。一作"籍"，音亦同。

【四】<u>索隐</u>赍音侧奚反。言为盗赍粮也。

【五】<u>集解</u>徐广曰："昭王三十九年。"

客卿范雎复说昭王曰："秦韩之地形，相错如绣。秦之有韩也，譬如木之有蠹也，【一】人之有心腹之病也。天下无变则已，天下有变，其为秦患者孰大于韩乎？王不如收韩。"昭王曰："吾固欲收韩，韩不听，为之奈何？"对曰："韩安得无听乎？王下兵而攻荥阳，则巩、成皋之道不通；【二】北断太行之道，则上党之师不下。【三】王一兴兵而攻荥阳，则其国断而为三。【四】夫韩见必亡，安得不听乎？若韩听，而霸事因可虑矣。"王曰："善。"且欲发使于韩。

【一】<u>正义</u>音妒，石柱虫。

【二】<u>正义</u>言宜阳、陕、虢之师不得下相救。

【三】<u>正义</u>言泽、潞之师不得下太行相救。

【四】<u>正义</u>新郑已南一，宜阳二，泽、潞三。

范雎日益亲，复说用数年矣，因请闲说曰：【一】"臣居山东时，闻齐之有田单，不闻其有王也；闻秦之有太后、穰侯、华阳、高陵、泾阳，不闻其有王也。夫擅国之谓王，能利害之谓王，制杀生之威之谓王。今太后擅行不顾，穰侯出使不报，华阳、泾阳等击断无讳，【二】

高陵进退不请。四贵备而国不危者，未之有也。为此四贵者下，乃所谓无王也。然则权安得不倾，令安得从王出乎？臣闻善治国者，乃内固其威而外重其权。穰侯使者操王之重，决制于诸侯，剖符于天下，政適【三】伐国，莫敢不听。战胜攻取则利归于陶国，弊御于诸侯；【四】战败则结怨于百姓，而祸归于社稷。《诗》曰'木实繁者披其枝，【五】披其枝者伤其心；大其都者危其国，尊其臣者卑其主'。崔杼、淖齿管齐，【六】射王股，擢王筋，【七】县之于庙梁，宿昔而死。李兑管赵，囚主父于沙丘，【八】百日而饿死。今臣闻秦太后、穰侯用事，高陵、华阳、泾阳佐之，卒无秦王，此亦淖齿、李兑之类也。且夫三代所以亡国者，君专授政，纵酒驰骋弋猎，不听政事。其所授者，妒贤嫉能，御下蔽上，以成其私，不为主计，而主不觉悟，故失其国。今自有秩以上至诸大吏，下及王左右，无非相国之人者。见王独立于朝，臣窃为王恐，万世之后，有秦国者非王子孙也。"昭王闻之大惧，曰："善。"于是废太后，逐穰侯、高陵、华阳、泾阳君于关外。秦王乃拜范雎为相。收穰侯之印，使归陶，因使县官给车牛以徙，千乘有余。到关，关阅其宝器，宝器珍怪多于王室。

【一】正义闻音闲。

【二】集解讳，畏也。索隐无讳犹无畏也。

【三】集解徐广曰："音征敌。"

【四】索隐按：弊者，断也。御，制也。言穰侯执权，以制御主断于诸侯也。

【五】正义披音片被反。

【六】索隐淖，姓也，音泥教反，汉有淖姬是也。高诱曰"管，典也"。言二人典齐权而行弑逆也。正义淖齿，楚人，齐湣王臣。

【七】索隐按：言"射王股"，误也。崔杼射庄公之股，淖齿擢湣王之筋，是说二君事也。

【八】正义沙丘台在邢州平乡县东北三十里。

秦封范雎以应,【一】号为应侯。当是时,秦昭王四十一年也。

【一】索隐封范雎于应。案:刘氏云"河东临晋县有应亭",则秦地有应也。又案:《本纪》以应为太后养地,解者云"在颍川之应乡",未知孰是。正义《括地志》云:"故应城,古应乡,在汝州鲁山县东四十里也。"

范雎既相秦,秦号曰张禄,而魏不知,以为范雎已死久矣。魏闻秦且东伐韩、魏,魏使须贾于秦。范雎闻之,为微行,敝衣间步之邸,【一】见须贾。须贾见之而惊曰:"范叔固无恙乎!"范雎曰:"然。"须贾笑曰:"范叔有说于秦邪?"曰:"不也。雎前日得过于魏相,故亡逃至此,安敢说乎!"须贾曰:"今叔何事?"范雎曰:"臣为人庸赁。"须贾意哀之,留与坐饮食,曰:"范叔一寒如此哉!"乃取其一绨袍以赐之。【二】须贾因问曰:"秦相张君,公知之乎?吾闻幸于王,天下之事皆决于相君。今吾事之去留在张君。孺子【三】岂有客习于相君者哉?"范雎曰:"主人翁习知之。唯雎亦得谒,雎请为见君于张君。"须贾曰:"吾马病,车轴折,非大车驷马,吾固不出。"范雎曰:"愿为君借大车驷马于主人翁。"

【一】正义刘云"诸国客馆"。

【二】索隐按:绨,厚缯也,音啼,盖今之绝也。正义今之粗袍。

【三】索隐刘氏云:"盖谓雎为小子也。"

范雎归取大车驷马,为须贾御之,入秦相府。府中望见,有识者皆避匿。须贾怪之。至相舍门,谓须贾曰:"待我,我为君先入通于相君。"须贾待门下,持车良久,问门下曰:"范叔不出,何也?"门下曰:"无范叔。"须贾曰:"乡者与我载而入者。"门下曰:"乃吾相张君也。"须贾大惊,自知见卖,乃肉袒膝行,因门下人谢罪。于是范雎盛帷帐,侍者甚众,见之。须贾顿首言死罪,曰:"贾不意君能自致于青云之上，贾不敢复读天下之书，不敢复与天下之事。贾有汤镬之罪，请自屏于胡貉之地，唯君死生之！"范雎曰："汝罪有几？"曰："擢贾之发以续贾之罪，尚未足。"范雎曰："汝罪有三耳。昔者楚昭王时而申包胥为楚却吴军，楚王封之以荆五千户，包胥辞不受，为丘墓之寄于荆也。今雎之先人丘墓亦在魏，公前以雎为有外心于齐而恶雎于魏齐，公之罪一也。当魏齐辱我于厕中，公不止，罪二也。更醉而溺我，公其何忍乎？罪三矣。然公之所以得无死者，以绨袍恋恋，有故人之意，故释公。"乃谢罢。入言之昭王，罢归须贾。

须贾辞于范雎，范雎大供具，尽请诸侯使，与坐堂上，食饮甚设。而坐须贾于堂下，置莝豆其前，令两黥徒夹而马食之。数曰："为我告魏王，急持魏齐头来！不然者，我且屠大梁。"须贾归，以告魏齐。魏齐恐，亡走赵，匿平原君所。

范雎既相，王稽谓范雎曰："事有不可知者三，有不可奈何者亦三。宫车一日晏驾，【一】是事之不可知者一也。君卒然捐馆舍，是事之不可知者二也。使臣卒然填沟壑，是事之不可知者三也。宫车一日晏驾，君虽恨于臣，无可奈何。君卒然捐馆舍，君虽恨于臣，亦无可奈何。使臣卒然填沟壑，君虽恨于臣，亦无可奈何。"范雎不怿，乃入言于王曰："非王稽之忠，莫能内臣于函谷关；非大王之贤圣，莫能贵臣。今臣官至于相，爵在列侯，王稽之官尚止于谒者，非其内臣之意也。"昭王召王稽，拜为河东守，三岁不上计。【二】又任郑安平，昭王以为将军。范雎于是散家财物，尽以报所尝困厄者。一饭之德必偿，睚眦之怨必报。【三】

【一】集解 应劭曰："天子当晨起早作，如方崩殒，故称晏驾。"韦昭曰："凡初崩为'晏驾'者，臣子之心犹谓宫车当驾而晚出。"

【二】集解 司马彪曰："凡郡掌治民，进贤，劝功，决讼，检奸。常以春行所至县，劝民农桑，振救乏绝；秋冬遣无害吏案讯问诸囚，平其罪法，论课殿最；

岁尽遣吏上计。"

【三】索隐睢音崖卖反，眦音士卖反。又音崖债二音。睢眦谓相嗔而怒目切齿。

范睢相秦二年，秦昭王之四十二年，东伐韩少曲、【一】高平，拔之。【二】

【一】集解徐广曰："苏代曰'起少曲，一日而断大行'。"索隐按：苏云"起少曲，一日而断太行"，故刘氏以为盖在太行西南。

【二】正义《括地志》云："南韩王故城在怀州河阳县北四十里。俗谓之韩王城"，非也。春秋时周桓王以与郑。《纪年》云"郑侯使辰归晋阳、向，更名高平，拔之"。则少曲当与高平相近。

秦昭王闻魏齐在平原君所，欲为范睢必报其仇，乃详为好书遗平原君曰："寡人闻君之高义，愿与君为布衣之友，君幸过寡人，寡人愿与君为十日之饮。"平原君畏秦，且以为然，而入秦见昭王。昭王与平原君饮数日，昭王谓平原君曰："昔周文王得吕尚以为太公，齐桓公得管夷吾以为仲父，今范君亦寡人之叔父也。范君之仇在君之家，愿使人归取其头来；不然，吾不出君于关。"平原君曰："贵而为交者，为贱也；富而为交者，为贫也。【一】夫魏齐者，胜之友也，在，固不出也，今又不在臣所。"昭王乃遗赵王书曰："王之弟在秦，范君之仇魏齐在平原君之家。王使人疾持其头来；不然，吾举兵而伐赵，又不出王之弟于关。"赵孝成王乃发卒围平原君家，急，魏齐夜亡出，见赵相虞卿。虞卿度赵王终不可说，乃解其相印，与魏齐亡，间行，念诸侯莫可以急抵者，乃复走大梁，欲因信陵君以走楚。信陵君闻之，畏秦，犹豫未肯见，曰："虞卿何如人也？"时侯嬴在旁，曰："人固未易知，知人亦未易也。夫虞卿蹑屩檐簦，一见赵王，赐白璧一双,黄金百镒;再见,拜为上卿;三见,卒受相印,封万户侯。当此之时,天下争知之。夫魏齐穷困过虞卿,虞卿不敢重爵禄之尊,解相印,捐万户侯而间行。急士之穷而归公子,公子曰'何如人'。人固不易知,知人亦未易也!"信陵君大惭,驾如野迎之。魏齐闻信陵君之初难见之,怒而自刭。赵王闻之,卒取其头予秦。秦昭王乃出平原君归赵。

【一】索隐上"为"音如字,下"为"音于伪反。以言富贵而结交情深者,为有贫贱之时,不可忘之也。

昭王四十三年,秦攻韩汾陉,【一】拔之,因城河上【二】广武。

【一】索隐陉音刑。陉盖在韩之西界,与汾相近也。正义按:陉庭故城在绛州曲沃县西北二十里汾水之阳。

【二】索隐刘氏云:"此河上盖近河之地,本属韩,今秦得而城。"

后五年,昭王用应侯谋,纵反间卖赵,赵以其故,令马服子【一】代廉颇【二】将。秦大破赵于长平,遂围邯郸。已而与武安君白起有隙,言而杀之。【三】任郑安平,使击赵。郑安平为赵所围,急,以兵二万人降赵。应侯席藁请罪。秦之法,任人而所任不善者,各以其罪罪之。于是应侯罪当收三族。秦昭王恐伤应侯之意,乃下令国中:"有敢言郑安平事者,以其罪罪之。"而加赐相国应侯食物日益厚,以顺适其意。后二岁,王稽为河东守,与诸侯通,坐法诛。【四】而应侯日益以不怿。

【一】索隐赵括之号也。故虞喜《志林》云"马,兵之首也。号曰'马服'者,言能服马也"。

【二】索隐邹氏音匹波反。

【三】集解徐广曰:"在五十年。"索隐《注》徐云五十年,据《秦本纪》及

《年表》而知之也。

【四】集解徐广曰："五十二年。"

昭王临朝叹息，应侯进曰："臣闻'主忧臣辱，主辱臣死'。今大王中朝而忧，臣敢请其罪。"昭王曰："吾闻楚之铁剑利而倡优拙。【一】夫铁剑利则士勇，倡优拙则思虑远。夫以远思虑而御勇士，吾恐楚之图秦也。夫物不素具，不可以应卒，今武安君既死，而郑安平等畔，内无良将而外多敌国，吾是以忧。"欲以激励应侯。【二】应侯惧，不知所出。蔡泽闻之，往入秦也。

【一】正义论士能善卒不战。

【二】索隐激音击。

[编者按：该选本此处略去蔡泽事迹。]

太史公曰：《韩子》称"长袖善舞，多钱善贾"，信哉是言也！范雎、蔡泽，世所谓一切辩士，然游说诸侯至白首无所遇者，非计策之拙，所为说力少也。及二人羁旅入秦，继踵取卿相，垂功于天下者，固强弱之势异也。然士亦有偶合，贤者多如此二子，不得尽意，岂可胜道哉！然二子不困厄，恶能激乎？【一】

【一】索隐二子，范雎、蔡泽也。雎厄于魏齐，折胁摺齿；泽困于赵，被逐弃鬲是也。恶音乌，激音击也。

乐毅传

乐毅者，其先祖曰乐羊。乐羊为魏文侯将，伐取中山，【一】魏文侯封乐羊以灵寿。乐羊死，葬于灵寿，【二】其后子孙因家焉。中山复国，至赵武灵王时复灭中山，【三】而乐氏后有乐毅。

【一】正义今定州。

【二】集解徐广曰："属常山。"索隐《地理志》常山有灵寿县，中山桓公所都也。正义今镇州灵寿。

【三】索隐中山，魏虽灭之，尚不绝祀，故后更复国，至赵武灵王又灭之也。

乐毅贤，好兵，赵人举之。及武灵王有沙丘之乱，【一】乃去赵适魏。闻燕昭王以子之之乱而齐大败燕，燕昭王怨齐，未尝一日而忘报齐也。燕国小，辟远，力不能制，于是屈身下士，先礼郭隗【二】以招贤者。乐毅于是为魏昭王使于燕，燕王以客礼待之。乐毅辞让，遂委质为臣，燕昭王以为亚卿，久之。

【一】集解徐广曰："赵有沙丘宫，近钜鹿。"

【二】正义《说苑》云："燕昭王问于隗曰：'寡人地狭民寡，齐人取蓟八城，匈奴驱驰楼烦之下。以孤之不肖，得承宗庙，恐社稷危，存之有道乎？'隗曰：'帝者之臣，其名臣，其实师；王者之臣，其名臣，其实友；霸者之臣，其名臣，其实仆；危国之臣，其名臣，其实虏。今王将自东面，目指气使以求臣，则厮役之才至矣；南面听朝，不失揖让之理以求臣，则人臣之才至矣；北面等礼，不乘之以势以求臣，则朋友之才至矣；西面逡巡以求臣，则师傅之才至矣。诚欲与王霸同道，隗请为天下之士开路。'于是常置隗为上客。"

当是时，齐湣王强，南败楚相唐眛【一】于重丘，【二】西摧三晋于观津,【三】遂与三晋击秦,助赵灭中山,破宋,广地千余里。与秦昭王争重为帝,已而复归之。诸侯皆欲背秦而服于齐。湣王自矜,百姓弗堪。于是燕昭王问伐齐之事。乐毅对曰:"齐,霸国之余业也,地大人众,未易独攻也。王必欲伐之,莫如与赵及楚、魏。"于是使乐毅约赵惠文王,别使连楚、魏,令赵啗说秦【四】以伐齐之利。诸侯害齐湣王之骄暴,皆争合从与燕伐齐。乐毅还报,燕昭王悉起兵,使乐毅为上将军,赵惠文王以相国印授乐毅。乐毅于是并护【五】赵、楚、韩、魏、燕之兵以伐齐,破之济西。诸侯兵罢归,而燕军乐毅独追,至于临菑。齐湣王之败济西,亡走,保于莒。乐毅独留徇齐,齐皆城守。乐毅攻入临菑,尽取齐宝财物祭器输之燕。燕昭王大说,亲至济上劳军,行赏飨士,封乐毅于昌国,【六】号为昌国君。于是燕昭王收齐卤获以归,而使乐毅复以兵平齐城之不下者。

【一】索隐莫葛反。

【二】索隐《地理志》县名,属平原。正义在冀州城武县界。

【三】索隐《地理志》观津,县名,属信都,汉初属清河也。正义在冀州武邑县东南二十五里。

【四】集解徐广曰:"啗,进说之意。"索隐啗音田滥反,字与"啗"字同也。

【五】索隐护谓总领之也。

【六】集解徐广曰:"属齐。"索隐《地理志》县名,属齐郡。正义故昌城在淄州淄川县东北四十里也。

乐毅留徇齐五岁,下齐七十余城,皆为郡县以属燕,唯独莒、即墨未服。【一】会燕昭王死,子立为燕惠王。惠王自为太子时尝不快于乐毅,及即位,齐之田单闻之,乃纵反间于燕,曰:"齐城不下者两城耳。然所以不早拔者,闻乐毅与燕新王有隙,欲连兵且留齐,南面而王齐。齐之所患,唯恐他将之来。"于是燕惠王固已疑乐毅,得齐反间,乃使骑劫【二】代将,而召乐毅。乐毅知燕惠王之不善代之,畏诛,遂西降赵。赵封乐毅于观津,号曰望诸君。【三】尊宠乐毅以警动于燕、齐。

【一】正义即墨,今莱州。

【二】索隐燕将姓名也。

【三】索隐望诸,泽名,在齐。盖赵有之,故号焉。《战国策》"望"作"蓝"也。

齐田单后与骑劫战,果设诈诳燕军,遂破骑劫于即墨下,而转战逐燕,北至河上,【一】尽复得齐城,而迎襄王于莒,入于临菑。

【一】正义沧德二州之北河。

燕惠王后悔使骑劫代乐毅,以故破军亡将失齐;又怨乐毅之降赵,恐赵用乐毅而乘燕之弊以伐燕。燕惠王乃使人让乐毅,且谢之曰:"先王举国而委将军,将军为燕破齐,报先王之雠,天下莫不震动,寡人岂敢一日而忘将军之功哉!会先王弃群臣,寡人新即位,左右误寡人。寡人之使骑劫代将军,为将军久暴露于外,故召将军且休,计事。将军过听,以与寡人有郤,遂捐燕归赵。将军自为计则可矣,而亦何以报先王之所以遇将军之意乎?"乐毅报遗燕惠王书曰:

臣不佞,不能奉承王命,以顺左右之心,恐伤先王之明,有害足下之义,故遁逃走赵。今足下使人数之以罪,臣恐侍御者不察先王之所以畜幸臣之理,又不白臣之所以事先王之心,故敢以书对。

臣闻贤圣之君不以禄私亲,其功多者赏之,其能当者处之。故察能而授官者,成功之君也;论行而结交者,立名之士也。臣窃观先王之举也,见有高世主之心,【一】故假节于魏,以身得察于燕。

先王过举,厕之宾客之中,立之群臣之上,不谋父兄,【二】以为亚卿。臣窃不自知,自以为奉令承教,可幸无罪,故受令而不辞。

【一】正义乐毅见燕昭王有自高尊世上人主之心,故假魏节使燕。

【二】正义杜预云:"父兄,同姓群臣也。"

　　先王命之曰:"我有积怨深怒于齐,不量轻弱,而欲以齐为事。"臣曰:"夫齐,霸国之余业而最胜之遗事也。练于兵甲,习于战攻。王若欲伐之,必与天下图之。与天下图之,莫若结于赵。且又淮北、宋地,楚魏之所欲也,赵若许而约,四国攻之,齐可大破也。"先王以为然,具符节南使臣于赵。顾反,命起兵击齐。以天之道,先王之灵,河北之地随先王而举之济上。【一】济上之军受命击齐,大败齐人。轻卒锐兵,长驱至国。齐王遁而走莒,仅以身免;珠玉财宝车甲珍器尽收入于燕。齐器设于宁台,【二】大吕陈于元英,【三】故鼎反乎磿室,【四】蓟丘之植植于汶篁,【五】自五伯已来,功未有及先王者也。先王以为慊于志,【六】故裂地而封之,使得比小国诸侯。臣窃不自知,自以为奉命承教,可幸无罪,是以受命不辞。

【一】正义济上,在济水之上。

【二】索隐燕台也。正义《括地志》云:"燕元英、磿室二宫,皆燕宫,在幽州蓟县西四里宁台之下。"

【三】索隐大吕,齐钟名。元英,燕宫殿名也。

【四】集解徐广曰:"磿,历也。"索隐燕鼎前输于齐,今反入于磿室。磿室亦宫名,《战国策》作"历室"也。正义《括地志》云:"历室,燕宫名也。"高诱云:"燕哙乱,齐伐燕,杀哙,得鼎,今反归燕故鼎。"

【五】集解徐广曰:"竹田曰篁。谓燕之疆界移于齐之汶水。"索隐蓟丘,燕所都之地也。言燕之蓟丘所植,皆植齐王汶上之竹也。徐注非也。正义幽州蓟地西北隅有蓟丘。又汶水源出兖州博城县东北原山,西南入沸。

【六】索隐按:慊音苦簟反。作"嗛",嗛者,常慊然而不慊其志也。

　　臣闻贤圣之君,功立而不废,故著于春秋;蚤知之士,名成而不毁,故称于后世。若先王之报怨雪耻,夷万乘之强国,收八百岁之蓄积,及至弃群臣之日,余教未衰,执政任事之臣,修法令,慎庶孽,施及乎萌隶,皆可以教后世。

　　臣闻之,善作者不必善成,善始者不必善终。昔伍子胥说听于阖闾,而吴王远迹至郢;夫差弗是也,赐之鸱夷而浮之江。吴王不寤先论之可以立功,故沈子胥而不悔;子胥不蚤见主之不同量,是以至于入江而不化。【一】

【一】索隐言子胥怀恨,故虽投江而神不化,犹为波涛之神也。

　　夫免身立功,以明先王之迹,臣之上计也。离毁辱之诽谤,【一】堕先王之名,【二】臣之所大恐也。临不测之罪,以幸为利,义之所不敢出也。【三】

【一】索隐诽音方味反。

【二】索隐堕音许规反。

【三】索隐谓既临不测之罪,以幸免为利,今我仍义先王之恩,虽身托外国,而心亦不敢出也。

　　臣闻古之君子,交绝不出恶声;【一】忠臣去国,不洁其名。【二】臣虽不佞,【三】数奉教于君子矣。【四】恐侍御者之亲左右之说,不察疏远之行,故敢献书以闻,唯君王之留意焉。【五】

【一】正义言君子之人,交绝不说己长而谈彼短。

【二】索隐言忠臣去离本国,不自絜其名,云己无罪,故《礼》曰"大夫去其国,不说人以无罪"是也。正义言不絜己名行而咎于君,若箕子不忍言殷恶是也。

【三】索隐不佞犹不才也。

【四】索隐上"数"音朔。言我已数经奉教令于君子。君子即识礼之人。谓己在外,犹云己罪,不说王之有非,故下云"不察疏远之行",斯亦忠臣之节也。

【五】集解夏侯玄曰:"观乐生遗燕惠王书,其殆庶乎知机合道,以礼始终者与!又其喻昭王曰:'伊尹放太甲而不疑,太甲受放而不怨,是存大业于至公而以天下为心者也。'夫欲极道德之量,务以天下为心者,必致其主于盛隆,合其趣于先王,苟君臣同符,则大业定矣。于斯时也,乐生之志,千载一遇。夫千载一遇之世,亦将行千载一隆之道,岂其局迹当时,止于兼并而已哉!夫兼并者,非乐生之所屑;强燕而废道,又非乐生之所求。不屑苟利,心无近事,不求小成,斯意兼天下者也。则举齐之事,所以运其机而动四海也。夫讨齐以明燕王之义,此兵不兴于为利矣;围城而害不加于百姓,此仁心著于遐迩矣;举国不谋其功,除暴不以威力,此至德全于天下矣;迈全德以率列国,则几于汤武之事矣。乐生方恢大纲以纵二城,收民明信以待其弊,将使即墨、莒人顾仇其上,原释干戈,赖我犹亲,善守之智,无所施之。然则求仁得仁,即墨大夫之义;仕穷则徙,微子适周之道。开弥广之路,以待田单之徒;长容善之风,以申齐士之志。使夫忠者遂节,勇者义著,昭之东海,属之华裔,我泽如春,民应如草,道光宇宙,贤智托心,邻国倾慕,四海延颈,思戴燕主,仰望风声,二城必从,则王业隆矣。虽淹留于两邑,乃致速于天下也。不幸之变,世所不图,败于垂成,时运固然。若乃逼之以威,劫之以兵,攻取之事,求欲速之功,使燕齐之士流血于二城之下,参杀伤之残以示四海之人,是纵暴易乱以成其私,邻国望之,其犹豺虎。既大堕称兵之义,而丧济溺之仁,且亏齐士之节,废廉善之风,掩宏通之度,弃王德之隆,虽二城几于可拔,霸王之事逝其远矣。然则燕虽兼齐,其与世主何以殊哉?其与邻国可以相倾?乐生岂不知拔二城之速了哉,顾城拔而业乖也。岂不虑不速之致变哉,顾业乖与变同。繇是观之,乐生之不屠二城,未可量也。"

于是燕王复以乐毅子乐间【一】为昌国君；而乐毅往来复通燕，燕、赵以为客卿。乐毅卒于赵。【二】

【一】索隐音纪闲反。乐毅之子也。

【二】集解张华曰："望诸君冢在邯郸西数里。"

乐间居燕三十余年，燕王喜用其相栗腹之计，【一】欲攻赵，而问昌国君乐间。乐间曰："赵，四战之国也，【二】其民习兵，伐之不可。"燕王不听，遂伐赵。赵使廉颇击之，大破栗腹之军于鄗，禽栗腹、乐乘。乐乘者，乐间之宗也。于是乐间奔赵，赵遂围燕。燕重割地以与赵和，赵乃解而去。

【一】索隐栗，姓；腹，名也。汉有栗姬。

【二】索隐言赵数距四方之敌，故云"四战之国"。正义东邻燕、齐，西边秦、楼烦，南界韩、魏，北迫匈奴。

燕王恨不用乐间，乐间既在赵，乃遗乐间书曰："纣之时，箕子不用，犯谏不怠，以冀其听；商容不达，身祇辱焉，以冀其变。及民志不入，狱囚自出，【一】然后二子退隐。故纣负桀暴之累，二子不失忠圣之名。何者？其忧患之尽矣。今寡人虽愚，不若纣之暴也；燕民虽乱，不若殷民之甚也。室有语，不相尽，以告邻里。【二】二者，寡人不为君取也。"【三】

【一】索隐民志不入谓国乱而人离心向外，故云"不入"。又狱囚自出，是政乱而士师不为守法也。

【二】正义言家室有忿争不决，必告邻里，今故以书相告也。

【三】正义二者，谓燕君未如纣，燕民未如殷民。复相告子反燕以疑君民之恶，是寡人不为君取之。

乐间、乐乘怨燕不听其计，二人卒留赵。赵封乐乘为武襄君。【一】

【一】索隐乐乘，乐毅之宗人也。

其明年，乐乘、廉颇为赵围燕，燕重礼以和，乃解。后五岁，赵孝成王卒。襄王使乐乘代廉颇。廉颇攻乐乘，乐乘走，廉颇亡入魏。其后十六年而秦灭赵。

其后二十余年，高帝过赵，问："乐毅有后世乎？"对曰："有乐叔。"高帝封之乐乡，【一】号曰华成君。华成君，乐毅之孙也。而乐氏之族有乐瑕公、乐臣公，【二】赵且为秦所灭，亡之齐高密。乐臣公善修黄帝、老子之言，显闻于齐，称贤师。

【一】集解徐广曰："在北新城。"正义《地理志》云信都有乐乡县。

【二】集解一作"巨公"。

太史公曰：始齐之蒯通及主父偃读乐毅之报燕王书，未尝不废书而泣也。乐臣公学黄帝、老子，其本师号曰河上丈人，不知其所出。河上丈人教安期生，安期生教毛翕公，毛翕公教乐瑕公，乐瑕公教乐臣公，【一】乐臣公教盖公。【二】盖公教于齐高密、胶西，为曹相国师。

【一】索隐本亦作"巨公"也。

【二】索隐盖音古阖反。盖公，史不记名。

屈原传

屈原者，名平，楚之同姓也。【一】为楚怀王左徒。【二】博闻强志，明于治乱，娴【三】于辞令。入则与王图议国事，以出号令；出则接遇宾客，应对诸侯。王甚任之。

【一】<u>正义</u>屈、景、昭皆楚之族。王逸云："楚王始都，是生子瑕，受屈为卿，因以为氏。"

【二】<u>正义</u>盖今左右拾遗之类。

【三】<u>集解</u>《史记音隐》曰："音闲。"

上官大夫与之同列，争宠而心害其能。怀王使屈原造为宪令，屈平属草稿【一】未定。上官大夫见而欲夺之，【二】屈平不与，因谗之曰："王使屈平为令，众莫不知，每一令出，平伐其功，曰以为'非我莫能为'也。"王怒而疏屈平。

【一】<u>索隐</u>属音烛。草稿谓创制宪令之本也。《汉书》作"草具"，崔浩谓发始造端也。

【二】<u>正义</u>王逸云上官靳尚。

屈平疾王听之不聪也，谗谄之蔽明也，邪曲之害公也，方正之不容也，故忧愁幽思而作《离骚》。【一】离骚者，犹离忧也。夫天者，人之始也；父母者，人之本也。人穷则反本，故劳苦倦极，未尝不呼天也；疾痛惨怛，【二】未尝不呼父母也。屈平正道直行，【三】竭忠尽智以事其君，谗人间之，可谓穷矣。信而见疑，忠而被谤，能无怨乎？屈平之作《离骚》，盖自怨生也。《国风》好色而不淫，《小雅》怨诽而不乱。【四】若《离骚》者，可谓兼之矣。上称帝喾，下道齐桓，中述汤武，以刺世事。明道德之广崇，治乱之条贯，靡不毕见。其文约，其辞微，其志洁，其行廉，其称文小而其指极大，举类迩而见义远。其志洁，故其称物芳。其行廉，故死而不容，自疏濯淖【五】汙泥【六】之中，蝉蜕于浊秽，【七】以浮游尘埃之外，不获世之滋垢，皭然【八】泥而不滓者也。【九】推此志也，虽与日月争光可也。【一〇】

【一】索隐慅，亦作"骚"。按：《楚词》"慅"作"骚"，音素刀反。应劭云"离，遭也；骚，忧也"。又《离骚序》云"离，别也；骚，愁也"。

【二】正义上七感反，下丁达反。惨，毒也。怛，痛也。

【三】正义寒孟反。

【四】正义诽，方畏反。

【五】索隐上音浊，下音闹。

【六】索隐上音乌故反，下音奴计反。

【七】正义蜕音税，去皮也，又他卧反。

【八】集解徐广曰："皭，疏净之貌。"索隐皭音自若反。徐广云"疏净之貌"。

【九】索隐泥亦音涅，滓亦音淄，又并如字。

【一〇】正义言屈平之仕浊世，去其汙垢，在尘埃之外。推此志意，虽与日月争其光明，斯亦可矣。

屈平既绌，其后秦欲伐齐，齐与楚从亲，【一】惠王患之，乃令张仪详去秦，厚币委质事楚，曰："秦甚憎齐，齐与楚从亲，楚诚能绝齐，秦愿献商、於之地六百里。"楚怀王贪而信张仪，遂绝齐，使使如秦受地。张仪诈之曰："仪与王约六里，不闻六百里。"楚使怒去，归告怀王。怀王怒，大兴师伐秦。秦发兵击之，大破楚师于丹、淅，【二】斩首八万，虏楚将屈匄，【三】遂取楚之汉中地。【四】怀王乃悉发国中兵以深入击秦，战于蓝田。魏闻之，袭楚至邓。【五】楚兵惧，自秦归。而齐竟怒不救楚，楚大困。

【一】正义 上足松反。

【二】索隐 二水名。谓于丹水之北，浙水之南。丹水、浙水皆县名，在弘农，所谓丹阳、浙。正义 丹阳，今枝江故城。

【三】索隐 屈，姓。匄，名，音盖也。

【四】索隐 徐广曰："楚怀王十六年，张仪来相；十七年，秦败屈匄。"正义 梁州。

【五】索隐 按：此邓在汉水之北，故邓侯城也。

明年，秦割汉中地与楚以和。楚王曰："不愿得地，愿得张仪而甘心焉。"张仪闻，乃曰："以一仪而当汉中地，臣请往如楚。"如楚，又因厚币用事者臣靳尚，而设诡辩于怀王之宠姬郑袖。怀王竟听郑袖，复释去张仪。是时屈平既疏，不复在位，使于齐，顾反，谏怀王曰："何不杀张仪？"怀王悔，追张仪不及。【一】

【一】索隐 按：《张仪传》无此语也。

其后诸侯共击楚，大破之，杀其将唐眛。【一】

【一】集解 徐广曰："二十八年败唐眛也。"正义 眛，莫葛反。

时秦昭王与楚婚，欲与怀王会。怀王欲行，屈平曰："秦虎狼之国，不可信，不如毋行。"【一】怀王稚子子兰劝王行："奈何绝秦欢！"怀王卒行。入武关，秦伏兵绝其后，因留怀王，【二】以求割地。怀王怒，不听。亡走赵，赵不内。复之秦，竟死于秦而归葬。

【一】索隐 按：《楚世家》昭雎有此言，盖二人同谏王，故彼此各随录之也。

【二】集解 徐广曰："三十年入秦。"

长子顷襄王立,【一】以其弟子兰为令尹。楚人既咎子兰以劝怀王入秦而不反也。

　　【一】索隐名横。

　　屈平既嫉之,虽放流,睠顾楚国,系心怀王,不忘欲反,冀幸君之一悟,俗之一改也。其存君兴国而欲反覆之,一篇之中三致志焉。然终无可奈何,故不可以反,卒以此见怀王之终不悟也。人君无愚智贤不肖,【一】莫不欲求忠以自为,举贤以自佐,然亡国破家相随属,而圣君治国累世而不见者,其所谓忠者不忠,而所谓贤者不贤也。怀王以不知忠臣之分,故内惑于郑袖,外欺于张仪,疏屈平而信上官大夫、令尹子兰。兵挫地削,亡其六郡,身客死于秦,为天下笑。此不知人之祸也。《易》曰:"井渫不食,【二】为我心恻,【三】可以汲。【四】王明,并受其福。"【五】王之不明,岂足福哉!【六】

　　【一】索隐此已下太史公伤怀王之不任贤,信谗而不能反国之论也。

　　【二】集解向秀曰:"渫者,浚治去泥浊也。"索隐向秀字子期,晋人,注《易》。

　　【三】集解张璠曰:"可为恻然,伤道未行也。"索隐张璠亦晋人,注《易》也。

　　【四】索隐按:京房《易章句》言"我道可汲而用也"。

　　【五】集解《易象》曰:"求王明,受福也。"索隐按:京房《章句》曰:"上有明王,汲我道而用之,天下并受其福,故曰'王明,并受其福'也。"

　　【六】集解徐广曰:"一云'不足福'。"正义言楚王不明忠臣,岂足受福,故屈原怀沙自沈。

　　令尹子兰闻之大怒,卒使上官大夫短屈原于顷襄王,顷襄王怒而迁之。【一】

　　【一】集解《离骚序》曰:"迁于江南。"

屈原至于江滨，被发行吟泽畔。颜色憔悴，形容枯槁。渔父【一】见而问之曰："子非三闾大夫欤？【二】何故而至此？"屈原曰："举世混浊而我独清，众人皆醉而我独醒，是以见放。"渔父曰："夫圣人者，不凝滞于物而能与世推移。举世混浊，何不随其流【三】而扬其波？众人皆醉，何不铺其糟而啜其醨？何故怀瑾握瑜【四】而自令见放为？"屈原曰："吾闻之，新沐者必弹冠，新浴者必振衣，人又谁能以身之察察，【五】受物之汶汶者乎！【六】宁赴常流【七】而葬乎江鱼腹中耳，又安能以皓皓之白而蒙世之温蠖乎！"【八】

【一】索隐音甫。

【二】集解《离骚序》曰："三闾之职，掌王族三姓，曰昭、屈、景，序其谱属，率其贤良，以厉国士。"

【三】索隐按：《楚词》作"淈其泥"。

【四】索隐按：《楚词》此"怀瑾握瑜"作"深思高举"也。

【五】集解王逸曰："己静絜。"

【六】集解王逸曰："蒙垢污。"索隐汶汶者，音闵。汶汶犹昏暗也。

【七】索隐常流犹长流也。

【八】索隐蠖音乌廓反。温蠖犹惛愦。《楚词》作"蒙世之尘埃哉"。

乃作《怀沙》之赋。【一】

【一】索隐按：《楚词·九怀》曰"怀沙砾以自沈"，此其义也。

[编者按：该选本此处略去《怀沙》赋辞全文。]

于是怀石遂自投汨罗以死。【一】

【一】集解应劭曰："汨水在罗，故曰汨罗也。"索隐汨水在罗，故曰汨罗。《地理志》长沙有罗县，罗子之所徙。《荆州记》"罗县北带汨水"。汨音觅也。正义故罗县城在岳州湘阴县东北六十里。春秋时罗子国，秦置长沙郡而为县也。

按：县北有汨水及屈原庙。《续齐谐记》云："屈原以五月五日投汨罗而死，楚人哀之，每于此日以竹筒贮米投水祭之。汉建武中，长沙区回白日忽见一人，自称三闾大夫。谓回曰：'闻君常见祭，甚善。但常年所遗，并为蛟龙所窃，今若有惠，可以练树叶塞上，以五色丝转缚之，此物蛟龙所惮。'回依其言。世人五月五日作粽，并带五色丝及练叶，皆汨罗之遗风。"

屈原既死之后，楚有宋玉、唐勒、景差【一】之徒者，皆好辞而以赋见称；然皆祖屈原之从容辞令，终莫敢直谏。其后楚日以削，数十年竟为秦所灭。

【一】集解徐广曰："或作'庆'。"索隐按：《杨子法言》及《汉书·古今人表》皆作"景瑳"，今作"差"是字省耳。又按：徐、裴、邹三家皆无音，是读如字也。

自屈原沈汨罗后百有余年，汉有贾生，为长沙王太傅，过湘水，投书以吊屈原。

[编者按：该选本此处略去贾谊事迹。]

太史公曰：余读《离骚》、《天问》、《招魂》、《哀郢》，悲其志。适长沙，观屈原所自沈渊，【一】未尝不垂涕，想见其为人。及见贾生吊之，又怪屈原以彼其材，游诸侯，何国不容，而自令若是。读《服鸟赋》，同死生，轻去就，又爽【二】然自失矣。

【一】索隐按：《荆州记》云"长沙罗县，北带汨水。去县四十里是原自沈处，北岸有庙也"。

【二】集解徐广曰："一本作'奭'。"

张耳陈馀传

[索隐]张耳、吴芮势伴楚、汉，位侔齐、韩，俱怀从沛之心，咸享誓河之业。爵在列侯之上，家传累代之基，长沙既白令终，赵王亦谓善始，并可列同系家焉。

张耳者，大梁人也。【一】其少时，及魏公子毋忌为客。张耳尝亡命【二】游外黄。【三】外黄富人女甚美，嫁庸奴，亡其夫去，【四】抵父客。【五】父客素知张耳，乃谓女曰："必欲求贤夫，从张耳。"女听，乃卒为请决，嫁之张耳。【六】张耳是时脱身游，女家厚奉给张耳，张耳以故致千里客。乃宦魏为外黄令。名由此益贤。陈馀者，亦大梁人也，好儒术，数游赵苦陉。【七】富人公乘氏以其女妻之，亦知陈馀非庸人也。馀年少，父事张耳，两人相与为刎颈交。【八】

【一】[索隐]臣瓒云："今陈留大梁城是也。"

【二】[索隐]晋灼曰："命者，名也。谓脱名籍而逃。"崔浩曰："亡，无也。命，名也。逃匿则削除名籍，故以逃为亡命。"

【三】[索隐]《地理志》属陈留。

【四】[集解]徐广曰："一云'其夫亡'也。"

【五】[集解]如淳曰："父时故宾客。"[索隐]如淳曰："抵，归也，音丁礼反。"

【六】[索隐]谓女请父客为决绝其夫，而嫁之张耳。

【七】[集解]张晏曰："苦陉，汉章帝改曰汉昌。"[索隐]《地理志》属中山。张晏曰："章帝丑其名，改曰汉昌。"[正义]音邢。邢州唐昌县。

【八】[索隐]崔浩云："言要齐生死，断颈无悔。"

秦之灭大梁也，张耳家外黄。高祖为布衣时，尝数从张耳游，客数月。秦灭魏数岁,已闻此两人魏之名士也,购求有得张耳千金,陈馀五百金。张耳、陈馀乃变名姓,俱之陈,为里监门【一】以自食。两人相对。里吏尝有过笞陈馀,陈馀欲起,张耳蹑之,【二】使受笞。吏去,张耳乃引陈馀之桑下而数之曰:"始吾与公言何如?今见小辱而欲死一吏乎?"陈馀然之。秦诏书购求两人,两人亦反用门者以令里中。【三】

【一】集解张晏曰:"监门,里正卫也。"

【二】集解徐广曰:"一作'摄'。"

【三】索隐案:门者即馀、耳也。自以其名而号令里中,诈更别求也。

陈涉起蕲,至入陈,兵数万。张耳、陈馀上谒陈涉。涉及左右生平数闻张耳、陈馀贤,未尝见,见即大喜。

陈中豪杰父老乃说陈涉曰:"将军身被坚执锐,率士卒以诛暴秦,复立楚社稷,存亡继绝,功德宜为王。且夫监临天下诸将,不为王不可,愿将军立为楚王也。"陈涉问此两人,两人对曰:"夫秦为无道,破人国家,灭人社稷,绝人后世,罢百姓之力,尽百姓之财。将军瞋目张胆,出万死不顾一生之计,为天下除残也。今始至陈而王之,示天下私。愿将军毋王,急引兵而西,遣人立六国后,自为树党,为秦益敌也。敌多则力分,与众则兵强。如此野无交兵,县无守城,诛暴秦,据咸阳以令诸侯。诸侯亡而得立,以德服之,如此则帝业成矣。今独王陈,恐天下解也。"【一】陈涉不听,遂立为王。

【一】正义解,纪卖反。言天下诸侯见陈胜称王王陈,皆解堕不相从也。

陈馀乃复说陈王曰:"大王举梁、楚而西,务在入关,未及收河北也。臣尝游赵,知其豪杰及地形,愿请奇兵北略赵地。"于是陈王以故所善陈人武臣为将军,邵骚为护军,以张耳、陈馀为左右校尉,予卒三千人，北略赵地。

　　武臣等从白马渡河，【一】至诸县，说其豪杰曰：【二】"秦为乱政虐刑以残贼天下，数十年矣。北有长城之役，南有五岭之戍，【三】外内骚动，百姓罢敝，头会箕敛，【四】以供军费，财匮力尽，民不聊生。重之以苛法峻刑，使天下父子不相安。陈王奋臂为天下倡始，王楚之地，方二千里，莫不响应，家自为怒，人自为斗，各报其怨而攻其雠，县杀其令丞，郡杀其守尉。今已张大楚，王陈，使吴广、周文将卒百万西击秦。于此时而不成封侯之业者，非人豪也。诸君试相与计之！夫天下同心而苦秦久矣。因天下之力而攻无道之君，报父兄之怨而成割地有土之业，此士之一时也。"豪杰皆然其言。乃行收兵，得数万人，号武臣为武信君。下赵十城，余皆城守，莫肯下。

　　【一】<u>索隐</u>案：郦食其云"白马之津"，白马是津渡，其地与黎阳对岸。

　　【二】<u>集解</u>邓展曰："至河北县说之。"

　　【三】<u>集解</u>《汉书音义》曰："岭有五，因以为名，在交阯界中也。"<u>索隐</u>裴氏《广州记》云大庾、始安、临贺、桂阳、揭阳，斯五岭。

　　【四】<u>集解</u>《汉书音义》曰："家家人头数出谷，以箕敛之。"

　　乃引兵东北击范阳。范阳人蒯通说范阳令曰：【一】"窃闻公之将死，故吊。虽然，贺公得通而生。"范阳令曰："何以吊之？"对曰："秦法重，足下为范阳令十年矣，杀人之父，孤人之子，断人之足，黥人之首，不可胜数。然而慈父孝子莫敢倳刃【二】公之腹中者，畏秦法耳。今天下大乱，秦法不施，然则慈父孝子且倳刃公之腹中以成其名，此臣之所以吊公也。今诸侯畔秦矣，武信君兵且至，而君坚守范阳，少年皆争杀君，下武信君。君急遣臣见武信君，可转祸为福，在今矣。"

　　【一】<u>集解</u>《汉书》曰"范阳令徐公"。

【二】集解徐广曰:"傳音戴。"李奇曰:"东方人以物插地皆为傳。"

范阳令乃使蒯通见武信君曰:"足下必将战胜然后略地,攻得然后下城,臣窃以为过矣。诚听臣之计,可不攻而降城,不战而略地,传檄而千里定,可乎?"武信君曰:"何谓也?"蒯通曰:"今范阳令宜整顿其士卒以守战者也,怯而畏死,贪而重富贵,故欲先天下降,畏君以为秦所置吏,诛杀如前十城也。然今范阳少年亦方杀其令,自以城距君。君何不赍臣侯印,拜范阳令,范阳令则以城下君,少年亦不敢杀其令。令范阳令乘朱轮华毂,使驱驰燕、赵郊。燕、赵郊见之,皆曰此范阳令,先下者也,即喜矣,燕、赵城可毋战而降也。此臣之所谓传檄而千里定者也。"武信君从其计,因使蒯通赐范阳令侯印。赵地闻之,不战以城下者三十余城。

至邯郸,张耳、陈馀闻周章军入关,至戏却;【一】又闻诸将为陈王徇地,多以谗毁得罪诛,怨陈王不用其策不以为将而以为校尉。乃说武臣曰:"陈王起蕲,至陈而王,非必立六国后。将军今以三千人下赵数十城,独介居河北,【二】不王无以填之。且陈王听谗,还报,恐不脱于祸。又不如立其兄弟;不,即立赵后。将军毋失时,时间不容息。"【三】武臣乃听之,遂立为赵王。以陈馀为大将军,张耳为右丞相,邵骚为左丞相。

【一】集解苏林曰:"戏,地名。却,兵退也。"正义戏,音羲,出骊山。

【二】集解晋灼曰:"介音夏。"瓒曰:"《方言》云'介,特也'。"

【三】索隐以言举事不可失时,时几之迅速,其间不容一喘息顷也。

使人报陈王,陈王大怒,欲尽族武臣等家,而发兵击赵。陈王相国房君谏曰:"秦未亡而诛武臣等家,此又生一秦也。不如因而贺之,使急引兵西击秦。"陈王然之,从其计,徙系武臣等家宫中,封张耳子敖为成都君。

陈王使使者贺赵，令趣发兵西入关。张耳、陈馀说武臣曰："王王赵，非楚意，特以计贺王。楚已灭秦，必加兵于赵。愿王毋西兵，北徇燕、代，南收河内以自广。赵南据大河，北有燕、代，楚虽胜秦，必不敢制赵。"赵王以为然，因不西兵，而使韩广略燕，李良略常山，张黡略上党。

韩广至燕，燕人因立广为燕王。【一】赵王乃与张耳、陈馀北略地燕界。赵王间出，为燕军所得。燕将囚之，欲与分赵地半，乃归王。使者往，燕辄杀之以求地。张耳、陈馀患之。有厮养卒谢其舍中曰：【二】"吾为公说燕，与赵王载归。"舍中皆笑曰："使者往十余辈，辄死，若何以能得王？"乃走燕壁。燕将见之，问燕将曰："知臣何欲？"燕将曰："若欲得赵王耳。"曰："君知张耳、陈馀何如人也？"燕将曰："贤人也。"曰："知其志何欲？"曰："欲得其王耳。"赵养卒乃笑曰："君未知此两人所欲也。夫武臣、张耳、陈馀杖马箠【三】下赵数十城，此亦各欲南面而王，岂欲为卿相终已邪？夫臣与主岂可同日而道哉，顾其势初定，未敢参分而王，且以少长先立武臣为王，以持赵心。今赵地已服，此两人亦欲分赵而王，时未可耳。今君乃囚赵王。此两人名为求赵王，实欲燕杀之，此两人分赵自立。夫以一赵尚易燕，况以两贤王左提右挈，而责杀王之罪，【四】灭燕易矣。"燕将以为然，乃归赵王，养卒为御而归。

【一】集解徐广曰："九月也。"

【二】集解如淳曰："厮，贱者也。《公羊传》曰'厮役扈养'。"韦昭曰："析薪为厮，炊烹为养。"晋灼曰："以辞相告曰谢也。"索隐谓其同舍中之人也。《汉书》作"舍人"。

【三】集解张晏曰："言其不用兵革，驱策而已也。"索隐杖音丈。箠音之委反。

【四】集解徐广曰："《平原君传》曰'事成，执右券以责'也，券契义同耳。"

李良已定常山，还报，赵王复使良略太原。至石邑，【一】秦兵塞井陉，未能前。秦将诈称二世使人遗李良书，不封，【二】曰："良尝事我得显幸。良诚能反赵为秦，赦良罪，贵良。"良得书，疑不信。乃还之邯郸，益请兵。未至，道逢赵王姊出饮，从百余骑。李良望见，以为王，伏谒道傍。王姊醉，不知其将，使骑谢李良。李良素贵，起，惭其从官。从官有一人曰："天下畔秦，能者先立。且赵王素出将军下，今女儿乃不为将军下车，请追杀之。"李良已得秦书，固欲反赵，未决，因此怒，遣人追杀王姊道中，乃遂将其兵袭邯郸。邯郸不知，竟杀武臣、邵骚。赵人多为张耳、陈馀耳目者，以故得脱出。收其兵，得数万人。客有说张耳曰："两君羁旅，而欲附赵，难；【三】独立赵后，扶以义，可就功。【四】"乃求得赵歇，【五】立为赵王，居信都。【六】李良进兵击陈馀，陈馀败李良，李良走归章邯。

　　【一】索隐《地理志》属常山。

　　【二】集解张晏曰："欲其漏泄，君臣相疑。"

　　【三】索隐案：羁旅势弱，难以立功也。

　　【四】索隐谓独有立六国赵王之后。

　　【五】集解徐广曰："正月也。音乌辖反。"骃案：张晏曰"赵之苗裔"。

　　【六】集解徐广曰："后项羽改曰襄国。"

　　章邯引兵至邯郸，皆徙其民河内，夷其城郭。张耳与赵王歇走入钜鹿城，王离围之。陈馀北收常山兵，得数万人，军钜鹿北。章邯军钜鹿南棘原，筑甬道属河，饷王离。王离兵食多，急攻钜鹿。钜鹿城中食尽兵少，张耳数使人召前陈馀，陈馀自度兵少，不敌秦，不敢前。数月，张耳大怒，怨陈馀，使张黡、陈泽【一】往让陈馀曰："始吾与公为刎颈交，今王与耳旦暮且死，而公拥兵数万，不肯相救，安在其相为死！苟必信，胡不赴秦军俱死？且有十一二相全。"【二】陈馀曰："吾度前终不能救赵，徒尽亡军。且馀所以不俱死，欲为赵王、张君报秦。今必俱死，如以肉委饿虎，何益？"张黡、陈泽曰："事已急，要以俱死立信，安知后虑！"陈馀曰："吾死顾以为无益。必如公言。"乃使五千人令张黡、陈泽先尝秦军，【三】至皆没。

【一】正义音释。

【二】正义十中冀一两胜秦。

【三】索隐崔浩云："尝犹试。"

当是时，燕、齐、楚闻赵急，皆来救。张敖亦北收代兵，得万余人，来，皆壁馀傍，未敢击秦。项羽兵数绝章邯甬道，王离军乏食，项羽悉引兵渡河，遂破章邯。【一】章邯引兵解，诸侯军乃敢击围钜鹿秦军，遂虏王离。涉间自杀。卒存钜鹿者，楚力也。

【一】集解徐广曰："三年十二月也。"

于是赵王歇、张耳乃得出钜鹿，谢诸侯。张耳与陈馀相见，责让陈馀以不肯救赵，及问张黡、陈泽所在。陈馀怒曰："张黡、陈泽以必死责臣，臣使将五千人先尝秦军，皆没不出。"张耳不信，以为杀之，数问陈馀。陈馀怒曰："不意君之望臣深也！【一】岂以臣为重去将哉？"【二】乃脱解印绶，推予张耳。张耳亦愕不受。陈馀起如厕。客有说张耳曰："臣闻'天与不取，反受其咎'。【三】今陈将军与君印，君不受，反天不祥。急取之！"张耳乃佩其印，收其麾下。而陈馀还，亦望张耳不让，【四】遂趋出。张耳遂收其兵。陈馀独与麾下所善数百人之河上泽中渔猎。由此陈馀、张耳遂有郤。

【一】索隐望，怨责也。

【二】索隐案：重训难也。或云重，惜也。

【三】索隐此辞出《国语》。

【四】[正义]言陈馀如厕还，亦怨望张耳不让其印。

赵王歇复居信都。张耳从项羽诸侯入关。汉元年二月，项羽立诸侯王，张耳雅游，【一】人多为之言，项羽亦素数闻张耳贤，乃分赵立张耳为常山王，治信都。信都更名襄国。

【一】[集解]韦昭曰："雅，素也。"[索隐]郑氏云："雅，故也"。韦昭云"雅，素也"。然素亦故也。故游，言惯游从，故多为人所称誉。

陈馀客多说项羽曰："陈馀、张耳一体有功于赵。"项羽以陈馀不从入关，闻其在南皮，【一】即以南皮旁三县以封之，而徙赵王歇王代。【二】

【一】[索隐]《地理志》属勃海。[正义]故城在沧州南皮县北四里也。

【二】[集解]徐广曰："都代县。"

张耳之国，陈馀愈益怒，曰："张耳与馀功等也，今张耳王，馀独侯，此项羽不平。"及齐王田荣畔楚，陈馀乃使夏说说【一】田荣曰："项羽为天下宰不平，尽王诸将善地，徙故王王恶地，今赵王乃居代！愿王假臣兵，请以南皮为扞蔽。"田荣欲树党于赵以反楚，乃遣兵从陈馀。陈馀因悉三县兵袭常山王张耳。张耳败走，念诸侯无可归者，曰："汉王与我有旧故，【二】而项羽又强，立我，我欲之楚。"【三】甘公曰：【四】"汉王之入关，五星聚东井。东井者，秦分也。先至必霸。楚虽强，后必属汉。"故耳走汉。【五】汉王亦还定三秦，方围章邯废丘。张耳谒汉王，汉王厚遇之。

【一】[正义]上"说"音悦，下式锐反。

【二】[集解]张晏曰："汉王为布衣时，尝从张耳游。"

【三】[集解]张晏曰："羽既强盛，又为所立，是以狐疑莫知所往也。"

【四】集解文颖曰："善说星者甘氏也。"索隐《天官书》云"齐甘公",《艺文志》云"楚有甘公",齐楚不同。刘歆《七略》云"字逢,甘德"。《志林》云"甘公一名德"。

【五】集解徐广曰："二年十月也。"

陈馀已败张耳,皆复收赵地,迎赵王于代,复为赵王。赵王德陈馀,立以为代王。陈馀为赵王弱,国初定,不之国,留傅赵王,而使夏说以相国守代。

汉二年,东击楚,使使告赵,欲与俱。陈馀曰："汉杀张耳乃从。"于是汉王求人类张耳者斩之,持其头遗陈馀。陈馀乃遣兵助汉。汉之败于彭城西,陈馀亦复觉张耳不死,即背汉。

汉三年,韩信已定魏地,遣张耳与韩信击破赵井陉,【一】斩陈馀泜水上,【二】追杀赵王歇襄国。汉立张耳为赵王。【三】汉五年,张耳薨,谥为景王。子敖嗣立为赵王。高祖长女鲁元公主为赵王敖后。

【一】集解徐广曰："三年十月。"

【二】集解徐广曰："在常山。音迟,一音丁礼反。"索隐徐广音迟,苏林音祇。晋灼音丁礼反,今俗呼此水则然。案:《地理志》音脂,则苏音为得。郭景纯注《山海经》云"泜水出常山中丘县"。正义在赵州赞皇县界。

【三】集解徐广曰："四年十一月。"骃案:《汉书》"四年夏"。

汉七年,高祖从平城过赵,赵王朝夕袒鞲蔽,【一】自上食,礼甚卑,有子婿礼。高祖箕踞【二】詈,甚慢易之。赵相贯高、赵午等年六十余,【三】故张耳客也。生平为气,乃怒曰："吾王孱王也!"【四】说王曰："夫天下豪杰并起,能者先立。今王事高祖甚恭,而高祖无礼,请为王杀之!"张敖啮其指【五】出血,曰："君何言之误!且先人亡国,赖高祖得复国,德流子孙,秋毫皆高祖力也。愿君无复出口。"贯高、赵午等十余人皆相谓曰:"乃吾等非也。吾王长者,不倍德。且吾等义不辱,今怨高祖辱我王,故欲杀之,何乃汙王【六】为乎?令事成归王,事败独身坐耳。"

【一】集解徐广曰:"耩者,臂捍也。"

【二】索隐崔浩云:"屈膝坐,其形如箕。"

【三】集解徐广曰:"《田叔传》云'赵相赵午等数十人皆怒',然则或宜言六十余人。"

【四】集解孟康曰:"音如'潺湲'之'潺'。冀州人谓懦弱为孱。"韦昭曰:"仁谨貌。"索隐案:服虔音鉏闲反,弱小貌也。小颜音仕连反。

【五】索隐案:小颜曰"啮指以表至诚,为其约誓"。

【六】索隐萧该音一故反。《说文》云:"汙,秽也。"

汉八年,上从东垣还,过赵,贯高等乃壁人柏人,【一】要之置厕。【二】上过欲宿,心动,问曰:"县名为何?"曰:"柏人。""柏人者,迫于人也!"不宿而去。

【一】索隐谓于柏人县馆舍壁中著人,欲为变也。正义柏人故城在邢州柏人县西北十二里,即高祖宿处也。

【二】集解韦昭曰:"为供置也。"索隐文颖云:"置人厕壁中,以伺高祖也。"张晏云:"凿壁空之,令人止中也。"今按:云"置厕"者,置人于复壁中,谓之置厕,厕者隐侧之处,因以为言也。亦音侧。

汉九年,贯高怨家知其谋,乃上变告之。于是上皆并逮捕赵王、贯高等。十余人皆争自刭,贯高独怒骂曰:"谁令公为之?今王实无谋,而并捕王;公等皆死,谁白王不反者!"乃轞车胶致,【一】与王诣长安。治张敖之罪。上乃诏赵群臣宾客有敢从王皆族。贯高与客孟舒等十余人,皆自髡钳,为王家奴,从来。贯高至,对狱,曰:"独吾属为之，王实不知。"吏治榜笞数千，刺剟，【二】身无可击者，终不复言。吕后数言张王以鲁元公主故，不宜有此。上怒曰："使张敖据天下，岂少而女乎！"不听。廷尉以贯高事辞闻，上曰："壮士！谁知者，以私问之。"【三】中大夫泄公曰：【四】"臣之邑子，素知之。此固赵国立名义不侵为然诺者也。"上使泄公持节问之箯舆前【五】。仰视曰："泄公邪？"泄公劳苦如生平骧，与语，问张王果有计谋不。高曰："人情宁不各爱其父母妻子乎？今吾三族皆以论死，岂以王易吾亲哉！顾为王实不反，独吾等为之。"具道本指所以为者王不知状。于是泄公入，具以报，上乃赦赵王。

【一】正义谓其车上著板，四周如槛形，胶密不得开，送致京师也。

【二】集解徐广曰："丁劣反。"索隐徐广音丁劣反。案：剟亦刺也，《汉书》作"刺爇"，张晏云"爇，灼也。"《说文》云"烧也"。应劭云"以铁刺之"。

【三】集解瓒曰："以私情相问。"

【四】正义泄，姓也。史有泄私。

【五】集解徐广曰："箯音鞭。"骃案：韦昭曰"舆如今舆床，人舆以行"。索隐服虔云："音编，编竹木如今峻，可以粪除也。"何休注《公羊》："筍，音峻。筍者，竹箯，一名编，齐、鲁已北名为筍。"郭璞《三仓》注云："箯舆，土器。"

上贤贯高为人能立然诺，使泄公具告之，曰："张王已出。"因赦贯高。贯高喜曰："吾王审出乎？"泄公曰："然。"泄公曰："上多足下，故赦足下。"贯高曰："所以不死一身，无余者，白张王不反也。今王已出，吾责已塞，死不恨矣。且人臣有篡杀之名，何面目复事上哉！纵上不杀我，我不愧于心乎？"乃仰绝肮，遂死。【一】当此之时，名闻天下。

【一】集解韦昭曰："肮，咽也。"索隐苏林云："肮，颈大脉也，俗所谓胡脉,下郎反。"萧该或音下浪反。

张敖已出,以尚鲁元公主故,封为宣平侯。【一】于是上贤张王诸客以钳奴从张王入关,无不为诸侯相、郡守者。及孝惠、高后、文帝、孝景时,张王客子孙皆得为二千石。

【一】索隐韦昭曰:"尚,奉也。不敢言取。"崔浩云:"奉事公主。"小颜云:"尚,配也。《易》曰'得尚于中行',王弼亦以尚为配。"恐非其义也。

张敖,高后六年薨。【一】子偃为鲁元王。以母吕后女故,吕后封为鲁元王。【二】元王弱,兄弟少,乃封张敖他姬子二人:寿为乐昌侯,【三】侈为信都侯。高后崩,诸吕无道,大臣诛之,而废鲁元王及乐昌侯、信都侯。孝文帝即位,复封故鲁元王偃为南宫侯,续张氏。【四】

【一】集解《关中记》曰:"张敖冢在安陵东。"正义鲁元公主墓在咸阳县西北二十五里,次东有张敖冢,与公主同域。又张耳墓在咸阳县东三十三里。

【二】索隐案:谓偃以其母号而封也。

【三】集解徐广曰:"《汉纪·张酺传》曰张敖之子寿封乐昌侯,食细阳之池阳乡也。"

【四】集解张敖谥武侯。张偃之孙有罪绝。信都侯名侈,乐昌侯名寿。

太史公曰:张耳、陈馀,世传所称贤者;其宾客厮役,莫非天下俊杰,所居国无不取卿相者。然张耳、陈馀始居约时,【一】相然信以死,岂顾问哉。【二】及据国争权,卒相灭亡,何乡者相慕用之诚,后相倍之戾也!岂非以势利交哉?【三】名誉虽高,宾客虽盛,所由殆与太伯、延陵季子异矣。

【一】集解《汉书音义》曰:"在贫贱时也。"

【二】索隐按:葛洪《要用字苑》云"然犹尔也"。谓相和同诺者何也。谓然诺相信，虽死不顾也。

【三】索隐有本作"私利交"，《汉书》作"势利"，故《廉颇传》云"天下以市道交，君有势则从，君无势则去，此固其理"是也。

卷之四

淮阴侯传

淮阴侯韩信者，淮阴人也。【一】始为布衣时，贫无行，不得推择为吏，【二】又不能治生商贾，常从人寄食饮，人多厌之者。常数从其下乡【三】南昌亭长【四】寄食，数月，亭长妻患之，乃晨炊蓐食。【五】食时信往，不为具食。信亦知其意，怒，竟绝去。

【一】正义楚州淮阴县也。

【二】集解李奇曰："无善行可推举选择。"

【三】集解张晏曰："下乡，县，属淮阴也。"索隐案：下乡，乡名，属淮阴郡。

【四】索隐案：《楚汉春秋》作"新昌亭长"。

【五】集解张晏曰："未起而床蓐中食。"

信钓于城下，【一】诸母漂，【二】有一母见信饥，饭信，竟漂数十日。信喜，谓漂母曰："吾必有以重报母。"母怒曰："大丈夫不能自食，【三】吾哀王孙而进食，【四】岂望报乎！"

【一】正义淮阴城北临淮水，昔信去下乡而钓于此。

【二】集解韦昭曰："以水击絮为漂，故曰漂母。"

【三】正义音寺。

【四】集解苏林曰："如言公子也。"索隐刘德曰："秦末多失国，言王孙、公子，尊之也。"苏林亦同。张晏云"字王孙"，非也。

淮阴屠中少年有侮信者，曰："若虽长大，好带刀剑，中情怯耳。"众辱之曰："信能死，刺我；不能死，出我袴下。"【一】于是信孰视之，俛出袴下，蒲伏。【二】一市人皆笑信，以为怯。

【一】集解徐广曰:"袴,一作'胯'。胯,股也,音同。"又云《汉书》作"跨",同耳。索隐袴,《汉书》作"胯"。胯,股也,音枯化反。然寻此文作"袴",欲依字读,何为不通?袴下即胯下也,亦何必须作"胯"。

【二】正义俛音俯。伏,蒲北反。

及项梁渡淮,信杖剑从之,居戏下,【一】无所知名。项梁败。又属项羽,羽以为郎中。数以策干项羽,羽不用。汉王之入蜀,信亡楚归汉,未得知名,为连敖。【二】坐法当斩,其辈十三人皆已斩,次至信,信乃仰视,适见滕公,曰:"上不欲就天下乎?何谓斩壮士!"滕公奇其言,壮其貌,释而不斩。与语,大说之。言于上,上拜以为治粟都尉,上未之奇也。

【一】集解徐广曰:"戏,一作'麾'。"

【二】集解徐广曰:"典客也。"索隐李奇云:"楚官名。"张晏云:"司马也。"

信数与萧何语,何奇之。至南郑,诸将行道亡者数十人,信度何等已数言上,上不我用,即亡。何闻信亡,不及以闻,自追之。人有言上曰:"丞相何亡。"上大怒,如失左右手。居一二日,何来谒上,上且怒且喜,骂何曰:"若亡,何也?"何曰:"臣不敢亡也,臣追亡者。"上曰:"若所追者谁?"何曰:"韩信也。"上复骂曰:"诸将亡者以十数,公无所追;追信,诈也。"何曰:"诸将易得耳。至如信者,国士无双。王必欲长王汉中,无所事信;【一】必欲争天下,非信无所与计事者。顾王策安所决耳。"王曰:"吾亦欲东耳,安能郁郁久居此乎?"何曰:"王计必欲东,能用信,信即留;不能用,信终亡耳。"王曰:"吾为公以为将。"何曰:"虽为将,信必不留。"王曰:"以为大将。"何曰:"幸甚。"于是王欲召信拜之。何曰:"王素慢无礼,今拜大将如呼小儿耳,此乃信所以去也。王必欲拜之,择良日,斋戒，设坛场，具礼，乃可耳。"王许之。诸将皆喜，人人各自以为得大将。至拜大将，乃韩信也，一军皆惊。

【一】集解文颖曰："事犹业也。"张晏曰："无事用信。"

信拜礼毕，上坐。王曰："丞相数言将军，将军何以教寡人计策？"信谢，因问王曰："今东乡争权天下，岂非项王邪？"汉王曰："然。"曰："大王自料勇悍仁强孰与项王？"汉王默然良久，曰："不如也。"信再拜贺曰："惟信亦为大王不如也。然臣尝事之，请言项王之为人也。项王暗恶【一】叱咤，【二】千人皆废，【三】然不能任属贤将，此特匹夫之勇耳。项王见人恭敬慈爱，言语呕呕，【四】人有疾病，涕泣分食饮，至使人有功当封爵者，印刓弊，忍不能予，【五】此所谓妇人之仁也。项王虽霸天下而臣诸侯，不居关中而都彭城。有背义帝之约，而以亲爱王，诸侯不平。诸侯之见项王迁逐义帝置江南，亦皆归逐其主而自王善地。项王所过无不残灭者，天下多怨，百姓不亲附，特劫于威强耳。名虽为霸，实失天下心。故曰其强易弱。今大王诚能反其道：任天下武勇，何所不诛！【六】以天下城邑封功臣，何所不服！以义兵从思东归之士，何所不散！【七】且三秦王为秦将，将秦子弟数岁矣，所杀亡不可胜计，又欺其众降诸侯，至新安，项王诈坑秦降卒二十余万，唯独邯、欣、翳得脱，秦父兄怨此三人，痛入骨髓。今楚强以威王此三人，秦民莫爱也。大王之入武关，秋毫无所害，【八】除秦苛法，与秦民约，法三章耳，秦民无不欲得大王王秦者。于诸侯之约，大王当王关中，关中民咸知之。大王失职入汉中，秦民无不恨者。今大王举而东，三秦可传檄而定也。"【九】于是汉王大喜，自以为得信晚。遂听信计，部署诸将所击。

【一】索隐上于金反，下乌路反。暗哑，怀怒气。

【二】索隐上昌栗反，下卓嫁反。"咤"字或作"吒"。叱咤，发怒声。

【三】集解晋灼曰："废，不收也。"索隐孟康曰："废，伏也。"张晏曰："废，偃也。"

【四】集解音凶于反。索隐音吁。呕呕犹区区也。《汉书》作"姁姁"。邓展曰"姁姁，和好貌也"。张晏音吁。

【五】集解《汉书音义》曰："不忍授。"

【六】索隐何不诛。按：刘氏云"言何所不诛也"。

【七】索隐何不散。刘氏云："用东归之兵击东方之敌，此敌无不散败也。"

【八】索隐案：豪秋乃成。又王逸注《楚词》云"锐毛为豪，夏落秋生也"。

【九】索隐案：《说文》云"檄，二尺书也"。此云"传檄"，谓为檄书以责所伐者。

八月，汉王举兵东出陈仓，【一】定三秦。汉二年，出关，【二】收魏、河南、韩、殷王皆降。合齐、赵共击楚。四月，至彭城，汉兵败散而还。信复收兵与汉王会荥阳，复击破楚京、索之间，以故楚兵卒不能西。

【一】正义汉王从关北出岐州陈仓县。

【二】正义出函谷关。

汉之败却彭城，【一】塞王欣、翟王翳亡汉降楚，齐、赵欲反汉与楚和。六月，魏王豹谒归视亲疾，至国，即绝河关【二】反汉，与楚约和。汉王使郦生说豹，不下。其八月，以信为左丞相，击魏。魏王盛兵蒲坂，塞临晋，【三】信乃益为疑兵，【四】陈船欲渡临晋，【五】而伏兵从夏阳以木罂缻渡军，【六】袭安邑。【七】魏王豹惊，引兵迎信，信遂虏豹，【八】定魏为河东郡。【九】汉王遣张耳与信俱，引兵东北击赵、代。后九月，破代兵，禽夏说阏与。【一〇】信之下魏破代，汉辄使人收其精兵，诣荥阳以距楚。

【一】正义兵败散彭城而却退。

【二】索隐按：谓今蒲津关。

【三】索隐塞音先得反。临晋，县名，在河东之东岸，对旧关也。

【四】集解《汉书音义》曰："益张旆旗，以疑敌者。"

【五】索隐刘氏云："陈船，地名，在旧关之西，今之朝邑"，非也。案：京兆有船司空县，不名"陈船"。陈船者，陈列船艘欲渡河也。

【六】集解徐广曰："甀，一作'缶'。"服虔曰："以木押缚罂甀以渡。"韦昭曰："以木为器如罂甀，以渡军。无船，且尚密也。"正义按：韩信诈陈列船艘于临晋，欲渡河，即此从夏阳木押罂甀渡军，袭安邑。临晋，同州东朝邑界。夏阳在同州北渭城界。

【七】正义安邑故城在绛州夏县东北十五里。

【八】索隐按：刘氏云"夏阳旧无船，豹不备之，而防临晋耳。今安邑被袭，故豹遽降也"。

【九】正义今安邑县故城。

【一〇】集解徐广曰："音余。"骃案：李奇曰"夏说，代相也"。索隐司马彪《郡国志》上党沾县有阏与聚。阏音曷，又音嫣。与音余，又音预。沾音他廉反。正义阏与聚城在潞州铜鞮县西北二十里。

信与张耳以兵数万，欲东下井陉击赵。【一】赵王、成安君陈馀闻汉且袭之也，聚兵井陉口，【二】号称二十万。广武君李左车说成安君曰："闻汉将韩信涉西河，虏魏王，禽夏说，新喋血【三】阏与，今乃辅以张耳，议欲下赵，此乘胜而去国远斗，其锋不可当。臣闻千里馈粮，士有饥色，樵苏后爨，【四】师不宿饱。今井陉之道，车不得方轨，骑不得成列，行数百里，其势粮食必在其后。愿足下假臣奇兵三万人，从间道绝其辎重；足下深沟高垒，坚营勿与战。彼前不得斗，退不得还，吾奇兵绝其后，使野无所掠，不至十日，而两将之头可致于戏下。愿君留意臣之计。否，必为二子所禽矣。"成安君，儒者也，常称义兵不用诈谋奇计，曰："吾闻兵法十则围之，倍则战。今韩信兵号数万，其实不过数千。能千里而袭我，亦已罢极。今如此避而不击，后有大者，何以加之！则诸侯谓吾怯，而轻来伐我。"不听广武君策，广武君策不用。

【一】索隐案：《地理志》常山石邑县，井陉山在西。又《穆天子传》云"至于陉山之隧，升于三道之磴"是也。

【二】正义井陉故关在并州石艾县东十八里，即井陉口。

【三】索隐喋，旧音敢，非也。案：《陈汤传》"喋血万里之外"，如淳云"杀人血流滂沱也"。韦昭音徒协反。

【四】集解《汉书音义》曰："樵，取薪也。苏，取草也。"

　　韩信使人间视，知其不用，还报，则大喜，乃敢引兵遂下。【一】未至井陉口三十里，止舍。夜半传发，【二】选轻骑二千人，人持一赤帜，从间道萆山而望赵军，【三】诫曰："赵见我走，必空壁逐我，若疾入赵壁，拔赵帜，立汉赤帜。"令其裨将传飧，【四】曰："今日破赵会食！"【五】诸将皆莫信，佯应曰："诺。"谓军吏曰："赵已先据便地为壁，且彼未见吾大将旗鼓，未肯击前行，恐吾至阻险而还。"信乃使万人先行，出，背水陈。【六】赵军望见而大笑。平旦，信建大将之旗鼓，鼓行出井陉口，赵开壁击之，【七】大战良久。于是信、张耳详弃鼓旗，走水上军。水上军开入之，复疾战。赵果空壁争汉鼓旗，逐韩信、张耳。韩信、张耳已入水上军，军皆殊死战，不可败。信所出奇兵二千骑，共候赵空壁逐利，则驰入赵壁，皆拔赵旗，立汉赤帜二千。赵军已不胜，不能得信等，欲还归壁，壁皆汉赤帜，而大惊，以为汉皆已得赵王将矣，兵遂乱，遁走，赵将虽斩之，不能禁也。于是汉兵夹击，大破虏赵军，斩成安君泜水上，【八】禽赵王歇。

【一】正义引兵入井陉狭道，出赵。

【二】集解《汉书音义》曰："传令军中使发。"

【三】集解如淳曰："萆音蔽。依山自覆蔽。"索隐案：谓令从间道小路向前，望见陈馀军营即住，仍须隐山自蔽，勿令赵军知也。萆音蔽。蔽者，盖覆也。《楚汉春秋》作"卑山"，《汉书》作"箄山"。《说文》云"箄，蔽也，从竹，卑声"。

【四】集解徐广曰："音餐也。"

【五】集解服虔曰："立驻传餐食也。"如淳曰："小饭曰餐。言破赵后乃当共饱食也。"索隐如淳曰："小饭曰餐。"谓立驻传餐，待破赵乃大食也。

【六】正义绵蔓水，一名阜将，一名回星，自并州流入井陉界，即信背水阵陷之死地，即此水也。

【七】正义恒州鹿泉县，即六国时赵壁也。

【八】集解徐广曰："泜音迟。"索隐徐广音迟。刘氏音脂。

信乃令军中毋杀广武君，有能生得者购千金。于是有缚广武君而致戏下者，信乃解其缚，东乡坐，西乡对，师事之。

诸将效首虏，【一】毕贺，因问信曰："兵法右倍山陵，前左水泽，今者将军令臣等反背水陈，曰破赵会食，臣等不服。然竟以胜，此何术也？"信曰："此在兵法，顾诸君不察耳。兵法不曰'陷之死地而后生，置之亡地而后存'？且信非得素拊循士大夫也，此所谓'驱市人而战之'，其势非置之死地，使人人自为战；今予之生地，皆走，宁尚可得而用之乎！"诸将皆服曰："善。非臣所及也。"

【一】索隐如淳曰："效，致也。"晋灼云："效，数也。"郑玄注《礼》"效犹呈见也"。

于是信问广武君曰："仆欲北攻燕，东伐齐，何若而有功？"广武君辞谢曰："臣闻败军之将，不可以言勇；亡国之大夫，不可以图存。今臣败亡之虏，何足以权大事乎！"信曰："仆闻之，百里奚居虞而虞亡，在秦而秦霸，非愚于虞而智于秦也，用与不用，听与不听也。诚令成安君听足下计，若信者亦已为禽矣。以不用足下，故信得侍耳。"因固问曰："仆委心归计，愿足下勿辞。"广武君曰："臣闻智者千虑，必有一失；愚者千虑，必有一得。故曰'狂夫之言，圣人择焉'。顾恐臣计未必足用，愿效愚忠。夫成安君有百战百胜之计，一旦而失之，军败鄗下，【一】身死泜上。今将军涉西河，【二】虏魏王，禽夏说阏与，一举而下井陉，不终朝破赵二十万众，诛成安君。名闻海内，威震天下，农夫莫不辍耕释耒，褕衣甘食，【三】倾耳以待命者。【四】若此，将军之所长也。然而众劳卒罢，其实难用。今将军欲举倦弊之兵，顿之燕坚城之下，欲战恐久力不能拔，情见势屈，旷日粮竭，而弱燕不服，齐必距境以自强也。燕齐相持而不下，则刘项之权未有所分也。若此者，将军所短也。臣愚，窃以为亦过矣。故善用兵者不以短击长，而以长击短。"韩信曰："然则何由？"广武君对曰："方今为将军计，莫如案甲休兵，镇赵抚其孤，百里之内，牛酒日至，以飨士大夫醳兵，【五】北首燕路，【六】而后遣辩士奉咫尺之书，【七】暴其所长于燕，【八】燕必不敢不听从。燕已从，使諠言者东告齐，齐必从风而服，虽有智者，亦不知为齐计矣。如是，则天下事皆可图也。兵固有先声而后实者，此之谓也。"韩信曰："善。"从其策，发使使燕，燕从风而靡。乃遣使报汉，因请立张耳为赵王，以镇抚其国。汉王许之，乃立张耳为赵王。

【一】集解李奇曰："鄗音臛。今高邑是。"

【二】索隐此之西河当冯翊也。正义即同州龙门河，从夏阳度者。

【三】索隐褕，邹氏音逾，美也。恐灭亡不久，故废止作业而事美衣甘食，日偷苟且也，虑不图久故也。《汉书》作"靡衣媮食"也。

【四】集解如淳曰:"恐灭亡不久故也。"

【五】集解《魏都赋》曰:"肴醳顺时。"刘逵曰:"醳,酒也。"索隐刘氏依刘逵音。醳酒谓以酒食养兵士也。案:《史记》古"释"字皆如此作,岂亦谓以酒食醳兵士,故字从酉乎?

【六】正义首音狩,向也。

【七】正义咫尺,八寸。言其简牍或长尺也。

【八】正义暴音仆。

楚数使奇兵渡河击赵,赵王耳、韩信往来救赵,因行定赵城邑,发兵诣汉。楚方急围汉王于荥阳,汉王南出,之宛、叶间,【一】得黥布,走入成皋,楚又复急围之。六月,汉王出成皋,东渡河,独与滕公俱,从张耳军修武。至,宿传舍。晨自称汉使,驰入赵壁。张耳、韩信未起,即其卧内上夺其印符,以麾召诸将,易置之。信、耳起,乃知汉王来,大惊。汉王夺两人军,即令张耳备守赵地,拜韩信为相国,收赵兵未发者击齐。【二】

【一】正义宛在邓州。叶在许州。

【二】集解文颖曰:"谓赵人未尝见发者。"

信引兵东,未渡平原,【一】闻汉王使郦食其已说下齐,韩信欲止。范阳辩士蒯通说信曰:"将军受诏击齐,而汉独发间使下齐,宁有诏止将军乎?何以得毋行也!且郦生一士,伏轼【二】掉三寸之舌,下齐七十余城,将军将数万众,岁余乃下赵五十余城,为将数岁,反不如一竖儒之功乎?"于是信然之,从其计,遂渡河。齐已听郦生,即留纵酒,罢备汉守御。信因袭齐历下军,【三】遂至临菑。齐王田广以郦生卖己,乃烹之,而走高密,使使之楚请救。韩信已定临菑,遂东追广至高密西。楚亦使龙且将,号称二十万,救齐。

【一】正义　怀州有平原津。

【二】集解　韦昭曰："轼，今小车中隆起者。"

【三】集解　徐广曰："济南历城县。"

　　齐王广、龙且并军与信战，未合。人或说龙且曰："汉兵远斗穷战，其锋不可当。齐、楚自居其地战，兵易败散。【一】不如深壁，令齐王使其信臣招所亡城，亡城闻其王在，楚来救，必反汉。汉兵二千里客居，齐城皆反之，其势无所得食，可无战而降也。"龙且曰："吾平生知韩信为人，易与耳。且夫救齐不战而降之，吾何功？今战而胜之，齐之半可得，何为止！"遂战，与信夹潍水陈。【二】韩信乃夜令人为万余囊，满盛沙，壅水上流，引军半渡，击龙且，佯不胜，还走。龙且果喜曰："固知信怯也。"遂追信渡水。信使人决壅囊，水大至。龙且军大半不得渡，即急击，杀龙且。龙且水东军散走，齐王广亡去。信遂追北至城阳，【三】皆虏楚卒。

【一】正义　近其室家，怀顾望也。

【二】集解　徐广曰："出东莞而东北流，至北海都昌县入海。"索隐　潍音维。《地理志》潍水出琅邪箕县，东北至都昌入海。徐广云"出东莞而东北流入海"，盖据《水经》而说，少不同耳。

【三】正义　城阳，雷泽县是也，在濮州东南九十一里。

　　汉四年，遂皆降平齐。使人言汉王曰："齐伪诈多变，反覆之国也，南边楚，不为假王以镇之，其势不定。愿为假王便。"当是时，楚方急围汉王于荥阳，韩信使者至，发书，【一】汉王大怒，骂曰："吾困于此，旦暮望若来佐我，乃欲自立为王！"张良、陈平蹑汉王足，因附耳语曰："汉方不利，宁能禁信之王乎？不如因而立，善遇之，使自为守。不然，变生。"汉王亦悟，因复骂曰："大丈夫定诸侯，即为真王耳，何以假为！"乃遣张良往立信为齐王，【二】征其兵击楚。

【一】集解张晏曰："发信使者所赍书。"

【二】集解徐广曰："四年二月。"

楚已亡龙且，项王恐，使盱眙人武涉【一】往说齐王信曰："天下共苦秦久矣，相与戮力击秦。秦已破，计功割地，分土而王之，以休士卒。今汉王复兴兵而东，侵人之分，夺人之地，已破三秦，引兵出关，收诸侯之兵以东击楚，其意非尽吞天下者不休，其不知厌足如是甚也。且汉王不可必，身居项王掌握中数矣，【二】项王怜而活之，然得脱，辄倍约，复击项王，其不可亲信如此。今足下虽自以与汉王为厚交，为之尽力用兵，终为之所禽矣。足下所以得须臾至今者，以项王尚存也。当今二王之事，权在足下。足下右投则汉王胜，左投则项王胜。项王今日亡，则次取足下。足下与项王有故，何不反汉与楚连和，三分天下王之？今释此时，而自必于汉以击楚，且为智者固若此乎！"韩信谢曰："臣事项王，官不过郎中，位不过执戟，【三】言不听，画不用，故倍楚而归汉。汉王授我上将军印，予我数万众，解衣衣我，推食食我，言听计用，故吾得以至于此。夫人深亲信我，我倍之不祥，虽死不易。幸为信谢项王！"

【一】集解张华曰："武涉墓在盱眙城东十五里。"

【二】正义数，色庚反。

【三】集解张晏曰："郎中，宿卫执戟之人也。"

武涉已去，齐人蒯通知天下权在韩信，欲为奇策而感动之，以相人说韩信曰："仆尝受相人之术。"韩信曰："先生相人何如？"对曰："贵贱在于骨法，忧喜在于容色，成败在于决断，以此参之，万不失一。"韩信曰："善。先生相寡人何如？"对曰："愿少闲。"信曰：

"左右去矣。"通曰:"相君之面,不过封侯,又危不安。相君之背,贵乃不可言。"【一】韩信曰:"何谓也？"蒯通曰:"天下初发难也,俊雄豪杰连号壹呼,天下之士云合雾集,鱼鳞杂遝,熛至风起。当此之时,忧在亡秦而已。今楚汉分争,使天下无罪之人肝胆涂地,父子暴骸骨于中野,不可胜数。楚人起彭城,转斗逐北,至于荥阳,乘利席卷,威震天下。然兵困于京、索之间,迫西山而不能进者,三年于此矣。汉王将数十万之众,距巩、雒,阻山河之险,一日数战,无尺寸之功,折北不救,【二】败荥阳,伤成皋,【三】遂走宛、叶之间,此所谓智勇俱困者也。夫锐气挫于阻塞,而粮食竭于内府,百姓罢极怨望,容容无所倚。以臣料之,其势非天下之贤圣固不能息天下之祸。当今两主之命县于足下。足下为汉则汉胜,与楚则楚胜。臣愿披腹心,输肝胆,效愚计,恐足下不能用也。诚能听臣之计,莫若两利而俱存之,三分天下,鼎足而居,其势莫敢先动。夫以足下之贤圣,有甲兵之众,据强齐,从燕、赵,出空虚之地而制其后,因民之欲,西乡【四】为百姓请命,【五】则天下风走而响应矣,孰敢不听！割大弱强,以立诸侯,诸侯已立,天下服听而归德于齐。案齐之故,有胶、泗之地,怀诸侯以德,深拱揖让,则天下之君王相率而朝于齐矣。盖闻天与弗取,反受其咎;时至不行,反受其殃。愿足下熟虑之。"

【一】集解张晏曰:"背畔则大贵。"

【二】集解张晏曰:"折,衄败也。北,奔北。"

【三】集解张晏曰:"于成皋伤胸也。"臣瓒曰:"谓军折伤。"

【四】正义乡音向。齐国在东,故曰西向也。

【五】正义止楚汉之战斗,士卒不死亡,故云"请命"。

韩信曰:"汉王遇我甚厚,载我以其车,衣我以其衣,食我以其食。吾闻之,乘人之车者载人之患,衣人之衣者怀人之忧,食人之食者死人之事,吾岂可以乡利倍义乎!"蒯生曰:"足下自以为善汉王,欲建万世之业,臣窃以为误矣。始常山王、成安君为布衣时,相与为刎颈之交,后争张黡、陈泽之事,二人相怨。常山王背项王,奉项婴头而窜逃,归于汉王。汉王借兵而东下,杀成安君泜水之南,头足异处,卒为天下笑。此二人相与,天下至驩也。然而卒相禽者,何也?患生于多欲而人心难测也。今足下欲行忠信以交于汉王,必不能固于二君之相与也,而事多大于张黡、陈泽。故臣以为足下必汉王之不危己,亦误矣。大夫种、范蠡存亡越,霸句践,立功成名而身死亡。野兽已尽而猎狗烹。夫以交友言之,则不如张耳之与成安君者也;以忠信言之,则不过大夫种、范蠡之于句践也。此二人者,足以观矣。愿足下深虑之。且臣闻勇略震主者身危,而功盖天下者不赏。臣请言大王功略:足下涉西河,虏魏王,禽夏说,引兵下井陉,诛成安君,徇赵,胁燕,定齐,南摧楚人之兵二十万,东杀龙且,西乡以报,此所谓功无二于天下,而略不世出者也。今足下戴震主之威,挟不赏之功,归楚,楚人不信;归汉,汉人震恐:足下欲持是安归乎?夫势在人臣之位而有震主之威,名高天下,窃为足下危之。"韩信谢曰:"先生且休矣,吾将念之。"

后数日,蒯通复说曰:"夫听者事之候也,计者事之机也,听过计失而能久安者,鲜矣。听不失一二者,不可乱以言;计不失本末者,不可纷以辞。夫随厮养之役者,失万乘之权;守儋石之禄者,【一】阙卿相之位。故知者决之断也,疑者事之害也,审豪氂之小计,遗天下之大数,智诚知之,决弗敢行者,百事之祸也。故曰'猛虎之犹豫,不若蜂虿之致螫;【二】骐骥之跼躅,【三】不如驽马之安步;孟贲之狐疑,不如庸夫之必至也;虽有舜禹之智,吟而不言,【四】不如瘖聋之指麾也'。此言贵能行之。夫功者难成而易败,时者难得而易失也。'时乎时,不再来'。愿足下详察之。"韩信犹豫不忍倍汉,

又自以为功多，汉终不夺我齐，遂谢蒯通。蒯通说不听，已详狂为巫。【五】

【一】集解晋灼曰："杨雄《方言》'海、岱之间名甔为儋'。石，斗石也。"苏林曰："齐人名小甖为儋。石，如今受鲐鱼石甖，不过一二石耳。一说，一儋与一斛之余。"索隐儋音都滥反。石，斗也。苏林解为近之。鲐音胎。

【二】正义音适。

【三】集解徐广曰："蹄，一作'蹢'也。"

【四】索隐吟，郑氏音拒荫反，又音琴。

【五】集解徐广曰："一本'遂不用蒯通，蒯通曰："夫迫于细苛者，不可与图大事；拘于臣虏者，固无君王之意。"说不听，因去详狂'也。"索隐《注》"一云卒遂不用"。案：《汉书》及《战国策》皆有此文。

汉王之困固陵，用张良计，召齐王信，遂将兵会垓下。项羽已破，高祖袭夺齐王军。【一】汉五年正月，徙齐王信为楚王，都下邳。

【一】集解徐广曰："以齐为平原、千乘、东莱、齐郡。"

信至国，召所从食漂母，赐千金。【一】及下乡南昌亭长，赐百钱，曰："公，小人也，为德不卒。"召辱己之少年令出裤下者以为楚中尉。告诸将相曰："此壮士也。方辱我时，我宁不能杀之邪？杀之无名，故忍而就于此。"

【一】集解张华曰漂母冢在泗口南岸。

项王亡将钟离昧家在伊庐，【一】素与信善。项王死后，亡归信。汉王怨昧，闻其在楚，诏楚捕昧。信初之国，行县邑，陈兵出入。汉六年，人有上书告楚王信反。高帝以陈平计，天子巡狩会诸侯，南方有云梦，发使告诸侯会陈："吾将游云梦。"实欲袭信，信弗知。高祖且至楚，信欲发兵反，自度无罪，欲谒上，恐见禽。人或说信曰："斩眛谒上，上必喜，无患。"信见眛计事。眛曰："汉所以不击取楚，以眛在公所。若欲捕我以自媚于汉，吾今日死，公亦随手亡矣。"乃骂信曰："公非长者！"卒自刭。信持其首，谒高祖于陈。上令武士缚信，载后车。信曰："果若人言，'狡兔死，良狗烹；【二】高鸟尽，良弓藏；敌国破，谋臣亡'。天下已定，我固当烹！"上曰："人告公反。"遂械系信。至雒阳，赦信罪，以为淮阴侯。

【一】集解徐广曰："东海朐县有伊庐乡。"骃案：韦昭曰"今中庐县"。索隐徐注出司马彪《郡国志》。正义《括地志》云："中庐在义清县北二十里，本春秋时庐戎之国也，秦谓之伊庐，汉为中庐县。项羽之将钟离眛冢在。"韦昭及《括地志》云皆说之也。

【二】集解张晏曰："狡犹猾。"索隐郊兔死。郊音狡。狡，猾也。《吴越春秋》作"郊兔"，亦通。《汉书》作"狡兔"。《战国策》曰"东郭逡，海内狡兔也"。

信知汉王畏恶其能，常称病不朝从。信由此日夜怨望，居常鞅鞅，羞与绛、灌等列。信尝过樊将军哙，哙跪拜送迎，言称臣，曰："大王乃肯临臣！"信出门，笑曰："生乃与哙等为伍！"上常从容与信言诸将能不，各有差。上问曰："如我能将几何？"信曰："陛下不过能将十万。"上曰："于君何如？"曰："臣多多而益善耳。"上笑曰："多多益善，何为为我禽？"信曰："陛下不能将兵，而善将将，此乃信之所以为陛下禽也。且陛下所谓天授，非人力也。"

陈豨拜为钜鹿守，【一】辞于淮阴侯。淮阴侯挈其手，辟左右与之步于庭，仰天叹曰："子可与言乎？欲与子有言也。"豨曰："唯将军令之。"淮阴侯曰："公之所居，天下精兵处也；而公，陛下之信幸臣也。人言公之畔，陛下必不信；再至，陛下乃疑矣；三至，必怒而自将。吾为公从中起,天下可图也。"陈豨素知其能也,信之,曰:"谨奉教!"汉十年,陈豨果反。上自将而往,信病不从。阴使人至豨所,曰:"弟举兵,吾从此助公。"信乃谋与家臣夜诈诏赦诸官徒奴,欲发以袭吕后、太子。部署已定,待豨报。其舍人【二】得罪于信,信囚,欲杀之。舍人弟上变,告信欲反状于吕后。吕后欲召,恐其党不就,乃与萧相国谋,诈令人从上所来,言豨已得死,列侯群臣皆贺。相国绐信曰:"虽疾,强入贺。"信入,吕后使武士缚信,斩之长乐钟室。【三】信方斩,曰:"吾悔不听蒯通之计,乃为儿女子所诈,岂非天哉!"遂夷信三族。

【一】集解徐广曰:"《表》云为赵相国,将兵守代也。"

【二】索隐按:晋灼曰:《楚汉春秋》云谢公也。姚氏案《功臣表》云慎阳侯乐说,淮阴舍人,告信反。未知孰是。

【三】正义长乐宫悬钟之室。

高祖已从豨军来,至,见信死,且喜且怜之,问:"信死亦何言?"吕后曰:"信言恨不用蒯通计。"高祖曰:"是齐辩士也。"乃诏齐捕蒯通。蒯通至,上曰:"若教淮阴侯反乎?"对曰:"然,臣固教之。竖子不用臣之策,故令自夷于此。如彼竖子用臣之计,陛下安得而夷之乎!"上怒曰:"烹之。"通曰:"嗟乎,冤哉烹也!"上曰:"若教韩信反,何冤?"对曰:"秦之纲绝而维弛,山东大扰,异姓并起,英俊乌集。秦失其鹿,天下共逐之,【一】于是高材疾足者先得焉。蹠之狗吠尧,尧非不仁,狗固吠非其主。当是时,臣唯独知韩信,非知陛下也。且天下锐精持锋欲为陛下所为者甚众,顾力不能耳。又可尽烹之邪?"高帝曰:"置之。"乃释通之罪。

【一】集解张晏曰:"以鹿喻帝位也。"

太史公曰：吾如淮阴，淮阴人为余言，韩信虽为布衣时，其志与众异。其母死，贫无以葬，然乃行营高敞地，令其旁可置万家。余视其母冢，良然。假令韩信学道谦让，不伐己功，不矜其能，则庶几哉于汉家勋可以比周、召、太公之徒，后世血食矣。不务出此，而天下已集，乃谋畔逆，夷灭宗族，不亦宜乎！

郦生陆贾传

郦生食其者,【一】陈留高阳人也。【二】好读书,家贫落魄,【三】无以为衣食业,为里监门吏。【四】然县中贤豪不敢役,县中皆谓之狂生。

【一】<u>正义</u>历异几三音也。

【二】<u>集解</u>徐广曰:"今在圉县。"<u>索隐</u>案:高阳属陈留圉县。高阳,乡名也,故《耆旧传》云"食其,圉高阳乡人"。<u>正义</u>《陈留风俗传》云"高阳在雍丘西南"。《括地志》云"圉城在汴州雍丘县西南。食其墓在雍丘西南二十八里"。盖谓此也。

【三】<u>集解</u>应劭曰:"落魄,志行衰恶之貌也。"晋灼曰:"落薄,落托,义同也。"<u>索隐</u>案:郑氏云"魄音薄"。应劭云"志行衰恶之貌也"。

【四】<u>正义</u>监音甲衫反。《战国策》云齐宣谓颜斶曰:"夫监门闾里,士之贱也。"

及陈胜、项梁等起,诸将徇地过高阳者数十人,【一】郦生问其将皆握齱【二】好苛礼【三】自用,不能听大度之言,郦生乃深自藏匿。后闻沛公将兵略地陈留郊,沛公麾下骑士适郦生里中子也,【四】沛公时时问邑中贤士豪俊。骑士归,郦生见,谓之曰:"吾闻沛公慢而易人,多大略,此真吾所愿从游,莫为我先。【五】若见沛公,谓曰'臣里中有郦生,年六十余,长八尺,人皆谓之狂生,生自谓我非狂生'。"骑士曰:"沛公不好儒,诸客冠儒冠来者,沛公辄解其冠,溲溺【六】其中。与人言,常大骂。未可以儒生说也。"郦生曰:"弟言之。"骑士从容言如郦生所诫者。

【一】<u>正义</u>徇,略也。

【二】<u>集解</u>应劭曰:"握齱,急促之貌。"<u>索隐</u>应劭曰齱音若"促"。邹氏音粗角反。韦昭云"握龊，小节也"。

【三】索隐案：苛亦作"荷"。贾逵云"苛，烦也"。小颜云"苛，细也"。

【四】集解服虔曰："食其里中子适作沛公骑士。"索隐适食其里中子。适音释。服虔、苏林皆云沛公骑士适是食其里中人也。案：言适近作骑士。

【五】索隐案：先谓先容，言无人为我作绍介也。正义为，于伪反。

【六】索隐上所由反。下乃吊反，亦如字。溲即溺也。

沛公至高阳传舍，【一】使人召郦生。郦生至，入谒，沛公方倨床使两女子洗足，【二】而见郦生。郦生入，则长揖不拜，曰："足下欲助秦攻诸侯乎，且欲率诸侯破秦也？"沛公骂曰："竖儒！【三】夫天下同苦秦久矣，故诸侯相率而攻秦，何谓助秦攻诸侯乎？"郦生曰："必聚徒合义兵诛无道秦，不宜倨见长者。"于是沛公辍洗，起摄衣，【四】延郦生上坐，谢之。郦生因言六国从横时。沛公喜，赐郦生食，问曰："计将安出？"郦生曰："足下起纠合之众，【五】收散乱之兵，不满万人，欲以径入强秦，此所谓探虎口者也。夫陈留，天下之冲，四通五达之郊也，【六】今其城又多积粟。臣善其令，【七】请得使之，令下足下。【八】即不听，足下举兵攻之，臣为内应。"于是遣郦生行，沛公引兵随之，遂下陈留。号郦食其为广野君。

【一】集解徐广曰："二世三年二月。"

【二】索隐案：乐产云"边床曰倨"。

【三】索隐案：竖者，僮仆之称。沛公轻之，以比奴竖，故曰"竖儒"也。

【四】正义摄犹言敛著也。

【五】集解一作"乌合"，一作"瓦合"。

【六】集解如淳曰："四面中央，凡五达也。"瓒曰："四通五达，言无险阻也。"

【七】正义言食其与陈留县令相善也。

【八】正义令，力征反。下谓降之也。

郦生言其弟郦商,使将数千人从沛公西南略地。郦生常为说客,驰使诸侯。

汉三年秋,项羽击汉,拔荥阳,汉兵遁保巩、洛。楚人闻淮阴侯破赵,彭越数反梁地,【一】则分兵救之。淮阴方东击齐,汉王数困荥阳、成皋,计欲捐成皋以东,屯巩、洛以拒楚。郦生因曰:"臣闻知天之天者,王事可成;不知天之天者,王事不可成。王者以民人为天,【二】而民人以食为天。夫敖仓,天下转输久矣,臣闻其下乃有藏粟甚多。楚人拔荥阳,不坚守敖仓,乃引而东,令適卒【三】分守成皋,此乃天所以资汉也。方今楚易取而汉反却,自夺其便,【四】臣窃以为过矣。且两雄不俱立,楚汉久相持不决,百姓骚动,海内摇荡,农夫释耒,工女【五】下机,天下之心未有所定也。愿足下急复进兵,收取荥阳,据敖仓之粟,【六】塞成皋之险,【七】杜大行之道【八】,距蜚狐之口,【九】守白马之津,以示诸侯效实形制之势,则天下知所归矣。方今燕、赵已定,唯齐未下。今田广据千里之齐,田间将二十万之众,军于历城,诸田宗强,负海,阻河济,南近楚,人多变诈,足下虽遣数十万师,未可以岁月破也。臣请得奉明诏说齐王,使为汉而称东藩。"上曰:"善。"

【一】索隐 数音朔。

【二】索隐 王者以人为天。案:此语出《管子》。

【三】索隐 上音直革反。案:《通俗文》云"罚罪云謫",即所谓謫戍。又音陟革反。卒,租忽反。

【四】索隐 汉反却自夺便。以言不取敖仓,是汉却,自夺其便利。

【五】索隐 谓女工工巧也。《汉书》作"红",音工。

【六】正义 敖仓在今郑州荥阳县西十有五里,石门之东,北临汴水,南带三皇山。秦始皇时置仓于敖山上,故名之曰敖仓也。

【七】正义 即汜水县山也。

【八】集解韦昭曰："在河内野王北也。"

【九】集解如淳曰："上党壶关也。"骃案：蜚狐在代郡西南。正义案：蔚州飞狐县北百五十里有秦汉故郡城。西南有山，俗号为飞狐口也。

乃从其画，复守敖仓，而使郦生说齐王曰："王知天下之所归乎？"王曰："不知也。"曰："王知天下之所归，则齐国可得而有也；若不知天下之所归，即齐国未可得保也。"齐王曰："天下何所归？"曰："归汉。"曰："先生何以言之？"曰："汉王与项王戮力西面击秦，约先入咸阳者王之。汉王先入咸阳，项王负约不与而王之汉中。项王迁杀义帝，汉王闻之，起蜀汉之兵击三秦，出关而责义帝之处，收天下之兵，立诸侯之后。降城即以侯其将，得赂即以分其士，与天下同其利，豪英贤才皆乐为之用。诸侯之兵四面而至，蜀汉之粟方船而下。【一】项王有倍约之名，杀义帝之负；于人之功无所记，于人之罪无所忘；战胜而不得其赏，拔城而不得其封；非项氏莫得用事；为人刻印，刓而不能授；【二】攻城得赂，积而不能赏：天下畔之，贤才怨之，而莫为之用。故天下之士归于汉王，可坐而策也。夫汉王发蜀汉，定三秦；涉西河之外，援上党之兵；【三】下井陉，诛成安君；破北魏，【四】举三十二城：此蚩尤之兵也，非人之力也，天之福也。今已据敖仓之粟，塞成皋之险，守白马之津，杜大行之阪，距蜚狐之口，天下后服者先亡矣。王疾先下汉王，齐国社稷可得而保也；不下汉王，危亡可立而待也。"田广以为然，乃听郦生，罢历下兵守战备，与郦生日纵酒。

【一】索隐案：方船谓并舟也。《战国策》"方船积粟，循江而下"也。

【二】集解孟康曰："刓断无复廉锷也。"瓒曰："项羽吝于爵赏，玩惜侯印，不能以封其人也。"索隐刓音五官反。案：郭象注《庄子》云"杬团无圭角"。《汉书》作"玩"，言玩惜不忍授人也。

【三】正义援音爰。

【四】索隐谓魏豹也。豹在河北故也。亦谓"西魏",以大梁在河南故也。

淮阴侯闻郦生伏轼下齐七十余城,乃夜度兵平原袭齐。齐王田广闻汉兵至,以为郦生卖己,乃曰:"汝能止汉军,我活汝;不然,我将烹汝!"郦生曰:"举大事不细谨,盛德不辞让。而公不为若更言!"齐王遂烹郦生,引兵东走。

汉十二年,曲周侯郦商以丞相将兵击黥布有功。高祖举列侯功臣,思郦食其。郦食其子郦疥【一】数将兵,功未当侯,上以其父故,封疥为高梁侯。后更食武遂,嗣三世。元狩元年中,武遂侯平【二】坐诈诏衡山王取百斤金,当弃市,病死,国除也。

【一】索隐疥音界。后更封武遂三世。《地理志》武遂属河间。案:《汉书》作"武阳子遂",衍文也。

【二】正义《年表》云"卒,子敦嗣。卒,子平嗣,元年有罪国除"。而《汉书》云"更食武阳,子遂嗣",恐《汉书》误也。

陆贾者,楚人也。【一】以客从高祖定天下,名为有口辩士,居左右,常使诸侯。

【一】索隐案:《陈留风俗传》云"陆氏,春秋时陆浑国之后。晋侯伐之,故陆浑子奔楚。贾其后"。又《陆氏谱》云"齐宣公支子达食菜于陆。达生发,发生皋,适楚。贾其孙也"。

及高祖时,中国初定,尉佗〔他〕【一】平南越,因王之。高祖使陆贾赐尉佗印为南越王。陆生至,尉佗魋结【二】箕倨见陆生。陆生因进说佗曰:"足下中国人,亲戚昆弟坟墓在真定。【三】今足下反天性,弃冠带,欲以区区之越与天子抗衡【四】为敌国,祸且及身矣。且夫秦失其政，诸侯豪杰并起，唯汉王先入关，据咸阳。项羽倍约，自立为西楚霸王，诸侯皆属，可谓至强。然汉王起巴蜀，鞭笞天下，劫略诸侯，遂诛项羽灭之。五年之间，海内平定，此非人力，天之所建也。天子闻君王王南越，不助天下诛暴逆，将相欲移兵而诛王，天子怜百姓新劳苦，故且休之，遣臣授君王印，剖符通使。君王宜郊迎，北面称臣，乃欲以新造未集之越，屈强于此。汉诚闻之，掘烧王先人冢，夷灭宗族，使一偏将将十万众临越，则越杀王降汉，如反覆手耳。"

【一】索隐赵他为南越尉，故曰"尉他"。他音驼。

【二】集解服虔曰："魋音椎。今兵士椎头结。"索隐魋，直追反。结音计。谓为髻一撮似椎而结之，故字从结。且案其"魋结"二字，依字读之亦得。谓夷人本被发左袵，今他同其风俗，但魋其发而结之。

【三】索隐赵地也。本名东垣，属常山。

【四】索隐案：崔浩云"抗，对也。衡，车扼上横木也。抗衡，言两衡相对拒，言不相避下"。

于是尉佗乃蹶然【一】起坐，谢陆生曰："居蛮夷中久，殊失礼义。"因问陆生曰："我孰与萧何、曹参、韩信贤？"陆生曰："王似贤。"复曰："我孰与皇帝贤？"陆生曰："皇帝起丰沛，讨暴秦，诛强楚，为天下兴利除害，继五帝三王之业，统理中国。中国之人以亿计，地方万里，居天下之膏腴，人众车舆，万物殷富，政由一家，自天地剖判未始有也。今王众不过数十万，皆蛮夷，崎岖山海间，譬若汉一郡，王何乃比于汉！"尉佗大笑曰："吾不起中国，故王此。使我居中国，何渠不若汉？"【二】乃大说陆生，留与饮数月。曰："越中无足与语，至生来，令我日闻所不闻。"赐陆生橐中装【三】直千金，他送亦千金。【四】陆生卒拜尉佗为南越王，令称臣奉汉约。归报，高祖大悦，拜贾为太中大夫。

【一】[索隐]苏林音厥。《礼记》"子夏蹶然而起"。《埤苍》云"蹶，起也"。

【二】[集解]渠音讵。[索隐]渠，刘氏音讵。《汉书》作"遽"字，小颜以为"有何迫促不如汉也"。

【三】[集解]张晏曰："珠玉之宝也。装，裹也。"[索隐]橐音托。案：如淳云以为明月珠之属也。又案：《诗传》曰"大曰橐，小曰囊"。《埤苍》云"有底曰囊，无底曰橐"。谓以宝物以入橐囊也。

【四】[集解]苏林曰："非橐中物，故曰'他送'也。"

陆生时时前说称《诗》《书》。高帝骂之曰："乃公居马上而得之，安事《诗》《书》！"陆生曰："居马上得之，宁可以马上治之乎？且汤武逆取而以顺守之，文武并用，长久之术也。昔者吴王夫差、智伯极武而亡；秦任刑法不变，卒灭赵氏。【一】乡使秦已并天下，行仁义，法先圣，陛下安得而有之？"高帝不怿而有惭色，乃谓陆生曰："试为我著秦所以失天下，吾所以得之者何，及古成败之国。"陆生乃粗述存亡之征，凡著十二篇。每奏一篇，高帝未尝不称善，左右呼万岁，号其书曰"新语"。【二】

【一】[集解]赵氏，秦姓也。[索隐]案：韦昭云"秦伯益后，与赵同出非廉，至造父，有功于穆王，封之赵城，由此一姓赵氏"。

【二】[正义]《七录》云"《新语》二卷，陆贾撰"也。

孝惠帝时，吕太后用事，欲王诸吕，畏大臣有口者，陆生自度不能争之，乃病免家居。以好畤田地善，【一】可以家焉。有五男，乃出所使越得橐中装，卖千金，【二】分其子，子二百金，令为生产。陆生常安车驷马，从歌舞鼓琴瑟侍者十人，宝剑直百金，谓其子曰："与汝约：【三】过汝，汝给吾人马酒食，极欲，十日而更。所死家，得宝剑车骑侍从者。一岁中往来过他客，率不过【四】再三过，数见

不鲜,【五】无久恩公为也。"【六】

【一】正义畤音止。雍州县也。

【二】正义汉制一金直千贯。

【三】集解徐广曰:"汝,一作'公'。"

【四】索隐率音律。过音戈。

【五】索隐数见音朔现。谓时时来见汝也。不鲜,言必令鲜美作食,莫令见不鲜之物也。《汉书》作"数击鲜",如淳云"新杀曰鲜"。

【六】集解韦昭曰:"恩,污辱。"索隐恩,恚也。公,贾自谓也。言汝诸子无久厌恚公也。

吕太后时,王诸吕,诸吕擅权,欲劫少主,危刘氏。右丞相陈平患之,力不能争,恐祸及己,常燕居深念。陆生往请,【一】直入坐,而陈丞相方深念,【二】不时见陆生。陆生曰:"何念之深也?"陈平曰:"生揣我何念?"【三】陆生曰:"足下位为上相,食三万户【四】侯,可谓极富贵无欲矣。然有忧念,不过患诸吕、少主耳。"陈平曰:"然。为之奈何?"陆生曰:"天下安,注意相;天下危,注意将。将相和调,则士务附;士务附,【五】天下虽有变,即权不分。为社稷计,在两君掌握耳。臣常欲谓太尉绛侯,绛侯与我戏,易吾言。君何不交驩太尉,深相结?"为陈平画吕氏数事。陈平用其计,乃以五百金为绛侯寿,厚具乐饮;太尉亦报如之。此两人深相结,则吕氏谋益衰。陈平乃以奴婢百人,车马五十乘,钱五百万,遗陆生为饮食费。陆生以此游汉廷公卿间,名声籍甚。【六】

【一】集解《汉书音义》曰:"请,若问起居。"

【二】索隐深念,深思之也。

【三】集解孟康曰:"揣,度也。"韦昭曰:"揣音初委反。"

【四】索隐案:《陈平传》食户五千,以曲逆秦时有三万户,恐复业至此,故称。

【五】集解徐广曰:"务,一作'豫'。"

【六】集解《汉书音义》曰:"言狼籍甚盛。"

及诛诸吕,立孝文帝,陆生颇有力焉。孝文帝即位,欲使人之南越。陈丞相等乃言陆生为太中大夫,往使尉佗,令尉佗去黄屋称制,令比诸侯,皆如意旨。语在《南越》语中。陆生竟以寿终。

[编者按:该选本此处略去《郦生陆贾传》后文。]

太史公曰:世之传郦生书,多曰汉王已拔三秦,东击项籍而引军于巩洛之间,郦生被儒衣往说汉王。乃非也。自沛公未入关,与项羽别而至高阳,得郦生兄弟。余读陆生《新语》书十二篇,固当世之辩士。至平原君子与余善,是以得具论之。

袁盎传

袁盎【一】者，楚人也，字丝。父故为群盗，徙处安陵。高后时，盎尝为吕禄舍人。及孝文帝即位，盎兄哙任盎为中郎。【二】

【一】索隐音如《周礼》"盎齐"，乌浪反。

【二】集解如淳曰："盎为兄所保任，故得为中郎。"

绛侯为丞相，朝罢趋出，意得甚。上礼之恭，常自送之。【一】袁盎进曰："陛下以丞相何如人？"上曰："社稷臣。"盎曰："绛侯所谓功臣，非社稷臣，社稷臣主在与在，【二】主亡与亡。【三】方吕后时，诸吕用事，擅相王，刘氏不绝如带。是时绛侯为太尉，主兵柄，弗能正。吕后崩，大臣相与共畔诸吕，太尉主兵，适会其成功，所谓功臣，非社稷臣。丞相如有骄主色。陛下谦让，臣主失礼，窃为陛下不取也。"后朝，上益庄，【四】丞相益畏。已而绛侯望袁盎曰：【五】"吾与而兄善，今儿廷毁我！"盎遂不谢。

【一】集解徐广曰："自，一作'目'。"

【二】集解如淳曰："人主在时，与共治在时之事。"索隐按：如淳云"人主在时，与共理在时之事"也。

【三】集解如淳曰："不以主亡而不行其政令。"索隐如淳云"不以人主亡而不行其政令"。按：如说为得。

【四】索隐庄，严也。

【五】正义望，怨也。

及绛侯免相之国，国人上书告以为反，征系清室，【一】宗室诸公莫敢为言，唯袁盎明绛侯无罪。绛侯得释，盎颇有力。绛侯乃大与盎结交。

【一】集解《汉书》作"请室"。应劭曰:"请室,请罪之室。"若今钟下也。如淳曰:"请室,狱也,若古刑于甸师氏也。"

淮南厉王朝,杀辟阳侯,居处骄甚。袁盎谏曰:"诸侯大骄必生患,可適削地。"上弗用。淮南王益横。及棘蒲侯柴武太子谋反事觉,治,连淮南王,淮南王征,上因迁之蜀,轞车传送。袁盎时为中郎将,乃谏曰:"陛下素骄淮南王,弗稍禁,以至此,今又暴摧折之。淮南王为人刚,如有遇雾露行道死,陛下竟为以天下之大弗能容,有杀弟之名,奈何?"上弗听,遂行之。

淮南王至雍,病死,闻,上辍食,哭甚哀。盎入,顿首请罪。上曰:"以不用公言至此。"盎曰:"上自宽,此往事,岂可悔哉!且陛下有高世之行者三,此不足以毁名。"上曰:"吾高世行三者何事?"盎曰:"陛下居代时,太后尝病,三年,陛下不交睫,不解衣,汤药非陛下口所尝弗进。夫曾参以布衣犹难之,今陛下亲以王者修之,过曾参孝远矣。夫诸吕用事,大臣专制,然陛下从代乘六乘传驰不测之渊,【一】虽贲育之勇【二】不及陛下。陛下至代邸,西向让天子位者再,南面让天子位者三。夫许由一让,而陛下五以天下让,过许由四矣。且陛下迁淮南王,欲以苦其志,使改过,有司卫不谨,故病死。"于是上乃解,曰:"将奈何?"盎曰:"淮南王有三子,唯在陛下耳。"于是文帝立其三子皆为王。盎由此名重朝廷。

【一】集解瓒曰:"大臣共诛诸吕,祸福尚未可知,故曰不测也。"

【二】集解孟康曰:"孟贲、夏育,皆古勇者也。"索隐贲,孟贲;育,夏育也。《尸子》云"孟贲水行不避蛟龙,陆行不避兕虎。《战国策》曰"夏育叱呼骇三军,身死庸夫。"高诱曰"育为申繻所杀。"贲音奔也。

袁盎常引大体忼慨。宦者赵同【一】以数幸，常害袁盎，袁盎患之。盎兄子种为常侍骑，【二】持节夹乘，说盎曰：【三】"君与斗，廷辱之，使其毁不用。"孝文帝出，赵同参乘，袁盎伏车前曰："臣闻天子所与共六尺舆者，皆天下豪英。今汉虽乏人，陛下独奈何与刀锯余人载！"于是上笑，下赵同。赵同泣下车。

【一】集解徐广曰："《汉书》作'谈'字。"

【二】索隐案：《汉旧仪》云"持节夹乘舆车骑从者云常侍骑"。

【三】集解徐广曰："说，一作'谋'。"

文帝从霸陵上，欲西驰下峻阪。袁盎骑，并车揽辔。上曰："将军怯邪？"盎曰："臣闻千金之子坐不垂堂，【一】百金之子不骑衡，【二】圣主不乘危而徼幸。今陛下骋六骓，【三】驰下峻山，如有马惊车败，陛下纵自轻，奈高庙、太后何？"上乃止。

【一】索隐案：张揖云"恐檐瓦堕中人"。或云临堂边垂，恐堕坠也。

【二】集解徐广曰："一作'行'。"骃案：服虔曰"自惜身，不骑衡"。如淳曰"骑，倚也。衡，楼殿边栏楯也"。韦昭曰"衡，车衡"。索隐张晏云"衡木行马也"。如淳云"骑音于岐反。衡，楼殿边栏楯也"。韦昭云"衡，车衡也。骑音奇，谓跨之"。按：如淳之说为长。案：《纂要》云"宫殿四面栏，纵者云槛，横者云楯"也。

【三】集解如淳曰："六马之疾若飞。"

上幸上林，皇后、慎夫人从。其在禁中，常同席坐。及坐，郎署长布席，【一】袁盎引却慎夫人坐。【二】慎夫人怒，不肯坐。上亦怒，起，入禁中。盎因前说曰："臣闻尊卑有序则上下和。今陛下既已立后，慎夫人乃妾，妾主岂可与同坐哉！适所以失尊卑矣。且陛下幸之，即厚赐之。陛下所以为慎夫人，适所以祸之。陛下独不见'人戏'乎？"【三】于是上乃说，召语慎夫人。慎夫人赐盎金五十斤。

　　【一】<u>正义</u>苏林云："郎署，上林中直卫之署。"

　　【二】<u>集解</u>如淳曰："盎时为中郎将，天子幸署，豫设供帐待之，故得却慎夫人坐。"

　　【三】<u>集解</u>张晏曰："戚夫人。"

　　然袁盎亦以数直谏，不得久居中，调为陇西都尉。【一】仁爱士卒，士卒皆争为死。迁为齐相。徙为吴相，辞行，种谓盎曰："吴王骄日久，国多奸。今苟欲劾治，彼不上书告君，即利剑刺君矣。南方卑湿，君能日饮，毋何，时说王曰毋反而已。如此幸得脱。"盎用种之计，吴王厚遇盎。

　　【一】<u>集解</u>如淳曰："调，选。"

　　盎告归，道逢丞相申屠嘉，下车拜谒，丞相从车上谢袁盎。袁盎还，愧其吏，乃之丞相舍上谒，求见丞相。丞相良久而见之。盎因跪曰："愿请间。"丞相曰："使君所言公事，之曹与长史掾议，吾且奏之；即私邪，吾不受私语。"袁盎即跪说曰："君为丞相，自度孰与陈平、绛侯？"丞相曰："吾不如。"袁盎曰："善，君即自谓不如。夫陈平、绛侯辅翼高帝，定天下，为将相，而诛诸吕，存刘氏；君乃为材官蹶张，迁为队率，积功至淮阳守，非有奇计攻城野战之功。且陛下从代来，每朝，郎官上书疏，未尝不止辇受其言，言不可用置之，言可受采之，未尝不称善。何也？则欲以致天下贤士大夫。上日闻所不闻，明所不知，日益圣智；君今自闭钳天下之口而日益愚。夫以圣主责愚相，君受祸不久矣。"丞相乃再拜曰："嘉鄙野人，乃不知，将军幸教。"引入与坐，为上客。

　　盎素不好晁错，晁错所居坐，盎去；盎坐，错亦去：两人未尝同堂语。及孝文帝崩，孝景帝即位，晁错为御史大夫，使吏案袁盎受吴王财物，抵罪，诏赦以为庶人。

吴楚反，闻，晁错谓丞史曰：【一】"夫袁盎多受吴王金钱，专为蔽匿，言不反。今果反，欲请治盎宜知计谋。"丞史曰："事未发，治之有绝。【二】今兵西乡，治之何益！且袁盎不宜有谋。"【三】晁错犹与未决。人有告袁盎者，袁盎恐，夜见窦婴，为言吴所以反者，愿至上前口对状。窦婴入言上，上乃召袁盎入见。晁错在前，及盎请辟人赐间，错去，固恨甚。袁盎具言吴所以反状，以错故，独急斩错以谢吴，吴兵乃可罢。其语具在《吴事》中。使袁盎为太常，窦婴为大将军。两人素相与善。逮吴反，诸陵长者长安中贤大夫争附两人，车随者日数百乘。

【一】集解如淳曰："《百官表》御史大夫有两丞。丞史，丞及史也。"

【二】集解如淳曰："事未发之时，治之乃有所绝。"索隐案：谓有绝吴反心也。

【三】集解如淳曰："盎大臣，不宜有奸谋。"

及晁错已诛，袁盎以太常使吴。吴王欲使将，不肯。欲杀之，使一都尉以五百人围守盎军中。袁盎自其为吴相时，尝有从史，从史尝盗爱盎侍儿，【一】盎知之，弗泄，遇之如故。人有告从史，言"君知尔与侍者通"，乃亡归。袁盎驱自追之，遂以侍者赐之，复为从史。及袁盎使吴见守，从史适为守盎校尉司马，乃悉以其装赍置二石醇醪，会天寒，士卒饥渴，饮酒醉，西南陬卒皆卧，司马夜引袁盎起，曰："君可以去矣，吴王期旦日斩君。"盎弗信，曰："公何为者？"司马曰："臣故为从史盗君侍儿者。"盎乃惊谢曰："公幸有亲，【二】吾不足以累公。"司马曰："君弟去，臣亦且亡，辟吾亲，【三】君何患！"乃以刀决张，【四】道【五】从醉卒直隧出。司马与分背，袁盎解节毛怀之，【六】杖，步行七八里，明，见梁骑，骑驰去，【七】遂归报。

【一】集解文颖曰："婢也。"

【二】集解文颖曰："言汝有亲老。"

【三】集解如淳曰："藏匿吾亲，不使遇害也。"索隐案：张晏云"辟，隐也。言自隐辟亲，不使遇祸也"。

【四】集解音帐。索隐案：帐，军幕也。决之以出也。

【五】集解如淳曰："决开当所从亡者之道。"

【六】集解如淳曰："不欲令人见也。"

【七】集解文颖曰："梁骑击吴楚者也。"或曰得梁马驰去也。

吴楚已破，上更以元王子平陆侯礼为楚王，袁盎为楚相。尝上书有所言，不用。袁盎病免居家，与闾里浮沈，相随行，斗鸡走狗。雒阳剧孟尝过袁盎，盎善待之。安陵富人有谓盎曰："吾闻剧孟博徒，【一】将军何自通之？"盎曰："剧孟虽博徒，然母死，客送葬车千余乘，此亦有过人者。且缓急人所有。夫一旦有急叩门，不以亲为解，【二】不以存亡为辞，天下所望者，独季心、剧孟耳。今公常从数骑，【三】一旦有缓急，宁足恃乎！"骂富人，弗与通。诸公闻之，皆多袁盎。

【一】集解如淳曰："博荡之徒。"或曰博戏之徒。

【二】集解张晏曰："不语云'亲不听'也。"瓒曰："凡人之于赴难济危，多以有父母为解，而孟兼行之。"索隐案：谓不以亲为辞也。今此云解者，亦谓不以亲在而自解。

【三】集解徐广曰："常，一作'详'。"

袁盎虽家居，景帝时时使人问筹策。梁王欲求为嗣，袁盎进说，其后语塞。【一】梁王以此怨盎，曾使人刺盎。刺者至关中，问袁盎，诸君誉之皆不容口。乃见袁盎曰："臣受梁王金来刺君，君长者，不忍刺君。然后刺君者十余曹，【二】备之！"袁盎心不乐，家又多怪，乃之棓生【三】所问占。还，梁刺客后曹辈果遮刺杀盎安陵郭门外。

【一】索隐按邹氏云"塞"当作"露"，非也。案：以盎言不宜立弟之义，其后立梁王之语塞绝也。

【二】集解如淳曰："曹，辈也。"

【三】集解徐广曰："棓，一作'服'。"骃案：文颖曰"棓音陪。秦时贤士，善术者"。索隐文颖云棓音陪。韦昭云棓，姓也。

[编者按：该选本此处略去晁错事迹。]

太史公曰：袁盎虽不好学，亦善傅会，仁心为质，引义忼慨。遭孝文初立，资适逢世。【一】时以变易，【二】及吴楚一说，说虽行哉，然复不遂。好声矜贤，竟以名败。晁错为家令时，数言事不用；后擅权，多所变更。诸侯发难，不急匡救，欲报私雠，反以亡躯。语曰："变古乱常，不死则亡。"岂错等谓邪！

【一】集解张晏曰："资，才也。适值其世，得骋其才。"

【二】集解张晏曰："谓景帝立。"

吴王濞传

[索隐]五宗之国，俱享大邦，虽复逆乱萌心，敢汙朝典，岂可谓非青社之国哉？然淮南犹有后不绝，衡山亦其罪盖轻，比三卿之分晋，方暴秦之灭周，可不优乎！安得黜其王国，不上同《五宗》、《三王》列于系家？其吴濞请与楚元王同为一篇，淮南宜与齐悼惠王为一篇。

吴王濞【一】者，高帝兄刘仲之子也。【二】高帝已定天下七年，立刘仲为代王。而匈奴攻代，刘仲不能坚守，弃国亡，间行【三】走雒阳，自归天子。天子为骨肉故，不忍致法，废以为郃阳侯。【四】高帝十一年秋，淮南王英布反，东并荆地，劫其国兵，西度淮，击楚，高帝自将往诛之。刘仲子沛侯濞年二十，有气力，以骑将从破布军蕲西会甄，【五】布走。荆王刘贾为布所杀，无后。上患吴、会稽轻悍，无壮王以填之，【六】诸子少，乃立濞于沛为吴王，【七】王三郡五十三城。已拜受印，高帝召濞相之，谓曰："若状有反相。"心独悔，业已拜，因拊其背，【八】告曰："汉后五十年东南有乱者，岂若邪？【九】然天下同姓为一家也，慎无反！"濞顿首曰："不敢。"

【一】[索隐]案："澎濞"字也，音披位反。

【二】[集解]徐广曰："仲名喜。"

【三】[索隐]谓独行从他道逃走。间音纪闲反。

【四】[索隐]《地理志》冯翊县名，在郃水之阳。音合。[正义]郃阳故城在同州河西县南三十里。

【五】[索隐]地名也。在蕲县之西。会音古兑反。甄音锤。

【六】[索隐]填音镇。

【七】[集解]徐广曰："十二年十月辛丑。"

【八】[索隐]拊音抚。

【九】[集解]徐广曰："汉元年至景帝三年反，五十有三年。"骃案：应劭曰"克期五十，占者所知。若秦始皇东巡以厌气，后刘项起东南，疑当如此耳"。如淳曰"度其贮积足用为难，又吴楚世不宾服"。[索隐]案：应氏之意，以后五十年东南有乱，本是占气者所说，高祖素闻此说，自以前难未弭，恐后灾更生，故说此言，更以戒濞。如淳之说，亦合事理。

会孝惠、高后时，天下初定，郡国诸侯各务自拊循其民。吴有豫章郡铜山，【一】濞则招致天下亡命者盗铸钱，煮海水为盐，以故无赋，国用富饶。【二】

【一】[集解]韦昭曰："今故鄣。"[索隐]案：鄣郡后改曰故鄣。或称"豫章"为衍字也。[正义]《括地志》云："秦兼天下，以为鄣郡，今湖州长城县西南八十里故章城是也。"铜山，今宣州及润州句容县有，并属章也。

【二】[集解]如淳曰："铸钱煮盐，收其利以足国用，故无赋于民。"[正义]按：既盗铸钱，何以收其利足国之用？吴国之民又何得无赋？如说非也。言吴国山既出铜，民多盗铸钱，及煮海水为盐，以山海之利不赋之，故言无赋也。其民无赋，国用乃富饶也。

孝文时，吴太子入见，【一】得侍皇太子饮博。吴太子师傅皆楚人，轻悍，又素骄，博，争道，不恭，皇太子引博局提吴太子，杀之。【二】于是遣其丧归葬。至吴，吴王愠【三】曰："天下同宗，死长安即葬长安，何必来葬为！"复遣丧之长安葬。吴王由此稍失藩臣之礼，称病不朝。京师知其以子故称病不朝，验问实不病，诸吴使来，辄系责治之。吴王恐，为谋滋甚。及后使人为秋请，【四】上复责问吴使者，使者对曰："王实不病，汉系治使者数辈，以故遂称病。且夫'察见渊中鱼，不祥'。【五】今王始诈病，及觉，见责急，愈益闭，恐上诛之，计乃无聊。唯上弃之而与更始。"于是天子乃赦吴使者归之,而赐吴王几杖,老,不朝。吴得释其罪,谋亦益解。然其居国以铜盐故,百姓无赋。【六】卒践更,辄与平贾。【七】岁时存问茂材,赏赐闾里。佗郡国吏欲来捕亡人者,讼共禁弗予。【八】如此者四十余年,【九】以故能使其众。

【一】索隐 姚氏案:《楚汉春秋》云"吴太子名贤,字德明"。

【二】索隐 提音啼,又音底,又音弟。

【三】正义 于问反,怨也。

【四】集解 应劭曰:"冬当断狱,秋先请择其轻重也。"孟康曰:"律,春曰朝,秋曰请,如古诸侯朝聘也。"如淳曰:"濞不得行,使人代己致请礼也。"索隐 音净。孟说是也。应劭所云断狱先请,不知何凭。如淳云代己致请,亦是臆说。且文云"使人为秋请",谓使人为此秋请之礼也。

【五】集解 张晏曰:"喻人君不当见尽下之私。"索隐 案:此语见《韩子》及《文子》。韦昭曰"知臣下阴私,使忧患生变,为不祥。故当赦宥,使自新也"。

【六】索隐 按:吴国有铸钱煮盐之利,故百姓不别徭赋也。

【七】集解 《汉书音义》曰:"以当为更卒,出钱三百文,谓之'过更'。自行为卒,谓之'践更'。吴王欲得民心,为卒者顾其庸,随时月与平贾,如汉桓、灵时有所兴作,以少府钱借民比也。"索隐 案:《汉律》,卒更有三,践更、居更、过更也。此言践更辄与平贾者,谓为践更合自出钱,今王欲得人心,乃与平贾,官雠之也。正义 践更,若今唱更、行更者也,言民自著卒。更有三品:有卒更,有践更,有过更。古者正卒无常人,皆当迭为之,是为卒更。贫者欲顾更钱者,次直者出钱顾之,月二千,是为践更。天下人皆直戍边三月,亦各为更,律所谓繇戍也。虽丞相子亦在戍边之调,不可人人自行三月戍,又行者出钱三百入官,官给戍者,是为过更。此汉初因秦法而行之,后改为谪,乃戍边一岁。

【八】集解 徐广曰:"讼音松。"骃按:如淳曰"讼,公也"。正义 讼音容。言其相容禁止不与也。

【九】正义言四十余年者,太史公尽言吴王一代行事也。《汉书》作"三十余年",而班固见其语在孝文之代,乃减十年,是班固不晓其理也。

晁错为太子家令,得幸太子,数从容言吴过可削。数上书说孝文帝,文帝宽,不忍罚,以此吴日益横。及孝景帝即位,错为御史大夫,说上曰:"昔高帝初定天下,昆弟少,诸子弱,大封同姓,故王孽子悼惠王王齐七十余城,庶弟元王王楚四十余城,兄子濞王吴五十余城:封三庶孽,分天下半。今吴王前有太子之郤,诈称病不朝,于古法当诛。文帝弗忍,因赐几杖,德至厚。当改过自新,乃益骄溢,即山【一】铸钱,煮海水为盐,诱天下亡人,谋作乱。今削之亦反,不削之亦反。削之,其反亟,祸小;不削,反迟,祸大。"三年冬,楚王朝,晁错因言楚王戊往年为薄太后服,私奸服舍,【二】请诛之。诏赦,罚削东海郡。因削吴之豫章郡、会稽郡。及前二年赵王有罪,削其河间郡。【三】胶西王卬以卖爵有奸,削其六县。

【一】索隐案:即山,山名。又即者,就也。

【二】集解服虔曰:"服舍,在丧次,而私奸宫中也。"

【三】索隐案:《汉书》作"常山郡"也。

汉廷臣方议削吴。吴王濞恐削地无已,因以此发谋,欲举事。念诸侯无足与计谋者,闻胶西王勇,好气,喜兵,诸齐【一】皆惮畏,于是乃使中大夫应高誂【二】胶西王。无文书,口报曰:"吴王不肖,有宿夕之忧,不敢自外,使喻其驩心。"王曰:"何以教之?"高曰:"今者主上兴于奸,饰于邪臣,好小善,听谗贼,擅变更律令,侵夺诸侯之地,征求滋多,诛罚良善,日以益甚。里语有之,'舐糠及米'。【三】吴与胶西,知名诸侯也,一时见察,恐不得安肆矣。吴王身有内病,不能朝请二十余年,尝患见疑,无以自白,今胁肩累足,犹惧不见释。窃闻大王以爵事有適,【四】所闻诸侯削地,罪不至此,此恐不得削地而已。"王曰:"然,有之。子将奈何?"高曰:"同恶相助,同好相留,同情相成,同欲相趋,同利相死。今吴王自以为与大王同忧,愿因时循理,弃躯以除患害于天下,亿亦可乎?"王瞿然骇曰:【五】"寡人何敢如是?今主上虽急,固有死耳,安得不戴?"高曰:"御史大夫晁错,荧惑天子,侵夺诸侯,蔽忠塞贤,朝廷疾怨,诸侯皆有倍畔之意,人事极矣。彗星出,蝗虫数起,此万世一时,而愁劳圣人之所以起也。【六】故吴王欲内以晁错为讨,外随大王后车,彷徉天下,所乡者降,所指者下,天下莫敢不服。大王诚幸而许之一言,则吴王率楚王略函谷关,守荥阳敖仓之粟,距汉兵。治次舍,须大王。大王有幸而临之,则天下可并,两主分割,不亦可乎?"王曰:"善。"高归报吴王,吴王犹恐其不与,乃身自为使,使于胶西,面结之。

【一】集解韦昭曰:"故为齐分为国者胶东、济北之属。"

【二】索隐音徒鸟反。

【三】索隐案:言舐糠尽则至米,谓削土尽则至灭国也。

【四】正义张革反。

【五】索隐刘氏瞿音九具反。又《说文》云"瞿,远视貌"。音九缚反。

【六】索隐案:所谓"殷忧以启明圣"也。

胶西群臣或闻王谋,谏曰:"承一帝,至乐也。今大王与吴西乡,弟令事成,两主分争,患乃始结。诸侯之地不足为汉郡什二,而为畔逆以忧太后,非长策也。"【一】王弗听。遂发使约齐、菑川、胶东、济南、济北,皆许诺,而曰"城阳景王有义,攻诸吕,勿与,事定分之耳"。【二】

【一】集解文颖曰:"王之太后也。"

【二】集解徐广曰:"尔时城阳恭王喜,景王之子。"

诸侯既新削罚,振恐,多怨晁错。及削吴会稽、豫章郡书至,则吴王先起兵,胶西正月丙午诛汉吏二千石以下,胶东、菑川、济南、楚、赵亦然,遂发兵西。齐王后悔,饮药自杀,畔约。济北王城坏未完,其郎中令劫守其王,不得发兵。胶西为渠率,胶东、菑川、济南共攻围临菑。赵王遂亦反,阴使匈奴与连兵。

七国之发也,吴王悉其士卒,下令国中曰:"寡人年六十二,【一】身自将。少子年十四,亦为士卒先。诸年上与寡人比,下与少子等者,皆发。"发二十余万人。南使闽越、东越,东越亦发兵从。

【一】集解徐广曰:"吴王封吴四十二年矣。"

孝景帝三年正月甲子,初起兵于广陵。【一】西涉淮,因并楚兵。发使遗诸侯书曰:"吴王刘濞敬问胶西王、胶东王、菑川王、济南王、赵王、楚王、淮南王、衡山王、庐江王、故长沙王子:【二】幸教寡人!以汉有贼臣,无功天下,侵夺诸侯地,使吏劾系讯治,以僇辱之为故,【三】不以诸侯人君礼遇刘氏骨肉,绝先帝功臣,进任奸宄,诖乱天下,【四】欲危社稷。陛下多病志失,不能省察。欲举兵诛之,谨闻教。敝国虽狭,地方三千里;人虽少,精兵可具五十万。寡人素事南越三十余年,其王君皆不辞分其卒以随寡人,又可得三十余万。寡人虽不肖,愿以身从诸王。越直【五】长沙者,【六】因王子定长沙以北,【七】西走蜀、汉中。【八】告越、【九】楚王、淮南三王,与寡人西面;【一〇】齐诸王与赵王定河间、河内,或入临晋关,【一一】或与寡人会雒阳;燕王、赵王固与胡王有约,燕王北定代、云中,抟胡众【一二】入萧关,【一三】走长安,匡正天子,以安高庙。愿王勉之。楚元王子、淮南三王或不沐洗十余年,怨入骨髓,欲一有所出之久矣,寡人未得诸王之意，未敢听。今诸王苟能存亡继绝，振弱伐暴，以安刘氏，社稷之所愿也。敝国虽贫，寡人节衣食之用，积金钱，修兵革，聚谷食，夜以继日，三十余年矣。凡为此，愿诸王勉用之。能斩捕大将者，赐金五千斤，封万户；列将，三千斤，封五千户；裨将，二千斤，封二千户；二千石，千斤，封千户；千石，五百斤，封五百户；皆为列侯。其以军若城邑降者，卒万人，邑万户，如得大将；人户五千，如得列将；人户三千，如得裨将；人户千，如得二千石；其小吏皆以差次受爵金。佗封赐皆倍常法。【一四】其有故爵邑者，更益勿因。愿诸王明以令士大夫，弗敢欺也。寡人金钱在天下者往往而有，非必取于吴，诸王日夜用之弗能尽。有当赐者告寡人，寡人且往遗之。敬以闻。"

【一】集解徐广曰："荆王刘贾都吴，吴王移广陵也。"

【二】集解徐广曰："吴芮之玄孙靖王著，以文帝七年卒，无嗣，国除。"骃案：如淳曰"吴芮后四世无子，国除。庶子二人为列侯，不得嗣王，志将不满，故诱与之反也"。

【三】集解《汉书音义》曰："故，事也。"正义按：专以僇辱诸侯为事。

【四】正义注音挂。

【五】集解音值。

【六】索隐服虔云："直音值。谓其境相接也。"

【七】集解如淳曰："南越直长沙者，因王子定也。"索隐案：谓南越之地与长沙地相接。值者，因长沙王子以定长沙以北也。

【八】正义走音奏，向也。王子，长沙王子也。南越之地对长沙之南者，其民因王子卒而镇定长沙以北，西向蜀及汉中，咸委王子定矣。

【九】集解如淳曰："告东越使定之。"

【一〇】正义越，东越也。又告东越、楚、淮南三王，与吴王共西面击之。三王谓淮南、衡山、庐江也。

【一一】正义今蒲津关。

【一二】索隐抟音专。专谓专统领胡兵也。

【一三】正义今名陇山关,在原州平凉县界。

【一四】集解服虔曰:"封赐倍汉之常法。"

七国反书闻天子,天子乃遣太尉条侯周亚夫将三十六将军,往击吴楚;遣曲周侯郦寄击赵;将军栾布击齐;大将军窦婴屯荥阳,监齐赵兵。

吴楚反书闻,兵未发,窦婴未行,言故吴相袁盎。盎时家居,诏召入见。上方与晁错调兵笇军食,上问袁盎曰:"君尝为吴相,知吴臣田禄伯为人乎?今吴楚反,于公何如?"对曰:"不足忧也,今破矣。"上曰:"吴王即山铸钱,煮海水为盐,诱天下豪杰,白头举事。若此,其计不百全,岂发乎?何以言其无能为也?"袁盎对曰:"吴有铜盐利则有之,安得豪杰而诱之!诚令吴得豪杰,亦且辅王为义,不反矣。吴所诱皆无赖子弟、亡命、铸钱奸人,故相率以反。"晁错曰:"袁盎策之善。"上问曰:"计安出?"盎对曰:"愿屏左右。"上屏人,独错在。盎曰:"臣所言,人臣不得知也。"乃屏错。错趋避东厢,恨甚。上卒问盎,盎对曰:"吴楚相遗书,曰'高帝王子弟各有分地,今贼臣晁错擅適过诸侯,【一】削夺之地'。故以反为名,西共诛晁错,复故地而罢。方今计独斩晁错,发使赦吴楚七国,复其故削地,则兵可无血刃而俱罢。"于是上嘿然良久,曰:"顾诚何如,吾不爱一人以谢天下。"盎曰:"臣愚计无出此,愿上孰计之。"乃拜盎为太常,【二】吴王弟子德侯为宗正。【三】盎装治行。后十余日,上使中尉召错,绐载行东市。错衣朝衣斩东市。则遣袁盎奉宗庙,宗正辅亲戚,【四】使告吴如盎策。至吴,吴楚兵已攻梁壁矣。宗正以亲故,先入见,谕吴王使拜受诏。吴王闻袁盎来,亦知其欲说己,笑而应曰:

"我已为东帝,尚何谁拜?"不肯见盎而留之军中,欲劫使将。盎不肯,使人围守,且杀之,盎得夜出,步亡去,走梁军,遂归报。

【一】索隐適音直革反,又音宅。

【二】正义令盎为太常,以示奉宗庙之指意。

【三】集解徐广曰:"名通,其父名广。"骃案:《汉书》曰"吴王弟子德侯广为宗正"也。

【四】正义以亲戚之意辅汉训谕。

条侯将乘六乘传,【一】会兵荥阳。至雒阳,见剧孟,喜曰:"七国反,吾乘传至此,不自意全。【二】又以为诸侯已得剧孟,剧孟今无动。吾据荥阳,以东无足忧者。"至淮阳,问父绛侯故客邓都尉曰:"策安出?"客曰:"吴兵锐甚,难与争锋。楚兵轻,【三】不能久。方今为将军计,莫若引兵东北壁昌邑,以梁委吴,吴必尽锐攻之。将军深沟高垒,使轻兵绝淮泗口,塞吴饷道。彼吴梁相敝而粮食竭,乃以全强制其罢极,破吴必矣。"条侯曰:"善。"从其策,遂坚壁昌邑南,【四】轻兵绝吴饷道。

【一】正义上音乘,下竹恋反。

【二】正义言不自意洛阳得全,及见剧孟。

【三】正义遣正反。

【四】正义在曹州城武县东北四十二里也。

吴王之初发也,吴臣田禄伯为大将军。田禄伯曰:"兵屯聚而西,无佗奇道,难以就功。臣愿得五万人,别循江淮而上,收淮南、长沙,入武关,与大王会,此亦一奇也。"吴王太子谏曰:"王以反为名,此兵难以藉人,藉人亦且反王,奈何?且擅兵而别,多佗利害,未可知也,【一】徒自损耳。"吴王即不许田禄伯。

【一】集解蘇林曰:"祿伯儻將兵降漢,自為利己,于吳為生患也。"

吳少將桓將軍說王曰:"吳多步兵,步兵利險;漢多車騎,車騎利平地。願大王所過城邑不下,直棄去,疾西據雒陽武庫,食敖倉粟,阻山河之險以令諸侯,雖毋入關,天下固已定矣。即大王徐行,留下城邑,漢軍車騎至,馳入梁楚之郊,事敗矣。"吳王問諸老將,老將曰:"此少年推鋒之計可耳,安知大慮乎!"於是王不用桓將軍計。

吳王專并將其兵,未度淮,諸賓客皆得為將、校尉、候、司馬,獨周丘不得用。周丘者,下邳人,亡命吳,酤酒無行,吳王濞薄之,弗任。周丘上謁,說王曰:"臣以無能,不得待罪行間。臣非敢求有所將,願得王一漢節,必有以報王。"王乃予之。周丘得節,夜馳入下邳。下邳時聞吳反,皆城守。至傳舍,召令。令入戶,使從者以罪斬令。遂召昆弟所善豪吏告曰:"吳反兵且至,至,屠下邳不過食頃。今先下,家室必完,能者封侯矣。"出乃相告,下邳皆下。周丘一夜得三萬人,使人報吳王,遂將其兵北略城邑。比至城陽,【一】兵十餘萬,破城陽中尉軍。聞吳王敗走,自度無與共成功,即引兵歸下邳。未至,疽發背死。

【一】正義《地理志》云城陽國,故齊,漢文帝二年別為國,屬兗州。

二月中,吳王兵既破,敗走,于是天子制詔將軍曰:"蓋聞為善者,天報之以福;為非者,天報之以殃。高皇帝親表功德,建立諸侯,幽王、悼惠王絕無後,孝文皇帝哀憐加惠,王幽王子遂、悼惠王子卬等,令奉其先王宗廟,為漢藩國,德配天地,明并日月。吳王濞倍德反義,誘受天下亡命罪人,亂天下幣,【一】稱病不朝二十餘年,有司數請濞罪,孝文皇帝寬之,欲其改行為善。今乃與楚王戊、趙王遂、胶西王卬、济南王辟光、菑川王贤、胶东王雄渠约从反，为逆无道，起兵以危宗庙，贼杀大臣及汉使者，迫劫万民，夭杀无罪，烧残民家，掘其丘冢，甚为暴虐。今卬等又重逆无道，烧宗庙，卤御物，【二】朕甚痛之。朕素服避正殿，将军其劝士大夫击反虏。击反虏者，深入多杀为功，斩首捕虏比三百石以上者皆杀之，无有所置。【三】敢有议诏及不如诏者，皆要斩。"

【一】集解如淳曰："币，钱也。以私钱淆乱天下钱也。"

【二】集解如淳曰："卤，抄掠也。宗庙在郡县之物，皆为御物。"正义颜师古曰："御物，宗庙之服器也。"

【三】正义置，放释也。

初，吴王之度淮，与楚王遂西败棘壁，【一】乘胜前，锐甚。梁孝王恐，遣六将军击吴，又败梁两将，士卒皆还走梁。梁数使使报条侯求救，条侯不许。又使使恶条侯于上，上使人告条侯救梁，复守便宜不行。梁使韩安国及楚死事相弟张羽为将军，【二】乃得颇败吴兵。吴兵欲西，梁城守坚，不敢西，即走条侯军，会下邑。【三】欲战，条侯壁，不肯战。吴粮绝，卒饥，数挑战，遂夜犇条侯壁，惊东南。条侯使备西北，果从西北入。吴大败，士卒多饥死，乃畔散。于是吴王乃与其麾下壮士数千人夜亡去，度江走丹徒，保东越。【四】东越兵可万余人，乃使人收聚亡卒。汉使人以利啖东越，【五】东越即绐吴王，吴王出劳军，即使人鈠杀吴王，【六】盛其头，【七】驰传以闻。吴王子子华、子驹亡走闽越。吴王之弃其军亡也，军遂溃，往往稍降太尉、梁军。楚王戊军败，自杀。

【一】正义在宋州宁陵县西南七十里。

【二】集解徐广曰："楚相张尚谏王而死。"正义按：羽，尚弟也。

【三】集解徐广曰："属梁国。"正义宋州砀山县，本汉下邑县。

【四】正义《东越传》云:"独东瓯受汉之购,杀吴王。"丹徒,润州也。东瓯即东越也。东越将兵从吴在丹徒也。

【五】集解韦昭曰:"啖音徒览反。"

【六】集解孟康曰:"《方言》'戟谓之釳'。"索隐釳音七江反。谓以戈刺杀之。邹氏又音春。亦音"从容"之"从",谓撞杀之也。

【七】集解《吴地记》曰:"吴王濞葬武进县南,地名相唐。"索隐张勃云"吴王濞葬丹徒县南,其地名相唐"。今注本云"武进县",恐错也。正义《括地志》云:"汉吴王濞葬在润州丹徒县东练壁聚北,今入于江。《吴录》云丹徒有吴王冢,在县北,其处名为相唐。"

三王之围齐临菑也,三月不能下。汉兵至,胶西、胶东、菑川王各引兵归。胶西王乃袒跣,席稿,饮水,谢太后。王太子德曰:"汉兵远,臣观之已罢,可袭,愿收大王余兵击之,击之不胜,乃逃入海,未晚也。"王曰:"吾士卒皆已坏,不可发用。"弗听。汉将弓高侯穨当【一】遗王书曰:"奉诏诛不义,降者赦其罪,复故;不降者灭之。王何处,须以从事。"王肉袒叩头汉军壁,谒曰:"臣卬奉法不谨,惊骇百姓,乃苦将军远道至于穷国,敢请菹醢之罪。"弓高侯执金鼓见之,曰:"王苦军事,愿闻王发兵状。"王顿首膝行对曰:"今者,晁错天子用事臣,变更高皇帝法令,侵夺诸侯地。卬等以为不义,恐其败乱天下,七国发兵,且以诛错。今闻错已诛,卬等谨以罢兵归。"将军曰:"王苟以错不善,何不以闻?乃未有诏虎符,擅发兵击义国。以此观之,意非欲诛错也。"乃出诏书为王读之。读之讫,曰:"王其自图。"王曰:"如卬等死有余罪。"遂自杀。太后、太子皆死。胶东、菑川、济南王皆死,【二】国除,纳于汉。郦将军围赵,十月而下之,赵王自杀。济北王以劫故,得不诛,徙王菑川。

【一】集解徐广曰:"姓韩。"

【二】集解徐广曰:"一云'自杀'。"

初,吴王首反,并将楚兵,连齐赵。正月起兵,三月皆破,独赵后下。复置元王少子平陆侯礼为楚王,续元王后。徙汝南王非王吴故地,为江都王。

太史公曰:吴王之王,由父省也。【一】能薄赋敛,使其众,以擅山海利。逆乱之萌,自其子兴。争技发难,【二】卒亡其本;亲越谋宗,竟以夷陨。晁错为国远虑,祸反近身。袁盎权说,初宠后辱。故古者诸侯地不过百里,山海不以封。"毋亲夷狄,以疏其属",盖谓吴邪?"毋为权首,反受其咎",岂盎、错邪?

【一】集解言濞之王吴,由父代王被省封郃阳侯。省音所幸反。索隐省音所景反。省者,减也。谓父仲从代王省封郃阳侯也。

【二】索隐谓与太子争博为争技也。

卷之五

魏其侯武安侯灌夫传

　　魏其侯窦婴者，孝文后从兄子也。父世观津人。【一】喜宾客。孝文时，婴为吴相，病免。孝景初即位，为詹事。【二】

　　【一】索隐案：《地理志》观津县属信都。以言其累叶在观津，故云"父世"也。正义观津城在冀州武邑县东南二十五里。

　　【二】正义《百官表》云"詹事，秦官，掌皇后、太子家"也。

　　梁孝王者，孝景弟也，其母窦太后爱之。梁孝王朝，因昆弟燕饮。是时上未立太子，酒酣，从容言曰："千秋之后传梁王。"太后驩。窦婴引卮酒进上，曰："天下者，高祖天下，父子相传，此汉之约也，上何以得擅传梁王！"太后由此憎窦婴。窦婴亦薄其官，因病免。太后除窦婴门籍，不得入朝请。【一】

　　【一】集解律，诸侯春朝天子曰朝，秋曰请。正义才性反。

　　孝景三年，吴楚反，上察宗室诸窦【一】毋如窦婴贤，乃召婴。婴入见，固辞谢病不足任。太后亦慙。于是上曰："天下方有急，王孙宁可以让邪？"【二】乃拜婴为大将军，赐金千斤。婴乃言袁盎、栾布诸名将贤士在家者进之。所赐金，陈之廊庑下，军吏过，辄令财取为用，【三】金无入家者。窦婴守荥阳，监齐赵兵。【四】七国兵已尽破，封婴为魏其侯。诸游士宾客争归魏其侯。孝景时每朝议大事，条侯、魏其侯，诸列侯莫敢与亢礼。

　　【一】索隐案：谓宗室之中及诸窦之宗室也。又姚氏案：《酷吏传》"周阳由，其父赵兼，以淮南王舅侯周阳，故因改氏。由以宗室任为郎"。则似是与国有亲戚属籍者，亦得呼为宗室也。

【二】集解《汉书》曰:"窦婴字王孙。"

【三】集解苏林曰:"令自裁度取为用也。"

【四】正义监音甲衫反。《吴王濞传》云"窦婴屯荥阳,监齐赵兵"也。

孝景四年,立栗太子,【一】使魏其侯为太子傅。孝景七年,栗太子废,魏其数争不能得。魏其谢病,屏居蓝田南山之下数月,诸宾客辩士说之,莫能来。梁人高遂乃说魏其曰:"能富贵将军者,上也;能亲将军者,太后也。今将军傅太子,太子废而不能争;争不能得,又弗能死。自引谢病,拥赵女,屏閒处【二】而不朝。相提而论,【三】是自明扬主上之过。有如两宫螫将军,【四】则妻子毋类矣。"【五】魏其侯然之,乃遂起,朝请如故。

【一】正义栗姬之子,后废之,故书母姓也。

【二】正义上音闲,下昌汝反。

【三】集解徐广曰:"提音徒抵反。"索隐提音弟,又音啼。相提犹相抵也。论音路顿反。

【四】集解张晏曰:"两宫,太后、景帝也。螫,怒也。毒虫怒必螫人。又火各反。"索隐螫音释。谓怒也,毒虫怒必螫人。又音火各反。《汉书》作"奭",奭即螫也。正义两宫,太子、景帝也。

【五】索隐谓见诛灭无遗类。

桃侯免相,【一】窦太后数言魏其侯。孝景帝曰:"太后岂以为臣有爱,【二】不相魏其?魏其者,沾沾【三】自喜耳,多易。【四】难以为相持重。"遂不用,用建陵侯卫绾为丞相。

【一】集解服虔曰:"刘舍也。"

【二】索隐爱犹惜也。

【三】集解徐广曰:"沾,一作'怙'。又昌兼反,又当牒反。"

【四】集解张晏曰:"沾沾,言自整顿也。多易,多轻易之行也。或曰沾音檐也。"索隐沾音襜,又音当牒反。小颜音他兼反。《注》"一作怗",音如字,又天牒反。《注》"怗音檐",音尺占反。

武安侯田蚡【一】者,孝景后同母弟也,生长陵。魏其已为大将军后,方盛,蚡为诸郎,【二】未贵,往来侍酒魏其,跪起如子姓。及孝景晚节,【三】蚡益贵幸,为太中大夫。蚡辩有口,学《槃盂》诸书,【四】王太后贤之。【五】孝景崩,即日太子立,称制,所镇抚多有田蚡宾客计策。蚡、弟田胜,皆以太后弟孝景后三年【六】封:蚡为武安侯,胜为周阳侯。【七】

【一】索隐扶粉反。如"蚡鼠"之"蚡",音坟。

【二】集解徐广曰:"一云'诸卿'。时人相号长老老者为'诸公',年少者为'诸卿',如今人相号为'士大夫'也。"

【三】索隐按:谓晚年也。

【四】集解应劭曰:"黄帝史孔甲所作铭也。凡二十六篇,书槃盂中,所为法戒。诸书,诸子文书也。"孟康曰:"孔甲《槃盂》二十六篇,杂家书,兼儒、墨、名、法。"

【五】集解徐广曰:"即蚡同母姊者。"

【六】集解徐广曰:"孝景后三年即是孝武初嗣位之年也。"

【七】正义绛州闻喜县东二十里周阳故城也。

武安侯新欲用事为相,卑下宾客,进名士家居者贵之,欲以倾魏其诸将相。建元元年,丞相绾病免,上议置丞相、太尉。籍福说武安侯曰:"魏其贵久矣,天下士素归之。今将军初兴,未如魏其,即上以将军为丞相,必让魏其。魏其为丞相,将军必为太尉。太尉、丞相尊等耳,又有让贤名。"武安侯乃微言太后风上,于是乃以魏其侯为丞相，武安侯为太尉。籍福贺魏其侯，因吊曰："君侯资性喜善疾恶，方今善人誉君侯，故至丞相；然君侯且疾恶，恶人众，亦且毁君侯。君侯能兼容，则幸久；不能，今以毁去矣。"魏其不听。

　　魏其、武安俱好儒术，推毂赵绾为御史大夫，【一】王臧为郎中令。迎鲁申公，欲设明堂，令列侯就国，除关，【二】以礼为服制，【三】以兴太平。举適诸窦【四】宗室毋节行者，除其属籍。时诸外家为列侯，列侯多尚公主，皆不欲就国，以故毁日至窦太后。太后好黄老之言，而魏其、武安、赵绾、王臧等务隆推儒术，贬道家言，是以窦太后滋不说魏其等。及建元二年，御史大夫赵绾请无奏事东宫。【五】窦太后大怒，乃罢逐赵绾、王臧等，而免丞相、太尉，以柏至侯许昌为丞相，武强侯庄青翟为御史大夫。魏其、武安由此以侯家居。

　　【一】索隐案：推毂谓自卑下之，如为之推车毂也。

　　【二】索隐谓除关门之税也。

　　【三】索隐案：其时礼度逾侈，多不依礼，今令吉凶服制皆法于礼也。

　　【四】索隐適音直革反。

　　【五】集解韦昭曰："欲夺其政也。"

　　武安侯虽不任职，以王太后故，亲幸，数言事多效，天下吏士趋势利者，皆去魏其归武安。武安日益横。建元六年，窦太后崩，丞相昌、御史大夫青翟坐丧事不办，免。以武安侯蚡为丞相，以大司农韩安国为御史大夫。天下士郡诸侯愈益附武安。【一】

　　【一】索隐按：谓仕诸郡及仕诸侯王国者，犹言仕郡国也。

　　武安者，貌侵，【一】生贵甚。【二】又以为诸侯王多长，【三】上初即位，富于春秋，蚡以肺腑为京师相，【四】非痛折节以礼诎之，天下不肃。【五】当是时，丞相入奏事，坐语移日，所言皆听。荐人或起家至二千石，权移主上。上乃曰："君除吏已尽未？吾亦欲除吏。"尝请考工地益宅，【六】上怒曰："君何不遂取武库！"是后乃退。尝召客饮，坐其兄盖侯【七】南乡，自坐东乡，以为汉相尊，不可以兄故私桡。武安由此滋骄，治宅甲诸第，【八】田园极膏腴，而市买郡县器物相属于道。前堂罗钟鼓，立曲旃；【九】后房妇女以百数。诸侯奉金玉狗马玩好，不可胜数。

【一】集解韦昭曰："侵音寝，短小也。又云丑恶也，刻确也。音核。"索隐案：服虔云"侵，短小也"。韦昭云"刻确也"。按：确音刻。又孔文祥"侵，丑恶也。音寝"。

【二】索隐按：小颜云"生贵谓自尊高示贵宠"，其说疏也。按：生谓蚡自生尊贵之势特甚，故下云"又以诸侯王多长年，蚡以肺腑为相，非痛折节以礼屈之，则天下不肃"者也。

【三】集解张晏曰："多长年。"

【四】索隐腑音府。肺音废。言如肝肺之相附。又云柿，木札；附，木皮也。《诗》云"如涂涂附"，以言如皮之附木也。正义颜师古曰："旧解云肺附，如肝肺之相附著也。一说柿，斫木札也，喻其轻薄附著大材。"按：颜此说并是疏谬。又改"腑"为"附"就其义，重谬矣。《八十一难》云："寸口者，脉之大会，手太阴之动脉也。"吕广云："太阴者，肺之脉也。肺为诸藏之主，通阴阳，故十二经脉皆会乎太阴，所以决吉凶者。十二经有病皆寸口，知其何经之动浮沈濡滑，春秋逆顺，知其死生。"顾野王云："肺腑，腹心也。"案：说田蚡为相，若人之肺，知阴阳逆顺，又为帝之腹心亲戚也。

【五】索隐案：痛，甚也。欲令士折节屈下于己；不然，天下不肃。或解以为蚡欲折节下士，非也。案：下文不让其兄盖侯，知或说为非也。

【六】集解《汉书·百官表》曰少府有考工室。如淳曰："官名也。"

【七】集解徐广曰："王后兄王信也。泰山有盖县，乐安有益县也。"

【八】集解徐广曰："为诸第之上也。"

【九】集解如淳曰："旌旗之名。通帛曰旃。曲旃，僭也。"苏林曰："礼，大夫建旃。曲旃，柄上曲也。"索隐按：曲旃，旌旃柄上曲，僭礼也。通帛曰旃。《说文》云曲旃者，所以招士也。

魏其失窦太后，益疏不用，无势，诸客稍稍自引而怠傲，唯灌将军独不失故。魏其日默默不得志，而独厚遇灌将军。

灌将军夫者，颍阴人也。夫父张孟，尝为颍阴侯婴舍人，得幸，因进之，至二千石，故蒙灌氏姓为灌孟。吴楚反时，颍阴侯灌何为将军，【一】属太尉，请灌孟为校尉。夫以千人与父俱。【二】灌孟年老，颍阴侯强请之，郁郁不得意，故战常陷坚，遂死吴军中。军法，父子俱从军，有死事，得与丧归。灌夫不肯随丧归，奋曰：【三】"愿取吴王若将军头，以报父之仇。"于是灌夫被甲持戟，募军中壮士所善愿从者数十人。及出壁门，莫敢前。独二人及从奴十数骑驰入吴军，至吴将麾下，【四】所杀伤数十人。不得前，复驰还，走入汉壁，皆亡其奴，独与一骑归。夫身中大创十余，适有万金良药，故得无死。夫创少瘳，又复请将军曰："吾益知吴壁中曲折，请复往。"将军壮义之，恐亡夫，乃言太尉，太尉乃固止之。吴已破，灌夫以此名闻天下。

【一】索隐案：何是婴子，《汉书》作"婴"，误也。

【二】集解《汉书音义》曰"官主千人，如候、司马"。

【三】集解张晏曰："自奋励也。"

【四】正义谓大将之旗。

颍阴侯言之上，上以夫为中郎将。数月，坐法去。后家居长安，长安中诸公莫弗称之。孝景时，至代相。孝景崩，今上初即位，以为淮阳天下交，劲兵处，故徙夫为淮阳太守。建元元年，入为太仆。二年，夫与长乐卫尉窦甫饮，轻重不得，【一】夫醉，搏甫。【二】甫，窦太后昆弟也。上恐太后诛夫，徙为燕相。数岁，坐法去官，家居长安。

【一】集解晋灼曰："饮酒轻重不得其平也。"

【二】索隐搏音博，谓击也。

灌夫为人刚直，使酒，不好面谀。贵戚诸有势在己之右，不欲加礼，必陵之；诸士在己之左，愈贫贱，尤益敬，与钧。稠人广众，荐宠下辈。士亦以此多之。

夫不喜文学，好任侠，已然诺。【一】诸所与交通，无非豪杰大猾。家累数千万，食客日数十百人。陂池田园，宗族宾客为权利，横于颍川。颍川儿乃歌之曰："颍水清，灌氏宁；颍水浊，灌氏族。"

【一】索隐已音以。谓已许诺，必使副其前言也。

灌夫家居虽富，然失势，卿相侍中宾客益衰。及魏其侯失势，亦欲倚灌夫引绳批根生平慕之后弃之者。【一】灌夫亦倚魏其而通列侯宗室为名高。两人相为引重，【二】其游如父子然。相得骥甚，无厌，恨相知晚也。

【一】集解苏林曰："二人相倚，引绳直之，意批根宾客也。弃之者，不与交通。"孟康曰："根，根括。引绳以持弹。"索隐案：刘氏云"二人相倚，事如合绳共相依引也"。批音步结反。批者，排也。《汉书》作"排"。排根者，苏林云"宾客去之者不与通也"。孟康云"音根格，谓引绳排弹其根格，平生慕婴交而弃者令不得通也"。小颜根音痕，格音下各反。駰谓引绳，排弹绳根括以退之者也"。持弹，案《汉书》本作"抨弹"，音普耕反。

【二】集解张晏曰："相荐达为声势。"

灌夫有服，过丞相。丞相从容曰："吾欲与仲孺过魏其侯，【一】会仲孺有服。"【二】灌夫曰："将军乃肯幸临况魏其侯，夫安敢以服为解!请语魏其侯帐具,将军旦日蚤临。"武安许诺。灌夫具语魏其侯如所谓武安侯。魏其与其夫人益市牛酒,夜洒埽,早帐具至旦。平明,令门下候伺。至日中,丞相不来。魏其谓灌夫曰:"丞相岂忘之哉?"灌夫不怿,曰:"夫以服请,宜往。"【三】乃驾,自往迎丞相。丞相特前戏许灌夫,殊无意往。及夫至门,丞相尚卧。于是夫入见,曰:"将军昨日幸许过魏其,魏其夫妻治具,自旦至今,未敢尝食。"武安鄂【四】谢曰:"吾昨日醉,忽忘与仲孺言。"乃驾往,又徐行,灌夫愈益怒。及饮酒酣,夫起舞属丞相,【五】丞相不起,夫从坐上语侵之。魏其乃扶灌夫去,谢丞相。丞相卒饮至夜,极驩而去。

【一】<u>集解</u>《汉书》曰:"灌夫字仲孺。"

【二】<u>索隐</u>案:服谓期功之服也。故应璩书曰"仲孺不辞同生之服"是也。

【三】<u>集解</u>徐广曰:"一云'以服请,不宜往'。"<u>索隐</u>案:徐广云"以服请,不宜往",其说非也。正言夫请不以服为解,蚡不宜忘,故驾自往迎也。

【四】<u>集解</u>徐广曰:"一作'悟'。"

【五】<u>索隐</u>属音之欲反。属犹委也,付也。小颜云"若今之舞讬相劝也"。

丞相尝使籍福请魏其城南田。魏其大望曰:"老仆虽弃,将军虽贵,宁可以势夺乎!"不许。灌夫闻,怒,骂籍福。籍福恶两人有隙,乃谩自好谢丞相曰:"魏其老且死,易忍,且待之。"已而武安闻魏其、灌夫实怒不予田,亦怒曰:"魏其子尝杀人,蚡活之。蚡事魏其无所不可,何爱数顷田?且灌夫何与也?吾不敢复求田。"武安由此大怨灌夫、魏其。

元光四年春,【一】丞相言灌夫家在颍川,横甚,民苦之。请案。上曰:"此丞相事,何请。"灌夫亦持丞相阴事,为奸利,受淮南王金与语言。宾客居閒,遂止,俱解。

【一】<u>集解</u>徐广曰:"疑此当是三年也。其说在后。"

夏，丞相取燕王女为夫人，【一】有太后诏，召列侯宗室皆往贺。魏其侯过灌夫，欲与俱。夫谢曰："夫数以酒失得过丞相，丞相今者又与夫有郤。"魏其曰："事已解。"强与俱。饮酒酣，武安起为寿，【二】坐皆避席伏。已魏其侯为寿，独故人避席耳，余半膝席。【三】灌夫不悦。起行酒，至武安，武安膝席曰："不能满觞。"夫怒，因嘻笑曰："将军贵人也，属之！"【四】时武安不肯。行酒次至临汝侯，【五】临汝侯方与程不识耳语，又不避席。夫无所发怒，乃骂临汝侯曰："生平毁程不识不直一钱，今日长者为寿，乃效女儿呫嗫耳语！"【六】武安谓灌夫曰："程李俱东西宫卫尉，【七】今众辱程将军，仲孺独不为李将军地乎？"【八】灌夫曰："今日斩头陷胸，【九】何知程李乎！"坐乃起更衣，稍稍去。魏其侯去，麾灌夫出。武安遂怒曰："此吾骄灌夫罪。"乃令骑留灌夫。灌夫欲出不得。籍福起为谢，案灌夫项令谢。夫愈怒，不肯谢。武安乃麾骑缚夫置传舍，召长史曰："今日召宗室，有诏。"劾灌夫骂坐不敬，系居室。【一〇】遂按其前事，遣吏分曹逐捕诸灌氏支属，皆得弃市罪。魏其侯大愧，为资使宾客请，莫能解。【一一】武安吏皆为耳目，诸灌氏皆亡匿，夫系，遂不得告言武安阴事。

【一】索隐案：蚡娶燕王刘泽子康王嘉之女也。

【二】集解如淳曰："上酒为称寿，非大行酒。"

【三】集解苏林曰："下席而膝半在席上。"如淳曰："以膝跪席上也。"

【四】集解徐广曰："属，一作'毕'。"索隐案：《汉书》作"毕"。毕，尽也。

【五】集解徐广曰："灌婴孙，名贤也。"索隐案：《汉书》云临汝侯灌贤，则贤是婴之孙，临汝是改封也。

【六】集解韦昭曰："呫嗫，附耳小语声。"索隐女儿犹云儿女也。《汉书》作"女曹儿"。曹，辈也，犹言儿女辈。呫，邹氏音蚩辄反。嗫音女辄反。《说文》"附耳小语也"。

【七】集解《汉书音义》曰:"李广为东宫,程不识为西宫。"

【八】集解如淳曰:"李将军,李广也。犹今人言为除地也。"索隐案:小颜云"言今既毁程,令李何地自安处也"。

【九】索隐韦昭云:"言不避死亡也。"《汉书》作"穴匈"。

【一〇】集解如淳曰:"《百官表》'居室为保宫',今守宫也。"

【一一】集解如淳曰:"为出资费,使人为夫言。"

魏其锐身为救灌夫。夫人谏魏其曰:"灌将军得罪丞相,与太后家忤,宁可救邪?"魏其侯曰:"侯自我得之,自我捐之,无所恨。且终不令灌仲孺独死,婴独生。"乃匿其家,【一】窃出上书。立召入,具言灌夫醉饱事,不足诛。上然之,赐魏其食,曰:"东朝廷辩之。"【二】

【一】集解晋灼曰:"恐其夫人复谏止也。"

【二】集解如淳曰:"东朝,太后朝。"

魏其之东朝,盛推灌夫之善,言其醉饱得过,乃丞相以他事诬罪之。武安又盛毁灌夫所为横恣,罪逆不道。魏其度不可奈何,因言丞相短。武安曰:"天下幸而安乐无事,蚡得为肺腑,所好音乐狗马田宅。蚡所爱倡优巧匠之属,不如魏其、灌夫日夜招聚天下豪杰壮士与论议,腹诽而心谤,不仰视天而俯画地,【一】辟倪两宫间,【二】幸天下有变,而欲有大功。【三】臣乃不知魏其等所为。"于是上问朝臣:"两人孰是?"御史大夫韩安国曰:"魏其言灌夫父死事,身荷戟驰入不测之吴军,身被数十创,名冠三军,此天下壮士,非有大恶,争杯酒,不足引他过以诛也。魏其言是也。丞相亦言灌夫通奸猾,侵细民,家累巨万,横恣颍川,凌轹宗室,侵犯骨肉,此所谓'枝大于本,胫大于股,不折必披',【四】丞相言亦是。唯明主裁之。"主爵都尉汲黯是魏其。内史郑当时是魏其，后不敢坚对。余皆莫敢对。上怒内史曰："公平生数言魏其、武安长短，今日廷论，局趣效辕下驹，【五】吾并斩若属矣。"即罢起入，上食太后。太后亦已使人候伺，具以告太后。太后怒，不食，曰："今我在也，而人皆藉吾弟，【六】令我百岁后，皆鱼肉之矣。且帝宁能为石人邪！【七】此特帝在，即录录，设百岁后，【八】是属宁有可信者乎？"上谢曰："俱宗室外家，【九】故廷辩之。不然，此一狱吏所决耳。"是时郎中令石建为上分别言两人事。

【一】集解张晏曰："视天，占三光也。画地，知分野所在也。画地谕欲作反事。"

【二】集解徐广曰："辟音芳细反。倪音诣。"张晏曰："占太后与帝吉凶之期。"索隐辟普系反。倪，五系反。《埤仓》云："睥睨，邪视也。"

【三】集解张晏曰："幸为反者，当得为大将立功也。"瓒曰："天下有变谓天子崩。因变难之际得立大功。"

【四】索隐案：包恺音足彼反。正义铺被反。披，分析也。

【五】集解张晏曰："俯头于车辕下，随母而已。"瓒曰："小马在辕下。"正义应劭云："驹马加著辕。局趣，纤小之貌。"按：应说为长也。

【六】索隐案：晋灼云"藉，蹈也。以言踩藉之"。

【七】索隐谓帝不如石人得长存也。正义颜师古云："言徒有人形耳，不知好恶。"按：今俗云石人不辨事，骂云机机若木人也。

【八】索隐案：设者，脱也。

【九】正义婴，景帝从舅。蚡，太后同母弟。

武安已罢朝，出止车门，召韩御史大夫载，怒曰："与长孺共一老秃翁，何为首鼠两端？"【一】韩御史良久谓丞相曰："君何不自喜？【二】夫魏其毁君，君当免冠解印绶归，曰'臣以肺腑幸得待罪，固非其任，魏其言皆是'。如此，上必多君有让，不废君。魏其必内愧，杜门龈舌自杀。【三】今人毁君，君亦毁人，譬如贾竖女子争言，何其无大体也！"武安谢罪曰："争时急，不知出此。"

【一】集解《汉书音义》曰："秃老翁，言婴无官位扳援也。首鼠，一前一却也。"索隐案：谓共治一老秃翁，指窦婴也。服虔云"首鼠，一前一却也"。

【二】集解苏林曰："何不自解释为喜乐邪？"索隐案：小颜云"何不自谦逊为可喜之事"。音许既反。

【三】索隐案：《说文》云"龈，啮也"。音侧革反。

于是上使御史簿责魏其所言灌夫颇不雠，【一】欺谩。劾系都司空。【二】孝景时，魏其常受遗诏，曰"事有不便，以便宜论上"。及系，灌夫罪至族，事日急，诸公莫敢复明言于上。魏其乃使昆弟子上书言之，幸得复召见。书奏上，而案尚书大行无遗诏。【三】诏书独藏魏其家，家丞封。【四】乃劾魏其矫先帝诏，罪当弃市。五年十月，【五】悉论灌夫及家属。魏其良久乃闻，闻即恚，病痱，不食欲死。或闻上无意杀魏其，魏其复食，治病，议定不死矣。乃有蜚语为恶言闻上，【七】故以十二月晦【八】论弃市渭城。【九】

【一】正义雠音市周反，对也。言簿责魏其所言灌夫实颍川事，故魏其不对为欺谩者也。

【二】索隐案：《百官表》云宗正属官，主诏狱也。正义如淳云："律，司空主水及罪人。"

【三】集解如淳曰："大行，主诸侯官也。"索隐案：尚书无此景帝崩时大行遗诏，乃魏其家臣印封之。如淳说非也。正义天子崩曰大行也。按：尚书之中，景帝崩时无遗诏赐魏其也。《百官表》云诸受尚书事也。

【四】集解《汉书音义》曰："以家臣印封遗诏。"

【五】集解徐广曰："疑非五年，亦非十月。"索隐徐氏云"疑非"者，案《武纪》四年三月蚡薨，窦婴死在前，今云五年，故疑非也。正义《汉书》云元光"四年冬,魏其侯婴有罪,弃市。春三月乙卯,丞相蚡薨"。按:五年者,误也。

【六】索隐瘠音肥,又音扶味反,风病也。

【七】集解张晏曰:"蚡伪作飞扬诽谤之语。"

【八】集解徐广曰:"疑非十二月也。"骃案:张晏曰"月晦者,春垂至也"。索隐张晏云著日月者,见春垂至,恐遇赦赎也。

【九】正义故咸阳也。

其春,武安侯病,【一】专呼服谢罪。【二】使巫视鬼者视之,见魏其、灌夫共守,欲杀之。竟死。子恬嗣。【三】元朔三年,武安侯坐衣襜褕【四】入宫,不敬。【五】

【一】正义其春,即四年春也。元光四年十月,灌夫弃市。十二月末,魏其弃市。至三月乙卯,田蚡薨。则三人死同在一年明矣。汉以十月为岁首故也。《秦楚之际表》云十月,十一月,十二月,端月,二月,三月,至九为终。周建子为正月,十一月为正月,十二月为二月,正月为三月,二月为四月,至十月为岁终。汉初至武帝太初以前,并依秦法,以后改用夏正月,至今不改。然夫子作《春秋》依夏正。

【二】集解《汉书音义》曰:"言蚡号呼谢服罪也。"

【三】集解徐广曰:"蚡疾,见魏其、灌夫鬼杀之,则其共在一春内邪?《武帝本纪》'四年三月乙卯,田蚡薨',婴死在蚡薨之前,何复云五年十二月邪?疑十二月当为二月也。"案《侯表》,蚡事武帝九年而卒,元光四年侯恬之元年,建元元年讫元光三年而九年。《大臣表》蚡以元光四年卒,亦云婴四年弃市,未详此正安在。然蚡薨在婴死后分明。

【四】正义《尔雅》云"衣蔽前谓之襜"。郭璞云"蔽膝也"。《说文》、《字林》并谓之短衣。

【五】集解徐广曰:"《表》云坐衣不敬,国除。"索隐襜,尺占反。褕音逾。

谓非正朝衣，若妇人服也。《表》云恬坐衣不敬，国除。

淮南王安谋反觉，治。王前朝，【一】武安侯为太尉，时迎王至霸上，谓王曰："上未有太子，大王最贤，高祖孙，即宫车晏驾，非大王立当谁哉！"淮南王大喜，厚遗金财物。上自魏其时不直武安，特为太后故耳。【二】及闻淮南王金事，上曰："使武安侯在者，族矣。"

【一】集解徐广曰："建元二年。"

【二】索隐案：武帝以魏其、灌夫事为枉，于武安侯为不直，特为太后故耳。

太史公曰：魏其、武安皆以外戚重，灌夫用一时决策而名显。魏其之举以吴楚，武安之贵在日月之际。然魏其诚不知时变，灌夫无术而不逊，两人相翼，乃成祸乱。武安负贵而好权，杯酒责望，陷彼两贤。呜呼哀哉！迁怒及人，命亦不延。众庶不载，竟被恶言。呜呼哀哉！祸所从来矣！

汲黯传

　　汲黯字长孺，濮阳人也。其先有宠于古之卫君。【一】至黯七世，世为卿大夫。黯以父任，孝景时为太子洗马，以庄见惮。【二】孝景帝崩，太子即位，黯为谒者。东越相攻，上使黯往视之。不至，至吴而还，报曰："越人相攻，固其俗然，不足以辱天子之使。"河内失火，延烧千余家，上使黯往视之。还报曰："家人失火，屋比【三】延烧，不足忧也。臣过河南，河南贫人伤水旱万余家，或父子相食，臣谨以便宜，持节发河南仓粟以振贫民。臣请归节，伏矫制之罪。"上贤而释之，迁为荥阳令。黯耻为令，病归田里。上闻，乃召拜为中大夫。以数切谏，不得久留内，迁为东海太守。黯学黄老之言，治官理民，好清静，择丞史而任之。【四】其治，责大指而已，不苛小。黯多病，卧闺阁内不出。岁余，东海大治。称之。上闻，召以为主爵都尉，列于九卿。治务在无为而已，弘大体，不拘文法。

　　【一】集解文颖曰："六国时，卫但称君。"

　　【二】索隐按：庄者，严也，谓严威也。按：自汉明帝讳庄，故巳后"庄"皆云"严"。

　　【三】索隐音鼻。

　　【四】集解如淳曰："律，太守、都尉、诸侯内史史各一人，卒史书佐各十人。今总言'丞史'，或以为择郡丞及史使任之。郑当时为大农，推官属丞史，亦是也。"

　　黯为人性倨，少礼，面折，不能容人之过。合己者善待之，不合己者不能忍见，士亦以此不附焉。然好学，游侠，任气节，内行修絜，好直谏，数犯主之颜色，常慕傅柏、袁盎之为人也。【一】善灌夫、郑当时及宗正刘弃。【二】亦以数直谏，不得久居位。

【一】集解应劭曰："傅柏，梁人，为孝王将，素伉直。"索隐傅，音付，人姓；柏，名。为梁将也。

【二】集解徐广曰："一云名弃疾。"索隐《汉书》名弃疾。

当是时，太后弟武安侯蚡为丞相，中二千石来拜谒，蚡不为礼。然黯见蚡未尝拜，常揖之。天子方招文学儒者，上曰吾欲云云，【一】黯对曰："陛下内多欲而外施仁义，奈何欲效唐虞之治乎！"上默然，怒，变色而罢朝。公卿皆为黯惧。上退，谓左右曰："甚矣，汲黯之戆也！"【二】群臣或数黯，黯曰："天子置公卿辅弼之臣，宁令从谀承意，陷主于不义乎？且已在其位，纵爱身，奈辱朝廷何！"

【一】集解张晏曰："所言欲施仁义也。"

【二】索隐戆，愚也。音陟降反也。

黯多病，病且满三月，上常赐告者数，【一】终不愈。最后病，庄助为请告。【二】上曰："汲黯何如人哉？"助曰："使黯任职居官，无以逾人。【三】然至其辅少主，守城深坚，招之不来，麾之不去，虽自谓贲育亦不能夺之矣。"上曰："然。古有社稷之臣，至如黯，近之矣。"

【一】集解如淳曰："杜钦所谓'病满赐告诏恩'也。数者，非一也。或曰赐告，得去官归家；与告，居官不视事。"索隐数音所角反。按：注"赐告，得去官家居；予告，居官不视事"也。

【二】集解徐广曰："最，一作'其'也。"

【三】索隐逾音庚。案：《汉书》作"瘉"，瘉犹胜也。此作"逾"，逾谓越过人也。

大将军青侍中，上踞厕而视之。【一】丞相弘燕见，上或时不冠。至如黯见，上不冠不见也。上尝坐武帐中，【二】黯前奏事，上不冠，望见黯，避帐中，使人可其奏。其见敬礼如此。

　　【一】<u>集解</u>如淳曰："厕音侧，谓床边，踞床视之。一云溷厕也。厕，床边侧。"

　　【二】<u>集解</u>应劭曰："武帐，织成为武士象也。"孟康曰："今御武帐，置兵兰五兵于帐中。"韦昭曰："以武名之，示威。"

　　张汤方以更定律令为廷尉，黯数质责汤于上前，曰："公为正卿，上不能褒先帝之功业，下不能抑天下之邪心，安国富民，使囹圄空虚，二者无一焉。非苦就行，放析就功，何乃取高皇帝约束纷更之为？【一】公以此无种矣。"黯时与汤论议，汤辩常在文深小苛，黯伉厉守高不能屈，忿发骂曰："天下谓刀笔吏不可以为公卿，果然。必汤也，令天下重足而立，侧目而视矣！"

　　【一】<u>集解</u>如淳曰："纷，乱也。"

　　是时，汉方征匈奴，招怀四夷。黯务少事，乘上间，常言与胡和亲，无起兵。上方向儒术，尊公孙弘。及事益多，吏民巧弄。【一】上分别文法，汤等数奏决谳【二】以幸。而黯常毁儒，面触弘等徒怀诈饰智以阿人主取容，而刀笔吏专深文巧诋，【三】陷人于罪，使不得反其真，以胜为功。上愈益贵弘、汤，弘、汤深心疾黯，唯天子亦不说也，欲诛之以事。弘为丞相，乃言上曰："右内史界部中多贵人宗室，难治，非素重臣不能任，请徙黯为右内史。"为右内史数岁，官事不废。

　　【一】<u>索隐</u>音路洞反。

　　【二】<u>索隐</u>音鱼列反。

　　【三】<u>索隐</u>音丁礼反。

大将军青既益尊，姊为皇后，然黯与亢礼。人或说黯曰："自天子欲群臣下大将军，大将军尊重益贵，君不可以不拜。"黯曰："夫以大将军有揖客，反不重邪？"大将军闻，愈贤黯，数请问国家朝廷所疑，遇黯过于平生。

淮南王谋反，惮黯，曰："好直谏，守节死义，难惑以非。至如说丞相弘，如发蒙振落耳。"

天子既数征匈奴有功，黯之言益不用。

始黯列为九卿，而公孙弘、张汤为小吏。及弘、汤稍益贵，与黯同位，黯又非毁弘、汤等。已而弘至丞相，封为侯；汤至御史大夫；故黯时丞相史皆与黯同列，或尊用过之。黯褊心，不能无少望，见上，前言曰："陛下用群臣如积薪耳，后来者居上。"上默然。有间黯罢，上曰："人果不可以无学，观黯之言也日益甚。"

居无何，匈奴浑邪王率众来降，汉发车二万乘。县官无钱，从民贳马。【一】民或匿马，马不具。上怒，欲斩长安令。黯曰："长安令无罪，独斩黯，民乃肯出马。且匈奴畔其主而降汉，汉徐以县次传之，何至令天下骚动，罢弊中国而以事夷狄之人乎！"上默然。及浑邪至，贾人与市者，坐当死者五百余人。黯请间，见高门，【二】曰："夫匈奴攻当路塞，绝和亲，中国兴兵诛之，死伤者不可胜计，而费以巨万百数。臣愚以为陛下得胡人皆以为奴婢，以赐从军死事者家；所卤获，因予之：以谢天下之苦，塞百姓之心。今纵不能，浑邪率数万之众来降，虚府库赏赐，发良民侍养，譬若奉骄子。愚民安知市买长安中物而文吏绳以为阑出财物于边关乎？【三】陛下纵不能得匈奴之资以谢天下，又以微文杀无知者五百余人，是所谓'庇其叶而伤其枝'者也，臣窃为陛下不取也。"上默然，不许，曰："吾久不闻汲黯之言，今又复妄发矣。"后数月，黯坐小法，会赦免官。于是黯隐于田园。

【一】索隐贳音时夜反。贳，赊也。邹氏音势。

【二】集解如淳曰:"《黄图》未央宫中有高门殿。"

【三】集解应劭曰:"阑,妄也。律,胡市,吏民不得持兵器出关。虽于京师市买,其法一也。"瓒曰:"无符传出入为阑。"

居数年,会更五铢钱,【一】民多盗铸钱,楚地尤甚。上以为淮阳楚地之郊,乃召拜黯为淮阳太守。黯伏谢不受印,诏数强予,然后奉诏。诏召见黯,黯为上泣曰:"臣自以为填沟壑,不复见陛下,不意陛下复收用之。臣常有狗马病,力不能任郡事,臣愿为中郎,出入禁闼,补过拾遗,臣之愿也。"上曰:"君薄淮阳邪?吾今召君矣。【二】顾淮阳吏民不相得,吾徒得君之重,卧而治之。"黯既辞行,过大行李息,曰:"黯弃居郡,不得与朝廷议也。然御史大夫张汤智足以拒谏,诈足以饰非,务巧佞之语,辩数之辞,非肯正为天下言,专阿主意。主意所不欲,因而毁之;主意所欲,因而誉之。好兴事,舞文法,【三】内怀诈以御主心,外挟贼吏以为威重。公列九卿,不早言之,公与之俱受其僇矣。"息畏汤,终不敢言。黯居郡如故治,淮阳政清。后张汤果败,上闻黯与息言,抵息罪。令黯以诸侯相秩居淮阳。【四】七岁而卒。【五】

【一】集解徐广曰:"元狩五年行五铢钱。"

【二】索隐今即令也。谓今日后即召君。

【三】集解如淳曰:"舞犹弄也。"

【四】集解如淳曰:"诸侯王相在郡守上,秩真二千石。律,真二千石俸月二万,二千石月万六千。"

【五】集解徐广曰:"元鼎五年。"

卒后,上以黯故,官其弟汲仁至九卿,子汲偃至诸侯相。黯姑姊子司马安亦少与黯为太子洗马。安文深,巧善宦,官四至九卿,以河南太守卒。昆弟以安故，同时至二千石者十人。濮阳段宏【一】始事盖侯信，【二】信任宏，宏亦再至九卿。然卫人仕者皆严惮汲黯，出其下。

【一】索隐段客。案：《汉书》作"段宏"。

【二】集解徐广曰："太后兄王信。"

[编者按：该选本此处略去郑庄事迹。]

太史公曰：夫以汲、郑之贤，有势则宾客十倍，无势则否，况众人乎！下邽【一】翟公有言，始翟公为廷尉，宾客阗门；及废，门外可设雀罗。翟公复为廷尉，宾客欲往，翟公乃大署其门曰："一死一生，乃知交情。一贫一富，乃知交态。一贵一贱，交情乃见。"汲、郑亦云，悲夫！

【一】集解徐广曰："邽，一作'邳'。"索隐邽音圭，县名，属京兆。徐广曰："下邽作'下邳'。"

李将军传

　　李将军广者,陇西成纪人也。【一】其先曰李信,秦时为将,逐得燕太子丹者也。故槐里,徙成纪。广家世世受射。【二】孝文帝十四年,匈奴大入萧关,而广以良家子【三】从军击胡,用善骑射,杀首虏多,为汉中郎。广从弟李蔡亦为郎,皆为武骑常侍,【四】秩八百石。尝从行,有所冲陷折关及格猛兽,而文帝曰:"惜乎,子不遇时!如令子当高帝时,万户侯岂足道哉。"

　　【一】正义成纪,秦州县。

　　【二】索隐案:小颜云"世受射法"。

　　【三】索隐案:如淳云"非医、巫、商贾、百工也"。

　　【四】索隐案:谓为郎而补武骑常侍。

　　及孝景初立,广为陇西都尉,徙为骑郎将。【一】吴楚军时,广为骁骑都尉,从太尉亚夫击吴楚军,取旗,显功名昌邑下。以梁王授广将军印,还,赏不行。【二】徙为上谷太守,匈奴日以合战。典属国公孙昆邪【三】为上泣曰:"李广才气,天下无双,自负其能,数与虏敌战,恐亡之。"于是乃徙为上郡太守。后广转为边郡太守,徙上郡。尝为陇西、北地、雁门、代郡、云中太守,皆以力战为名。

　　【一】集解张晏曰:"为武骑郎将。"索隐小颜云:"为骑郎将谓主骑郎也。"

　　【二】集解文颖曰:"广为汉将,私受梁印,故不以赏也。"

　　【三】集解昆音魂。索隐案:典属国,官名。公孙,姓也;昆邪,名。服虔云"中国人"。包恺云"昆音魂"也。

　　匈奴大入上郡,天子使中贵人从广【一】勒习兵击匈奴。中贵人将骑数十纵，【二】见匈奴三人，与战。三人还射，【三】伤中贵人，杀其骑且尽。中贵人走广。广曰："是必射雕者也。"【四】广乃遂从百骑往驰三人。三人亡马步行，行数十里。广令其骑张左右翼，而广身自射彼三人者，杀其二人，生得一人，果匈奴射雕者也。已缚之上马，望匈奴有数千骑，见广，以为诱骑，皆惊，上山陈。广之百骑皆大恐，欲驰还走。广曰："吾去大军数十里，今如此以百骑走，匈奴追射我立尽。今我留，匈奴必以我为大将军之诱，必不敢击我。"广令诸骑曰："前！"前未到匈奴陈二里所，止，令曰："皆下马解鞍！"其骑曰："虏多且近，即有急，奈何？"广曰："彼虏以我为走，今皆解鞍以示不走，用坚其意。"于是胡骑遂不敢击。有白马将【五】出护其兵，李广上马与十余骑奔射杀胡白马将，而复还至其骑中，解鞍，令士皆纵马卧。是时会暮，胡兵终怪之，不敢击。夜半时，胡兵亦以为汉有伏军于旁欲夜取之，胡皆引兵而去。平旦，李广乃归其大军。大军不知广所之，故弗从。

【一】集解《汉书音义》曰："内官之幸贵者。"索隐案：董巴《舆服志》云"黄门丞至密近，使听察天下，谓之中贵人使者"。崔浩云"在中而贵幸，非德望，故名不见也"。

【二】集解徐广曰："放纵驰骋。"

【三】正义射音石。还谓转也。

【四】集解文颖曰："雕，鸟也，故使善射者射也。"索隐案：服虔云"雕，鹗也"。《说文》云"似鹫，黑色，多子"。一名鹫，以其毛作矢羽。韦昭云"鹗，一名雕也"。

【五】正义其将乘白马，而出监护也。

居久之，孝景崩，武帝立，左右以为广名将也，于是广以上郡太守为未央卫尉，而程不识亦为长乐卫尉。程不识故与李广俱以边太守将军屯。及出击胡,而广行无部伍行陈,【一】就善水草屯,舍止,人人自便,【二】不击刀斗以自卫,【三】莫府【四】省约文书籍事,然亦远斥候,【五】未尝遇害。程不识正部曲行伍营陈,击刀斗,士吏治军簿至明,军不得休息,然亦未尝遇害。不识曰:"李广军极简易,然虏卒犯之,无以禁也;而其士卒亦佚乐,咸乐为之死。我军虽烦扰,然虏亦不得犯我。"是时汉边郡李广、程不识皆为名将,然匈奴畏李广之略,士卒亦多乐从李广而苦程不识。程不识孝景时以数直谏为太中大夫。为人廉,谨于文法。

【一】索隐案:《百官志》云"将军领军皆有部曲。大将军营五部,部校尉一人,部下有曲,曲有军候一人"也。

【二】索隐音去声。

【三】集解孟康曰:"以铜作鐎器,受一斗,昼炊饭食,夜击持行,名曰刀斗。"索隐刀音貂。案:荀悦云"刀斗,小铃,如宫中传夜铃也"。苏林云"形如锅,以铜作之,无缘,受一斗,故云刀斗"。锅即铃也。《埤仓》云"鐎,温器,有柄斗,似铫无缘。音焦"。

【四】索隐案:大颜云"凡将军谓之莫府者,盖兵行舍于帷帐,故称幕府。古字通用,遂作'莫'耳"。《小尔雅》训莫为大,非也。

【五】索隐案:许慎注《淮南子》云"斥,度也。候,视也,望也"。

后汉以马邑城诱单于,使大军伏马邑旁谷,而广为骁骑将军,领属护军将军。是时单于觉之,去,汉军皆无功。其后四岁,广以卫尉为将军,出雁门击匈奴。匈奴兵多,破败广军,生得广。单于素闻广贤,令曰:"得李广必生致之。"胡骑得广,广时伤病,置广两马间,络而盛卧广。行十余里,广佯死,睨其旁有一胡儿骑善马,广暂腾而上胡儿马,因推堕儿,【一】取其弓,鞭马南驰数十里,复得其余军,因引而入塞。匈奴捕者骑数百追之,广行取胡儿弓,射杀追骑,以故得脱。于是至汉，汉下广吏。吏当广所失亡多，为虏所生得，当斩，赎为庶人。

【一】集解徐广曰："一云'抱儿鞭马南驰'也。"

顷之，家居数岁。广家与故颍阴侯孙【一】屏野居蓝田南山中射猎。尝夜从一骑出，从人田间饮。还至霸陵亭，霸陵尉【二】醉，呵止广。广骑曰："故李将军。"尉曰："今将军尚不得夜行，何乃故也！"止广宿亭下。居无何，匈奴入杀辽西太守，败韩将军，【三】后韩将军徙右北平。于是天子乃召拜广为右北平太守。广即请霸陵尉与俱，至军而斩之。

【一】集解灌婴之孙，名强。索隐案：灌婴之孙，名强。

【二】索隐案：《百官志》云"尉，大县二人，主盗贼。凡有贼发，则推索寻案之"也。

【三】集解苏林曰韩安国。

广居右北平，匈奴闻之，号曰"汉之飞将军"，避之，数岁不敢入右北平。

广出猎，见草中石，以为虎而射之，中石没镞，【一】视之，石也。因复更射之，终不能复入石矣。广所居郡闻有虎，尝自射之。及居右北平，射虎，虎腾伤广，广亦竟射杀之。

【一】集解徐广曰："一作'没羽'。"

广廉，得赏赐辄分其麾下，饮食与士共之。终广之身，为二千石四十余年，家无余财，终不言家产事。广为人长，猿臂，【一】其善射亦天性也，虽其子孙他人学者，莫能及广。广讷口少言，与人居则画地为军陈，射阔狭以饮。【二】专以射为戏，竟死。【三】广之将兵，乏绝之处，见水，士卒不尽饮，广不近水，士卒不尽食，广不尝食。宽缓不苛，士以此爱乐为用。其射，见敌急，非在数十步之内，度不中不发，发即应弦而倒。用此，其将兵数困辱，其射猛兽亦为所伤云。

【一】集解如淳曰："臂如猨，通肩。"

【二】集解如淳曰："射戏求疏密，持酒以饮不胜者。"正义饮音于禁反。

【三】索隐谓终竟广身至死，以为恒也。

居顷之，石建卒，于是上召广代建为郎中令。元朔六年，广复为后将军，从大将军军出定襄，击匈奴。诸将多中首虏率，以功为侯者，【一】而广军无功。后二岁，广以郎中令将四千骑出右北平，博望侯张骞将万骑与广俱，异道。行可数百里，匈奴左贤王将四万骑围广，广军士皆恐，广乃使其子敢往驰之。敢独与数十骑驰，直贯胡骑，出其左右而还，告广曰："胡虏易与耳。"军士乃安。广为圜陈外乡，胡急击之，矢下如雨。汉兵死者过半，汉矢且尽。广乃令士持满毋发，而广身自以大黄【二】射其裨将，杀数人，胡虏益解。会日暮，吏士皆无人色，而广意气自如，益治军。军中自是服其勇也。明日，复力战，而博望侯军亦至，匈奴军乃解去。汉军罢，弗能追。是时广军几没，罢归。汉法，博望侯留迟后期，当死，赎为庶人。广军功自如，无赏。

【一】集解如淳曰："中犹充也。充本法得首若干封侯。"

【二】集解徐广曰："《南都赋》曰'黄间机张，'善弩之名。"骃案：郑德曰"黄肩弩，渊中黄朱之"。孟康曰《太公六韬》曰'陷坚败强敌，用大黄连弩'"。韦昭曰"角弩色黄而体大也"。索隐案：大黄，黄间，弩名也。故韦昭曰"角弩也，色黄体大"是也。

初，广之从弟李蔡与广俱事孝文帝。景帝时，蔡积功劳至二千石。孝武帝时,至代相。以元朔五年为轻车将军,从大将军击右贤王,有功中率,【一】封为乐安侯。元狩二年中,代公孙弘为丞相。蔡为人在下中,【二】名声出广下甚远,然广不得爵邑,官不过九卿,而蔡为列侯,位至三公。诸广之军吏及士卒或取封侯。广尝与望气王朔燕语,曰:"自汉击匈奴而广未尝不在其中,而诸部校尉以下,才能不及中人,然以击胡军功取侯者数十人,而广不为后人,【三】然无尺寸之功以得封邑者,何也?岂吾相不当侯邪?且固命也?"朔曰:"将军自念,岂尝有所恨乎?"广曰:"吾尝为陇西守,羌尝反,吾诱而降,降者八百余人,吾诈而同日杀之。至今大恨独此耳。"朔曰:"祸莫大于杀已降,此乃将军所以不得侯者也。"

【一】索隐中音丁仲反。率音律,亦音双笔反。小颜云:"率谓军功封赏之科,著在法令",故云中率。

【二】索隐案:以九品而论,在下之中,当第八。

【三】索隐案:谓不在人后。

后二岁,大将军、骠骑将军大出击匈奴,广数自请行。天子以为老,弗许;良久乃许之,以为前将军。是岁,元狩四年也。

广既从大将军青击匈奴,既出塞,青捕虏知单于所居,乃自以精兵走之,而令广并于右将军军,【一】出东道。东道少回远,而大军行水草少,其势不屯行。【二】广自请曰:"臣部为前将军,今大将军乃徙令臣出东道,且臣结发而与匈奴战,今乃一得当单于,【三】臣愿居前,先死单于。"大将军青亦阴受上诫,以为李广老,数奇,【四】毋令当单于,恐不得所欲。而是时公孙敖新失侯,为中将军从大将军,大将军亦欲使敖与俱当单于,故徙前将军广。广时知之,固自辞于大将军。大将军不听,令长史封书与广之莫府,曰:"急诣部,如书。"【五】广不谢大将军而起行,意甚愠怒而就部,引兵与右将军食其【六】合军出东道。军亡导，或失道，【七】后大将军。大将军与单于接战，单于遁走，弗能得而还。南绝幕，【八】遇前将军、右将军。广已见大将军，还入军。大将军使长史持糒醪遗广，因问广、食其失道状，青欲上书报天子军曲折。【九】广未对，大将军使长史急责广之幕府对簿。广曰："诸校尉无罪，乃我自失道。吾今自上簿至莫府。"

【一】集解徐广曰："主爵赵食其为右将军。"

【二】集解张晏曰："以水草少，不可群辈。"

【三】索隐今得当单于。案：广言自少时结发而与匈奴战，唯今者得与单于相当遇也。

【四】集解如淳曰："数为匈奴所败，奇为不偶也。"索隐案：服虔云"作事数不偶也"。音朔。小颜音所具反。奇，萧该音居宜反。

【五】正义令广如其文牒，急引兵徙东道也。

【六】索隐音异基。案：赵将军名也。或亦依字读。

【七】索隐谓无人导引，军故失道也。

【八】正义绝，度也。南归度沙幕。

【九】正义言委曲而行回折，使军后大将军也。

广谓其麾下曰："广结发与匈奴大小七十余战，今幸从大将军出接单于兵，而大将军又徙广部行回远，而又迷失道，岂非天哉！且广年六十余矣，终不能复对刀笔之吏。"遂引刀自刭。广军士大夫一军皆哭。百姓闻之，知与不知，无老壮皆为垂涕。而右将军独下吏，当死，赎为庶人。

广子三人，曰当户、椒、敢，为郎。天子与韩嫣【一】戏，嫣少不逊，当户击嫣，嫣走。于是天子以为勇。当户早死，拜椒为代郡太守，皆先广死。当户有遗腹子名陵。广死军时，敢从骠骑将军。广死明年，李蔡以丞相坐侵孝景园壖地，【二】当下吏治，蔡亦自杀，不对狱，国除。李敢以校尉从骠骑将军击胡左贤王，力战，夺左贤王鼓旗，斩首多，赐爵关内侯，食邑二百户，代广为郎中令。顷之，怨大将军青之恨其父，【三】乃击伤大将军，大将军匿讳之。居无何，敢从上雍，【四】至甘泉宫猎。骠骑将军去病与青有亲，射杀敢。去病时方贵幸，上讳云鹿触杀之。居岁余，去病死。【五】而敢有女为太子中人，爱幸，敢男禹有宠于太子，然好利，李氏陵迟衰微矣。

【一】索隐 或音偃，又音许乾反。

【二】索隐 壖音人绢反，又音乃段反，又音而宣反。案：壖地，神道之地也。《黄图》云"阳陵阙门西出，神道四通。茂陵神道广四十三丈"也。正义《汉书》云："诏赐冢地阳陵，当得二十亩，蔡盗取三顷，颇卖得四十余万，又盗取神道外壖地一亩，葬其中。当下狱，自杀。"

【三】索隐 小颜云："令其父恨而死。"

【四】索隐 刘氏音尚。大颜云："雍地形高，故云上"。

【五】集解 徐广曰："元狩六年。"

[编者按：该选本此处略去李陵事迹。]

太史公曰：《传》曰"其身正，不令而行；其身不正，虽令不从"。其李将军之谓也？余睹李将军悛悛【一】如鄙人，口不能道辞。及死之日，天下知与不知，皆为尽哀。彼其忠实心诚信于士大夫也？谚曰"桃李不言，下自成蹊"。【二】此言虽小，可以谕大也。

【一】索隐 音七旬反。《汉书》作"恂恂"，音询。

【二】索隐 案：姚氏云"桃李本不能言，但以华实感物，故人不期而往，其下自成蹊径也。以喻广虽不能出辞，能有所感，而忠心信物故也"。

刺客传　聂政　荆轲

[编者按：该选本此处略去曹沫、专诸、豫让等刺客事迹。]

聂政者，轵深井里人也。【一】杀人避仇，与母、姊如齐，以屠为事。

【一】索隐《地理志》河内有轵县。深井，轵县之里名也。正义在怀州济源县南三十里。

久之，濮阳严仲子【一】事韩哀侯，【二】与韩相侠累【三】有郄。【四】严仲子恐诛，亡去，游求人可以报侠累者。至齐，齐人或言聂政勇敢士也，避仇隐于屠者之间。严仲子至门请，数反，然后具酒自畅【五】聂政母前。酒酣，严仲子奉黄金百溢，前为聂政母寿。聂政惊怪其厚，固谢严仲子。严仲子固进，而聂政谢曰："臣幸有老母，家贫，客游以为狗屠，可以旦夕得甘毳【六】以养亲。亲供养备，不敢当仲子之赐。"严仲子辟人，因为聂政言曰："臣有仇，而行游诸侯众矣；然至齐，窃闻足下义甚高，故进百金者，将用为大人粗粝之费，【七】得以交足下之驩，岂敢以有求望邪！"聂政曰："臣所以降志辱身【八】居市井屠者，徒幸以养老母；老母在，政身未敢以许人也。"【九】严仲子固让，聂政竟不肯受也。然严仲子卒备宾主之礼而去。

【一】索隐高诱曰："严遂，字仲子。"

【二】索隐案：《表》聂政杀侠累在列侯三年。列侯生文侯，文侯生哀侯，凡更三代，哀侯六年为韩严所杀。今言仲子事哀侯，恐非其实。且太史公闻疑传疑，事难旳据，欲使两存，故《表》、《传》各异。

【三】索隐上古夹反，下力追反。案：《战国策》侠累名傀也。

【四】索隐《战国策》云："韩傀相韩，严遂重于君，二人相害也。严遂举韩傀之过，韩傀叱之于朝，严遂拔剑趋之，以救解。"是有郤之由也。

【五】集解徐广曰："一作'赐'。"索隐徐氏云一作"赐"。案：《战国策》作"觞"，近为得也。正义数，色吏反。

【六】集解此芮反。索隐邹氏音脆，二义相通也。

【七】正义粝犹粗米也，脱粟也。韦昭云："古者名男子为丈夫，尊妇姬为大人。"《汉书·宣元六王传》"王遇大人益解，为大人乞骸去"。按大人，宪王外祖母。《古诗》云"三日断五疋，大人故言迟"是也。

【八】索隐言其心志与身本应高絜，今乃卑下其志，屈辱其身。《论语》孔子谓"柳下惠降志辱身"是也。

【九】索隐《礼记》曰："父母存，不许友以死。"

久之，聂政母死。既已葬，除服，聂政曰："嗟乎！政乃市井之人，【一】鼓刀以屠；而严仲子乃诸侯之卿相也，不远千里，枉车骑而交臣。臣之所以待之，至浅鲜矣，未有大功可以称者，而严仲子奉百金为亲寿，我虽不受，然是者徒深知政也。夫贤者以感忿睚眦之意而亲信穷僻之人，而政独安得嘿然而已乎！且前日要政，政徒以老母；老母今以天年终，政将为知己者用。"乃遂西至濮阳，见严仲子曰："前日所以不许仲子者，徒以亲在；今不幸而母以天年终。仲子所欲报仇者为谁？请得从事焉！"严仲子具告曰："臣之仇韩相侠累，侠累又韩君之季父也，宗族盛多，居处兵卫甚设，臣欲使人刺之，终莫能就。今足下幸而不弃，请益其车骑壮士可为足下辅翼者。"聂政曰："韩之与卫，相去中间不甚远，【二】今杀人之相，相又国君之亲，此其势不可以多人，多人不能无生得失，【三】生得失则语泄，语泄是韩举国而与仲子为雠，【四】岂不殆哉！"遂谢车骑人徒。

【一】正义古者相聚汲水，有物便卖，因成市，故云"市井"。

【二】索隐高诱曰："韩都颍川阳翟，卫都东郡濮阳，故曰'间不远'也。"

【三】索隐无生得。《战国策》作"无生情"，言所将人多，或生异情，故语泄。此云"生得"，言将多人往杀侠累后，又被生擒而事泄，亦两俱通也。

【四】集解徐广曰："一作'难'。"索隐徐注云一作"难"。《战国策》谯周亦同。

聂政乃辞，独行杖剑至韩，韩相侠累方坐府上，持兵戟而卫侍者甚众。聂政直入，上阶刺杀侠累，【一】左右大乱。聂政大呼，所击杀者数十人，因自皮面决眼，【二】自屠出肠，遂以死。

【一】集解徐广曰："韩烈侯三年三月，盗杀韩相侠累。侠累名傀。《战国策》曰'有东孟之会'，又云'聂政刺韩傀，兼中哀侯'。"索隐《战国策》曰："政直入，上阶刺韩傀，傀走而抱哀侯，聂政刺之，兼中哀侯。"高诱曰："东孟，地名也。"

【二】索隐皮面谓以刀割其面皮，欲令人不识。决眼谓出其眼睛。《战国策》作"抉眼"，此"决"亦通，音乌穴反。

韩取聂政尸暴于市，【一】购问莫知谁子。于是韩县购之，有能言杀相侠累者予千金。久之莫知也。

【一】正义暴，蒲酷反。

政姊荣【一】闻人有刺杀韩相者，贼不得，国不知其名姓，暴其尸而县之千金，乃于邑【二】曰："其是吾弟与？嗟乎，严仲子知吾弟！"立起，如韩，之市，而死者果政也，伏尸哭，极哀，曰："是轵深井里所谓聂政者也。"市行者诸众人皆曰："此人暴虐吾国相，王县购其名姓千金，夫人不闻与？何敢来识之也？"荣应之曰："闻之。然政所以蒙污辱自弃于市贩之间者，为老母幸无恙，【三】妾未嫁也。亲既以天年下世，妾已嫁夫，严仲子乃察举吾弟困污之中【四】而交之，泽厚矣，可奈何！士固为知己者死，今乃以妾尚在之故，重自刑以绝从，【五】妾其奈何畏殁身之诛，终灭贤弟之名！"大惊韩市人。乃大呼天者三，卒于邑悲哀而死政之旁。

【一】集解一作"嫈"。索隐荣，其姊名也。《战国策》无"荣"字。

【二】索隐刘氏云："烦冤愁苦。"

【三】索隐《尔雅》云"恙，忧也"。《楚词》云"还及君之无恙"。《风俗通》云"恙，病也。凡人相见及通书，皆云'无恙'"。又《易传》云，上古之时，草居露宿。恙，啮虫也，善食人心，俗悉患之，故相劳云"无恙"。恙非病也。

【四】索隐案：察谓观察有志行乃举之。刘氏云察犹选也。

【五】集解徐广曰："恐其姊从坐而死。"索隐重音持用反。重犹复也。为人报雠死，乃以妾故复自刑其身，令人不识也。从音踪，古字少，假借无旁"足"，而徐氏以为从坐，非也。刘氏亦音足松反。正义重，直龙反。自刑作"刊"。《说文》云"刊，剟也"。按：重犹爱惜也。本为严仲子报仇讫，爱惜其事，不令漏泄，以绝其踪迹。其姊妄云为己隐，误矣。

晋、楚、齐、卫闻之，皆曰："非独政能也，及其姊亦烈女也。乡使政诚知其姊无濡忍之志，【一】不重暴骸之难，【二】必绝险千里以列其名，姊弟俱僇于韩市者，亦未必敢以身许严仲子也。严仲子亦可谓知人能得士矣！"

【一】索隐濡，润也。人性湿润则能含忍，故云"濡忍"也。若勇躁则必轻死也。

【二】索隐重难并如字。重犹惜也，言不惜暴骸之为难也。

其后二百二十余年秦有荆轲之事。【一】

【一】集解徐广曰："聂政至荆轲百七十年尔。"索隐徐氏据《六国年表》，聂政去荆轲一百七十年,则谓此传率略而言二百余年,亦当时为不能细也。【正义】按:《年表》从始皇二十三年至韩景侯三百七十年,若至哀侯六年,六百四十三年也。

荆轲者,卫人也。【一】其先乃齐人,徙于卫,卫人谓之庆卿。【二】而之燕,燕人谓之荆卿。

【一】【索隐】按:赞论称"公孙季功、董生为余道之",则此传虽约《战国策》而亦别记异闻。

【二】【索隐】轲先齐人,齐有庆氏,则或本姓庆。春秋庆封,其后改姓贺。此下亦至卫而改姓荆。荆庆声相近,故随在国而异其号耳。卿者,时人尊重之号,犹如相尊美亦称"子"然也。

荆卿好读书击剑,【一】以术说卫元君,卫元君不用。其后秦伐魏,置东郡,徙卫元君之支属于野王。【二】

【一】【集解】《吕氏剑技》曰:"持短入长,倏忽从横。"

【二】【正义】怀州河内县。

荆轲尝游过榆次,【一】与盖聂论剑,【二】盖聂怒而目之。荆轲出,人或言复召荆卿。盖聂曰:"曩者吾与论剑有不称者,吾目之;试往,是宜去,不敢留。"使使往之主人,荆卿则已驾而去榆次矣。使者还报,盖聂曰:"固去也,吾曩者目摄之!"【三】

【一】【正义】并州县也。

【二】【索隐】盖音古腊反。盖,姓;聂,名。

【三】【索隐】摄犹整也。谓不称己意,因怒视以摄整之也。【正义】摄犹视也。

荆轲游于邯郸,鲁句践与荆轲博,争道,【一】鲁句践怒而叱之,荆轲嘿而逃去，遂不复会。

　　【一】索隐鲁，姓；句践，名也。与越王同，或有意义。俗本"践"作"贱"，非。

　　荆轲既至燕，爱燕之狗屠及善击筑者高渐离。【一】荆轲嗜酒，日与狗屠及高渐离饮于燕市，酒酣以往，高渐离击筑，荆轲和而歌于市中，相乐也，已而相泣，旁若无人者。荆轲虽游于酒人乎，【二】然其为人沈深好书；其所游诸侯，尽与其贤豪长者相结。其之燕，燕之处士田光先生亦善待之，知其非庸人也。

　　【一】索隐筑似琴，有弦，用竹击之，取以为名。渐音如字，王义音哉廉反。

　　【二】集解徐广曰："饮酒之人。"

　　居顷之，会燕太子丹质秦亡归燕。燕太子丹者，故尝质于赵，而秦王政生于赵，其少时与丹驩。及政立为秦王，而丹质于秦。秦王之遇燕太子丹不善，故丹怨而亡归。归而求为报秦王者，国小，力不能。其后秦日出兵山东以伐齐、楚、三晋，稍蚕食诸侯，且至于燕，燕君臣皆恐祸之至。太子丹患之，问其傅鞠武。【一】武对曰："秦地遍天下，威胁韩、魏、赵氏，北有甘泉、谷口之固，南有泾、渭之沃，擅巴、汉之饶，右陇、蜀之山，左关、殽之险，民众而士厉，兵革有余。意有所出，则长城之南，易水以北，【二】未有所定也。奈何以见陵之怨，欲批【三】其逆鳞哉！"丹曰："然则何由？"对曰："请入图之。"

　　【一】索隐上音鞠，又如字，人姓名也。

　　【二】正义以北谓燕国也。

　　【三】集解批音白结反。索隐白结反。批谓触击之。

居有间，秦将樊於期得罪于秦王，亡之燕，太子受而舍之。鞫武谏曰："不可。夫以秦王之暴而积怒于燕，足为寒心，【一】又况闻樊将军之所在乎？是谓'委肉当饿虎之蹊'也，祸必不振矣！【二】虽有管、晏，不能为之谋也。愿太子疾遣樊将军入匈奴以灭口。请西约三晋，南连齐、楚，北购于单于，【三】其后乃可图也。"太子曰："太傅之计，旷日弥久，心惛然，【四】恐不能须臾。且非独于此也，夫樊将军穷困于天下，归身于丹，丹终不以迫于强秦而弃所哀怜之交，置之匈奴，是固丹命卒之时也。愿太傅更虑之。"鞫武曰："夫行危欲求安，造祸而求福，计浅而怨深，连结一人之后交，不顾国家之大害，此谓'资怨而助祸'矣。夫以鸿毛燎于炉炭之上，必无事矣。且以雕鸷之秦，行怨暴之怒，岂足道哉！燕有田光先生，其为人智深而勇沈，可与谋。"太子曰："愿因太傅而得交于田先生，可乎？"鞫武曰："敬诺。"出见田先生，道"太子愿图国事于先生也"。田光曰："敬奉教。"乃造焉。

【一】索隐 凡人寒甚则心战，恐惧亦战。今以惧譬寒，言可为心战。

【二】索隐 振，救也。言祸及天下，不可救之。

【三】索隐 《战国策》"购"作"讲"。讲，和也。今读购与"为燕媾"同，媾亦合也。《汉》、《史》媾讲两字常杂，今欲北与匈奴连和。《陈轸传》亦曰"西购于秦"也。

【四】正义 惛音昏。

太子逢迎，却行为导，跪而蔽席。【一】田光坐定，左右无人，太子避席而请曰："燕秦不两立，愿先生留意也。"田光曰："臣闻骐骥盛壮之时，一日而驰千里；至其衰老，驽马先之。今太子闻光盛壮之时，不知臣精已消亡矣。虽然，光不敢以图国事，所善荆卿可使也。"【二】太子曰："愿因先生得结交于荆卿，可乎？"田光曰：

"敬诺。"即起，趋出。太子送至门，戒曰："丹所报，先生所言者，国之大事也，愿先生勿泄也！"田光俛而笑曰："诺。"【三】偻行见荆卿，曰："光与子相善，燕国莫不知。今太子闻光壮盛之时，不知吾形已不逮也，幸而教之曰'燕秦不两立，愿先生留意也'。光窃不自外，言足下于太子也，愿足下过太子于宫。"荆轲曰："谨奉教。"田光曰："吾闻之，长者为行，不使人疑之。今太子告光曰：'所言者，国之大事也，愿先生勿泄'，是太子疑光也。夫为行而使人疑之，非节侠也。"欲自杀以激荆卿，曰："愿足下急过太子，言光已死，明不言也。"因遂自刎而死。

【一】集解徐广曰："蔽，一作'拔'，一作'拔'。"索隐蔽音足结反。蔽犹拂也。

【二】正义《燕丹子》云："田光答曰：'窃观太子客无可用者：夏扶血勇之人，怒而面赤；宋意脉勇之人，怒而面青；武阳骨勇之人，怒而面白。光所知荆轲，神勇之人，怒而色不变。'"

【三】正义挽音俯。

荆轲遂见太子，言田光已死，致光之言。太子再拜而跪，膝行流涕，有顷而后言曰："丹所以诫田先生毋言者，欲以成大事之谋也。今田先生以死明不言，岂丹之心哉！"荆轲坐定，太子避席顿首曰："田先生不知丹之不肖，使得至前，敢有所道，此天之所以哀燕而不弃其孤也。【一】今秦有贪利之心，而欲不可足也。非尽天下之地，臣海内之王者，其意不厌。今秦已虏韩王，尽纳其地。又举兵南伐楚，北临赵；王翦将数十万之众距漳、邺，而李信出太原、云中。赵不能支秦，必入臣，入臣则祸至燕。燕小弱，数困于兵，今计举国不足以当秦。诸侯服秦，莫敢合从。丹之私计，愚以为诚得天下之勇士使于秦，阚以重利；【二】秦王贪，【三】其势必得所愿矣。诚得劫秦王，使悉反诸侯侵地,若曹沫之与齐桓公,则大善矣;则不可,因而刺杀之。彼秦大将擅兵于外而内有乱,则君臣相疑,以其间诸侯得合从,其破秦必矣。此丹之上愿,而不知所委命,唯荆卿留意焉。"久之,荆轲曰:"此国之大事也,臣驽下,恐不足任使。"太子前顿首,固请毋让,然后许诺。于是尊荆卿为上卿,舍上舍。太子日造门下,供太牢具,异物间进,车骑美女恣荆轲所欲,以顺适其意。【四】

【一】索隐案:无父称孤。时燕王尚在,而丹称孤者,或记者失辞,或诸侯嫡子时亦僭称孤也。又刘向云"丹,燕王喜之太子"。

【二】索隐阚,示也。言以利诱之。

【三】索隐绝句。

【四】索隐《燕丹子》曰"轲与太子游东宫池,轲拾瓦投鼋,太子捧金丸进之。又共乘千里马,轲曰'千里马肝美',即杀马进肝。太子与樊将军置酒于华阳台,出美人能鼓琴,轲曰'好手也',断以玉盘盛之。轲曰'太子遇轲甚厚'"是也。

久之,荆轲未有行意。秦将王翦破赵,虏赵王,尽收入其地,进兵北略地至燕南界。太子丹恐惧,乃请荆轲曰:"秦兵旦暮渡易水,则虽欲长侍足下,岂可得哉!"荆轲曰:"微太子言,臣愿谒之。今行而毋信,则秦未可亲也。夫樊将军,秦王购之金千斤,邑万家。诚得樊将军首与燕督亢之地图,【一】奉献秦王,秦王必说见臣,臣乃得有以报。"太子曰:"樊将军穷困来归丹,丹不忍以己之私而伤长者之意,愿足下更虑之。"

【一】集解徐广曰:"方城县有督亢亭。"骃案:刘向《别录》曰"督亢,膏腴之地"。索隐《地理志》广阳国有蓟县。司马彪《郡国志》曰"方城有督亢亭"。正义督亢坡在幽州范阳县东南十里。今固安县南有督亢陌,幽州南界。

荆轲知太子不忍，乃遂私见樊於期曰："秦之遇将军可谓深矣，父母宗族皆为戮没。今闻购将军首金千斤，邑万家，将奈何？"於期仰天太息流涕曰："於期每念之，常痛于骨髓，顾计不知所出耳！"荆轲曰："今有一言可以解燕国之患，报将军之仇者，何如？"於期乃前曰："为之奈何？"荆轲曰："愿得将军之首以献秦王，秦王必喜而见臣，臣左手把其袖，右手揕其匈，【一】然则将军之仇报而燕见陵之愧除矣。将军岂有意乎？"樊於期偏袒搤捥【二】而进曰："此臣之日夜切齿腐心也，【三】乃今得闻教！"遂自刭。太子闻之，驰往，伏尸而哭，极哀。既已不可奈何，乃遂盛樊於期首函封之。

【一】集解徐广曰："揕音张鸩切。一作'抗'。"索隐徐氏音丁鸩反。揕谓以剑刺其胸也。又云一作"抗"。抗音苦浪反，言抗拒也，其义非。

【二】集解徐广曰："一作'掐'。"索隐搤音乌革反。捥音乌乱反。勇者奋厉，必先以左手扼右捥也。捥，古"腕"字。

【三】索隐切齿，齿相磨切也。《尔雅》曰治骨曰切。腐音辅，亦烂也。犹今人事不可忍云"腐烂"然，皆奋怒之意也。

于是太子豫求天下之利匕首，得赵人徐夫人匕首，【一】取之百金，使工以药焠之，【二】以试人，血濡缕，人无不立死者。【三】乃装为遣荆卿。燕国有勇士秦舞阳，年十三，杀人，人不敢忤视。【四】乃令秦舞阳为副。荆轲有所待，欲与俱；其人居远未来，而为治行。顷之，未发，太子迟之，疑其改悔，乃复请曰："日已尽矣，荆卿岂有意哉？丹请得先遣秦舞阳。"荆轲怒，叱太子曰："何太子之遣？往而不返者，竖子也！且提一匕首入不测之强秦，仆所以留者，待吾客与俱。今太子迟之，请辞决矣！"遂发。

【一】集解徐广曰："徐，一作'陈'。"索隐徐，姓；夫人，名。谓男子也。

【二】索隐焠，染也，音息溃反。谓以毒药染剑锷也。

【三】集解言以匕首试人，人血出，足以沾濡丝缕，便立死也。

【四】索隐忤者，逆也，五故反。不敢逆视，言人畏之甚也。

太子及宾客知其事者，皆白衣冠以送之。至易水之上，既祖，取道，【一】高渐离击筑，荆轲和而歌，为变徵之声，【二】士皆垂泪涕泣。又前而为歌曰："风萧萧兮易水寒，壮士一去兮不复还！"复为羽声忼慨，士皆瞋目，发尽上指冠。于是荆轲就车而去，终已不顾。

【一】正义易州在幽州归义县界。

【二】正义徵，知雉反。

遂至秦，持千金之资币物，厚遗秦王宠臣中庶子蒙嘉。嘉为先言于秦王曰："燕王诚振怖大王之威，不敢举兵以逆军吏，愿举国为内臣，比诸侯之列，给贡职如郡县，而得奉守先王之宗庙。恐惧不敢自陈，谨斩樊於期之头，及献燕督亢之地图，函封，燕王拜送于庭，使使以闻大王，唯大王命之。"秦王闻之，大喜，乃朝服，设九宾，【一】见燕使者咸阳宫。【二】荆轲奉樊於期头函，而秦舞阳奉地图柙，【三】以次进。至陛，秦舞阳色变振恐，群臣怪之。荆轲顾笑舞阳，前谢曰："北蕃蛮夷之鄙人，未尝见天子，故振慴。愿大王少假借之，使得毕使于前。"秦王谓轲曰："取舞阳所持地图。"轲既取图奏之秦王，发图，图穷而匕首见。因左手把秦王之袖，而右手持匕首揕之。未至身，秦王惊，自引而起，袖绝。拔剑，剑长，操其室。【四】时惶急，剑坚，故不可立拔。荆轲逐秦王，秦王环柱而走。群臣皆愕，卒起不意，尽失其度。而秦法，群臣侍殿上者不得持尺寸之兵；诸郎中【五】执兵皆陈殿下，非有诏召不得上。方急时，不及召下兵，以故荆轲乃逐秦王。而卒惶急，无以击轲，而以手共搏之。是时侍医夏无且【六】以其所奉药囊提荆轲也。【七】秦王方环柱走，卒惶急，不知所为，左右乃曰："王负剑！"【八】负剑，遂拔以击荆轲，断其左股。荆轲废，乃引其匕首以擿秦王，【九】不中，中桐柱。【一〇】秦王复击轲，轲被八创。轲自知事不就，倚柱而笑，箕踞以骂曰："事所以不成者，以欲生劫之，必得约契以报太子也。"【一一】于是左右既前杀轲，秦王不怡者良久。已而论功，赏群臣及当坐者各有差，而赐夏无且黄金二百溢，曰："无且爱我，乃以药囊提荆轲也。"

【一】正义 刘云："设文物大备，即谓九宾，不得以《周礼》九宾义为释。"

【二】正义 《三辅黄图》云："秦始兼天下，都咸阳，因北陵营宫殿，则紫宫象帝居，渭水贯都以象天汉，横桥南度以法牵牛也。"

【三】索隐 户甲反。柙亦函也。

【四】索隐 室谓鞘也。正义 《燕丹子》云："左手揕其胸。秦王曰：'今日之事，从子计耳。乞听瑟而死。'召姬人鼓琴，琴声曰'罗縠单衣，可裂而绝；八尺屏风，可超而越；鹿卢之剑，可负而拔'。王于是奋袖超屏风走之。"

【五】索隐 若今宿卫之官。

【六】索隐 且音即余反。

【七】正义 提，徒帝反。

【八】索隐 王劭曰："古者带剑上长，拔之不出室，欲王推之于背，令前短易拔，故云'王负剑'。"又《燕丹子》称琴声曰"鹿卢之剑，可负而拔"是也。

【九】索隐 擿与"掷"同，古字耳，音持益反。

【一〇】正义 《燕丹子》云："荆轲拔匕首掷秦王，决耳入铜柱，火出。"

【一一】集解 汉《盐铁论》曰："荆轲怀数年之谋而事不就者，尺八匕首不足恃也。秦王操于不意，列断贲、育者，介七尺之利也。"

于是秦王大怒，益发兵诣赵，诏王翦军以伐燕。十月而拔蓟城。燕王喜、太子丹等尽率其精兵东保于辽东。秦将李信追击燕王急，代王嘉乃遗燕王喜书曰："秦所以尤追燕急者，以太子丹故也。今王诚杀丹献之秦王，秦王必解，而社稷幸得血食。"其后李信追丹，丹匿衍水中，【一】燕王乃使使斩太子丹，欲献之秦。秦复进兵攻之。后五年，秦卒灭燕，虏燕王喜。

【一】索隐水名，在辽东。

其明年，秦并天下，立号为皇帝。于是秦逐太子丹、荆轲之客，皆亡。高渐离变名姓为人庸保，【一】匿作于宋子。【二】久之，作苦，闻其家堂上客击筑，傍徨不能去。每出言曰："彼有善有不善。"从者【三】以告其主，曰："彼庸乃知音，窃言是非。"家丈人召使前击筑，【四】一坐称善，赐酒。而高渐离念久隐畏约无穷时，【五】乃退，出其装匣中筑与其善衣，更容貌而前。举坐客皆惊，下与抗礼，以为上客。使击筑而歌，客无不流涕而去者。宋子传客之，【六】闻于秦始皇。秦始皇召见，人有识者，乃曰："高渐离也。"秦皇帝惜其善击筑，重赦之，乃矐其目。【七】使击筑，未尝不称善。稍益近之，高渐离乃以铅置筑中，【八】复进得近，举筑朴【九】秦皇帝，不中。于是遂诛高渐离，终身不复近诸侯之人。

【一】索隐《栾布传》曰"卖庸于齐，为酒人家"，《汉书》作"酒家保"。案：谓庸作于酒家，言可保信，故云"庸保"。《鹖冠子》曰"伊尹酒保"。

【二】集解徐广曰："县名也，今属钜鹿。"索隐徐注云"县名，属钜鹿"者，据《地理志》而知也。正义宋子故城在赵州平棘县北三十里。

【三】索隐谓主人家之左右也。

【四】索隐刘氏云："谓主人翁也。"又韦昭云："古者名男子为丈夫，尊妇妪为丈人。"故《汉书·宣元六王传》所云丈人，谓淮阳宪王外王母，即张博母也。故《古诗》曰"三日断五匹，丈人故言迟"是也。

【五】索隐约谓贫贱俭约。既为庸保，常畏人，故云"畏约"。所以《论语》云"不可以久处约"。

【六】集解徐广曰："互以为客。"

【七】集解瞋音海各反。索隐海各反，一音角。说者云以马屎燻令失明。

【八】索隐案：刘氏云"铅为挺著筑中，令重，以击人"。

【九】索隐普卜反。朴，击也。

鲁句践已闻荆轲之刺秦王，私曰："嗟乎，惜哉其不讲于刺剑之术也！【一】甚矣吾不知人也！曩者吾叱之，彼乃以我为非人也！"

【一】索隐案：不讲谓不论习之。

太史公曰：世言荆轲，其称太子丹之命，"天雨粟，马生角"也，【一】太过。又言荆轲伤秦王，皆非也。始公孙季功、董生与夏无且游，具知其事，为余道之如是。自曹沫至荆轲五人，此其义或成或不成，然其立意较然，【二】不欺其志，名垂后世，岂妄也哉！

【一】索隐《燕丹子》曰："丹求归，秦王曰'乌头白，马生角，乃许耳'。丹乃仰天叹，乌头即白，马亦生角。"《风俗通》及《论衡》皆有此说，仍云"厩门木乌生肉足"。

【二】索隐较，明也。

游侠传 鲁朱家 剧孟 郭解

〖集解〗荀悦曰:"立气齐,作威福,结私交,以立强于世者,谓之游侠。"

《韩子》曰:"儒以文乱法,【一】而侠以武犯禁。"二者皆讥,【二】而学士多称于世云。至如以术取宰相卿大夫,辅翼其世主,功名俱著于春秋,【三】固无可言者。及若季次、原宪,闾巷人也,【四】读书怀独行君子【五】之德,义不苟合当世,当世亦笑之。故季次、原宪终身空室蓬户,【六】褐衣疏食不厌。【七】死而已四百余年,而弟子志之不倦。今游侠,其行虽不轨于正义,然其言必信,其行必果,已诺必诚,不爱其躯,赴士之阨困,【八】既已存亡死生矣,而不矜其能,羞伐其德,盖亦有足多者焉。

【一】〖正义〗言文之蔽,小人以僿。谓细碎苛法乱政。

【二】〖正义〗讥,非言也。儒敝乱法,侠盛犯禁,二道皆非,而学士多称于世者,故太史公引《韩子》,欲陈游侠之美。

【三】〖索隐〗功名俱著春秋。案:春秋谓国史也。以言人臣有功名则见记于其国之史,是俱著春秋者也。

【四】〖集解〗徐广曰:"《仲尼弟子传》曰公晳哀字季次,未尝仕,孔子称之。"

【五】〖索隐〗行音下孟反。

【六】〖正义〗《庄子》云"原宪处居环堵之室,蓬户不完。以桑为枢而甕牖,上漏下湿,独坐而弦歌"也。

【七】〖索隐〗不厌。厌,饱也,于艳反。

【八】〖索隐〗上音厄。

且缓急,人之所时有也。太史公曰:昔者虞舜窘于井廪,伊尹负于鼎俎，傅说匿于傅险，吕尚困于棘津，【一】夷吾桎梏，百里饭牛，仲尼畏匡，菜色陈、蔡。此皆学士所谓有道仁人也，犹然遭此菑，况以中材而涉乱世之末流乎？其遇害何可胜道哉！

【一】集解徐广曰："在广川。"正义《尉缭子》云太公望行年七十，卖食棘津云。古亦谓之石济津，故南津。

鄙人有言曰："何知仁义，已飨其利【一】者为有德。"故伯夷丑周，饿死首阳山，而文武不以其故贬王；跖、蹻暴戾，其徒诵义无穷。由此观之，"窃钩者诛，【二】窃国者侯，侯之门，仁义存"，【三】非虚言也。

【一】索隐已音以。飨音享，受也。言已受其利则为有德，何知必仁义也。

【二】索隐以言小窃则为盗而受诛也。

【三】索隐言人臣委质于侯王门，则须存于仁义。若游侠轻健，亦何必肯存仁义也。

今拘学或抱咫尺之义，久孤于世，【一】岂若卑论侪俗，与世沈浮而取荣名哉！而布衣之徒，设取予然诺，千里诵义，为死不顾世，此亦有所长，非苟而已也。故士穷窘而得委命，此岂非人之所谓贤豪閒者邪？诚使乡曲之侠，予季次、原宪比权量力，效功于当世，不同日而论矣。要以功见言信，侠客之义又曷可少哉！

【一】索隐言拘学守义之士或抱咫尺纤微之事，遂久以当代，孤负我志，而不若卑论侪俗以取荣宠也。

古布衣之侠，靡得而闻已。近世延陵、【一】孟尝、春申、平原、信陵之徒，皆因王者亲属，藉于有土卿相之富厚，招天下贤者，显名诸侯，不可谓不贤者矣。比如顺风而呼，声非加疾，其势激也。至如闾巷之侠，修行砥名，声施【二】于天下，莫不称贤，是为难耳。然儒、墨皆排摈不载。自秦以前，匹夫之侠，湮灭不见，余甚恨之。以余所闻，汉兴有朱家、田仲、王公、剧孟、郭解之徒，虽时扞当世之文罔，【三】然其私义廉洁退让，有足称者。名不虚立，士不虚附。至如朋党宗强比周，设财役贫，豪暴侵凌孤弱，恣欲自快，游侠亦丑之。余悲世俗不察其意，而猥以朱家、郭解等令与暴豪之徒同类而共笑之也。

【一】集解徐广曰："代郡亦有延陵县。"骃案：《韩子》云"赵襄子召延陵生，令车骑先至晋阳"。襄子时赵已并代，可有延陵之号，但未详是此人非耳。

【二】索隐施音以豉反。

【三】索隐扞即捍也。违扞当代之法网，谓犯于法禁也。

鲁朱家者，与高祖同时。鲁人皆以儒教，而朱家用侠闻。所藏活豪士以百数，其余庸人不可胜言。然终不伐其能，歆其德，诸所尝施，唯恐见之。振人不赡，先从贫贱始。家无余财，衣不完采，食不重味，乘不过𫘦牛。【一】专趋人之急，甚己之私。既阴脱季布将军之阸，【二】及布尊贵，终身不见也。自关以东，莫不延颈愿交焉。

【一】集解徐广曰："音雏。"骃案：《汉书音义》曰"小牛"。索隐上音古豆反。案：大牛当轭，小为𫘦牛。

【二】索隐阴脱季将军之厄。案：季布为汉所购求，朱家以布髡钳为奴，载以广柳车而出之，及尊贵而不见之，亦高介至义之士。然布竟不见报朱家之恩。

楚田仲以侠闻，喜剑，父事朱家，自以为行弗及。田仲已死，而雒阳有剧孟。周人以商贾为资，而剧孟以任侠显诸侯。吴楚反时，条侯为太尉，乘传车将至河南，得剧孟，喜曰："吴楚举大事而不求孟，吾知其无能为已矣。"天下骚动，宰相得之若得一敌国云。剧孟行大类朱家，而好博，【一】多少年之戏。然剧孟母死，自远方送丧盖千乘。及剧孟死，家无余十金之财。而符离人王孟亦以侠称江淮之间。

【一】索隐按：六博戏也。

是时济南瞯氏、【一】陈周庸【二】亦以豪闻，景帝闻之，使使尽诛此属。其后代诸白、【三】梁韩无辟、【四】阳翟薛兄、【五】陕韩孺【六】纷纷复出焉。

【一】索隐瞯音闲。案：为郅都所诛。

【二】索隐陈国人，姓周名庸。

【三】索隐代，代郡。人有白氏，豪侠非一，故言"诸"。

【四】索隐梁国人，韩，姓；无辟，名。辟音避。

【五】索隐音况。

【六】集解徐广曰："陕，疑当作'郏'字，颍川有郏县。《南越传》曰'郏壮士韩千秋'也。"索隐陕当为"郏"。陕音如冉反，郏音纪洽反。《汉书》作"寒孺"。

郭解，轵人也，【一】字翁伯，善相人者许负外孙也。解父以任侠，孝文帝时诛死。解为人短小精悍，不饮酒。少时阴贼，【二】慨不快意，身所杀甚众。以躯借交报仇，藏命【三】作奸，剽攻不休，及铸钱掘冢，固不可胜数。适有天幸，窘急常得脱，若遇赦。及解年长，更折节为俭，以德报怨，厚施而薄望。然其自喜为侠【四】益甚。既已振人之命，不矜其功，其阴贼著于心，卒发于睚眦如故云。而少年慕其行，亦辄为报仇，不使知也。解姊子负解之势，【五】与人饮，使之嚼。【六】非其任，强必灌之。人怒，拔刀刺杀解姊子，亡去。解姊怒曰："以翁伯之义，人杀吾子，贼不得。"弃其尸于道，弗葬，欲以辱解。解使人微知贼处。贼窘自归，具以实告解。解曰："公杀之固当，吾儿不直。"遂去其贼，【七】罪其姊子，乃收而葬之。诸公闻之，皆多解之义，益附焉。

【一】索隐《汉书》云河内轵人也。

【二】索隐以内心忍害。

【三】索隐案：谓亡命也。

【四】索隐苏林云："言性喜为侠也。"

【五】索隐负，恃也。

【六】集解徐广曰："音子妙反，尽酒也。"索隐即妙反。谓酒尽。

【七】集解徐广曰："遣使去。"

解出入，人皆避之。有一人独箕倨视之，解遣人问其名姓。客欲杀之。解曰："居邑屋至不见敬，是吾德不修也，彼何罪！"乃阴属尉史曰："是人，吾所急也，【一】至践更时脱之。"每至践更，数过，吏弗求。【二】怪之，问其故，乃解使脱之。箕倨者乃肉袒谢罪。少年闻之，愈益慕解之行。

【一】索隐案：谓吾心中所急，言情切急之谓。《汉书》作"重"也。

【二】集解如淳曰："更有三品，有卒更，有践更，有过更。古有正卒无常人，皆当迭为之，一月一更，是为卒更也。贫者欲得顾更钱者，次直者出钱顾之，月二千，是为践更也。《律说》卒更、践更者，居县中五月乃更也。后从《尉律》，卒践更一月，休十一月也。"索隐数音朔，谓频免之也。又音色主反，数亦频也。

雒阳人有相仇者，邑中贤豪居间者以十数，【一】终不听。客乃见郭解。解夜见仇家，仇家曲听解。【二】解乃谓仇家曰："吾闻雒阳诸公在此间，多不听者。今子幸而听解，解奈何乃从他县夺人邑中贤大夫权乎！"乃夜去，不使人知，曰："且无用，【三】待我去，令雒阳豪居其间，乃听之。"

【一】索隐色具反。

【二】索隐仇家曲听。谓屈曲听解也。

【三】索隐按：《汉书》作"无庸"。苏林曰"且无便用吾言，待我去，令洛阳豪居其间也"。

解执恭敬，不敢乘车入其县廷。之旁郡国，为人请求事，事可出，出之；不可者，各厌其意，然后乃敢尝酒食。诸公以故严重之，争为用。邑中少年及旁近县贤豪，夜半过门常十余车，请得解客舍养之。【一】

【一】索隐如淳云："解多藏亡命者，故喜事年少与解同志者，知亡命者多归解，故多将车来，欲为解迎亡者而藏之者也。"

及徙豪富茂陵也，解家贫，不中訾，【一】吏恐，不敢不徙。卫将军为言："郭解家贫不中徙。"上曰："布衣权至使将军为言，此其家不贫。"解家遂徙。诸公送者出千余万。轵人杨季主子为县掾，举徙解。解兄子断杨掾头。由此杨氏与郭氏为仇。

【一】索隐不中訾。案：訾不满三百万已上为不中。

解入关，关中贤豪知与不知，闻其声，争交驩解。解为人短小，不饮酒，出未尝有骑。已又杀杨季主。杨季主家上书，人又杀之阙下。上闻，乃下吏捕解。解亡，置其母家室夏阳，【一】身至临晋。【二】临晋籍少公素不知解，解冒，因求出关。籍少公已出解，解转入太原，所过辄告主人家。吏逐之，迹至籍少公。少公自杀，口绝。久之，乃得解。穷治所犯，为解所杀，皆在赦前。轵有儒生侍使者坐，客誉郭解，生曰："郭解专以奸犯公法，何谓贤！"解客闻，杀此生，断其舌。吏以此责解，解实不知杀者。杀者亦竟绝，莫知为谁。吏奏解无罪。御史大夫公孙弘议曰："解布衣为任侠行权，以睚眦杀人，解虽弗知，此罪甚于解杀之。当大逆无道。"遂族郭解翁伯。

【一】集解徐广曰："属冯翊。"正义故城在同州韩城县南二十里，汉夏阳也。

【二】正义故城在同州冯翊县西南二里。

自是之后，为侠者极众，敖而无足数者。【一】然关中长安樊仲子，槐里赵王孙，长陵高公子，西河郭公仲，太原卤公孺，【二】临淮兒长卿，东阳田君孺，【三】虽为侠而逡逡有退让君子之风。至若北道姚氏，【四】西道诸杜，南道仇景，东道赵他、羽公子，【五】南阳赵调之徒，此盗跖居民间者耳，曷足道哉！此乃乡者朱家之羞也。

【一】集解徐广曰："敖，倨也。"

【二】集解徐广曰："雁门有卤城也。"索隐太原卤翁。《汉书》作"鲁公孺"。鲁，姓也，与徐广之说不同也。

【三】索隐《汉书》作"陈君孺"。然陈田声相近，亦本同姓。正义其东阳盖贝州历亭县者，为近齐故也。

【四】索隐北道诸姚。苏林云："道犹方也。"如淳云："京师四出道也。"

【五】索隐旧解以赵他、羽公子为二人，今案：此姓赵，名他羽，字公子也。

太史公曰：吾视郭解，状貌不及中人，言语不足采者。然天下无贤与不肖，知与不知，皆慕其声，言侠者皆引以为名。谚曰："人貌荣名，岂有既乎！"【一】於戏，惜哉！

【一】集解徐广曰："人以颜状为貌者，则貌有衰落矣；唯用荣名为饰表，则称誉无极也。既，尽也。"

卷之六

卷之六

滑稽传 淳于髡 优孟 优旃

󰀀索隐󰀀按：滑，乱也；稽，同也。言辨捷之人言非若是，说是若非，言能乱异同也。

孔子曰："六艺于治一也。【一】《礼》以节人，《乐》以发和，《书》以道事，《诗》以达意，《易》以神化，《春秋》以义。"太史公曰：天道恢恢，岂不大哉！谈言微中，亦可以解纷。

【一】󰀀正义󰀀言六艺之文虽异，《礼》节《乐》和，导民立政，天下平定，其归一揆。至于谈言微中，亦以解其纷乱，故治一也。

淳于髡者，【一】齐之赘婿【二】也。长不满七尺，滑稽多辩，数使诸侯，未尝屈辱。齐威王之时喜隐，【三】好为淫乐长夜之饮，沈湎不治，委政卿大夫。百官荒乱，诸侯并侵，国且危亡，在于旦暮，左右莫敢谏。淳于髡说之以隐曰："国中有大鸟，止王之庭，三年不蜚又不鸣，王知此鸟何也？"王曰："此鸟不飞则已，一飞冲天；不鸣则已，一鸣惊人。"于是乃朝诸县令长七十二人，赏一人，诛一人，奋兵而出。诸侯振惊，皆还齐侵地。威行三十六年。语在《田完世家》中。

【一】󰀀索隐󰀀苦魂反。

【二】󰀀索隐󰀀女之夫也，比于子，如人疣赘，是余剩之物也。

【三】󰀀索隐󰀀上许既反。喜，好也。喜隐谓好隐语。

威王八年，楚大发兵加齐。齐王使淳于髡之赵请救兵，赍金百斤，车马十驷。淳于髡仰天大笑，冠缨索绝。【一】王曰："先生少之乎？"髡曰："何敢！"王曰："笑岂有说乎？"髡曰："今者臣从东方来，见道旁有禳田者，【二】操一豚蹄，酒一盂，祝曰：'瓯窭满篝，【三】汙邪满车，【四】五谷蕃熟，穰穰满家。'臣见其所持者狭而所欲者奢，故笑之。"于是齐威王乃益赍黄金千溢，白璧十双，车马百驷。髡辞而行，至赵。赵王与之精兵十万，革车千乘。楚闻之，夜引兵而去。

【一】索隐案：索训尽，言冠缨尽绝也。孔衍《春秋后语》亦作"冠缨尽绝"也。

【二】索隐案：谓为田求福禳。

【三】集解徐广曰："篝，笼也。"索隐案：瓯窭犹杯楼也。窭音如娄，古字少耳。言丰年收掇易，可满篝笼耳。正义窭音楼。篝音沟，笼也。瓯楼谓高地狭小之区，得满篝笼也。

【四】集解司马彪曰："汙邪，下地田也。"索隐按：司马彪云"汙邪，下地田"。即下田之中有薪，可满车。正义汙音乌。

威王大说，置酒后宫，召髡赐之酒。问曰："先生能饮几何而醉？"对曰："臣饮一斗亦醉，一石亦醉。"威王曰："先生饮一斗而醉，恶能饮一石哉！其说可得闻乎？"髡曰："赐酒大王之前，执法在傍，御史在后，髡恐惧俯伏而饮，不过一斗径醉矣。若亲有严客，髡帣韝鞠䞈，【一】侍酒于前，时赐余沥，奉觞上寿，数起，饮不过二斗径醉矣。若朋友交游，久不相见，卒然相睹，欢然道故，私情相语，饮可五六斗径醉矣。若乃州闾之会，男女杂坐，行酒稽留，六博投壶，相引为曹，握手无罚，目眙不禁，【二】前有堕珥，后有遗簪，髡窃乐此，饮可八斗而醉二参。【三】日暮酒阑，合尊促坐，男女同席，履舄交错，杯盘狼藉，堂上烛灭，主人留髡而送客，【四】罗襦襟解，微闻芗泽，当此之时，髡心最欢，能饮一石。故曰酒极则乱，乐极则悲；万事尽然。"言不可极，极之而衰，以讽谏焉。齐王曰："善。"乃罢长夜之饮，以髡为诸侯主客。【五】宗室置酒，髡尝在侧。

【一】集解徐广曰："帣，收衣袖也。襃，袂也。鞲，臂捍也，音沟。鞠，曲也。跽音其纪反，又与'踑'同，谓小跪也。"索隐帣音卷，纪免反，谓收袖也。鞲音沟，臂扞也。鞠，曲躬也。跽音其纪反，与"踑"同音，谓小跪。

【二】集解徐广曰："眙，吐甑反，直视貌。"索隐眙音与"瞪"同，谓直视也，丑甑反，又音丑二反。

【三】索隐案：上云"五六斗径醉矣"，则此为乐亦甚，饮可八斗而未径醉，故云"窃乐"。二参，言十有二参醉也。

【四】集解徐广曰："一本云'留髡坐，起送客'。"

【五】正义今鸿胪卿也。

其后百余年，楚有优孟。

优孟者，【一】故楚之乐人也。长八尺，多辩，常以谈笑讽谏。楚庄王之时，有所爱马，衣以文绣，置之华屋之下，席以露床，啖以枣脯。马病肥死，使群臣丧之，欲以棺椁大夫礼葬之。左右争之，以为不可。王下令曰："有敢以马谏者，罪至死。"优孟闻之，入殿门。仰天大哭。王惊而问其故。优孟曰："马者王之所爱也，以楚国堂堂之大，何求不得，而以大夫礼葬之，薄，请以人君礼葬之。"王曰："何如？"对曰："臣请以雕玉为棺，文梓为椁，楩枫豫章为题凑，【二】发甲卒为穿圹，老弱负土，齐赵陪位于前，韩魏翼卫其后，【三】庙食太牢，奉以万户之邑。诸侯闻之，皆知大王贱人而贵马也。"王曰："寡人之过一至此乎！为之奈何？"优孟曰："请为大王六畜葬之。以垅灶为椁，【四】铜历为棺，【五】赍以姜枣，【六】荐以木兰，祭以粳稻，衣以火光，葬之于人腹肠。"【七】于是王乃使以马属太官，无令天下久闻也。

【一】索隐案：优者，倡优也。孟，字也。其优旃亦同，旃其字耳。优孟在楚，旃在秦者也。

【二】集解苏林曰："以木累棺外，木头皆内向，故曰题凑。"正义楱，频绵反。

【三】集解楚庄王时，未有赵、韩、魏三国。索隐案：此辨说者之词，后人所增饰之矣。

【四】索隐按：《皇览》亦说此事，以"埌灶"为"茗突"也。

【五】索隐按：历即釜鬲也。

【六】索隐按：古者食肉用姜枣，《礼·内则》云"实枣于其腹中，屑桂与姜，以洒诸其上而食之"是也。

【七】索隐《皇览》云："火送之箸端，葬之肠中。"

楚相孙叔敖知其贤人也，善待之。病且死，属其子曰："我死，汝必贫困。若往见优孟，言我孙叔敖之子也。"居数年，其子穷困负薪，逢优孟，与言曰："我，孙叔敖之子也。父且死时，属我贫困往见优孟。"优孟曰："若无远有所之。"【一】即为孙叔敖衣冠，抵掌谈语。【二】岁余，像孙叔敖，楚王左右不能别也。庄王置酒，优孟前为寿。庄王大惊，以为孙叔敖复生也，欲以为相。优孟曰："请归与妇计之，三日而为相。"庄王许之。三日后，优孟复来。王曰："妇言谓何？"孟曰："妇言慎无为，楚相不足为也。如孙叔敖之为楚相，尽忠为廉以治楚，楚王得以霸。今死，其子无立锥之地，贫困负薪以自饮食。必如孙叔敖，不如自杀。"因歌曰："山居耕田苦，难以得食。起而为吏，身贪鄙者余财，不顾耻辱。身死家室富，又恐受赇枉法，为奸触大罪，身死而家灭。贪吏安可为也！念为廉吏，奉法守职，竟死不敢为非。廉吏安可为也！楚相孙叔敖持廉至死，方今妻子穷困负薪而食，不足为也！"于是庄王谢优孟，乃召孙叔敖子，封之寝丘【三】四百户，以奉其祀。后十世不绝。此知可以言时矣。

【一】索隐案：谓优孟语孙叔敖之子曰"汝无远有所之，适他境，恐王后求汝不得"者也。

【二】集解《战国策》曰："苏秦说赵王华屋之下，抵掌而言。"张载曰："谈说之容则也。"

【三】集解徐广曰："在固始。"正义今光州固始县，本寝丘邑也。《吕氏春秋》云："楚孙叔敖有功于国，疾将死，戒其子曰：'王数欲封我，我辞不受。我死，必封汝。汝无受利地，荆楚间有寝丘者，其为地不利，而前有妒谷，后有戾丘，其名恶，可长有也。'其子从之。楚功臣封二世而收，唯寝丘不夺也。"

其后二百余年，秦有优旃。

优旃者，秦倡侏儒也。善为笑言，然合于大道。秦始皇时，置酒而天雨，陛楯者皆沾寒。优旃见而哀之，谓之曰："汝欲休乎？"陛楯者皆曰："幸甚。"优旃曰："我即呼汝，汝疾应曰诺。"居有顷，殿上上寿呼万岁。优旃临槛【一】大呼曰："陛楯郎！"郎曰："诺。"优旃曰："汝虽长，何益，幸雨立。我虽短也，幸休居。"于是始皇使陛楯者得半相代。

【一】正义御览反。

始皇尝议欲大苑囿，东至函谷关，西至雍、陈仓。【一】优旃曰："善。多纵禽兽于其中，寇从东方来，令麋鹿触之足矣。"始皇以故辍止。

【一】正义今岐州雍县及陈仓县也。

二世立，又欲漆其城。优旃曰："善。主上虽无言，臣固将请之。漆城虽于百姓愁费，然佳哉！漆城荡荡，寇来不能上。即欲就之，易为漆耳，顾难为荫室。"于是二世笑之，以其故止。居无何，二世杀死，优旃归汉，数年而卒。

　　太史公曰：淳于髡仰天大笑，齐威王横行。优孟摇头而歌，负薪者以封。优旃临槛疾呼，陛楯得以半更。岂不亦伟哉！

货殖传

[索隐]《论语》云:"赐不受命,而货殖焉。"《广雅》云:"殖,立也。"孔安国注《尚书》云:"殖,生也。生资货财利。"

《老子》曰:"至治之极,邻国相望,【一】鸡狗之声相闻,民各甘其食,美其服,安其俗,乐其业,至老死不相往来。"必用此为务,挽近世涂民耳目,【二】则几无行矣。

【一】[正义]音亡。

【二】[索隐]挽音晚,古字通用。

太史公曰:夫神农以前,吾不知已。至若《诗》《书》所述虞夏以来,耳目欲极声色之好,口欲穷刍豢之味,身安逸乐,而心夸矜势能之荣使。俗之渐民久矣,虽户说以眇论,【一】终不能化。故善者因之,其次利道之,其次教诲之,其次整齐之,最下者与之争。

【一】[索隐]上音妙,下如字。

夫山西饶材、竹、穀、纑、【一】旄、玉石;山东多鱼、盐、漆、丝、声色;江南出楠、梓、【二】姜、桂、金、锡、连、【三】丹沙、犀、玳瑁、珠玑、齿革;龙门、碣石【四】北多马、牛、羊、旃裘、筋角;铜、铁则千里往往山出棋置:【五】此其大较【六】也。皆中国人民所喜好,谣俗被服饮食奉生送死之具也。故待农而食之,虞而出之,工而成之,商而通之。此宁有政教发征期会哉?人各任其能,竭其力,以得所欲。故物贱之徵贵,【七】贵之徵贱,各劝其业,乐其事,若水之趋下,日夜无休时,不召而自来,不求而民出之。岂非道之所符，【八】而自然之验耶？

【一】集解徐广曰："纻属，可以为布。"索隐上音谷，又音雏。榖，木名，皮可为纸。栌，山中纻，可以为布，音卢。纻音伫，今山间野纻，亦作"苧"。

【二】索隐南子二音。

【三】集解徐广曰："音莲，铅之未炼者。"索隐下音莲。

【四】正义龙门山在绛州龙门县。碣石山在平州卢龙县。

【五】索隐言如置棋子，往往有之。正义言出铜铁之山方千里，如围棋之置也。《管子》云："凡天下名山五千二百七十，出铜之山四百六十七，出铁之山三千六百九。山上有赭，其下有铁。山上有铅，其下有银。山上有银，其下有丹。山上有磁石，其下有金也。"

【六】索隐音角。大较犹大略也。

【七】索隐徼者，求也。谓此处物贱，求彼贵卖之。

【八】索隐道之符。符谓合于道也。

《周书》曰："农不出则乏其食，工不作则乏其事，商不出则三宝绝，虞不出则财匮少。"财匮少而山泽不辟【一】矣。此四者，民所衣食之原也。原大则饶，原小则鲜。上则富国，下则富家。贫富之道，莫之夺予，【二】而巧者有余，拙者不足。故太公望封于营丘，地潟卤，【三】人民寡，于是太公劝其女功，极技巧，通鱼盐，则人物归之，繦至而辐凑。故齐冠带衣履天下，海岱之间敛袂而往朝焉。【四】其后齐中衰，管子修之，设轻重九府，【五】则桓公以霸，九合诸侯，一匡天下；而管氏亦有三归，位在陪臣，富于列国之君。是以齐富强至于威、宣也。

【一】索隐下音辟。辟，开也，通也。

【二】索隐音与。言贫富自由，无予夺。

【三】集解徐广曰："潟音昔。潟卤，咸地也。"

【四】索隐言齐既富饶，能冠带天下，丰厚被于他邦，故海岱之间敛袂而朝齐，言趋利者也。

【五】正义《管子》云"轻重"，谓钱也。夫治民有轻重之法，周有大府、玉府、内府、外府、泉府、天府、职内、职金、职币，皆掌财币之官，故云九府也。

故曰："仓廪实而知礼节，衣食足而知荣辱。"礼生于有而废于无。故君子富，好行其德；小人富，以适其力。渊深而鱼生之，山深而兽往之，人富而仁义附焉。富者得势益彰，失势则客无所之，以而不乐。夷狄益甚。谚曰："千金之子，不死于市。"此非空言也。故曰："天下熙熙，皆为利来；天下壤壤，皆为利往。"夫千乘之王，万家之侯，百室之君，尚犹患贫，而况匹夫编户之民乎！

昔者越王句践困于会稽之上，乃用范蠡、计然。【一】计然曰："知斗则修备，时用则知物，【二】二者形则万货之情可得而观已。故岁在金，穰；水，毁；木，饥；火，旱。【三】旱则资舟，水则资车，【四】物之理也。六岁穰，六岁旱，十二岁一大饥。夫粜，二十病农，九十病末。【五】末病则财不出，农病则草不辟矣。上不过八十，下不减三十，则农末俱利，平粜齐物，关市不乏，治国之道也。积著【六】之理，务完物，无息币。【七】以物相贸，易腐败而食之货勿留，无敢居贵。论其有余不足，则知贵贱。贵上极则反贱，贱下极则反贵。贵出如粪土，贱取如珠玉。【八】财币欲其行如流水。"修之十年，国富，厚赂战士，士赴矢石，如渴得饮，遂报强吴，观兵中国，称号"五霸"。

【一】集解徐广曰："计然者，范蠡之师也，名研，故谚曰'研、桑心算'。"骃案：《范子》曰："计然者，葵丘濮上人，姓辛氏，字文子，其先晋国亡公子也。尝南游于越，范蠡师事之。"索隐计然，韦昭云范蠡师也。蔡谟云蠡所著书名"计然"，盖非也。徐广亦以为范蠡之师，名研，所谓"研、桑心计"也。《范子》曰"计然者,葵丘濮上人,姓辛氏,字文,其先晋之公子。南游越,范蠡事之"。《吴越春秋》谓之"计倪"。《汉书·古今人表》计然列在第四,则"倪"之与"研"是一人,声相近而相乱耳。

【二】索隐时用知物。案:言知时所用之物。

【三】索隐五行不说土者,土,穰也。

【四】索隐《国语》大夫种曰"贾人早资舟,水资车以待"也。

【五】索隐言米贱则农夫病也。若米斗直九十,则商贾病,故云"病末"。末谓逐末,即商贾也。

【六】索隐音张吕反。

【七】索隐毋息弊。久停息货物则无利。

【八】索隐夫物极贵必贱,极贱必贵。贵出如粪土者,既极贵,后恐其必贱,故乘时出之如粪土。贱取如珠玉者,既极贱,后恐其必贵,故乘时取之如珠玉。此所以为货殖也。元注恐错。

范蠡既雪会稽之耻,乃喟然而叹曰:"计然之策七,越用其五而得意。既已施于国,吾欲用之家。"乃乘扁舟【一】浮于江湖,【二】变名易姓,适齐为鸱夷子皮,【三】之陶【四】为朱公。朱公以为陶天下之中,诸侯四通,货物所交易也。乃治产积居。与时逐【五】而不责于人。【六】故善治生者,能择人而任时。十九年之中三致千金,再分散与贫交疏昆弟。此所谓富好行其德者也。后年衰老而听子孙,子孙修业而息之,遂至巨万。【七】故言富者皆称陶朱公。

【一】集解《汉书音义》曰:"特舟也。"索隐扁音篇,又音符殄反。服虔云:"特舟也。"《国语》云:"范蠡乘轻舟。"

【二】正义《国语》云句践灭吴,反至五湖,范蠡辞于王曰:"君王勉之,臣不复入国矣。"遂乘轻舟,以浮于五湖,莫知其所终极。

【三】索隐大颜曰:"若盛酒者鸱夷也,用之则多所容纳,不用则可卷而怀之，不忤于物也。"案：《韩子》云"鸱夷子皮事田成子，成子去齐之燕，子皮乃从之"也。盖范蠡也。

【四】索隐服虔云："今定陶也。"正义《括地志》云："即陶山，在齐州平（阳）〔陵〕县东三十五里陶山之阳也。今南五里犹有朱公冢。"又云："曹州济阳县东南三里有陶朱公冢，又云在南郡华容县西，未详也。"

【五】集解《汉书音义》曰："逐时而居货。"索隐韦昭云："随时逐利也。"

【六】索隐案：谓择人而与人不负之，故云不责于人也。

【七】集解徐广曰："万万也。"

子赣既学于仲尼，退而仕于卫，废著【一】鬻财于曹、鲁之间，七十子之徒，赐最为饶益。原宪不厌糟糠，【二】匿于穷巷。子贡结驷连骑，束帛之币以聘享诸侯，所至，国君无不分庭与之抗礼。夫使孔子名布扬于天下者，子贡先后之也。此所谓得势而益彰者乎？

【一】集解徐广曰："《子赣传》云'废居'。著犹居也。著读音如贮。"索隐著音贮。《汉书》亦作"贮"，贮犹居也。《说文》云："贮，积也。"

【二】索隐厌，饱也。

白圭，周人也。当魏文侯时，李克【一】务尽地力，而白圭乐观时变，故人弃我取，人取我与。夫岁孰取谷，予之丝漆；茧出取帛絮，与之食。【二】太阴在卯，穰；【三】明岁衰恶。至午，旱；明岁美。至酉，穰；明岁衰恶。至子，大旱；明岁美，有水。至卯，积著率【四】岁倍。欲长钱，取下谷；长石斗，取上种。能薄饮食，忍嗜欲，节衣服，与用事僮仆同苦乐，趋时若猛兽挚鸟之发。故曰："吾治生产，犹伊尹、吕尚之谋，孙吴用兵，商鞅行法是也。是故其智不足与权变，勇不足以决断，仁不能以取予，强不能有所守，虽欲学吾术，终不告之矣。"盖天下言治生祖白圭。白圭其有所试矣，能试有所长，非苟而已也。

【一】索隐案：《汉书·食货志》李悝为魏文侯作尽地力之教，国以富强。今此及《汉书》言"克"，皆误也。刘向《别录》则云"李悝"也。

【二】索隐谓谷。

【三】正义太阴，岁后二辰为太阴。

【四】正义贮律二音。

猗顿用鹽盐起。【一】而邯郸郭纵以铁冶成业，与王者埒富。

【一】集解《孔丛子》曰："猗顿，鲁之穷士也。耕则常饥，桑则常寒。闻朱公富，往而问术焉。朱公告之曰：'子欲速富，当畜五牸。'于是乃适西河，大畜牛羊于猗氏之南，十年之间，其息不可计，赀拟王公，驰名天下。以兴富于猗氏，故曰猗顿。"索隐鹽音古。案：《周礼·盐人》云"共苦盐"，杜子春以为苦读如鹽。鹽谓出盐直用不炼也。一说云鹽盐，河东大盐；散盐，东海煮水为盐也。正义案：猗氏，蒲州县也。河东盐池是畦盐。作畦，若种韭一畦。天雨下，池中咸淡得均，即畎池中水上畔中，深一尺许坑，日暴之五六日则成，盐若白矾石，大小如双陆及棋，则呼为畦盐。或有花盐，缘黄河盐池有八九所，而盐州有乌池，犹出三色盐，有井盐、畦盐、花盐。其池中凿井深一二尺，去泥即到盐，掘取若至一丈，则著平石无盐矣。其色或白或青黑，名曰井盐。畦盐若河东者。花盐，池中雨下，随而大小成盐，其下方微空，上头随雨下池中，其滴高起若塔子形处曰花盐，亦曰即成盐焉。池中心有泉井，水淡，所作池人马尽汲此井。其盐四分入官，一分入百姓也。池中又凿得盐块，阔一尺余，高二尺，白色光明洞彻，年贡之也。

乌氏倮【一】畜牧，及众，【二】斥卖，求奇缯物，【三】间献遗戎王。【四】戎王什倍其偿，与之畜，【五】畜至用谷量马牛。【六】秦始皇帝令倮比封君，以时与列臣朝请。而巴寡妇清，【七】其先得丹穴，【八】而擅其利数世，家亦不訾。【九】清，寡妇也，能守其业，用财自卫，不见侵犯。秦皇帝以为贞妇而客之，为筑女怀清台。夫倮鄙人牧长，清穷乡寡妇，礼抗万乘，名显天下，岂非以富邪？

【一】集解韦昭曰："乌氏，县名，属安定。倮，名也。"索隐《汉书》作"赢"。案：乌氏，县名。氏音支。名倮，音躶也。正义县，古城在泾州安定县东四十里。倮，名也。

【二】索隐谓畜牧及至众多之时。

【三】索隐谓斥物卖之以求奇物也。

【四】集解徐广曰："间，一作'奸'。不以公正谓之奸也。"索隐案：间献犹私献也。

【五】索隐什倍其当，予之畜。谓戎王偿之牛羊十倍也。"当"字《汉书》作"偿"也。

【六】集解韦昭曰："满谷则具不复数。"索隐谷音欲。

【七】索隐《汉书》"巴寡妇清"。巴，寡妇之邑；清，其名也。

【八】集解徐广曰："涪陵出丹。"正义《括地志》云："寡妇清台山俗名贞女山，在涪州永安县东北七十里也。"

【九】索隐案：谓其多，不可营量。正义音子兒反。言资财众多，不可营量。一云清多以财饷遗四方，用卫其业，故财亦不多积聚。

汉兴，海内为一，开关梁，弛山泽之禁，是以富商大贾周流天下，交易之物莫不通，得其所欲，而徙豪杰诸侯强族于京师。

关中自汧、雍以东至河、华，膏壤沃野千里，自虞夏之贡以为上田，而公刘适邠，太王、王季在岐，文王作丰，武王治镐，故其民犹有先王之遗风，好稼穑，殖五谷，地重，【一】重为邪。【二】及秦文、孝、缪居雍，隙【三】陇蜀之货物而多贾。【四】献孝公徙栎邑，【五】栎邑北郤戎翟，东通三晋，亦多大贾。孝、昭治咸阳，因以汉都，长安诸陵，四方辐凑并至而会，地小人众，故其民益玩巧而事末也。南则巴蜀。巴蜀亦沃野，地饶卮、【六】姜、丹沙、石、铜、铁、【七】竹、木之器。南御滇僰，僰僮。西近邛笮，笮马、旄牛。然四塞，栈道千里，无所不通，唯褒斜绾毂其口，【八】以所多易所鲜。【九】天水、陇西、北地、上郡与关中同俗，然西有羌中之利，北有戎翟之畜，畜牧为天下饶。然地亦穷险，唯京师要其道。【一○】故关中之地，于天下三分之一，而人众不过什三；然量其富，什居其六。

【一】索隐言重耕稼也。

【二】索隐重音逐陇反。重者，难也。畏言不敢为奸邪。正义重并逐拱反。言关中地重厚，民亦重难不为邪恶。

【三】集解徐广曰："隙者，间孔也。地居陇蜀之间要路，故曰隙。"索隐徐氏云隙，间孔也。隙者，陇雍之间闲隙之地，故云"雍隙"也。正义雍，县。岐州雍县也。

【四】索隐音古。

【五】集解徐广曰："在冯翊。"索隐上音药，即栎阳。

【六】集解徐广曰："音支。烟支也，紫赤色也。"

【七】集解徐广曰："邛都出铜，临邛出铁。"

【八】集解徐广曰："在汉中。"索隐言褒斜道狭，绾其道口，有若车毂之凑，故云"绾毂"也。

【九】索隐易音亦。鲜音匙。言以所多易其所少。

【一○】正义要音腰。言要束其路也。

昔唐人都河东，【一】殷人都河内，【二】周人都河南。【三】夫三河在天下之中，若鼎足，王者所更居也，建国各数百千岁，土地小狭，民人众，都国诸侯所聚会，故其俗纤俭习事。杨、平阳陈【四】西贾秦、翟，【五】北贾种、代。【六】种、代，石北也，【七】地边胡，数被寇。人民矜懻忮，【八】好气，任侠为奸，不事农商。然迫近北夷，师旅亟往，中国委输时有奇羡。【九】其民羯羠不均，【一〇】自全晋之时固已患其僄悍，而武灵王益厉之，其谣俗犹有赵之风也。故杨、平阳陈掾其间，【一一】得所欲。温、轵【一二】西贾上党，【一三】北贾赵、中山。【一四】中山地薄人众，犹有沙丘纣淫地余民，【一五】民俗懁急，【一六】仰机利而食。丈夫相聚游戏，悲歌忼慨，起则相随椎剽，【一七】休则掘冢作巧奸冶，【一八】多美物，【一九】为倡优。女子则鼓鸣瑟，跕屣，【二〇】游媚贵富，入后宫，遍诸侯。

【一】集解徐广曰："尧都晋阳也。"

【二】正义盘庚都殷墟，地属河内也。

【三】正义周自平王已下都洛阳。

【四】索隐杨、平阳，二邑名，在赵之西。"陈"盖衍字。以下有"杨、平阳陈掾"，此因衍也。言二邑之人皆西贾于秦、翟，北贾于种、代。种、代在石邑之北也。

【五】正义贾音古。秦，关内也。翟，鄜、石等州部落稽也。延、绥、银三州皆白翟所居。

【六】正义上之勇反。种在恒州石邑县北，盖蔚州也。代，今代州。

【七】集解徐广曰："石邑县也，在常山。"

【八】集解晋灼曰："懻音慨。忮音坚忮。"瓒曰："懻音慨。今北土名强直为'懻中'也。"索隐上音冀，下音寘。

【九】索隐上音羯，下音羊战反。奇羡谓奇有余衍也。

【一〇】集解徐广曰："羠音兕，一音囚几反，皆健羊名。"索隐羯音己纥反。羠音慈纪反。徐广云羠音兕，皆健羊也。其方人性若羊，健捍而不均。

【一一】索隐掾音逐缘反。陈掾犹经营驰逐也。

【一二】索隐二县名，属河内。

【一三】正义泽、潞等州也。

【一四】[正义]洛州及定州。

【一五】[集解]晋灼曰:"言地薄人众,犹复有沙丘纣淫地余民,通系之于淫风而言也。"[正义]沙丘在邢州也。

【一六】[集解]徐广曰:"儇,急也,音绢。一作'僄',一作'惠'也,音翲也。"[索隐]儇音绢。僄音翲。

【一七】[索隐]椎,即追反。椎杀人而剽掠之。

【一八】[集解]徐广曰:"一作'蛊'。"

【一九】[集解]徐广曰:"美,一作'弄',一作'椎'。"

【二〇】[集解]徐广曰:"跕音帖。"张晏曰:"跕,屣也。"瓒曰:"蹑跟为跕也。"[索隐]上音帖,下所绮反。

然邯郸亦漳、河之间【一】一都会也。北通燕、涿,南有郑、卫。郑、卫俗与赵相类,然近梁、鲁,微重而矜节。【二】濮上之邑徙野王,【三】野王好气任侠,卫之风也。

【一】[正义]洺水本名漳水,邯郸在其地。

【二】[集解]徐广曰:"矜,一作'务'。"

【三】[集解]徐广曰:"卫君角徙野王。"[正义]秦拔卫濮阳,徙其君于怀州野王。

夫燕亦勃、碣之间【一】一都会也。南通齐、赵,东北边胡。上谷至辽东,地踔远,【二】人民希,数被寇,大与赵、代俗相类,而民雕捍【三】少虑,有鱼盐枣栗之饶。北邻乌桓、【四】夫余,东绾秽貉、【五】朝鲜、真番之利。【六】

【一】[正义]勃海、碣石在西北。

【二】[索隐]刘氏上音卓,一音敕教反,亦远腾儿也。

【三】[索隐]人雕悍。言如雕性之捷捍也。

【四】[索隐]邻,一作"临"。临者,亦却背之义,他并类此也。

【五】索隐东绾秽貊。案：绾者，绾统其要津；则上云"临"者，谓却背之。

【六】正义番音潘。

洛阳东贾齐、鲁，南贾梁、楚。故泰山之阳则鲁，其阴则齐。

齐带山海，【一】膏壤千里，宜桑麻，人民多文綵布帛鱼盐。临菑亦海岱之间一都会也。其俗宽缓阔达，而足智，好议论，地重，难动摇，怯于众斗，勇于持刺，故多劫人者，大国之风也。其中具五民。【二】

【一】集解徐广曰："《齐世家》曰'齐自泰山属之琅邪，北被于海，膏壤二千里，其民阔达多匿智'。"

【二】集解服虔曰："士、农、商、工、贾也。"如淳曰："游子乐其俗不复归，故有五方之民。"

而邹、鲁滨洙、泗，犹有周公遗风，俗好儒，备于礼，故其民龊龊。【一】颇有桑麻之业，无林泽之饶。地小人众，俭啬，畏罪远邪。及其衰，好贾趋利，甚于周人。

【一】索隐龊音侧角反，又音侧断反。

夫自鸿沟以东，【一】芒、砀以北，【二】属巨野，【三】此梁、宋也。【四】陶、【五】睢阳【六】亦一都会也。昔尧作游成阳，【七】舜渔于雷泽，【八】汤止于亳。【九】其俗犹有先王遗风，重厚多君子，好稼穑，虽无山川之饶，能恶衣食，致其畜藏。

【一】集解徐广曰："在荥阳。"

【二】集解徐广曰："今为临淮。"

【三】正义郓州钜野县有钜野泽也。

【四】集解徐广曰："今之浚仪。"正义鸿沟以东，芒、砀以北至钜野，梁宋二国之地。

【五】集解徐广曰："今之定陶。"正义今曹州。

【六】正义今宋州宋城也。

【七】集解如淳曰："作,起也。成阳在定陶。"

【八】集解徐广曰："在成阳。"正义泽在雷泽县西北也。

【九】集解徐广曰："今梁国薄县。"正义宋州谷熟县西南四十五里南亳州故城是也。

越、楚则有三俗。【一】夫自淮北沛、陈、汝南、南郡,此西楚也。【二】其俗剽轻,易发怒,地薄,寡于积聚。江陵故郢都,【三】西通巫、巴,【四】东有云梦之饶。【五】陈在楚夏之交,【六】通鱼盐之货,其民多贾。徐、僮、取虑,【七】则清刻,矜己诺。【八】

【一】正义越灭吴则有江淮以北,楚灭越,兼有吴越之地,故言"越楚"也。

【二】正义沛,徐州沛县也。陈,今陈州也。汝,汝州也。南郡,今荆州也。言从沛郡西至荆州,并西楚也。

【三】正义荆州江陵县故为郢,楚之都。

【四】正义巫郡、巴郡在江陵之西也。

【五】集解徐广曰："在华容。"

【六】正义夏都阳城。言陈南则楚,西及北则夏,故云"楚夏之交"。

【七】集解徐广曰："皆在下邳。"正义取音秋,虑音闾。徐即徐城,故徐国也。僮、取虑二县并在下邳,今泗州。

【八】正义上音纪。

彭城以东,东海、吴、广陵,此东楚也。【一】其俗类徐、僮。朐、缯以北,俗则齐。【二】浙江南则越。夫吴自阖庐、春申、王濞三人招致天下之喜游子弟,东有海盐之饶,章山之铜,三江、五湖之利,亦江东一都会也。

【一】正义彭城，徐州治县也。东海，郡，今海州也。吴，苏州也。广陵，杨州也。言从徐州彭城历杨州至苏州，并东楚之地。

【二】正义朐，其俱反，县在海州。故缯县在沂州之承县。言二县之北，风俗同于齐。

衡山、【一】九江、【二】江南、【三】豫章、【四】长沙，【五】是南楚也，其俗大类西楚。郢之后徙寿春，【六】亦一都会也。而合肥受南北潮，【七】皮革、鲍、木输会也。与闽中、干越杂俗，故南楚好辞，巧说少信。江南卑湿，丈夫早夭。多竹木。豫章出黄金，【八】长沙出连、锡，然堇堇【九】物之所有，取之不足以更费。【一○】九疑、【一一】苍梧以南至儋耳者，【一二】与江南大同俗，而杨越多焉。番禺【一三】亦其一都会也，珠玑、犀、玳瑁、果、布之凑。【一四】

【一】集解徐广曰："都郢。郢县属江夏。"正义故郢城在黄州东南百二十里。

【二】正义九江，郡，都阴陵。阴陵故城在濠州定远县西六十五里。

【三】集解徐广曰："高帝所置。江南者，丹阳也，秦置为鄣郡，武帝改名丹阳。"正义案：徐说非。秦置鄣郡在湖州长城县西南八十里，鄣郡故城是也。汉改为丹阳郡，徙郡宛陵，今宣州地也。上言吴有章山之铜，明是东楚之地。此言大江之南豫章长沙二郡，南楚之地耳。徐、裴以为江南丹阳郡属南楚，误之甚矣。

【四】正义今洪州也。

【五】正义今潭州也。《十三州志》云"有万里沙祠，而西自湘州至东莱万里，故曰长沙也"。淮南衡山、九江二郡及江南豫章、长沙二郡，并为楚也。

【六】正义楚考烈王二十二年，自陈徙都寿春，号之曰郢，故言"郢之徙寿春"也。

【七】集解徐广曰："在临淮。"正义合肥，县，庐州治也。言江淮之潮，南北俱至庐州也。

【八】集解徐广曰："鄱阳有之。"正义《括地志》云："江州浔阳县有黄金山，山出金。"

【九】正义音谨。

【一〇】集解应劭曰："堇，少也。更，偿也。言金少少耳，取之不足用，顾费用也。"

【一一】集解徐广曰："山在营道县南。"

【一二】正义今儋州在海中。广州南去京七千余里。言岭南至儋耳之地，与江南大同俗，而杨州之南，越民多焉。

【一三】正义潘虞二音。今广州。

【一四】集解韦昭曰："果谓龙眼、离支之属。布，葛布。"

颍川、南阳，夏人之居也。【一】夏人政尚忠朴，犹有先王之遗风。颍川敦愿。秦末世，迁不轨之民于南阳。南阳西通武关、郧关，【二】东南受汉、江、淮。宛亦一都会也。俗杂，好事业，多贾。其任侠，交通颍川，故至今谓之"夏人"。

【一】集解徐广曰："禹居阳翟。"正义禹居阳城。颍川、南阳皆夏地也。

【二】集解徐广曰："案汉中。一作'陨'字。"索隐郧音云。正义武关在商州。《地理志》云宛西通武关，而无郧关。盖"郧"当为"洵"。洵水上有关，在金州洵阳县。徐案汉中，是也。洵，亦作"郇"，与郧相似也。

夫天下物所鲜所多，人民谣俗，山东食海盐，山西食盐卤，【一】领南、沙北【二】固往往出盐，大体如此矣。

【一】正义谓西方咸地也。坚且咸，即出石盐及池盐。

【二】正义谓池、汉之北也。

总之，楚越之地，地广人希，饭稻羹鱼，或火耕而水耨，【一】果隋【二】蠃蛤，不待贾而足，【三】地势饶食，无饥馑之患，以故呰窳【四】

偷生，无积聚【五】而多贫。是故江淮以南，无冻饿之人，亦无千金之家。沂、泗水以北，宜五谷桑麻六畜，地小人众，数被水旱之害，民好畜藏，故秦、夏、梁、鲁好农而重民。三河、宛、陈亦然，加以商贾。齐、赵设智巧，仰机利。燕、代田畜而事蚕。

【一】集解徐广曰："乃遘反。除草也。"正义言风草下种，苗生大而草生小，以水灌之，则草死而苗无损也。耨，除草也。

【二】集解徐广曰："《地理志》作'蓏'。"索隐下音徒火反。注蓏音郎果反。正义柅，今为"稞"，音同，上古少字也。蠃，力和反。果稞犹稞叠包裹也，今楚越之俗尚有"裹稞"之语。楚越水乡，足螺鱼鳖，民多采捕积聚，稞叠包裹，煮而食之。班固不晓"裹稞"之方言，修《太史公书》述《地志》，乃改云"果蓏蠃蛤"，非太史公意，班氏失之也。

【三】正义贾音古。言楚越地势饶食，不用他贾而自足，无饥馑之患。

【四】集解徐广曰："音紫。呰窳，苟且堕懒之谓也。"骃案：应劭曰"呰，弱也"。晋灼曰"窳，病也"。索隐上音紫，下音庾。苟且懒惰之谓。应劭云"呰，弱也"。晋灼曰"窳，病也"。正义案：食螺蛤等物，故多羸弱而足病也。《淮南子》云"古者民食蠃蚌之肉，多疹毒之患"也。

【五】正义言江淮以南有水族，民多食物，朝夕取给以偷生而已。不为积聚，乃多贫也。

由此观之，贤人深谋于廊庙，论议朝廷，守信死节隐居岩穴之士设为名高者安归乎？归于富厚也。是以廉吏久，久更富，廉贾归富。【一】富者，人之情性，所不学而俱欲者也。故壮士在军，攻城先登，陷阵却敌，斩将搴旗，前蒙矢石，不避汤火之难者，为重赏使也。其在闾巷少年，攻剽椎埋，劫人作奸，掘冢铸币，任侠并兼，借交报仇，篡逐幽隐，不避法禁，走死地如骛者，【二】其实皆为财用耳。今夫赵女郑姬，设形容，揳鸣琴，揄长袂，蹑利屣，【三】目挑心招,【四】出不远千里,不择老少者,奔富厚也。游闲公子,饰冠剑,连车骑,亦为富贵容也。弋射渔猎,犯晨夜,冒霜雪,驰坑谷,不避猛兽之害,为得味也。博戏驰逐,斗鸡走狗,作色相矜,必争胜者,重失负也。医方诸食技术之人,焦神极能,为重糈也。吏士舞文弄法,刻章伪书,不避刀锯之诛者,没于赂遗也。农工商贾畜长,固求富益货也。此有知尽能索耳,终不余力而让财矣。

【一】集解骃案:归者,取利而不停货也。

【二】集解徐广曰:"骛,一作'流'。"

【三】集解徐广曰:"揄音臾。蹝,一作'跕'。跕音吐协反。屣音山耳反,舞屣也。"

【四】正义挑音田鸟反。

谚曰:"百里不贩樵,千里不贩籴。"居之一岁,种之以谷;十岁,树之以木;百岁,来之以德。德者,人物之谓也。今有无秩禄之奉,爵邑之入,而乐与之比者,命曰"素封"。【一】封者食租税,岁率【二】户二百。千户之君【三】则二十万,朝觐聘享出其中。庶民农工商贾,率亦岁万【四】息二千,百万之家则二十万,而更徭租赋出其中。衣食之欲,恣所好美矣。故曰陆地牧马二百蹄,【五】牛蹄角千,【六】千足羊,泽中千足彘,【七】水居千石鱼陂,【八】山居千章之材。【九】安邑千树枣;燕、秦千树栗;蜀、汉、江陵千树橘;淮北、常山已南,河济之间千树萩;陈、夏千亩漆;齐、鲁千亩桑麻;渭川千亩竹;及名国万家之城,带郭千亩亩钟之田,【一〇】若千亩卮茜,【一一】千畦姜韭;【一二】此其人皆与千户侯等。然是富给之资也,不窥市井,不行异邑,坐而待收,身有处士之义而取给焉。若至家贫亲老,妻子软弱,岁时无以祭祀进醵,【一三】饮食被服不足以自通,如此不惭耻,则无所比矣。是以无财作力,少有斗智,【一四】既饶争时,【一五】此其大经也。

今治生不待危身取给,则贤人勉焉。是故本富为上,末富次之,奸富最下。无岩处奇士之行,而长贫贱,好语仁义,亦足羞也。

【一】索隐谓无爵邑之入,禄秩之奉,则曰"素封"。素,空也。正义言不仕之人自有园田收养之给,其利比于封君,故曰"素封"也。

【二】正义音律。

【三】索隐千户之邑,户率二百,故千户二十万。

【四】索隐息二千,故百万之家亦二十万。

【五】集解《汉书音义》曰:"五十匹。"索隐案:马有四足,二百蹄有五十匹也。《汉书》则云"马蹄躈千",所记各异。

【六】集解《汉书音义》曰:"百六十七头也。马贵而牛贱,以此为率。"索隐牛足角千。案:马贵而牛贱,以此为率,则牛有百六十六头有奇也。

【七】集解韦昭曰:"二百五十头。"索隐韦昭云:"二百五十头。"

【八】集解徐广曰:"鱼以斤两为计也。"索隐陂音诐。《汉书》作"皮",音披。正义言陂泽养鱼,一岁收得千石鱼卖也。

【九】集解徐广曰:"一作'楸'。"骃案:韦昭曰"楸木所以为辕,音秋"。索隐《汉书》作"千章之萩",音秋。服虔云:"章,方也。"如淳云:"言任方章者千枚,谓章,大材也。"乐产云:"萩,梓木也,可以为辕。"

【一〇】集解徐广曰:"六斛四斗也。"

【一一】集解徐广曰:"卮音支,鲜支也。茜音倩,一名红蓝,其花染缯赤黄也。"索隐卮音支,鲜支也。茜音倩,一名红蓝,花染缯赤黄也。

【一二】集解徐广曰:"千畦,二十五亩。"骃案:韦昭曰"畦犹垄"。索隐韦昭云:"埒中畦犹垄也,谓五十亩也。"刘熙注《孟子》云:"今俗以二十五亩为小畦,五十亩为大畦。"王逸云:"畦犹区也。"

【一三】集解徐广曰:"会聚食。"索隐音渠略反。

【一四】正义言少有钱财,则斗智巧而求胜也。

【一五】正义既饶足钱财,乃逐时争利也。

凡编户之民，富相什则卑下之，伯则畏惮之，千则役，万则仆，物之理也。夫用贫求富，农不如工，工不如商，刺绣文不如倚市门，此言末业贫者之资也。通邑大都，酤一岁千酿，【一】醯酱千瓨，【二】酱千甔，【三】屠牛羊彘千皮，贩谷粜千钟，【四】薪藁千车，船长千丈，【五】木千章，【六】竹竿万个，【七】其轺车百乘，【八】牛车千两，【九】木器髹者千枚，【一〇】铜器千钧，【一一】素木铁器若卮茜千石，【一二】马蹄躈千，【一三】牛千足，羊彘千双，僮手指千，【一四】筋角丹沙千斤，其帛絮细布千钧，文采千匹，榻布皮革千石，【一五】漆千斗，【一六】蘖麹盐豉千荅，【一七】鲐鮆【一八】千斤，鲰千石，鲍千钧，【一九】枣栗千石者三之，【二〇】狐貂【二一】裘千皮，羔羊裘千石，【二二】旃席千具，佗果菜千钟，【二三】子贷金钱千贯，【二四】节驵会，【二五】贪贾三之，廉贾五之，【二六】此亦比千乘之家，其大率也。【二七】佗杂业不中什二，则非吾财也。【二八】

【一】<u>正义</u>酿千瓮。酤醯醋云。酒酤。

【二】<u>集解</u>徐广曰："长颈罂。"<u>索隐</u>醯酱千甀。闲江反。

【三】<u>集解</u>徐广曰："大罂缶。"<u>索隐</u>酱千儋。下都甘反。《汉书》作"儋"。孟康曰"儋，石罂"。石罂受一石，故云儋石。一音都滥反。

【四】<u>集解</u>徐广曰："出谷也。粜音掉也。"

【五】<u>索隐</u>按：积数长千丈。

【六】<u>集解</u>《汉书音义》曰："洪洞方粟。章、、材也。旧将作大匠掌材曰章曹掾。"<u>索隐</u>案：将作大匠掌材曰章曹掾。洪，胡孔反；洞音动。又并如字也。

【七】<u>集解</u>徐广曰："古贺反。"<u>索隐</u>竹干万个。《释名》云："竹曰简，木曰枚。"《方言》曰："个，枚也。"《仪礼》、《礼记》字为"个"。又《功臣表》"杨仆入竹三万简"。简个古今字也。<u>正义</u>《释名》云："竹曰个，木曰枚。"

【八】<u>集解</u>徐广曰："马车也。"<u>正义</u>轺音遥。《说文》云："轺，小车也。"

【九】<u>正义</u>车一乘为一两。《风俗通》云："箱辕及轮，两两而偶之，称两也。"

【一〇】集解徐广曰："枲音休，漆也。"索隐枲者千。上音休，谓漆也。千谓千枚也。正义颜云"以漆物谓之枲。又音许昭反。今关东俗器物一再漆者谓之'稍漆'，即枲声之转耳。今关西俗云黑枲盘、朱枲盘，硃，两义并通。"

【一一】集解徐广曰："三十斤。"

【一二】集解徐广曰："百二十斤为石。"骃案：《汉书音义》曰"素木，素器也"。

【一三】集解徐广曰："蹾音苦吊反，马八髎也，音料。"索隐徐广音苦吊反，马八髎也，音料。《埤仓》云"尻骨谓八髎，一曰夜蹄"。小颜云"噭，口也。蹄与口共千，则为二百匹。若顾胤则云"上文马二百蹄，与千户侯等。此蹄蹾千，比千乘之家，不容亦二百。则蹾谓九窍，通四蹄为十三而成一马，所谓'生之徒十有三'是也。凡七十六匹马"。案：亦多于千户侯比，则不知其所。

【一四】集解《汉书音义》曰："僮，奴婢也。古者无空手游日，皆有作务，作务须手指，故曰手指，以别马牛蹄角也。"

【一五】集解徐广曰："榻音吐合反。"骃案：《汉书音义》曰"榻布，白叠也。"索隐荅布。注音吐合反，大颜音吐盍反。案：以为粗厚之布，与皮革同以石而秤，非白叠布也。《吴录》云"有九真郡布，名曰白叠"。《广志》云"叠，毛织也"。正义颜师古曰："粗厚之布也。其价贱，故与皮革同重耳，非白叠也。荅者，厚之貌也。"案：白叠，木绵所织，非中国有也。

【一六】索隐《汉书》作"漆大斗"。案：谓大斗，大量也。言满量千斗，即今之千桶也。

【一七】集解徐广曰："或作'台'，器名有瓴。孙叔然云瓴，瓦器，受斗六升合为瓴。音贻。"索隐盐豉千盖。下音贻。孙炎说云"瓴，瓦器，受斗六合"，以解此，盖非也。案：《尚书大传》云"文皮千合"，则数两谓之合也。《三仓》云"㮼，盛盐豉器，音他果反"，则盖或㮼之异名耳。

【一八】集解《汉书音义》曰："音如楚人言荠，鲭鱼与鲐鱼也。"索隐《说文》云："鲐,海鱼。"音胎。鮆鱼,饮而不食,刀鱼也。《尔雅》谓之鱽鱼也。鮆音才尔反,又音荠。正义鲐音台,又音贻。《说文》云:"鲐,海鱼也。"鮆音齐礼反,刀鱼也。

【一九】集解徐广曰:"鲰音辄,脿鱼也。"索隐鲰音辄,一音昨苟反。鲰,小鱼也。鲍音抱,步饱反,今之鲍鱼也。脿音铺博反。案:破鲍不相离谓之脿,(兒)〔鱼〕渍云鲍。《声类》及《韵集》虽为此解,而"鲰生"之字见与此同。案:鲰者,小杂鱼也。正义鲰音族苟反,谓杂小鱼也。鲍,白也。然鲐鮆以斤论,鲍鲰以千钧论,乃其九倍多,故知鲐是大好者,鲰鲍是杂者也。徐云鲰,脿鱼也。脿,并各反。谓破开中头尾不相离为鲍,谓之脿关者也,此亦大鱼为之也。

【二〇】索隐案:三之者,三千石也。必三之者,取类上文故也。以枣栗贱,故三之为三千石也。正义谓三千石也。言枣栗三千石乃与上物相等。

【二一】索隐下音雕也。正义音彫。

【二二】索隐羔羊千石。谓秤皮重千石。

【二三】索隐果菜千种。千种者,言其多也。正义钟,六斛四斗。果菜谓杂果菜,于山野采取之。

【二四】索隐案:子谓利息也。贷音土代反。

【二五】集解徐广曰:"驵音祖朗反,马侩也。"骃案:《汉书音义》曰"会亦是侩也。节,节物贵贱也。谓估侩其余利比千乘之家"。索隐案:节者,节贵贱也。驵,旧音祖朗反,今音鷟。驵者,度牛马市;云驵侩者,合市也,音古外反。淮南子云"段干木,晋国之大驵",注云"干木,度市之魁也"。

【二六】集解《汉书音义》曰:"贪贾未当卖而卖,未可买而买,故得利少,而十得三。廉贾贵而卖,贱乃买,故十得五。"

【二七】正义率音律。

【二八】正义言杂恶业,而不在什分中得二分之利者,非世之美财也。

请略道当世千里之中,贤人所以富者,令后世得以观择焉。

蜀卓氏之先，【一】赵人也，用铁冶富。秦破赵，迁卓氏。卓氏见虏略，独夫妻推辇，行诣迁处。诸迁虏少有余财，争与吏，求近处，处葭萌。【二】唯卓氏曰："此地狭薄。吾闻汶山之下，【三】沃野，下有蹲鸱，【四】至死不饥。民工于市，易贾。"乃求远迁。致之临邛，大喜，即铁山鼓铸，运筹策，【五】倾滇蜀之民，【六】富至僮千人。【七】田池射猎之乐，拟于人君。

【一】集解徐广曰："卓，一作'淖'。"索隐《注》"卓，一作'淖'"，并音斫，一音闹。淖亦音泥淖，亦是姓，故齐有淖齿，汉有淖盖，与卓氏同出，或以同音淖也。

【二】集解徐广曰："属广汉。"正义葭萌，今利州县也。

【三】索隐汶山下。上音岷也。正义汶音珉。

【四】集解徐广曰："古'蹲'字作'蹲'。"骃案：《汉书音义》曰："水乡多鸱，其山下有沃野灌溉。"一曰大芋。正义蹲鸱，芋也。言邛州临邛县其地肥又沃，平野有大芋等也。《华阳国志》云汶山郡都安县有大芋如蹲鸱也。

【五】索隐《汉书》云"运筹以贾滇"。

【六】正义滇，一作"沮"。《汉书》亦作"滇蜀"。今益州郡有蜀州，亦因旧名及汉江为名。江在益州，南入导江，非汉中之汉江也。

【七】索隐《汉书》及《相如列传》并云"八百人"也。

程郑，山东迁虏也，亦冶铸，贾椎髻之民，【一】富埒卓氏，【二】俱居临邛。

【一】索隐魋结之人。上音椎髻，谓通贾南越也。

【二】索隐埒者，邻畔，言邻相次。

宛孔氏之先，梁人也，用铁冶为业。秦伐魏，迁孔氏南阳。大鼓铸，规陂池，连车骑，游诸侯，因通商贾之利，有游闲公子之赐与名。【一】然其赢得过当，愈于纤啬，【二】家致富数千金，故南阳行贾尽法孔氏之雍容。

【一】集解韦昭曰："优游闲暇也。"索隐谓通赐与于游闲公子，得其名。

【二】索隐谓孔氏以资给诸侯公子，既已得赐与之名，又蒙其所得之赢过于本资，故云"过当"，乃胜于细碎俭啬之贾也。纤，细也。《方言》云："纤，小也。"愈，胜也。正义音色。啬，吝也。言孔氏连车骑，游于诸侯，以资给之，兼通商贾之利，乃得游闲公子交名。然其通计赢利，过于所资给馈遗之当，犹有交游公子雍容，而胜于悭吝也。

鲁人俗俭啬，而曹邴氏【一】尤甚，以铁冶【二】起，富至巨万。然家自父兄子孙约，俛有拾，仰有取，贳贷行贾遍郡国。邹、鲁以其故多去文学而趋利者，以曹邴氏也。

【一】索隐邴音柄也。

【二】集解徐广曰："鲁县出铁。"

齐俗贱奴虏，而刀间【一】独爱贵之。桀黠奴，人之所患也，唯刀间收取，使之逐渔盐商贾之利，或连车骑，交守相，然愈益任之。终得其力，起富数千万。故曰"宁爵毋刀"，【二】言其能使豪奴自饶而尽其力。

【一】索隐上音雕，姓也。间，如字。正义刀，丁遥反。姓名。

【二】集解《汉书音义》曰："奴自相谓曰：'宁欲免去作民有爵邪？将止为刀氏作奴乎？'毋，发声语助。"索隐案奴自相谓曰："宁免去求官爵邪？"曰："无刀。"无刀，相止之辞也，言不去，止为刀氏作奴也。

周人既纤，【一】而师史【二】尤甚，转毂以百数，贾郡国，无所不至。洛阳街居在齐秦楚赵之中，【三】贫人学事富家，相矜以久贾，【四】

数过邑不入门，设任此等，故师史能致七千万。

【一】集解《汉书音义》曰："俭啬也。"

【二】索隐师，姓；史，名。正义师史，人姓名。

【三】正义洛阳在齐秦楚赵之中，其街巷贫人，学于富家，相矜以久贾诸国，皆数历里邑不入其门，故前云"洛阳东贾齐、鲁，南贾梁、楚"是也。

【四】集解《汉书音义》曰："谓街巷居民无田地，皆相矜久贾在此诸国也。"

宣曲【一】任氏之先，为督道仓吏。【二】秦之败也，豪杰皆争取金玉，而任氏独窖仓粟。【三】楚汉相距荥阳也，民不得耕种，米石至万，而豪杰金玉尽归任氏，任氏以此起富。富人争奢侈，而任氏折节为俭，力田畜。田畜人争取贱贾，【四】任氏独取贵善。【五】富者数世。然任公家约，非田畜所出弗衣食，公事不毕则身不得饮酒食肉。以此为闾里率，故富而主上重之。

【一】集解徐广曰："高祖功臣有宣曲侯。"索隐韦昭云："地名。高祖功臣有宣曲侯。"《上林赋》云"西驰宣曲"，当在京辅，今阙其地。正义案：其地合在关内。张揖云"宣曲，宫名，在昆池西也。"

【二】集解《汉书音义》曰："若今吏督租谷使上道输在所也。"韦昭曰："督道，秦时边县名。"

【三】集解徐广曰："窖音校，穿地以藏也。"

【四】索隐晋灼云："争取贱贾金玉也。"正义音价也。

【五】索隐谓买物必取贵而善者，不争贱价也。

塞之斥也，【一】唯桥姚【二】已致马千匹，【三】牛倍之，羊万头，粟以万钟计。吴楚七国兵起时，长安中列侯封君行从军旅，赍贷子钱，【四】子钱家以为侯邑国在关东，关东成败未决，莫肯与。唯无盐氏出捐千金贷，【五】其息什之。【六】三月，吴楚平。一岁之中，则无盐氏之息什倍，用此富埒关中。

【一】集解《汉书音义》曰："边塞主斥候卒也。唯此人能致富若此。"索隐孟康云："边塞主斥候之卒也。"又案：斥，开也，《相如传》云"边塞益斥"是也。正义孟康云："边塞主斥候卒也。唯此人能致富若此。"颜云："塞斥者，言国斥开边塞，更令宽广，故桥姚得恣其畜牧也。"

【二】索隐桥，姓；姚，名。正义姓桥，名姚也。

【三】索隐言桥姚因斥塞而致此资。《风俗通》云："马称匹者，俗说云相马及君子，与人相匹，故云匹。或说马夜行，目照前四丈，故云一匹。或说度马纵横，适得一匹。"又《韩诗外传》云："孔子与颜回登山，望见一匹练，前有蓝，视之果马，马光景一匹长也。"

【四】索隐贳音子稽反。货，假也，音吐得反。与人物云贳。《周礼》注"贳所给与"也。

【五】索隐吐代反。

【六】索隐谓出一得十倍。

关中富商大贾，大抵尽诸田，田啬、田兰。韦家栗氏，安陵、杜杜氏，【一】亦巨万。

【一】集解徐广曰："安陵及杜，二县名，各有杜姓也。宣帝以杜为杜陵。"

此其章章尤异者也。【一】皆非有爵邑奉禄弄法犯奸而富，尽椎埋去就，与时俯仰，获其赢利，以末致财，用本守之，以武一切，用文持之，变化有概，故足术也。若至力农畜，工虞商贾，为权利以成富，大者倾郡，中者倾县，下者倾乡里者，不可胜数。

【一】集解徐广曰："异，一作'淑'，又作'较'。"

夫纤啬筋力，治生之正道也，而富者必用奇胜。田农，拙业，【一】

而秦阳以盖一州。【二】掘冢，奸事也，而曲叔以起。博戏，恶业也，而桓发【三】用富。行贾，丈夫贱行也，而雍乐成以饶。贩脂，【四】辱处也，而雍伯千金。【五】卖浆，小业也，而张氏千万。洒削，【六】薄技也，而郅氏鼎食。胃脯，【七】简微耳，浊氏连骑。马医，浅方，张里击钟。此皆诚壹之所致。

【一】集解徐广曰："古'拙'字亦作'掘'也。"

【二】索隐《汉书》作"甲一州"。服虔云："富为州之中第一。"

【三】索隐《汉书》作"稽发"。正义桓发，人姓名。

【四】正义《说文》云"戴角者脂，无角者膏"也。

【五】集解徐广曰："雍，一作'翁'。"索隐雍，于恭反。《汉书》作"翁伯"也。

【六】集解徐广曰："洒，或作'细'。"骃案：《汉书音义》曰"治刀剑名"。索隐上音先礼反，削刀者名。洒削，谓摩刀以水洒之。又《方言》云"剑削，关东谓之削"，音肖。削，一依字读也。

【七】索隐晋灼云："太官常以十月作沸汤燂羊胃，以末椒姜粉之讫，暴使燥，则谓之脯，故易售而致富。"正义案：胃脯谓和五味而脯美，故易售。

由是观之，富无经业，则货无常主，能者辐凑，不肖者瓦解。千金之家比一都之君，巨万者乃与王者同乐。岂所谓"素封"者邪？非也？

太史公自序

昔在颛顼，命南正重以司天，北正黎以司地。【一】唐虞之际，绍重黎之后，使复典之，至于夏商，故重黎氏世序天地。其在周，程伯休甫其后也。【二】当周宣王时，失其守而为司马氏。【三】司马氏世典周史。【四】惠襄之间，司马氏去周适晋。【五】晋中军随会奔秦，【六】而司马氏入少梁。【七】

【一】索隐南正重以司天，火正黎以司地。案：张晏云"南方，阳也。火，水配也。水为阴，故命南正重司天，火正黎兼地职"。臣瓒以为重黎氏是司天地之官，司地者宜曰北正，古文作"北"字，非也。扬雄、谯周并以为然。案：《国语》"黎为火正，以淳曜敦大，光照四海"，又《幽通赋》云"黎淳曜于高辛"，则"火正"为是也。

【二】集解应劭曰："封为程国伯，休甫，字也。"索隐案：重司天而黎司地，是代序天地也。据《左氏》，重是少昊之子，黎乃颛顼之胤，二氏二正，所出各别，而史迁意欲合二氏为一，故总云"在周，程伯休甫其后"，非也。然后案彪之序及干宝皆云司马氏，黎之后是也。今总称伯休甫是重黎之后者，凡言地即举天，称黎则兼重，自是相对之文，其实二官亦通职。然休甫则黎之后也，亦是太史公欲以史为己任，言先代天官，所以兼称重耳。正义《括地志》云："安陵故城在雍州咸阳东二十一里，周之程邑也。"

【三】正义司马彪序云："南正黎，后世为司马氏。"

【四】索隐案：司马，夏官卿，不掌国史，自是先代兼为史。卫宏云"司马氏，周史佚之后"，不知何据。

【五】集解张晏曰："周惠王、襄王有子穨、叔带之难，故司马氏奔晋。"

【六】索隐案《左氏》，随会自晋奔秦，后乃奔魏，自魏还晋，故《汉书》云会奔秦魏也。

【七】索隐古梁国也，秦灭之，改曰少梁，后名夏阳。正义案《春秋》，随会奔秦，其后自秦入魏而还晋也。随会为晋中军将。少梁，古梁国也，嬴姓，在同州韩城县南二十二里，是时属晋。

自司马氏去周适晋，分散，或在卫，或在赵，或在秦。其在卫者，相中山。【一】在赵者，【二】以传剑论显，【三】蒯聩【四】其后也。在秦者名错，与张仪争论，于是惠王使错将伐蜀，遂拔，因而守之【五】。错孙靳，【六】事武安君白起。而少梁更名曰夏阳。靳与武安君坑赵长平军，【七】还而与之俱赐死杜邮，【八】葬于华池。【九】靳孙昌，昌为秦主铁官，当始皇之时。蒯聩玄孙卬【一〇】为武信君将【一一】而徇朝歌。诸侯之相王，王卬于殷。【一二】汉之伐楚，卬归汉，以其地为河内郡。昌生无泽，【一三】无泽为汉市长。无泽生喜，喜为五大夫，卒，皆葬高门。【一四】喜生谈，谈为太史公。【一五】

【一】集解徐广曰："名喜也。"

【二】索隐案：何法盛《晋书》及《司马氏系本》名凯。正义何法盛《晋书》及晋谯王司马无忌《司马氏系本》皆云名凯。

【三】集解服虔曰："世善传剑也。"苏林曰："传手搏论而释之。"晋灼曰："《史记》吴起赞曰'非信仁廉勇，不能传剑论兵书'也。"索隐服虔云："代善剑也。"按：解所以称传也。苏林云传作"搏"，言手搏论而释之，所以知名也。

【四】正义五怪反。如淳云："《刺客传》之蒯聩也。"

【五】集解苏林曰："守，郡守也。"

【六】集解徐广曰："一作'蕲'。"索隐上音七各反，下音纪虮反。《汉书》作"蕲"。

【七】集解文颖曰："赵孝成时。"

【八】索隐下音尤。李奇曰"地名，在咸阳西十里"。按《三秦记》，其地后改为李里者也。

【九】集解晋灼曰："地名,在鄠县。"索隐晋灼云在鄠县,非也。案司马迁碑在夏阳西北四里。正义《括地志》云："华池在同州韩城县西南七十里,在夏阳故城西北四里。"

【一〇】索隐案:晋谯国司马无忌作《司马氏系本》,云蒯聩生昭豫,昭豫生宪,宪生卬。

【一一】集解徐广曰:"《张耳传》云武臣自号武信君。"索隐案《汉书》,武臣号武信君。

【一二】索隐《汉书》云项羽封卬为殷王。

【一三】索隐《汉书》作"毋择",并音亦也。

【一四】集解苏林曰:"长安北门也。"瓒曰:"长安城无高门。"索隐案:苏说非也。案迁碑,在夏阳西北,去华池三里。正义《括地志》云:"高门原俗名马门原,在同州韩城县西南十八里。汉司马迁墓在韩城县南二十二里。夏阳县故城东南有司马迁冢,在高门原上也。"

【一五】集解如淳曰:"《汉仪注》太史公,武帝置,位在丞相上。天下计书先上太史公,副上丞相,序事如古《春秋》。迁死后,宣帝以其官为令,行太史公文书而已。"瓒曰:"《百官表》无太史公。《茂陵中书》司马谈以太史丞为太史令。"索隐案《茂陵书》,谈以太史丞为太史令,则"公"者,迁所著书尊其父云"公"也。然称"太史公"皆迁称述其父所作,其实亦迁之词,而如淳引卫宏《仪注》称"位在丞相上",谬矣。案《百官表》又无其官。且修史之官,国家别有著撰,则令郡县所上图书皆先上之,而后人不晓,误以为在丞相上耳。正义虞喜《志林》云:"古者主天官者皆上公,自周至汉,其职转卑,然朝会坐位犹居公上。尊天之道,其官属仍以旧名尊而称也。"案:下文"太史公既掌天官,不治民,有子曰迁",又云"卒三岁而迁为太史公",又云"太史公遭李陵之祸",又云"汝复为太史,则续吾祖矣",观此文,虞喜说为长。乃书谈及迁为"太史公"者,皆迁自书之。《汉旧仪》云"太史公秩二千石,卒史皆秩二百石"。然瓒及韦昭、桓谭之说皆非也。以桓谭之说释在《武本纪》也。

太史公学天官于唐都,【一】受《易》于杨何,【二】习道论于黄子。【三】太史公仕于建元、元封之间,愍学者之不达其意而师悖,【四】乃论六家之要指曰:

【一】正义《天官书》云"星则唐都"也。

【二】集解徐广曰:"菑川人。"

【三】集解徐广曰:"《儒林传》曰黄生,好黄老之术。"

【四】正义布内反。颜云:"悖,惑也。各习师书,惑于所见也。"

《易大传》:【一】"天下一致而百虑,同归而殊涂。"夫阴阳、儒、墨、名、法、道德,此务为治者也,直所从言之异路,有省不省耳。【二】尝窃观阴阳之术,大祥【三】而众忌讳,使人拘而多所畏;【四】然其序四时之大顺,不可失也。儒者博而寡要,劳而少功,是以其事难尽从;然其序君臣父子之礼,列夫妇长幼之别,不可易也。墨者【五】俭而难遵,是以其事不可徧循;【六】然其强本节用,不可废也。法家严而少恩;然其正君臣上下之分,不可改矣。名家使人俭而善失真;【七】然其正名实,不可不察也。道家使人精神专一,动合无形,赡足万物。【八】其为术也,因阴阳之大顺,采儒、墨之善,撮名、法之要,与时迁移,应物变化,立俗施事,无所不宜,指约而易操,事少而功多。儒者则不然。以为人主天下之仪表也,主倡而臣和,主先而臣随。如此则主劳而臣逸。至于大道之要,去健羡,【九】绌聪明,【一○】释此而任术。夫神大用则竭,形大劳则敝。形神骚动,欲与天地长久,非所闻也。

【一】集解张晏曰:"谓《易·系辞》。"正义张晏云"谓《易·系辞》"。案:下二句是《系辞》文也。

【二】索隐案:六家同归于正,然所从之道殊涂,学或有传习省察,或有不

【三】集解徐广曰："一作'详'。"骃案：李奇曰"月令星官，是其枝叶也"。索隐《注》一作"大祥"。案：《汉书》作"大详"，言我观阴阳之术大详。而今此作"祥"，于义为疏也。正义顾野王云："祥，善也，吉凶之先见也。"

【四】正义言拘束于日时，令人有所忌畏也。

【五】正义韦云："墨翟之术也，尚俭，后有随巢子传其术也。"

【六】索隐徧音遍。徧循，言难尽用也。

【七】索隐刘向《别录》云：名家流出于礼官。古者名位不同，礼亦异数，孔子曰"必也正名乎"。案：名家知礼亦异数，是俭也，受命不受辞，或失其真也。

【八】索隐赡音市艳反。《汉书》作"澹"，古今字异也。

【九】集解如淳曰："'知雄守雌'，是去健也。'不见可欲，使心不乱'，是去美也。"

【一〇】索隐如淳曰："不尚贤，绝圣弃智也。"

夫阴阳四时、八位、十二度、二十四节【一】各有教令，顺之者昌，逆之者不死则亡。未必然也，故曰"使人拘而多畏"。夫春生夏长，秋收冬藏，此天道之大经也，弗顺则无以为天下纲纪，故曰"四时之大顺，不可失也。"

【一】集解张晏曰："八位，八卦位也。十二度，十二次也。二十四节，就中气也。各有禁忌，谓日月也。"

夫儒者以六艺为法。六艺经传以千万数，累世不能通其学，当年不能究其礼，故曰"博而寡要，劳而少功"。若夫列君臣父子之礼，序夫妇长幼之别，虽百家弗能易也。

墨者亦尚尧舜道，言其德行曰："堂高三尺，【一】土阶三等，茅茨不翦，【二】采椽不刮。【三】食土簋，【四】啜土刑，【五】粝粱之食，【六】

藜藿之羹。【七】夏日葛衣，冬日鹿裘。"其送死，桐棺三寸，【八】举音不尽其哀。教丧礼，必以此为万民之率。使天下法若此，则尊卑无别也。夫世异时移，事业不必同，故曰"俭而难遵"。要曰强本节用，则人给家足之道也。此墨子之所长，虽百家弗能废也。

【一】索隐案：自此已下《韩子》之文，故称"曰"。

【二】正义屋盖曰茨，以茅覆屋。

【三】索隐韦昭云："采椽，栎榱也。"正义采取为椽，不刮削也。

【四】集解徐广曰："一作'增'。"骃案：服虔曰"土簋，用土作此器"。

【五】正义颜云："簋，所以盛饭也。刑，所以盛羹也。土谓烧土为之，即瓦器也。"

【六】集解张晏曰："一斛粟，七斗米为粝。"瓒曰："五斗粟，三斗米，为粝。音刺。"韦昭曰："粝，砻也。"索隐服虔云："粝，粗米也。"《三仓》云："梁，好粟。"正义粝，粗米也，脱粟也。梁，粟也。谓食脱粟之粗饭也。

【七】正义藜，似藿而表赤。藿，豆叶也。

【八】正义以桐木为棺，厚三寸也。

法家不别亲疏，不殊贵贱，一断于法，则亲亲尊尊之恩绝矣。【一】可以行一时之计，而不可长用也，故曰"严而少恩"。若尊主卑臣，明分职不得相逾越，虽百家弗能改也。

【一】索隐案：礼，亲亲父为首，尊尊君为首也。

名家苛察缴绕，【一】使人不得反其意，专决于名而失人情，故曰"使人俭而善失真"。若夫控名责实，参伍不失，【二】此不可不察也。

【一】集解服虔曰："缴音近叫呼，谓烦也。"如淳曰："缴绕犹缠绕，不通大体也。"

【二】集解晋灼曰："引名责实，参错交互，明知事情。"

道家无为，又曰无不为，【一】其实易行，【二】其辞难知。【三】其术以虚无为本，以因循为用。【四】无成势，无常形，故能究万物之情。不为物先，不为物后，【五】故能为万物主。有法无法，因时为业；【六】有度无度，因物与合。【七】故曰"圣人不朽，时变是守。【八】虚者道之常也，因者君之纲"也。【九】群臣并至，使各自明也。其实中其声者谓之端，实不中其声者谓之窾。【一〇】窾言不听，奸乃不生，贤不肖自分，白黑乃形。在所欲用耳，何事不成。乃合大道，混混冥冥。【一一】光耀天下，复反无名。凡人所生者神也，所托者形也。神大用则竭，形大劳则敝，形神离则死。死者不可复生，离者不可复反，故圣人重之。由是观之，神者生之本也，形者生之具也。【一二】不先定其神形，而曰"我有以治天下"，何由哉？

【一】正义无为者，守清净也。无不为者，生育万物也。

【二】正义各守其分，故易行也。

【三】正义幽深微妙，故难知也。

【四】正义任自然也。

【五】集解韦昭曰："因物为制。"

【六】正义因时之物，成法为业。

【七】正义因其万物之形成度与合也。

【八】索隐"故曰圣人不朽"至"因者君之纲"，此出《鬼谷子》，迁引之以成其章，故称"故曰"也。正义言圣人教迹不朽灭者，顺时变化。

【九】正义言因百姓之心以教，唯执其纲而已。

【一〇】集解徐广曰："音款，空也。"骃案：李奇曰"声别名也"。索隐窾音款。《汉书》作"款"。款，空也。故《申子》云"款言无成"是也。声者，名也。以言实不称名，则谓之空，空有声也。

【一一】正义上胡本反。混混者，元气之皃也。

【一二】集解韦昭曰："声气者,神也。枝体者,形也。"

太史公既掌天官,不治民。有子曰迁。

迁生龙门,【一】耕牧河山之阳。【二】年十岁则诵古文。【三】二十而南游江、淮,上会稽,探禹穴,【四】窥九疑,【五】浮于沅、湘;【六】北涉汶、泗,【七】讲业齐、鲁之都,观孔子之遗风,乡射邹、峄;厄困鄱、薛,【八】彭城,过梁、楚以归。于是迁仕为郎中,奉使西征巴、蜀以南,南略邛、笮、昆明,还报命。【九】

【一】集解徐广曰:"在冯翊夏阳县。"骃案:苏林曰"禹所凿龙门也"。正义《括地志》云:"龙门在同州韩城县北五十里。其山更黄河,夏禹所凿者也。龙门山在夏阳县,迁即汉夏阳县人也,至唐改曰韩城县。"

【二】正义河之北,山之南也。案:在龙门山南也。

【三】索隐案:迁及事伏生,是学诵《古文尚书》。刘氏以为《左传》、《国语》、《系本》等书,是亦名古文也。

【四】集解张晏曰:"禹巡狩至会稽而崩,因葬焉。上有孔穴,民间云禹入此穴。"索隐《越绝书》云:"禹上茅山,大会计,更名曰会稽。"张勃《吴录》云:"本名苗山,一名覆釜,禹会诸侯计功,改曰会稽。上有孔,号曰禹穴也。"正义《括地志》云:"石箐山一名玉笥山,又名宛委山,即会稽山一峰也,在会稽县东南十八里。《吴越春秋》云'禹案《黄帝中经》九山,东南天柱,号曰宛委,赤帝左阙之填,承以文玉,覆以盘石,其书金简,青玉为字,编以白银,皆瑑其文。禹乃东巡,登衡山,血白马以祭。禹乃登山,仰天而笑,忽然而卧,梦见绣衣男子自称玄夷仓水使者,却倚覆釜之山,东顾谓禹曰:"欲得我山神书者,齐于黄帝之岳,岩岳之下,三月季庚,登山发石。"禹乃登宛委之山,发石,乃得金简玉字,以水泉之脉。山中又有一穴,深不见底,谓之禹穴'。史迁云'上会稽,探禹穴',即此穴也。"

【五】索隐《山海经》云:"南方苍梧之丘,苍梧之泉,在营道南,其山九峰皆相似,故曰九疑。"张晏云:"九疑舜葬,故窥之。"寻上探禹穴,盖以先圣所葬处有古册文，故探窥之，亦搜采远矣。[正义]九疑山在道州。

【六】[正义]沅水出朗州。湘水出道州北，东北入海。

【七】[正义]两水出兖州东北而南历鲁。

【八】[集解]徐广曰："峄音亦，县名，有山也。鄁音皮。邹、鄁、薛三县属鲁。"[索隐]鄁本音蕃，今音皮。案：田褒《鲁记》云"灵帝末，有汝南陈子游为鲁相。子游，太尉陈蕃子也，国人讳而改焉"。若如其说，则"蕃"改"鄁"，鄁皮声相近，后渐讹耳。然《地理志》鲁国蕃县，应劭曰："邾国也，音皮。"[正义]邹，县名。峄，山名。峄山在邹县北二十二里，地近曲阜，于此行乡射之礼。《括地志》云："徐州滕县，汉蕃县，音翻。汉末陈蕃子逸为鲁相，改音皮。田褒《鲁记》曰'灵帝末，汝南陈子斿为鲁相，陈蕃子也，国人为讳而改焉'。"

【九】[集解]徐广曰："元鼎六年，平西南夷，以为五郡。其明年，元封元年是也。"

是岁天子始建汉家之封，而太史公留滞周南，【一】不得与从事，【二】故发愤且卒。而子迁适使反，见父于河洛之间。太史公执迁手而泣曰："余先周室之太史也。自上世尝显功名于虞夏，典天官事。后世中衰，绝于予乎？汝复为太史，则续吾祖矣。今天子接千岁之统，封泰山，而余不得从行，是命也夫，命也夫！余死，汝必为太史；为太史，无忘吾所欲论著矣。且夫孝始于事亲，中于事君，终于立身。扬名于后世，以显父母，此孝之大者。夫天下称诵周公，言其能论歌文武之德，宣周邵之风，达太王王季之思虑，爰及公刘，以尊后稷也。幽厉之后，王道缺，礼乐衰，孔子修旧起废，论《诗》、《书》，作《春秋》，则学者至今则之。自获麟以来四百有余岁，【三】而诸侯相兼，史记放绝。今汉兴，海内一统，明主贤君忠臣死义之士，余为太史而弗论载，废天下之史文，余甚惧焉，汝其念哉！"迁俯首流涕曰："小子不敏，请悉论先人所次旧闻，弗敢阙。"

【一】集解徐广曰:"挚虞曰古之周南,今之洛阳。"索隐张晏云:"自陕已东,皆周南之地也。"

【二】正义与音预。

【三】集解骃案:《年表》鲁哀公十四年获麟,至汉元封元年三百七十一年。

卒三岁而迁为太史令,【一】䌷史记【二】石室金匮之书。【三】五年而当太初元年,【四】十一月甲子朔旦冬至,天历始改,建于明堂,诸神受纪。【五】

【一】索隐《博物志》:"太史令茂陵显武里大夫司马迁,年二十八,三年六月乙卯除,六百石。"

【二】集解徐广曰:"䌷音抽。"索隐如淳云:"抽彻旧书故事而次述之。"徐广音抽。小颜云:"䌷谓缀集之也。"

【三】索隐案:石室、金匮皆国家藏书之处。

【四】集解李奇曰:"迁为太史后五年,适当于武帝太初元年,此时述《史记》。"正义案:迁年四十二岁。

【五】集解徐广曰:"《封禅序》曰'封禅则万灵罔不禋祀'。"骃案:韦昭曰"告于百神,与天下更始,著纪于是"。索隐虞喜《志林》云:"改历于明堂,班之于诸侯。诸侯群神之主,故曰'诸神受纪'。"孟康云:"句芒、祝融之属皆受瑞纪。"

太史公曰:"先人有言:【一】'自周公卒五百岁而有孔子。孔子卒后至于今五百岁,【二】有能绍明世,正《易传》,继《春秋》,本《诗》、《书》、《礼》、《乐》之际?'意在斯乎!意在斯乎!小子何敢让焉。"【三】

【一】索隐先人谓先代贤人也。正义太史公,司马迁也。先人,司马谈也。

【二】索隐按:《孟子》称尧舜至汤五百余岁,汤至文王五百余岁,文王至孔子五百余岁。按:太史公略取于《孟子》,而扬雄、孙盛深所不然,所谓多见不知量也。以为淳气育才,岂有常数,五百之期,何异瞬息。是以上皇相次,或有万龄之间,而唐尧、舜、禹比肩并列。降及周室,圣贤盈朝;孔子之没,千载莫嗣,安在于千年五百乎?具述作者,盖记注之志耳,岂圣人之伦哉。

【三】索隐让,《汉书》作"攘"。晋灼云:"此古'让'字,言己当述先人之业,何敢自嫌值五百岁而让也。"

上大夫壶遂【一】曰:"昔孔子何为而作《春秋》哉?"太史公曰:"余闻董生曰:【二】'周道衰废,孔子为鲁司寇,诸侯害之,大夫壅之。孔子知言之不用,道之不行也,是非二百四十二年【三】之中,以为天下仪表,贬天子,退诸侯,讨大夫,以达王事而已矣。'子曰:'我欲载之空言,【四】不如见之于行事之深切著明也。'【五】夫《春秋》,上明三王之道,下辨人事之纪,别嫌疑,明是非,定犹豫,善善恶恶,【六】贤贤贱不肖,存亡国,继绝世,补敝起废,王道之大者也。《易》著天地阴阳四时五行,故长于变;《礼》经纪人伦,故长于行;《书》记先王之事,故长于政;《诗》记山川谿谷禽兽草木牝牡雌雄,故长于风;《乐》乐所以立,故长于和;《春秋》辩是非,故长于治人。是故《礼》以节人,《乐》以发和,《书》以道事,《诗》以达意,《易》以道化,《春秋》以道义。拨乱世反之正,莫近于《春秋》。《春秋》文成数万,其指数千。【七】万物之散聚皆在《春秋》。《春秋》之中,弑君三十六,亡国五十二,诸侯奔走不得保其社稷者不可胜数。察其所以,皆失其本已。【八】故《易》曰'失之毫厘,差以千里'。【九】故曰'臣弑君,子弑父,非一旦一夕之故也,其渐久矣'。故有国者不可以不知《春秋》,前有谗而弗见,后有贼而不知;为人臣者不可以不知《春秋》,守经事而不知其宜,遭变事而不知其权。为人君父而不通于《春秋》之义者,必蒙首恶之名;为人臣子而不通于《春秋》之义者，必陷篡弑之诛，死罪之名。其实皆以为善，为之不知其义，【一〇】被之空言而不敢辞。【一一】夫不通礼义之旨，至于君不君，臣不臣，父不父，子不子。夫君不君则犯，【一二】臣不臣则诛，父不父则无道，子不子则不孝。此四行者，天下之大过也。以天下之大过予之，则受而弗敢辞。故《春秋》者，礼义之大宗也。夫礼禁未然之前，法施已然之后；法之所为用者易见，而礼之所为禁者难知。"

【一】索隐案：遂为詹事，秩二千石，故为上大夫也。

【二】集解服虔曰："仲舒也。"

【三】索隐案：是非谓褒贬诸侯之得失也。

【四】索隐案：孔子之言见《春秋纬》，太史公引之以成说也。空言谓褒贬是非也。空立此文，而乱臣贼子惧也。

【五】索隐案：孔子言我徒欲立空言，设褒贬，则不如附见于当时所因之事。人臣有僭侈篡逆，因就此笔削以褒贬，深切著明而书之，以为将来之诫者也。

【六】索隐《公羊传》曰善善及其子孙，恶恶止其身也。

【七】集解张晏曰："《春秋》万八千字，当言'减'，而云'成数'，字误也。"骃谓太史公此辞是述董生之言。董仲舒自治《公羊春秋》，《公羊》、《经》、《传》凡有四万四千余字，故云"文成数万"也。不得如张议，但论经万八千字，便谓之误。索隐案：张晏曰"《春秋》万八千字，此云'文成数万'，字误也"。裴骃以迁述仲舒所论《公羊》、《经》、《传》，凡四万四千，故云"数万"，又非也。小颜云"史迁岂以《公羊传》为《春秋》乎"？又《春秋经》一万八千，亦足称数万，非字之误也。

【八】索隐案：弑君亡国及奔走者，皆是失仁义之道本耳。已者，语终之辞也。

【九】集解徐广曰："一云'差以毫厘'，一云'缪以千里'。"骃案：今《易》无此语，《易纬》有之。

【一〇】[正义]其心实善，为之不知义理，则陷于罪咎。

【一一】[集解]张晏曰："赵盾不知讨贼，而不敢辞其罪也。"

【一二】[正义]颜云："为臣下所干犯也。一云违犯礼义。"

壶遂曰："孔子之时，上无明君，下不得任用，故作《春秋》，垂空文以断礼义，当一王之法。今夫子上遇明天子，下得守职，万事既具，咸各序其宜，夫子所论，欲以何明？"

太史公曰："唯唯，否否，【一】不然。余闻之先人曰：'伏羲至纯厚，作《易》《八卦》。尧舜之盛，《尚书》载之，礼乐作焉。汤武之隆，诗人歌之。《春秋》采善贬恶，推三代之德，褒周室，非独刺讥而已也。'汉兴以来，至明天子，获符瑞，封禅，改正朔，易服色，受命於穆清，【二】泽流罔极，海外殊俗，重译款塞，【三】请来献见者，不可胜道。臣下百官力诵圣德，犹不能宣尽其意。且士贤能而不用，有国者之耻；主上明圣而德不布闻，有司之过也。且余尝掌其官，废明圣盛德不载，灭功臣世家贤大夫之业不述，堕先人所言，罪莫大焉。余所谓述故事，整齐其世传，非所谓作也，而君比之于《春秋》，谬矣。"

【一】[集解]晋灼曰："唯唯，谦应也。否否，不通者也。"

【二】[集解]如淳曰："受天命清和之气。"[正义]於音乌。颜云："於，叹辞也。穆，美也。言天子有美德而教化清也。"

【三】[集解]应劭曰："款，叩也。皆叩塞门来服从也。"如淳曰："款，宽也。请除守塞者，自保不为寇害。"[正义]重译，更译其言也。

于是论次其文。七年【一】而太史公遭李陵之祸，【二】幽于缧绁。乃喟然而叹曰："是余之罪也夫！是余之罪也夫！身毁不用矣。"退而深惟曰："夫《诗》、《书》隐约者，【三】欲遂其志之思也。昔西伯拘羑里,【四】演《周易》;孔子厄陈蔡,作《春秋》;屈原放逐,著《离骚》;左丘失明,厥有《国语》;孙子膑脚,而论兵法;不韦迁蜀,世传《吕览》;【五】韩非囚秦,《说难》《孤愤》;《诗》三百篇,大抵贤圣发愤之所为作也。此人皆意有所郁结,不得通其道也,故述往事,思来者。"于是卒述陶唐以来,至于麟止,【六】自黄帝始。

【一】集解徐广曰:"天汉三年。"正义案:从太初元年至天汉三年,乃七年也。

【二】正义太史公举李陵,李陵降也。

【三】索隐案:谓其意隐微而言约也。正义《诗》《书》隐微而约省者,迁深惟欲依其隐约而成其志意也。

【四】集解徐广曰:"在汤阴。"

【五】正义即《吕氏春秋》也。

【六】集解张晏曰:"武帝获麟,迁以为述事之端。上纪黄帝,下至麟止,犹《春秋》止于获麟也。"索隐服虔云:"武帝至雍获白麟,而铸金作麟足形,故云'麟止'。迁作《史记》止于此,犹《春秋》终于获麟然也。"《史记》以黄帝为首,而云"述陶唐者",案《五帝本纪》赞云"五帝尚矣,然《尚书》载尧以来。百家言黄帝,其文不雅驯",故述黄帝为本纪之首,而以《尚书》雅正,故称"起于陶唐"。

[编者按:该选本此处略去司马迁对《史记》各篇章的写作主旨和内容概括。]

太史公曰:余述历黄帝以来至太初而讫,百三十篇。【一】

【一】集解骃案:《汉书音义》曰"十篇缺,有录无书"。张晏曰"迁没之后,亡《景纪》、《武纪》、《礼书》、《乐书》、《律书》、《汉兴已来将相年表》、《日者列传》、《三王世家》、《龟策列传》、《傅靳蒯列传》。元成之间,褚先生补阙,作《武帝纪》,《三王世家》、《龟策》、《日者列传》,言辞鄙陋,非迁本意也"。索隐案：《汉书》曰"十篇有录无书"。张晏曰"迁没之后，亡《景纪》、《武纪》、《礼书》、《乐书》、《兵书》，《将相表》，《三王世家》，《日者》、《龟策传》、《傅靳》等列传也"。案：《景纪》取班书补之，《武纪》专取《封禅书》，《礼书》取荀卿《礼论》，《乐书》取《礼》《乐记》，《兵书》亡，不补，略述律而言兵，遂分历述以次之。《三王系家》空取其策文以缉此篇，何率略且重，非当也。《日者》不能记诸国之同异，而论司马季主。《龟策》直太卜所得占龟兆杂说，而无笔削之功，何芜鄙也。

卷之七

苏武传

[该篇取自《汉书》卷五十四《李广苏建传》中苏武事迹部分。]

武字子卿，少以父任，兄弟并为郎，稍迁至栘中厩监。时汉连伐胡，数通使相窥观，匈奴留汉使郭吉、路充国等，前后十余辈。匈奴使来，汉亦留之以相当。天汉元年，且鞮侯单于初立，恐汉袭之，乃曰："汉天子我丈人行也。"尽归汉使路充国等。武帝嘉其义，乃遣武以中郎将使持节送匈奴使留在汉者，因厚赂单于，答其善意。武与副中郎将张胜及假吏常惠等募士斥候百余人俱。既至匈奴，置币遗单于。单于益骄，非汉所望也。

方欲发使送武等，会缑王与长水虞常等谋反匈奴中。缑王者，昆邪王姊子也，与昆邪王俱降汉，后随浞野侯没胡中。及卫律所将降者，阴相与谋劫单于母阏氏归汉。会武等至匈奴，虞常在汉时素与副张胜相知，私候胜曰："闻汉天子甚怨卫律，常能为汉伏弩射杀之。吾母与弟在汉，幸蒙其赏赐。"张胜许之，以货物与常。后月余，单于出猎，独阏氏子弟在。虞常等七十余人欲发，其一人夜亡，告之。单于子弟发兵与战。缑王等皆死，虞常生得。

单于使卫律治其事。张胜闻之，恐前语发，以状语武。武曰："事如此，此必及我。见犯乃死，重负国。"欲自杀，胜、惠共止之。虞常果引张胜。单于怒，召诸贵人议，欲杀汉使者。左伊秩訾曰："即谋单于，何以复加？宜皆降之。"单于使卫律召武受辞，武谓惠等："屈节辱命，虽生，何面目以归汉！"引佩刀自刺。卫律惊，自抱持武，驰召医。凿地为坎，置煴火，覆武其上，蹈其背以出血。武气绝，半日复息。惠等哭，舆归营。单于壮其节，朝夕遣人候问武，而收系张胜。

武益愈，单于使使晓武。会论虞常，欲因此时降武。剑斩虞常已，律曰："汉使张胜谋杀单于近臣，当死，单于募降者赦罪。"举剑欲击之，胜请降。律谓武曰："副有罪，当相坐。"武曰："本无谋，又非亲属，何谓相坐？"复举剑拟之，武不动。律曰："苏君，律前负汉归匈奴，幸蒙大恩，赐号称王，拥众数万，马畜弥山，富贵如此。苏君今日降，明日复然。空以身膏草野，谁复知之！"武不应。律曰："君因我降，与君为兄弟，今不听吾计，后虽欲复见我，尚可得乎？"武骂律曰："女为人臣子，不顾恩义，畔主背亲，为降虏于蛮夷，何以女为见？且单于信女，使决人死生，不平心持正，反欲斗两主，观祸败。南越杀汉使者，屠为九郡；宛王杀汉使者，头县北阙；朝鲜杀汉使者，即时诛灭。独匈奴未耳。若知我不降明，欲令两国相攻，匈奴之祸从我始矣。"

律知武终不可胁，白单于。单于愈益欲降之，乃幽武置大窖中，绝不饮食。天雨雪，武卧啮雪与旃毛并咽之，数日不死，匈奴以为神。乃徙武北海上无人处，使牧羝，羝乳乃得归。别其官属常惠等，各置他所。

武既至海上，廪食不至，掘野鼠去草实而食之。杖汉节牧羊，卧起操持，节旄尽落。积五六年，单于弟於靬王弋射海上。武能网纺缴，檠弓弩，於靬王爱之，给其衣食。三岁余，王病，赐武马畜服匿穹庐。王死后，人众徙去。其冬，丁令盗武牛羊，武复穷厄。

初，武与李陵俱为侍中，武使匈奴明年，陵降，不敢求武。久之，单于使陵至海上，为武置酒设乐，因谓武曰："单于闻陵与子卿素厚，故使陵来说足下，虚心欲相待。终不得归汉，空自苦亡人之地，信义安所见乎？前长君为奉车，从至雍棫阳宫，扶辇下除，触柱折辕，劾大不敬，伏剑自刎，赐钱二百万以葬。孺卿从祠河东后土，宦骑与黄门驸马争船，推堕驸马河中溺死，宦骑亡，诏使孺卿逐捕不得，惶恐饮药而死。来时，大夫人已不幸，陵送葬至阳陵。子卿妇年少，闻已更嫁矣。独有女弟二人，两女一男，今复十余年，存亡不可知。人生如朝露，何久自苦如此！陵始降时，忽忽如狂，自痛负汉，加以老母系保宫，子卿不欲降，何以过陵？且陛下春秋高，法令亡常，大臣亡罪夷灭者数十家，安危不可知，子卿尚复谁为乎？愿听陵计，勿复有云。"武曰："武父子亡功德，皆为陛下所成就，位列将，爵通侯，兄弟亲近，常愿肝脑涂地。今得杀身自效，虽蒙斧钺汤镬，诚甘乐之。臣事君，犹子事父也，子为父死亡所恨。愿勿复再言。"陵与武饮数日，复曰："子卿壹听陵言。"武曰："自分已死久矣！王必欲降武，请毕今日之欢，效死于前！"陵见其至诚，喟然叹曰："嗟乎，义士！陵与卫律之罪上通于天。"因泣下沾衿，与武决去。

陵恶自赐武，使其妻赐武牛羊数十头。后陵复至北海上，语武："区脱捕得云中生口，言太守以下吏民皆白服，曰上崩。"武闻之，南乡号哭，欧血，旦夕临。

数月，昭帝即位。数年，匈奴与汉和亲。汉求武等，匈奴诡言武死。后汉使复至匈奴，常惠请其守者与俱，得夜见汉使，具自陈道。教使者谓单于，言天子射上林中，得雁，足有系帛书，言武等在某泽中。使者大喜，如惠语以让单于。单于视左右而惊，谢汉使曰："武等实在。"于是李陵置酒贺武曰："今足下还归，扬名于匈奴，功显于汉室，虽古竹帛所载，丹青所画，何以过子卿！陵虽驽怯，令汉且贳陵罪，全其老母，使得奋大辱之积志，庶几乎曹柯之盟，此陵宿昔之所不忘也。收族陵家，为世大戮，陵尚复何顾乎？已矣！令子卿知吾心耳。异域之人，壹别长绝！"陵起舞，歌曰："径万里兮度沙幕，为君将兮奋匈奴。路穷绝兮矢刃摧，士众灭兮名已隤。老母已死，虽欲报恩将安归！"陵泣下数行，因与武决。单于召会武官属，前以降及物故，凡随武还者九人。

武以始元六年春至京师。诏武奉一太牢谒武帝园庙，拜为典属国，秩中二千石，赐钱二百万，公田二顷，宅一区。常惠、徐圣、赵终根皆拜为中郎，赐帛各二百匹。其余六人老归家，赐钱人十万，复终身。常惠后至右将军，封列侯，自有传。武留匈奴凡十九岁，始以强壮出，及还，须发尽白。

武来归明年，上官桀子安与桑弘羊及燕王、盖主谋反。武子男元与安有谋，坐死。

初桀、安与大将军霍光争权，数疏光过失予燕王，令上书告之。又言苏武使匈奴二十年不降，还乃为典属国，大将军长史无功劳，为搜粟都尉，光颛权自恣。及燕王等反诛，穷治党与，武素与桀、弘羊有旧，数为燕王所讼，子又在谋中，廷尉奏请逮捕武。霍光寝其奏，免武官。

数年，昭帝崩，武以故二千石与计谋立宣帝，赐爵关内侯，食邑三百户。久之，卫将军张安世荐武明习故事，奉使不辱命，先帝以为遗言。宣帝即时召武待诏宦者署，数进见，复为右曹典属国。以武著节老臣，令朝朔望，号称祭酒，甚优宠之。

武所得赏赐，尽以施予昆弟故人，家不余财。皇后父平恩侯、帝舅平昌侯、乐昌侯、车骑将军韩增、丞相魏相、御史大夫丙吉皆敬重武。武年老，子前坐事死，上闵之，问左右："武在匈奴久，岂有子乎？"武因平恩侯自白："前发匈奴时，胡妇适产一子通国，有声问来，愿因使者致金帛赎之。"上许焉。后通国随使者至，上以为郎。又以武弟子为右曹。武年八十余，神爵二年病卒。

甘露三年，单于始入朝。上思股肱之美，乃图画其人于麒麟阁，法其形貌，署其官爵、姓名。唯霍光不名，曰大司马大将军博陆侯姓霍氏，次曰卫将军富平侯张安世，次曰车骑将军龙頟侯韩增，次曰后将军营平侯赵充国，次曰丞相高平侯魏相，次曰丞相博阳侯丙吉，次曰御史大夫建平侯杜延年，次曰宗正阳城侯刘德，次曰少府梁丘贺，次曰太子太傅萧望之，次曰典属国苏武。皆有功德，知名当世，是以表而扬之，明著中兴辅佐，列于方叔、召虎、仲山甫焉。凡十一人，皆有传。自丞相黄霸、廷尉于定国、大司农朱邑、京兆尹张敞、右扶风尹翁归及儒者夏侯胜等，皆以善终，著名宣帝之世，然不得列于名臣之图，以此知其选矣。

李陵传

[该篇取自《汉书》卷五十四《李广苏建传》中李陵事迹部分。]

陵字少卿,少为侍中建章监。善骑射,爱人,谦让下士,甚得名誉。武帝以为有广之风,使将八百骑,深入匈奴二千余里,过居延视地形,不见虏,还。拜为骑都尉,将勇敢五千人,教射酒泉、张掖以备胡。数年,汉遣贰师将军伐大宛,使陵将五校兵随后。行至塞,会贰师还。上赐陵书,陵留吏士,与轻骑五百出敦煌,至盐水,迎贰师还,复留屯张掖。

天汉二年,贰师将三万骑出酒泉,击右贤王于天山。召陵,欲使为贰师将辎重。陵召见武台,叩头自请曰:"臣所将屯边者,皆荆楚勇士奇材剑客也,力扼虎,射命中,愿得自当一队,到兰干山南以分单于兵,毋令专乡贰师军。"上曰:"将恶相属邪!吾发军多,毋骑予女。"陵对:"无所事骑,臣愿以少击众,步兵五千人涉单于庭。"上壮而许之,因诏强弩都尉路博德将兵半道迎陵军。博德故伏波将军,亦羞为陵后距,奏言:"方秋匈奴马肥,未可与战,臣愿留陵至春,俱将酒泉、张掖骑各五千人并击东西浚稽,可必禽也。"书奏,上怒,疑陵悔不欲出而教博德上书,乃诏博德:"吾欲予李陵骑,云'欲以少击众'。今虏入西河,其引兵走西河,遮钩营之道。"诏陵:"以九月发,出遮虏鄣,至东浚稽山南龙勒水上,徘徊观虏,即亡所见,从浞野侯赵破奴故道抵受降城休士,因骑置以闻。所与博德言者云何?具以书对。"陵于是将其步卒五千人出居延,北行三十日,至浚稽山止营,举图所过山川地形,使麾下骑陈步乐还以闻。步乐召见,道陵将率得士死力,上甚说,拜步乐为郎。

陵至浚稽山,与单于相直,骑可三万围陵军。军居两山间,以大车为营。陵引士出营外为陈,前行持戟盾,后行持弓弩,令曰:"闻鼓声而纵,闻金声而止。"虏见汉军少,直前就营。陵搏战攻之,千弩俱发,应弦而倒。虏还走上山,汉军追击,杀数千人。单于大惊,召左右地兵八万余骑攻陵。陵且战且引,南行数日,抵山谷中。连战,士卒中矢伤,三创者载辇,两创者将车,一创者持兵战。陵曰:"吾士气少衰而鼓不起者,何也?军中岂有女子乎?"始军出时,关东群盗妻子徙边者随军为卒妻妇,大匿车中。陵搜得,皆剑斩之。明日复战,斩首三千余级。引兵东南,循故龙城道行,四五日,抵大泽葭苇中,虏从上风纵火,陵亦令军中纵火以自救。南行至山下,单于在南山上,使其子将骑击陵。陵军步斗树木间,复杀数千人,因发连弩射单于,单于下走。是日捕得虏,言:"单于曰:'此汉精兵,击之不能下,日夜引吾南近塞,得毋有伏兵乎?'诸当户君长皆言'单于自将数万骑击汉数千人不能灭,后无以复使边臣,令汉益轻匈奴。复力战山谷间,尚四五十里得平地,不能破,乃还。'"

是时陵军益急,匈奴骑多,战一日数十合,复伤杀虏二千余人。虏不利,欲去,会陵军候管敢为校尉所辱,亡降匈奴,具言"陵军无后救,射矢且尽,独将军麾下及成安侯校各八百人为前行,以黄与白为帜,当使精骑射之即破矣。"成安侯者,颍川人,父韩千秋,故济南相,奋击南越战死,武帝封子延年为侯,以校尉随陵。单于得敢大喜,使骑并攻汉军,疾呼曰:"李陵、韩延年趣降!"遂遮道急攻陵。陵居谷中,虏在山上,四面射,矢如雨下。汉军南行,未至鞮汗山,一日五十万矢皆尽,即弃车去。士尚三千余人,徒斩车辐而持之,军吏持尺刀,抵山入陿谷。单于遮其后,乘隅下垒石,士卒多死,不得行。昏后,陵便衣独步出营,止左右:"毋随我,丈夫一取单于耳!"良久,陵还,大息曰:"兵败,死矣!"军吏或曰:"将军威震匈奴,天命不遂,后求道径还归,如浞野侯为虏所得,后亡还,天子客遇之，况于将军乎！"陵曰："公止！吾不死，非壮士也。"于是尽斩旌旗，及珍宝埋地中，陵叹曰："复得数十矢，足以脱矣。今无兵复战，天明坐受缚矣！各鸟兽散，犹有得脱归报天子者。"令军士人持二升糒，一半冰，期至遮虏鄣者相待。夜半时，击鼓起士，鼓不鸣。陵与韩延年俱上马，壮士从者十余人。虏骑数千追之，韩延年战死。陵曰："无面目报陛下！"遂降。军人分散，脱至塞者四百余人。

陵败处去塞百余里，边塞以闻。上欲陵死战，召陵母及妇，使相者视之，无死丧色。后闻陵降，上怒甚，责问陈步乐，步乐自杀。群臣皆罪陵，上以问太史令司马迁，迁盛言："陵事亲孝，与士信，常奋不顾身以殉国家之急。其素所畜积也，有国士之风。今举事一不幸，全躯保妻子之臣随而媒孽其短，诚可痛也！且陵提步卒不满五千，深輮戎马之地，抑数万之师，虏救死扶伤不暇，悉举引弓之民共攻围之。转斗千里，矢尽道穷，士张空拳，冒白刃，北首争死敌，得人之死力，虽古名将不过也。身虽陷败，然其所摧败亦足暴于天下。彼之不死，宜欲得当以报汉也。"初，上遣贰师大军出，财令陵为助兵，及陵与单于相值，而贰师功少。上以迁诬罔，欲沮贰师，为陵游说，下迁腐刑。

久之，上悔陵无救，曰："陵当发出塞，乃诏强弩都尉令迎军。坐预诏之，得令老将生奸诈。"乃遣使劳赐陵余军得脱者。

陵在匈奴岁余，上遣因杅将军公孙敖将兵深入匈奴迎陵。敖军无功还，曰："捕得生口，言李陵教单于为兵以备汉军，故臣无所得。"上闻，于是族陵家，母弟妻子皆伏诛。陇西士大夫以李氏为愧。其后，汉遣使使匈奴，陵谓使者曰："吾为汉将步卒五千人横行匈奴，以亡救而败，何负于汉而诛吾家？"使者曰："汉闻李少卿教匈奴为兵。"陵曰："乃李绪，非我也。"李绪本汉塞外都尉，居奚侯城，匈奴攻之，绪降，而单于客遇绪，常坐陵上。陵痛其家以李绪而诛，使人刺杀绪。大阏氏欲杀陵，单于匿之北方，大阏氏死乃还。

单于壮陵，以女妻之，立为右校王，卫律为丁灵王，皆贵用事。卫律者，父本长水胡人。律生长汉，善协律都尉李延年，延年荐言律使匈奴。使还，会延年家收，律惧并诛，亡还降匈奴。匈奴爱之，常在单于左右。陵居外，有大事，乃入议。

昭帝立，大将军霍光、左将军上官桀辅政，素与陵善，遣陵故人陇西任立政等三人俱至匈奴招陵。立政等至，单于置酒赐汉使者，李陵、卫律皆侍坐。立政等见陵，未得私语，即目视陵，而数数自循其刀环，握其足，阴谕之，言可还归汉也。后陵、律持牛酒劳汉使，博饮，两人皆胡服椎结。立政大言曰："汉已大赦，中国安乐，主上富于春秋，霍子孟、上官少叔用事。"以此言微动之。陵墨不应，孰视而自循其发，答曰："吾已胡服矣！"有顷，律起更衣，立政曰："咄，少卿良苦！霍子孟、上官少叔谢女。"陵曰："霍与上官无恙乎？"立政曰："请少卿来归故乡，毋忧富贵。"陵字立政曰："少公，归易耳，恐再辱，奈何！"语未卒，卫律还，颇闻余语，曰："李少卿贤者，不独居一国。范蠡遍游天下，由余去戎入秦，今何语之亲也！"因罢去。立政随谓陵曰："亦有意乎？"陵曰："丈夫不能再辱。"

陵在匈奴二十余年，元平元年病死。

匈奴传

[该篇取自《史记》卷一百十《匈奴列传》，但略去三家注。]

匈奴，其先祖夏后氏之苗裔也，曰淳维。唐、虞以上有山戎、猃狁、荤粥，居于北蛮，随畜牧而转移。其畜之所多则马、牛、羊，其奇畜则橐驼、驴、骡、駃騠、騊駼、驒騱。逐水草迁徙，毋城郭常处耕田之业，然亦各有分地。毋文书，以言语为约束。儿能骑羊，引弓射鸟鼠；少长则射狐兔；用为食。士力能弯弓，尽为甲骑。其俗，宽则随畜，因射猎禽兽为生业，急则人习战攻以侵伐，其天性也。其长兵则弓矢，短兵则刀铤。利则进，不利则退，不羞遁走。苟利所在，不知礼义。自君王以下，咸食畜肉，衣其皮革，被旃裘。壮者食肥美，老者食其余。贵壮健，贱老弱。父死，妻其后母；兄弟死，皆取其妻妻之。其俗有名不讳，而无姓字。

夏道衰，而公刘失其稷官，变于西戎，邑于豳。其后三百有余岁，戎狄攻大王亶父，亶父亡走于岐下，而豳人悉从亶父而邑焉，作周。其后百有余岁，周西伯昌伐畎夷氏。后十有余年，武王伐纣而营雒邑，复居于酆鄗，放逐戎夷泾、洛之北，以时入贡，命曰"荒服"。其后二百有余年，周道衰，而穆王伐犬戎，得四白狼四白鹿以归。自是之后，荒服不至。于是周遂作《甫刑》之辟。穆王之后二百有余年，周幽王用宠姬褒姒之故，与申侯有郤。申侯怒而与犬戎共攻杀幽王于骊山之下，遂取周之焦获，而居于泾、渭之间，侵暴中国。秦襄公救周，于是周平王去酆鄗而东徙雒邑。当是之时，秦襄公伐戎至岐，始列为诸侯。是后六十有五年，而山戎越燕而伐齐，齐釐公与战于齐郊。后四十四年，而山戎伐燕。燕告急于齐，齐桓公北伐山戎，山戎走。其后二十有余年，而戎狄至洛邑，伐周襄王，襄王出奔于郑之汜邑。初，襄王欲伐郑，故娶狄女为后，与戎狄兵共伐郑。已而黜狄后，狄后怨，而襄王后母曰惠后，有子子带，欲立之，于是惠后与狄后、子带为内应，开戎狄，戎狄以故得入，破逐周襄王，而立子带为天子。于是戎狄或居于陆浑，东至于卫，侵盗暴虐中国。中国疾之，故诗人歌之曰"戎狄是应"，"薄伐猃狁，至于太原"，"出于彭彭，城彼朔方"。周襄王既居外四年，乃使使告急于晋。晋文公初立，欲修霸业，乃兴师伐戎翟，诛子带，迎内周襄王，居于雒邑。

当是之时，秦晋为强国。晋文公攘戎翟，居于西河圁、洛之间，号曰赤翟、白翟。秦穆公得由余，西戎八国服于秦。故自陇以西有绵诸、绲戎、翟、獂之戎，岐、梁山、泾、漆之北有义渠、大荔、乌氏、朐衍之戎，而晋北有林胡、楼烦之戎，燕北有东胡、山戎。各分散居谿谷，自有君长，往往而聚者百有余戎，然莫能相一。

自是之后百有余年，晋悼公使魏绛和戎翟，戎翟朝晋。后百有余年，赵襄子逾句注而破并代以临胡貉。其后既与韩魏共灭智伯，分晋地而有之，则赵有代、句注以北，而魏有河西、上郡，以与戎界边。其后义渠之戎筑城郭以自守，而秦稍蚕食，至于惠王，遂拔义渠二十五城。惠王击魏，魏尽入西河及上郡于秦。秦昭王时，义渠戎王与宣太后乱，有二子。宣太后诈而杀义渠戎王于甘泉，遂起兵伐残义渠。于是秦有陇西、北地、上郡，筑长城以距胡。而赵武灵王亦变俗胡服，习骑射，北破林胡、楼烦。筑长城自代并阴山下至高阙为塞，而置云中、雁门、代郡。其后燕有贤将秦开，为质于胡，胡甚信之。归而袭破走东胡，东胡却千余里。与荆轲刺秦王秦舞阳者，开之孙也。燕亦筑长城，自造阳至襄平，置上谷、渔阳、右北平、辽西、辽东郡以拒胡。当是之时，冠带战国七，而三国边于匈奴。其后赵将李牧时，匈奴不敢入赵边。后秦灭六国，而始皇帝使蒙恬将数十万之众北击胡，悉收河南地，因河为塞，筑四十四县城临河，徙適戍以充之。而通直道,自九原至云阳,因边山险堑谿谷可缮者治之,起临洮至辽东万余里。又度河据阳山北假中。

当是之时,东胡强而月氏盛。匈奴单于曰头曼,头曼不胜秦,北徙。十余年而蒙恬死,诸侯畔秦,中国扰乱,诸秦所徙適戍边者皆复去,于是匈奴得宽,复稍度河南与中国界于故塞。

单于有太子名冒顿。后有所爱阏氏,生少子,而单于欲废冒顿而立少子,乃使冒顿质于月氏。冒顿既质于月氏,而头曼急击月氏。月氏欲杀冒顿,冒顿盗其善马,骑之亡归。头曼以为壮,令将万骑。冒顿乃作为鸣镝,习勒其骑射,令曰:"鸣镝所射而不悉射者,斩之。"行猎鸟兽,有不射鸣镝所射者,辄斩之。已而,冒顿以鸣镝自射善马,左右或不敢射者,冒顿立斩不射善马者。居顷之,复以鸣镝自射其爱妻,左右或颇恐,不敢射,冒顿又复斩之。居顷之,冒顿出猎,以鸣镝射单于善马,左右皆射之。于是冒顿知其左右可用。从其父单于头曼猎,以鸣镝射头曼,其左右亦皆随鸣镝而射杀头曼,遂尽诛其后母与弟及大臣不听从者。冒顿自立为单于。

冒顿既立,是时东胡强盛,乃使使谓冒顿,欲得头曼时有千里马。冒顿问群臣,群臣皆曰:"千里马,匈奴宝马也,勿与。"冒顿曰:"奈何与人邻国而爱一马乎?"遂与之千里马。居顷之,东胡以为冒顿畏之,乃使使谓冒顿,欲得单于一阏氏。冒顿复问左右,左右皆怒曰:"东胡无道,乃求阏氏!请击之。"冒顿曰:"奈何与人邻国爱一女子乎?"遂取所爱阏氏予东胡。东胡王愈益骄,西侵。与匈奴间,中有弃地,莫居,千余里,各居其边为瓯脱。东胡使使谓冒顿曰:"匈奴所与我界瓯脱外弃地,匈奴非能至也,吾欲有之。"冒顿问群臣,或曰:"此弃地,予之亦可,勿予亦可。"于是冒顿大怒曰:"地者,国之本也,奈何予之!"诸言予之者,皆斩之。冒顿上马,令国中有后者斩,遂东袭击东胡。东胡初轻冒顿,不为备。及冒顿以兵至，击，大破灭东胡王，而虏其民人及畜产。既归，西击走月氏，南并楼烦、白羊河南王。悉复收秦所使蒙恬所夺匈奴地者，与汉关故河南塞，至朝那、肤施，遂侵燕、代。是时，汉兵与项羽相距，中国罢于兵革，以故冒顿得自强，控弦之士三十余万。

自淳维以至头曼千有余岁，时大时小，别散分离，尚矣，其世传不可得而次云。然至冒顿而匈奴最强大，尽服从北夷，而南与中国为敌国，其世传国官号乃可得而记云。

置左右贤王、左右谷蠡王、左右大将、左右大都尉、左右大当户、左右骨都侯。匈奴谓贤曰"屠耆"，故常以太子为左屠耆王。自如左右贤王以下至当户，大者万骑，小者数千，凡二十四长，立号曰"万骑"。诸大臣皆世官。呼衍氏，兰氏，其后有须卜氏，此三姓其贵种也。诸左方王将居东方，直上谷以往者，东接秽貉、朝鲜；右方王将居西方，直上郡以西，接月氏、氐、羌；而单于之庭直代、云中：各有分地，逐水草移徙。而左右贤王、左右谷蠡王最为大，左右骨都侯辅政。诸二十四长，亦各自置千长、百长、什长、裨小王、相封、都、尉当户、且渠之属。

岁正月，诸长小会单于庭，祠。五月，大会茏城，祭其先、天地、鬼神。秋，马肥，大会蹛林，课校人畜计。其法，拔刃尺者死，坐盗者没入其家；有罪小者轧，大者死。狱久者不过十日，一国之囚不过数人。而单于朝出营，拜日之始生，夕拜月。其坐，长左而北乡。日上戊己。其送死，有棺椁金银衣裳，而无封树丧服；近幸臣妾从死者，多至数千百人。举事而候星月，月盛壮则攻战，月亏则退兵。其攻战，斩首虏赐一卮酒，而所得卤获因以予之，得人以为奴婢。故其战，人人自为趣利，善为诱兵以冒敌。故其见敌则逐利，如鸟之集；其困败则瓦解云散矣。战而扶舆死者，尽得死者家财。

后北服浑庾、屈射、丁零、鬲昆、薪犁之国。于是匈奴贵人大臣皆服，以冒顿单于为贤。

是时汉初定中国，徙韩王信于代，都马邑。匈奴大攻围马邑，韩王信降匈奴。匈奴得信，因引兵南逾句注，攻太原，至晋阳下。高帝自将兵往击之。会冬大寒雨雪，卒之堕指者十二三，于是冒顿详败走，诱汉兵。汉兵逐击冒顿，冒顿匿其精兵，见其羸弱，于是汉悉兵多步兵三十二万，北逐之。高帝先至平城，步兵未尽到，冒顿纵精兵四十万骑围高帝于白登，七日，汉兵中外不得相救饷。匈奴骑，其西方尽白马，东方尽青駹马，北方尽乌骊马，南方尽骍马。高帝乃使使间厚遗阏氏，阏氏乃谓冒顿曰："两主不相困。今得汉地，而单于终非能居之也。且汉王亦有神，单于察之。"冒顿与韩王信之将王黄、赵利期，而黄利兵又不来，疑其与汉有谋，亦取阏氏之言，乃解围之一角。于是高帝令士皆持满傅矢外乡，从解角直出，竟与大军合，而冒顿遂引兵而去。汉亦引兵而罢，使刘敬结和亲之约。

是后韩王信为匈奴将，及赵利、王黄等数倍约，侵盗代、云中。居无几何，陈豨反，又与韩信合谋击代。汉使樊哙往击之，复拔代、雁门、云中郡县，不出塞。是时匈奴以汉将数众往降，故冒顿常往来侵盗代地。于是汉患之，高帝乃使刘敬奉宗室女公主为单于阏氏，岁奉匈奴絮缯酒米食物各有数，约为昆弟以和亲，冒顿乃少止。后燕王卢绾反，率其党数千人降匈奴，往来苦上谷以东。

高祖崩，孝惠、吕太后时，汉初定，故匈奴以骄。冒顿乃为书遗高后，妄言。高后欲击之，诸将曰："以高帝贤武，然尚困于平城。"于是高后乃止，复与匈奴和亲。

至孝文帝初立，复修和亲之事。其三年五月，匈奴右贤王入居河南地，侵盗上郡葆塞蛮夷，杀略人民。于是孝文帝诏丞相灌婴发车骑八万五千，诣高奴，击右贤王。右贤王走出塞。文帝幸太原。是时济北王反，文帝归，罢丞相击胡之兵。

其明年，单于遗汉书曰："天所立匈奴大单于敬问皇帝无恙。前时皇帝言和亲事，称书意，合欢。汉边吏侵侮右贤王，右贤王不请，听后义卢侯难氏等计，与汉吏相距，绝二主之约，离兄弟之亲。皇帝让书再至，发使以书报，不来，汉使不至，汉以其故不和，邻国不附。今以小吏之败约故，罚右贤王，使之西求月氏击之。以天之福，吏卒良，马强力，以夷灭月氏，尽斩杀降下之。定楼兰、乌孙、呼揭及其旁二十六国，皆已为匈奴。诸引弓之民并为一家。北州以定，愿寝兵休士卒养马，除前事，复故约，以安边民，以应始古，使少者得成其长，老者安其处，世世平乐。未得皇帝之志也，故使郎中系雩浅奉书请，献橐驼一匹，骑马二匹，驾二驷。皇帝即不欲匈奴近塞，则且诏吏民远舍。使者至，即遣之。"以六月中来至薪望之地。书至，汉议击与和亲孰便。公卿皆曰："单于新破月氏，乘胜，不可击。且得匈奴地，泽卤非可居也，和亲甚便。"汉许之。

孝文皇帝前六年，汉遗匈奴书曰："皇帝敬问匈奴大单于无恙。使郎中系雩浅遗朕书曰：'右贤王不请听后义卢侯难氏等计，绝二主之约，离兄弟之亲，汉以故不和邻国不附。今以小吏败约，故罚右贤王使西击月氏，尽定之。愿寝兵休士卒养马，除前事，复故约，以安边民，使少者得成其长，老者安其处，世世平乐。'朕甚嘉之，此古圣主之意也。汉与匈奴约为兄弟，所以遗单于甚厚。倍约离兄弟之亲者，常在匈奴。然右贤王事已在赦前，单于勿深诛。单于若称书意，明告诸吏，使无负约，有信，敬如单于书。使者言单于自将伐国有功，甚苦兵事。服绣袷绮衣、绣袷长襦、锦袷袍各一，比余一，黄金饰具带一，黄金胥纰一，绣十匹，锦三十匹，赤绨、绿缯各四十匹，使中大夫意、谒者令肩遗单于。"

后顷之，冒顿死，子稽粥立，号曰老上单于。

老上稽粥单于初立，孝文皇帝复遣宗室女公主为单于阏氏，使宦者燕人中行说傅公主。说不欲行,汉强使之。说曰:"必我行也,为汉患者。"中行说既至,因降单于,单于甚亲幸之。

初,匈奴好汉缯絮食物,中行说曰:"匈奴人众不能当汉之一郡,然所以强者,以衣食异,无仰于汉也。今单于变俗好汉物,汉物不过什二,则匈奴尽归于汉矣。其得汉缯絮,以驰草棘中,衣裤皆裂弊,以示不如旃裘之完善也。得汉食物皆去之,以示不如湩酪之便美也。"于是说教单于左右疏记,以计课其人众畜物。

汉遗单于书,牍以尺一寸,辞曰"皇帝敬问匈奴大单于无恙",所遗物及言语云云。中行说令单于遗汉书以尺二寸牍,及印封皆令广长大,倨傲其辞曰"天地所生日月所置匈奴大单于敬问汉皇帝无恙",所以遗物言语亦云云。

汉使或言曰:"匈奴俗贱老。"中行说穷汉使曰:"而汉俗屯戍从军当发者,其老亲岂有不自脱温厚肥美以赍送饮食行戍乎?"汉使曰:"然。"中行说曰:"匈奴明以战攻为事,其老弱不能斗,故以其肥美饮食壮健者,盖以自为守卫,如此父子各得久相保,何以言匈奴轻老也?"汉使曰:"匈奴父子乃同穹庐而卧。父死,妻其后母;兄弟死,尽取其妻妻之。无冠带之饰、阙庭之礼。"中行说曰:"匈奴之俗,人食畜肉,饮其汁,衣其皮;畜食草饮水,随时转移。故其急则人习骑射,宽则人乐无事。其约束轻,易行也。君臣简易,一国之政犹一身也。父子兄弟死,取其妻妻之,恶种姓之失也。故匈奴虽乱,必立宗种。今中国虽详不取其父兄之妻,亲属益疏则相杀,至乃易姓,皆从此类也。且礼义之弊,上下交怨望,而室屋之极,生力必屈。夫力耕桑以求衣食,筑城郭以自备,故其民急则不习战功,缓则罢于作业。嗟土室之人,顾无多辞,令喋喋而佔佔,冠固何当?"

自是之后,汉使欲辩论者,中行说辄曰:"汉使无多言,顾汉所输匈奴缯絮米蘖,令其量中,必善美而已矣,何以为言乎?且所给备善则已；不备，苦恶，则候秋孰，以骑驰蹂而稼穑耳。"日夜教单于候利害处。

汉孝文皇帝十四年，匈奴单于十四万骑入朝那、萧关，杀北地都尉卬，虏人民畜产甚多，遂至彭阳。使奇兵入烧回中宫，候骑至雍甘泉。于是文帝以中尉周舍、郎中令张武为将军，发车千乘，骑十万，军长安旁以备胡寇。而拜昌侯卢卿为上郡将军，宁侯魏遫为北地将军，隆虑侯周灶为陇西将军，东阳侯张相如为大将军，成侯董赤为前将军，大发车骑往击胡。单于留塞内月余乃去，汉逐出塞即还，不能有所杀。匈奴日已骄，岁入边，杀略人民畜产甚多，云中、辽东最甚，至代郡万余人。汉甚患之，乃使使遗匈奴书。单于亦使当户报谢，复言和亲事。

孝文帝后二年，使使遗匈奴书曰："皇帝敬问匈奴大单于无恙。使当户且居雕渠难、郎中韩辽遗朕马二匹，已至，敬受。先帝制：长城以北，引弓之国，受命单于，长城以内，冠带之室，朕亦制之。使万民耕织射猎衣食，父子无离，臣主相安，俱无暴逆。今闻渫恶民贪降其进取之利，倍义绝约，忘万民之命，离两主之欢，然其事已在前矣。书曰：'二国已和亲，两主欢说，寝兵休卒养马，世世昌乐，阖然更始'，朕甚嘉之。圣人者日新，改作更始，使老者得息，幼者得长，各保其首领而终其天年。朕与单于俱由此道，顺天恤民，世世相传，施之无穷，天下莫不咸便。汉与匈奴邻国之敌，匈奴处北地，寒，杀气早降，故诏吏遗单于秫糵金帛绵絮佗物岁有数。今天下大安，万民熙熙，朕与单于为之父母。朕追念前事，薄物细故，谋臣计失，皆不足以离兄弟之欢。朕闻天不颇覆，地不偏载。朕与单于皆捐往细故，俱蹈大道，堕坏前恶，以图长久，使两国之民若一家子。元元万民，下及鱼鳖，上及飞鸟，跂行喙息蠕动之类，莫不就安利而避危殆。故来者不止，天之道也。俱去前事：朕释逃虏民，单于无言章尼等。朕闻古之帝王,约分明而无食言。单于留志,天下大安,和亲之后,汉过不先。单于其察之。"

单于既约和亲,于是制诏御史曰:"匈奴大单于遗朕书,言和亲已定,亡人不足以益众广地,匈奴无入塞,汉无出塞,犯今约者杀之,可以久亲,后无咎,俱便。朕已许之。其布告天下,使明知之。"

后四岁,老上稽粥单于死,子军臣立为单于。既立,孝文皇帝复与匈奴和亲。而中行说复事之。

军臣单于立四岁,匈奴复绝和亲,大入上郡、云中各三万骑,所杀略甚众而去。于是汉使三将军军屯北地,代屯句注,赵屯飞狐口,缘边亦各坚守以备胡寇。又置三将军,军长安西细柳、渭北棘门、霸上以备胡。胡骑入代句注边,烽火通于甘泉、长安。数月,汉兵至边,匈奴亦去远塞,汉兵亦罢。后岁余,孝文帝崩,孝景帝立,而赵王遂乃阴使人于匈奴。吴、楚反,欲与赵合谋入边。汉围破赵,匈奴亦止。自是之后,孝景帝复与匈奴和亲,通关市,给遗单于,遣公主,如故约。终孝景帝时,时小入盗边,无大寇。

今帝即位,明和亲约束,厚遇,通关市,饶给之。匈奴自单于以下皆亲汉,往来长城下。

汉使马邑下人聂翁壹间奸兰出物与匈奴交,详为卖马邑城以诱单于。单于信之,而贪马邑财物,乃以十万骑入武州塞。汉伏兵三十余万马邑旁,御史大夫韩安国为护军,护四将军以伏单于。单于既入汉塞,未至马邑百余里,见畜布野而无人牧者,怪之,乃攻亭。是时雁门尉史行徼,见寇,葆此亭,知汉兵谋,单于得,欲杀之,尉史乃告汉兵所居。单于大惊曰:"吾固疑之。"乃引兵还。出曰:"吾得尉史,天也,天使若言。"以尉史为"天王"。汉兵约单于入马邑而纵,单于不至,以故汉兵无所得。汉将军王恢部出代击胡辎重,闻单于还,兵多,不敢出。汉以恢本造兵谋而不进,斩恢。自是之后,匈奴绝和亲，攻当路塞，往往入盗于汉边，不可胜数。然匈奴贪，尚乐关市，嗜汉财物，汉亦尚关市不绝以中之。

自马邑军后五岁之秋，汉使四将军各万骑击胡关市下。将军卫青出上谷，至茏城，得胡首虏七百人。公孙贺出云中，无所得。公孙敖出代郡，为胡所败七千余人。李广出雁门，为胡所败，而匈奴生得广，广后得亡归。汉囚敖、广，敖、广赎为庶人。其冬，匈奴数入盗边，渔阳尤甚。汉使将军韩安国屯渔阳备胡。其明年秋，匈奴二万骑入汉，杀辽西太守，略二千余人。胡又入败渔阳太守军千余人，围汉将军安国，安国时千余骑亦且尽，会燕救至，匈奴乃去。匈奴又入雁门，杀略千余人。于是汉使将军卫青将三万骑出雁门，李息出代郡，击胡。得首虏数千人。其明年，卫青复出云中以西至陇西，击胡之楼烦、白羊王于河南，得胡首虏数千，牛羊百余万。于是汉遂取河南地，筑朔方，复缮故秦时蒙恬所为塞，因河为固。汉亦弃上谷之什辟县造阳地以予胡。是岁，汉之元朔二年也。

其后冬，匈奴军臣单于死，军臣单于弟左谷蠡王伊稚斜自立为单于，攻破军臣单于太子於单。於单亡降汉，汉封於单为涉安侯，数月而死。

伊稚斜单于既立，其夏，匈奴数万骑入杀代郡太守恭及，略千余人。其秋，匈奴又入雁门，杀略千余人。其明年，匈奴又复入代郡、定襄、上郡，各三万骑，杀略数千人。匈奴右贤王怨汉夺之河南地而筑朔方，数为寇，盗边，及入河南，侵扰朔方，杀略吏民甚众。

其明年春，汉以卫青将六将军十余万人出朔方高阙。击胡右贤王以为汉兵不能至，饮酒醉。汉兵出塞六七百里，夜围右贤王。右贤王大惊，脱身逃走，诸精骑往往随后去。汉得右贤王人众男女万五千人，裨小王十余人。其秋，匈奴万骑入杀代郡，都尉朱英，略千余人。

其明年春，汉复遣大将军卫青将六将军，兵十余万骑，乃再出定襄数百里击匈奴，得首虏前后凡万九千余级，而汉亦亡两将军，军三千余骑。右将军建得以身脱，而前将军翕侯赵信兵不利，降匈奴。赵信者，故胡小王，降汉，汉封为翕侯，以前将军与右将军并军分行，独遇单于兵，故尽没。单于既得翕侯，以为自次王，用其姊妻之，与谋汉。信教单于益北绝幕，以诱罢汉兵，徼极而取之，无近塞。单于从其计。其明年，胡骑万人入上谷，杀数百人。

其明年春，汉使骠骑将军去病将万骑出陇西，过焉支山千余里，击匈奴得首虏万八千余级，破得休屠王祭天金人。其夏，骠骑将军复与合骑侯数万骑出陇西、北地二千里，击匈奴。过居延，攻祁连山，得胡首虏三万余人，裨小王以下七十余人。是时匈奴亦来入代郡、雁门，杀略数百人。汉使博望侯及李将军广出右北平，击匈奴左贤王。左贤王围李将军，卒可四千人，且尽，杀虏亦过当。会博望侯军救至，李将军得脱。汉失亡数千人，合骑侯后骠骑将军期，及与博望侯皆当死，赎为庶人。

其秋，单于怒浑邪王、休屠王居西方为汉所杀虏数万人，欲召诛之。昆邪与休屠王恐，谋降汉，汉使骠骑将军迎之。浑邪王杀休屠王，并将其众降汉。凡四万余人，号十万。于是汉已得浑邪王，则陇西、北地、河西益少胡寇，徙关东贫民处所夺匈奴河南、新秦中以实之，而减北地以西戍卒半。其明年，匈奴入右北平、定襄各数万骑，杀略千余人而去。

其明年春，汉谋曰"翕侯信为单于计，居幕北，以为汉兵不能至"。乃粟马，发十万骑，私负从马凡十四万匹，粮重不与焉。令大将军青、骠骑将军去病中分军，大将军出定襄，骠骑将军出代，咸约绝幕击匈奴。单于闻之，远其辎重，以精兵待于幕北。与汉大将军接战一日，会暮，大风起，汉兵纵左右翼围单于。单于自度战不能如汉兵，单于遂独身与壮骑数百溃汉围西北遁走。汉兵夜追不得。行斩捕匈奴首虏万九千级，北至阗颜山赵信城而还。

单于之遁走，其兵往往与汉军相乱而随单于。单于久不与其大众相得，其右谷蠡王以为单于死，乃自立为单于。真单于复得其众，而右谷蠡乃去其单于号，复为右谷蠡王。

汉骠骑将军之出代二千余里，与左贤王接战，汉兵得胡首虏凡七万余级，左贤王将皆遁走。骠骑封于狼居胥山，禅姑衍，临翰海而还。

是后匈奴远遁，而幕南无王庭。汉度河自朔方以西至令居，往往通渠置田，官吏卒五六万人，稍蚕食，地接匈奴以北。

初，汉两将大出围单于，所杀虏八九万，而汉士卒物故亦万数，汉马死者十余万。匈奴虽病，远去，而汉亦马少，无以复往。匈奴用赵信之计，遣使于汉，好辞请和亲。天子下其议，或言和亲，或言遂臣之。丞相长史任敞曰："匈奴新破，困，宜可使为外臣，朝请于边。"汉使任敞于单于。单于闻敞计，大怒，留之不遣。先是汉亦有所降匈奴使者，单于亦辄留汉使相当。汉方复收士马，会骠骑将军去病死，于是汉久不北击胡。

数岁，伊稚斜单于立十三年死，子乌维立为单于。是岁，汉元鼎三年也。乌维单于立，而汉天子始出巡郡县。其后汉方南诛两越，不击匈奴，匈奴亦不侵入边。

乌维单于立三年，汉已灭南越，遣故太仆贺将万五千骑出九原二千余里，至浮苴井而还，不见匈奴一人。汉又遣故从骠侯赵破奴万余骑出令居数千里，至匈奴河水而还，亦不见匈奴一人。

是时天子巡边，至朔方，勒兵十八万骑以见武节，而使郭吉风告单于。郭吉既至匈奴，匈奴主客问所使，郭吉礼卑言好，曰："吾见单于而口言。"单于见吉，吉曰："南越王头已悬于汉北阙下。今单于即能前与汉战，天子自将兵待边；单于即不能，即南面而臣于汉。何徒远走，亡匿于幕北寒苦无水草之地，毋为也？"语卒而单于大怒，立斩主客见者，而留郭吉不归，迁之北海上。而单于终不肯为寇于汉边，休养息士马，习射猎，数使使于汉，好辞甘言求请和亲。

汉使王乌等窥匈奴。匈奴法，汉使非去节而以墨黥其面者不得入穹庐。王乌，北地人，习胡俗，去其节，黥面，得入穹庐。单于爱之，详许甘言，为遣其太子入汉为质，以求和亲。

汉使杨信于匈奴。是时汉东拔秽貉、朝鲜以为郡，而西置酒泉郡以鬲绝胡与羌通之路。汉又西通月氏、大夏，又以公主妻乌孙王，以分匈奴西方之援国。又北益广田至胘雷为塞，而匈奴终不敢以为言。是岁，翕侯信死，汉用事者以匈奴为已弱，可臣从也。杨信为人刚直屈强，素非贵臣，单于不亲。单于欲召入，不肯去节，单于乃坐穹庐外见杨信。杨信既见单于，说曰："即欲和亲，以单于太子为质于汉。"单于曰："非故约。故约，汉常遣翁主，给缯絮食物有品，以和亲，而匈奴亦不扰边。今乃欲反古，令吾太子为质，无几矣。"匈奴俗，见汉使非中贵人，其儒生，以为欲说，折其辩；其少年，以为欲刺，折其气。每汉使入匈奴，匈奴辄报偿。汉留匈奴使，匈奴亦留汉使，必得当乃肯止。

杨信既归，汉使王乌，而单于复谄以甘言，欲多得汉财物，绐谓王乌曰："吾欲入汉见天子，面相约为兄弟。"王乌归报汉，汉为单于筑邸于长安。匈奴曰："非得汉贵人使，吾不与诚语。"匈奴使其贵人至汉，病，汉予药，欲愈之，不幸而死。而汉使路充国佩二千石印绶牲使，因送其丧，厚葬直数千金。曰"此汉贵人也"。单于以为汉杀吾贵使者，乃留路充国不归。诸所言者，单于特空绐王乌，殊无意入汉及遣太子来质。于是匈奴数使奇兵侵犯边。汉乃拜郭昌为拔胡将军，乃浞野侯屯朔方以东，备胡。路充国留匈奴三岁，单于死。

乌维单于立十岁而死，子乌师庐立为单于。年少，号为儿单于。是岁元封六年也。自此之后，单于益西北，左方兵直云中，右方直酒泉、敦煌郡。

儿单于立，汉使两使者，一吊单于，一吊右贤王，欲以乖其国。使者入匈奴，匈奴悉将致单于。单于怒而尽留汉使。汉使留匈奴者前后十余辈，而匈奴使来，汉亦辄留相当。

是岁，汉使贰师将军广利西伐大宛，而令因杅将军敖筑受降城。其冬，匈奴大雨雪，畜多饥寒死，儿单于年少，好杀伐，国人多不安。左大都尉欲杀单于，使人间告汉曰："我欲杀单于降汉，汉远，即兵来迎我，我即发。"初，汉闻此言，故筑受降城，犹以为远。

其明年春，汉使浞野侯破奴将二万余骑出朔方西北二千余里，期至浚稽山而还。浞野侯既至期而还，左大都尉欲发而觉，单于诛之，发左方兵击浞野。浞野侯行捕首虏数千人。还，未至受降城四百里，匈奴兵八万骑围之。浞野侯夜出自求水，匈奴间捕，生得浞野侯，因急击其军。军中郭纵为护，维王为渠相与谋曰："及诸校尉畏亡将军而诛之，莫相劝归。"军遂没于匈奴。匈奴儿单于大喜，遂遣奇兵攻受降城，不能下，乃寇入边而去。其明年，单于欲自攻受降城，未至，病死。

儿单于立三岁而死。子年少，匈奴乃立其季父乌维单于弟右贤王呴犁湖为单于。是岁太初三年也。

呴犁湖单于立，汉使光禄徐自为出五原塞数百里，远者千余里，筑城障列亭至庐朐，而使游击将军韩说、长平侯卫伉屯其旁，使强弩都尉路博德筑居延泽上。

其秋，匈奴大入定襄、云中，杀略数千人，败数二千石而去，行破坏光禄所筑城列亭障。又使右贤王入酒泉、张掖，略数千人。会任文击救，尽复失所得而去。是岁，贰师将军破大宛，斩其王而还，匈奴欲遮之，不能至。其冬，欲攻受降城，会单于病死。

呴犁湖单于立一岁死，匈奴乃立其弟左大都尉且鞮侯为单于。

汉既诛大宛，威震外国。天子意欲遂困胡，乃下诏曰："高皇帝遗朕平城之忧，高后时单于书绝悖逆。昔齐襄公复九世之仇，《春秋》大之。"是岁太初四年也。

且鞮侯单于既立，尽归汉使之不降者。路充国等得归，单于初立，恐汉袭之。乃自谓"我儿子，安敢望汉天子！汉天子，我丈人行也"。汉遣中郎将苏武厚币赂遗单于。单于益骄，礼甚倨，非汉所望也。其明年，浞野侯破奴得亡归汉。

其明年，汉使贰师将军广利以三万骑出酒泉，击右贤王于天山，得胡首虏万余级而还。匈奴大围贰师将军，几不得脱。汉兵物故什六七。汉又使因杆将军敖出西河，与强弩都尉会涿涂山，毋所得。又使骑都尉李陵将步骑五千人，出居延北千余里，与单于会，合战，陵所杀伤万余人，及兵食尽，欲解归，匈奴围陵，陵降匈奴，其兵遂没，得还者四百人。单于乃贵陵，以其女妻之。

后二岁，复使贰师将军将六万骑、步兵十万，出朔方。强弩都尉路博德将万余人，与贰师会，游击将军说将步骑三万人，出五原。因杆将军敖将万骑，步兵三万人，出雁门。匈奴闻，悉远其累重于余吾水北，而单于以十万骑待水南，与贰师将军接战。贰师乃解而引归，与单于连战十余日。贰师闻其家以巫蛊族灭，因并众降匈奴，得来还千人一两人耳。游击说无所得。因杆敖与左贤王战，不利，引归。是岁汉兵之出击匈奴者不得言功多少，功不得御。有诏捕太医令随但，言贰师将军家室族灭，使广利得降匈奴。

太史公曰：孔氏著《春秋》，隐桓之间则章，至定哀之际则微，为其切当世之文而罔褒，忌讳之辞也。世俗之言匈奴者，患其徼一时之权，而务谄纳其说，以便偏指，不参彼己；将率席中国广大，气奋，人主因以决策，是以建功不深。尧虽贤，兴事业不成，得禹而九州宁。且欲兴圣统，唯在择任将相哉！唯在择任将相哉！

霍光传

[该篇取自《汉书》卷六十八《霍光金日磾传》中霍光事迹部分。]

霍光字子孟,票骑将军去病弟也。父中孺,河东平阳人也,以县吏给事平阳侯家与侍者卫少儿私通而生去病。中孺吏毕归家,娶妇生光,因绝不相闻。久之,少儿女弟子夫得幸于武帝,立为皇后,去病以皇后姊子贵幸。既壮大,乃自知父为霍中孺,未及求问。会为票骑将军击匈奴,道出河东,河东太守郊迎,负弩矢先驱,至平阳传舍,遣吏迎霍中孺。中孺趋入拜谒,将军迎拜,因跪曰:"去病不早自知为大人遗体也。"中孺扶服叩头,曰:"老臣得托命将军,此天力也。"去病大为中孺买田宅奴婢而去。还,复过焉,乃将光西至长安,时年十余岁,任光为郎,稍迁诸曹侍中。去病死后,光为奉车都尉光禄大夫,出则奉车,入侍左右,出入禁闼二十余年,小心谨慎,未尝有过,甚见亲信。

征和二年,卫太子为江充所败,而燕王旦、广陵王胥皆多过失。是时上年老,宠姬钩弋赵倢伃有男,上心欲以为嗣,命大臣辅之。察群臣唯光任大重,可属社稷。上乃使黄门画者画周公负成王朝诸侯以赐光。后元二年春,上游五柞宫,病笃,光涕泣问曰:"如有不讳,谁当嗣者?"上曰:"君未谕前画意邪?立少子,君行周公之事。"光顿首让曰:"臣不如金日磾。"日磾亦曰:"臣外国人,不如光。"上以光为大司马大将军,日磾为车骑将军,及太仆上官桀为左将军,搜粟都尉桑弘羊为御史大夫,皆拜卧内床下,受遗诏辅少主。明日,武帝崩,太子袭尊号,是为孝昭皇帝。帝年八岁,政事壹决于光。

先是,后元年,侍中仆射莽何罗与弟重合侯通谋为逆时,光与金日磾、上官桀等共诛之,功未录。武帝病,封玺书曰:"帝崩发书以从事。"遗诏封金日磾为秺侯，上官桀为安阳侯，光为博陆侯，皆以前捕反者功封。时卫尉王莽子男忽侍中，扬语曰："帝病，忽常在左右，安得遗诏封三子事！群儿自相贵耳。"光闻之，切让王莽，莽鸩杀忽。

光为人沈静详审，长财七尺三寸，白皙，疏眉目，美须髯。每出入下殿门，止进有常处，郎仆射窃识视之，不失尺寸，其资性端正如此。初辅幼主，政自己出，天下想闻其风采。殿中尝有怪，一夜群臣相惊，光召尚符玺郎，郎不肯授光。光欲夺之，郎按剑曰："臣头可得，玺不可得也！"光甚谊之。明日，诏增此郎秩二等。众庶莫不多光。

光与左将军桀结婚相亲，光长女为桀子安妻。有女年与帝相配，桀因帝姊鄂邑盖主内安女后宫为倢伃，数月立为皇后。父安为票骑将军，封桑乐侯。光时休沐出，桀辄入代光决事。桀父子既尊盛，而德长公主。公主内行不修，近幸河间丁外人。桀、安欲为外人求封，幸依国家故事以列侯尚公主者，光不许。又为外人求光禄大夫，欲令得召见，又不许。长公主以是怨光。而桀、安数为外人求官爵弗能得，亦惭。自先帝时，桀已为九卿，位在光右。及父子并为将军，有椒房中宫之重，皇后亲安女，光乃其外祖，而顾专制朝事，繇是与光争权。

燕王旦自以昭帝兄，常怀怨望。及御史大夫桑弘羊建造酒榷盐铁，为国兴利，伐其功，欲为子弟得官，亦怨恨光。于是盖主、上官桀、安及弘羊皆与燕王旦通谋，诈令人为燕王上书，言："光出都肄郎羽林，道上称跸，太官先置。又引苏武前使匈奴，拘留二十年不降，还乃为典属国，而大将军长史敞亡功为搜粟都尉，又擅调益莫府校尉。光专权自恣，疑有非常。臣旦愿归符玺，入宿卫，察奸臣变。"候司光出沐日奏之。桀欲从中下其事，桑弘羊当与诸大臣共执退光。

书奏，帝不肯下。

明旦，光闻之，止画室中不入。上问："大将军安在？"左将军桀对曰："以燕王告其罪，故不敢入。"有诏召大将军。光入，免冠顿首谢，上曰："将军冠。朕知是书诈也，将军亡罪。"光曰："陛下何以知之？"上曰："将军之广明，都郎属耳；调校尉以来未能十日，燕王何以得知之？且将军为非，不须校尉。"是时帝年十四，尚书左右皆惊，而上书者果亡，捕之甚急。桀等惧，白上小事不足遂，上不听。

后桀党与有谮光者，上辄怒曰："大将军忠臣，先帝所属以辅朕身，敢有毁者坐之。"自是桀等不敢复言，乃谋令长公主置酒请光，伏兵格杀之，因废帝，迎立燕王为天子。事发觉，光尽诛桀、安、弘羊、外人宗族。燕王、盖主皆自杀。光威震海内。昭帝既冠，遂委任光，讫十三年，百姓充实，四夷宾服。

元平元年，昭帝崩，亡嗣。武帝六男独有广陵王胥在，群臣议所立，咸持广陵王。王本以行失道，先帝所不用。光内不自安。郎有上书言"周太王废太伯立王季，文王舍伯邑考立武王，唯在所宜，虽废长立少可也。广陵王不可以承宗庙"。言合光意。光以其书视丞相敞等，擢郎为九江太守，即日承皇太后诏，遣行大鸿胪事少府乐成、宗正德、光禄大夫吉、中郎将利汉迎昌邑王贺。

贺者，武帝孙，昌邑哀王子也。既至，即位，行淫乱。光忧懑，独以问所亲故吏大司农田延年。延年曰："将军为国柱石，审此人不可，何不建白太后，更选贤而立之？"光曰："今欲如是，于古尝有此否？"延年曰："伊尹相殷，废太甲以安宗庙，后世称其忠。将军若能行此，亦汉之伊尹也。"光乃引延年给事中，阴与车骑将军张安世图计，遂召丞相、御史、将军、列侯、中二千石、大夫、博士会议未央宫。光曰："昌邑王行昏乱，恐危社稷，如何？"群臣皆惊鄂失色，莫敢发言，但唯唯而已。田延年前，离席按剑，曰："先帝属将军以幼孤，寄将军以天下，以将军忠贤能安刘氏也。今群下鼎沸，社稷将倾，且汉之传谥常为孝者，以长有天下，令宗庙血食也。如令汉家绝祀，将军虽死，何面目见先帝于地下乎？今日之议，不得旋踵。群臣后应者，臣请剑斩之。"光谢曰："九卿责光是也。天下匈匈不安，光当受难。"于是议者皆叩头，曰："万姓之命在于将军，唯大将军令。"

光即与群臣俱见白太后，具陈昌邑王不可以承宗庙状。皇太后乃车驾幸未央承明殿，诏诸禁门毋内昌邑群臣。王入朝太后还，乘辇欲归温室，中黄门宦者各持门扇，王入，门闭，昌邑群臣不得入。王曰："何为？"大将军跪曰："有皇太后诏，毋内昌邑群臣。"王曰："徐之，何乃惊人如是！"光使尽驱出昌邑群臣，置金马门外。车骑将军安世将羽林骑收缚二百余人，皆送廷尉诏狱。令故昭帝侍中中臣侍守王。光敕左右："谨宿卫，卒有物故自裁，令我负天下，有杀主名。"王尚未自知当废，谓左右："我故群臣从官安得罪，而大将军尽系之乎？"顷之，有太后诏召王。王闻召，意恐，乃曰："我安得罪而召我哉！"太后被珠襦，盛服坐武帐中，侍御数百人皆持兵，期门武士陛戟，陈列殿下。群臣以次上殿，召昌邑王伏前听诏。光与群臣连名奏王，尚书令读奏曰：

> 丞相臣敞、大司马大将军臣光、车骑将军臣安世、度辽将军臣明友、前将军臣增、后将军臣充国、御史大夫臣谊、宜春侯臣谭、当涂侯臣圣、随桃侯臣昌乐、杜侯臣屠耆堂、太仆臣延年、太常臣昌、大司农臣延年、宗正臣德、少府臣乐成、廷尉臣光、执金吾臣延寿、大鸿胪臣贤、左冯翊臣广明、右扶风臣德、长信少府臣嘉、典属国臣武、京辅都尉臣广汉、司隶校尉臣辟兵、诸吏文学光禄大夫臣迁、臣

畸、臣吉、臣赐、臣管、臣胜、臣梁、臣长幸、臣夏侯胜、太中大夫臣德、臣印昧死言皇太后陛下：臣敞等顿首死罪。天子所以永保宗庙总壹海内者，以慈孝礼谊赏罚为本。孝昭皇帝早弃天下，亡嗣，臣敞等议，礼曰"为人后者为之子也"，昌邑王宜嗣后，遣宗正、大鸿胪、光禄大夫奉节使征昌邑王典丧。服斩缞，亡悲哀之心，废礼谊，居道上不素食，使从官略女子载衣车，内所居传舍。始至谒见，立为皇太子，常私买鸡豚以食。受皇帝信玺、行玺大行前，就次发玺不封。从官更持节，引内昌邑从官驺宰官奴二百余人，常与居禁闼内敖戏。自之符玺取节十六，朝暮临，令从官更持节从。为书曰"皇帝问侍中君卿：使中御府令高昌奉黄金千斤，赐君卿取十妻"。大行在前殿，发乐府乐器，引内昌邑乐人，击鼓歌吹作俳倡。会下还，上前殿，击钟磬，召内泰壹宗庙乐人辇道牟首，鼓吹歌舞，悉奏众乐。发长安厨三太牢具祠阁室中，祀已，与从官饮啖。驾法驾，皮轩鸾旗，驱驰北宫、桂宫，弄彘斗虎。召皇太后御小马车，使官奴骑乘，游戏掖庭中。与孝昭皇帝宫人蒙等淫乱，诏掖庭令敢泄言要斩。

太后曰："止！为人臣子当悖乱如是邪！"王离席伏。尚书令复读曰：

取诸侯王、列侯、二千石绶及墨绶、黄绶以并佩昌邑郎官者免奴。变易节上黄旄以赤。发御府金钱刀剑玉器采缯，赏赐所与游戏者。与从官官奴夜饮，湛沔于酒。诏太官上乘舆食如故。食监奏未释服未可御故食，复诏太官趣具，无关食盐。太官不敢具，即使从官出买鸡豚，诏殿门内，以为常。独夜设九宾温室，延见姊夫昌邑关内侯。祖宗庙祠未举，为玺书使使者持节，以三太牢祠昌邑哀王园庙，称嗣子皇帝。受玺以来二十七日，使者旁午，持节诏诸官署征发，凡千一百二十七事。文学光禄大夫夏侯胜等及侍中傅嘉数进谏以过失，使人簿责胜，缚嘉系狱。荒淫迷惑，失帝王礼谊，乱汉制度。臣敞等数进谏，不变更，日以益甚，恐危社稷，天下不安。

臣敞等谨与博士臣霸、臣隽舍、臣德、臣虞舍、臣射、臣仓议，皆曰："高皇帝建功业为汉太祖，孝文皇帝慈仁节俭为太宗，今陛下嗣孝昭皇帝后，行淫辟不轨。《诗》云：'籍曰未知，亦既抱子。'五辟之属，莫大不孝。周襄王不能事母，《春秋》曰'天王出居于郑'，繇不孝出之，绝之于天下也。宗庙重于君，陛下未见命高庙，不可以承天序，奉祖宗庙，子万姓，当废。"臣请有司御史大夫臣谊、宗正臣德、太常臣昌与太祝以一太牢具，告祠高庙。臣敞等昧死以闻。

皇太后诏曰："可。"光令王起拜受诏，王曰："闻天子有争臣七人，虽无道不失天下。"光曰："皇太后诏废，安得天子！"乃即持其手，解脱其玺组，奉上太后，扶王下殿，出金马门，群臣随送。王西面拜，曰："愚戆不任汉事。"起就乘舆副车。大将军光送至昌邑邸，光谢曰："王行自绝于天，臣等驽怯，不能杀身报德。臣宁负王，不敢负社稷。愿王自爱，臣长不复见左右。"光涕泣而去。群臣奏言："古者废放之人屏于远方，不及以政，请徙王贺汉中房陵县。"太后诏归贺昌邑，赐汤沐邑二千户。昌邑群臣坐亡辅导之谊，陷王于恶，光悉诛杀二百余人。出死，号呼市中曰："当断不断，反受其乱。"

光坐庭中，会丞相以下议定所立。广陵王已前不用，及燕剌王反诛，其子不在议中。近亲唯有卫太子孙号皇曾孙在民间，咸称述焉。光遂复与丞相敞等上奏曰："《礼》曰：'人道亲亲故尊祖，尊祖故敬宗。'大宗亡嗣，择支子孙贤者为嗣。孝武皇帝曾孙病已，武帝时有诏掖庭养视，至今年十八，师受《诗》、《论语》、《孝经》，躬行节俭，慈仁爱人，可以嗣孝昭皇帝后，奉承祖宗庙，子万姓。臣昧死以闻。"皇太后诏曰："可。"光遣宗正刘德至曾孙家尚冠里，洗沐赐御衣，太仆以軨猎车迎曾孙就斋宗正府，入未央宫见皇太后，封为阳武侯。已而光奉上皇帝玺绶，谒于高庙，是为孝宣皇帝。明年，下诏曰："夫褒有德，赏元功，古今通谊也。大司马大将军光宿卫忠正，宣德明恩，守节秉谊，以安宗庙。其以河北、东武阳益封光万七千户。"与故所食凡二万户。赏赐前后黄金七千斤，钱六千万，杂缯三万匹，奴婢百七十人，马二千匹，甲第一区。

自昭帝时，光子禹及兄孙云皆中郎将，云弟山奉车都尉侍中，领胡越兵。光两女婿为东西宫卫尉，昆弟诸婿外孙皆奉朝请，为诸曹大夫、骑都尉、给事中。党亲连体，根据于朝廷。光自后元秉持万机，及上即位，乃归政。上谦让不受，诸事皆先关白光，然后奏御天子。光每朝见，上虚己敛容，礼下之已甚。

光秉政前后二十年，地节二年春病笃，车驾自临问光病，上为之涕泣。光上书谢恩曰："愿分国邑三千户，以封兄孙奉车都尉山为列侯，奉兄票骑将军去病祀。"事下丞相御史，即日拜光子禹为右将军。

光薨，上及皇太后亲临光丧。太中大夫任宣与侍御史五人持节护丧事。中二千石治莫府冢上。赐金钱、缯絮，绣被百领，衣五十箧，璧珠玑玉衣，梓宫、便房、黄肠题凑各一具，枞木外臧椁十五具。东园温明，皆如乘舆制度。载光尸柩以辒辌车，黄屋在纛，发材官轻车北军五校士军陈至茂陵，以送其葬。谥曰宣成侯。发三河卒穿复土，起冢祠堂，置园邑三百家，长丞奉守如旧法。

既葬，封山为乐平侯，以奉车都尉领尚书事。天子思光功德，下诏曰："故大司马大将军博陆侯宿卫孝武皇帝三十有余年，辅孝昭皇帝十有余年，遭大难，躬秉谊，率三公九卿大夫定万世册以安社稷，天下蒸庶咸以康宁。功德茂盛，朕甚嘉之。复其后世，畴其爵邑，世世无有所与，功如萧相国。"明年夏，封太子外祖父许广汉为平恩侯。

复下诏曰："宣成侯光宿卫忠正，勤劳国家。善善及后世，其封光兄孙中郎将云为冠阳侯。"

禹既嗣为博陆侯，太夫人显改光时所自造茔制而侈大之。起三出阙，筑神道，北临昭灵，南出承恩，盛饰祠室，辇阁通属永巷，而幽良人婢妾守之。广治第室，作乘舆辇，加画绣絪冯，黄金涂，韦絮荐轮，侍婢以五采丝挽显，游戏第中。初，光爱幸监奴冯子都，常与计事，及显寡居，与子都乱。而禹、山亦并缮治第宅，走马驰逐平乐馆。云当朝请，数称病私出，多从宾客，张围猎黄山苑中，使苍头奴上朝谒，莫敢谴者。而显及诸女，昼夜出入长信宫殿中，亡期度。

宣帝自在民间闻知霍氏尊盛日久，内不能善。光薨，上始躬亲朝政，御史大夫魏相给事中。显谓禹、云、山："女曹不务奉大将军余业，今大夫给事中，他人壹间，女能复自救邪？"后两家奴争道，霍氏奴入御史府，欲蹋大夫门，御史为叩头谢，乃去。人以谓霍氏，显等始知忧。会魏大夫为丞相，数燕见言事。平恩侯与侍中金安上等径出入省中。时霍山自若领尚书，上令吏民得奏封事，不关尚书，群臣进见独往来，于是霍氏甚恶之。

宣帝始立，立微时许妃为皇后。显爱小女成君，欲贵之，私使乳医淳于衍行毒药杀许后，因劝光内成君，代立为后，语在《外戚传》。始许后暴崩，吏捕诸医，劾衍侍疾亡状不道，下狱。吏簿问急，显恐事败，即具以实语光。光大惊，欲自发举，不忍，犹与。会奏上，因署衍勿论。光薨后，语稍泄。于是上始闻之而未察，乃徙光女婿度辽将军未央卫尉平陵侯范明友为光禄勋，次婿诸吏中郎将羽林监任胜出为安定太守。数月，复出光姊婿给事中光禄大夫张朔为蜀郡太守，群孙婿中郎将王汉为武威太守。顷之，复徙光长女婿长乐卫尉邓广汉为少府。更以禹为大司马，冠小冠，亡印绶，罢其右将军屯兵官属，特使禹官名与光俱大司马者。又收范明友度辽将军印绶，但为光禄勋。及光中女婿赵平为散骑骑都尉光禄大夫将屯兵，又收平骑都尉印绶。诸领胡越骑、羽林及两宫卫将屯兵，悉易以所亲信许、史子弟代之。

禹为大司马，称病。禹故长史任宣候问，禹曰："我何病？县官非我家将军不得至是，今将军坟墓未干，尽外我家，反任许、史，夺我印绶，令人不省死。"宣见禹恨望深，乃谓曰："大将军时何可复行！持国权柄，杀生在手中。廷尉李种、王平、左冯翊贾胜胡及车丞相女婿少府徐仁皆坐逆将军意下狱死。使乐成小家子得幸将军，至九卿封侯。百官以下但事冯子都、王子方等，视丞相亡如也。各自有时，今许、史自天子骨肉，贵正宜耳。大司马欲用是怨恨，愚以为不可。"禹默然。数日，起视事。

显及禹、山、云自见日侵削，数相对啼泣，自怨。山曰："今丞相用事，县官信之，尽变易大将军时法令，以公田赋与贫民，发扬大将军过失。又诸儒生多窭人子，远客饥寒，喜妄说狂言，不避忌讳，大将军常仇之，今陛下好与诸儒生语，人人自使书对事，多言我家者。尝有上书言大将军时主弱臣强，专制擅权，今其子孙用事，昆弟益骄恣，恐危宗庙，灾异数见，尽为是也。其言绝痛，山屏不奏其书。后上书者益黠，尽奏封事，辄使中书令出取之，不关尚书，益不信人。"显曰："丞相数言我家，独无罪乎？"山曰："丞相廉正，安得罪？我家昆弟诸婿多不谨。又闻民间谨言霍氏毒杀许皇后，宁有是邪？"显恐急，即具以实告山、云、禹。山、云、禹惊曰："如是，何不早告禹等！县官离散斥逐诸婿，用是故也。此大事，诛罚不小，奈何？"于是始有邪谋矣。

初，赵平客石夏善为天官，语平曰："荧惑守御星，御星，太仆奉车都尉也，不黜则死。"平内忧山等。云舅李竟所善张赦见云家卒卒，谓竟曰："今丞相与平恩侯用事，可令太夫人言太后，先诛此两人。移徙陛下，在太后耳。"长安男子张章告之，事下廷尉。执金吾捕张赦、石夏等，后有诏止勿捕。山等愈恐，相谓曰："此县官重太后，故不竟也。然恶端已见，又有弑许后事，陛下虽宽仁，恐左右不听，久之犹发，发即族矣，不如先也。"遂令诸女各归报其夫，皆曰："安所相避？"

会李竟坐与诸侯王交通，辞语及霍氏，有诏云、山不宜宿卫，免就第。光诸女遇太后无礼，冯子都数犯法，上并以为让，山、禹等甚恐。显梦第中井水溢流庭下，灶居树上，又梦大将军谓显曰："知捕儿不？亟下捕之。"第中鼠暴多，与人相触，以尾画地。鸮数鸣殿前树上。第门自坏。云尚冠里宅中门亦坏。巷端人共见有人居云屋上，撤瓦投地，就视，亡有，大怪之。禹梦车骑声正讙来捕禹，举家忧愁。山曰："丞相擅减宗庙羔、菟、蛙，可以此罪也。"谋令太后为博平君置酒，召丞相、平恩侯以下，使范明友、邓广汉承太后制引斩之，因废天子而立禹。约定未发，云拜为玄菟太守，太中大夫任宣为代郡太守。山又坐写秘书，显为上书献城西第，入马千疋，以赎山罪。书报闻。会事发觉，云、山、明友自杀，显、禹、广汉等捕得。禹要斩，显及诸女昆弟皆弃市。唯独霍后废处昭台宫，与霍氏相连坐诛灭者数千家。

上乃下诏曰："乃者东织室令史张赦使魏郡豪李竟报冠阳侯云谋为大逆，朕以大将军故，抑而不扬，冀其自新。今大司马博陆侯禹与母宣成侯夫人显及从昆弟子冠阳侯云、乐平侯山诸姊妹婿谋为大逆，欲诖误百姓。赖宗庙神灵，先发得，咸伏其辜，朕甚悼之。诸为霍氏所诖误，事在丙申前，未发觉在吏者，皆赦除之。男子张章先发觉，以语期门董忠，忠告左曹杨恽，恽告侍中金安上。恽召见对状，后章上书以闻。侍中史高与金安上建发其事，言无入霍氏禁闼，卒不得遂其谋，皆雠有功。封章为博成侯，忠高昌侯，恽平通侯，安上都成侯，高乐陵侯。"

初，霍氏奢侈，茂陵徐生曰："霍氏必亡。夫奢则不逊，不逊必侮上。侮上者，逆道也。在人之右，众必害之。霍氏秉权日久，害之者多矣。天下害之，而又行以逆道，不亡何待！"乃上疏言："霍氏泰盛，陛下即爱厚之，宜以时抑制，无使至亡。"书三上，辄报闻。其后霍氏诛灭，而告霍氏者皆封。人为徐生上书曰："臣闻客有过主人者，见其灶直突，傍有积薪，客谓主人，更为曲突，远徙其薪，不者且有火患。主人嘿然不应。俄而家果失火，邻里共救之，幸而得息。于是杀牛置酒，谢其邻人，灼烂者在于上行，余各以功次坐，而不录言曲突者。人谓主人曰：'乡使听客之言，不费牛酒，终亡火患。今论功而请宾，曲突徙薪亡恩泽，焦头烂额为上客耶？'主人乃寤而请之。今茂陵徐福数上书言霍氏且有变，宜防绝之。乡使福说得行，则国亡裂土出爵之费，臣亡逆乱诛灭之败。往事既已，而福独不蒙其功，唯陛下察之，贵徙薪曲突之策，使居焦发灼烂之右。"上乃赐福帛十疋，后以为郎。

宣帝始立，谒见高庙，大将军光从骖乘，上内严惮之，若有芒刺在背。后车骑将军张安世代光骖乘，天子从容肆体，甚安近焉。及光身死而宗族竟诛，故俗传之曰："威震主者不畜，霍氏之祸萌于骖乘。"

至成帝时，为光置守冢百家，吏卒奉祀焉。元始二年，封光从父昆弟曾孙阳为博陆侯，千户。

赞曰：霍光以结发内侍，起于阶闼之间，确然秉志，谊形于主。受襁褓之托，任汉室之寄，当庙堂，拥幼君，摧燕王，仆上官，因权制敌，以成其忠。处废置之际，临大节而不可夺，遂匡国家，安社稷。拥昭立宣，光为师保，虽周公、阿衡，何以加此！然光不学亡术，暗于大理，阴妻邪谋，立女为后，湛溺盈溢之欲，以增颠覆之祸，死财三年，宗族诛夷，哀哉！昔霍叔封于晋，晋即河东，光岂其苗裔乎！金日磾夷狄亡国，羁虏汉庭，而以笃敬寤主，忠信自著，勒功上将，传国后嗣，世名忠孝，七世内侍，何其盛也！本以休屠作金人为祭天主，故因赐姓金氏云。

夏侯胜传

[该篇取自《汉书》卷八十八《儒林传》中夏侯胜事迹部分。]

夏侯胜字长公。初，鲁共王分鲁西宁乡以封子节侯，别属大河，大河后更名东平，故胜为东平人。胜少孤，好学，从始昌受《尚书》及《洪范》、《五行传》，说灾异。后事蕳卿，又从欧阳氏问。为学精孰，所问非一师也。善说礼服。征为博士、光禄大夫。会昭帝崩，昌邑王嗣立，数出。胜当乘舆前谏曰："天久阴而不雨，臣下有谋上者，陛下出欲何之？"王怒，谓胜为祅言，缚以属吏。吏白大将军霍光，光不举法。是时，光与车骑将军张安世谋欲废昌邑王。光让安世以为泄语，安世实不言。乃召问胜，胜对言："在《洪范传》曰'皇之不极，厥罚常阴，时则下人有伐上者'，恶察察言，故云臣下有谋。"光、安世大惊，以此益重经术士。后十余日，光卒与安世白太后，废昌邑王，尊立宣帝。光以为群臣奏事东宫，太后省政，宜知经术，白令胜用《尚书》授太后。迁长信少府，赐爵关内侯，以与谋废立，定策安宗庙，益千户。

宣帝初即位，欲褒先帝，诏丞相御史曰："朕以眇身，蒙遗德，承圣业，奉宗庙，夙夜惟念。孝武皇帝躬仁谊，厉威武，北征匈奴，单于远遁，南平氐羌、昆明、瓯骆两越，东定薉、貊、朝鲜，廓地斥境，立郡县，百蛮率服，款塞自至，珍贡陈于宗庙；协音律，造乐歌，荐上帝，封太山，立明堂，改正朔，易服色；明开圣绪，尊贤显功，兴灭继绝，褒周之后；备天地之礼，广道术之路。上天报况，符瑞并应，宝鼎出，白麟获，海效巨鱼，神人并见，山称万岁。功德茂盛，不能尽宣，而庙乐未称，朕甚悼焉。其与列侯、二千石、博士议。"于是群臣大议廷中，皆曰："宣如诏书。"长信少府胜独曰："武帝虽有攘四夷广土斥境之功，然多杀士众，竭民财力，奢泰亡度，天下虚耗，百姓流离，物故者半。蝗虫大起，赤地数千里，或人民相食，畜积至今未复。亡德泽于民，不宜为立庙乐。"公卿共难胜曰："此诏书也。"胜曰："诏书不可用也。人臣之谊，宜直言正论，非苟阿意顺指。议已出口，虽死不悔。"于是丞相义、御史大夫广明劾奏胜非议诏书，毁先帝，不道，及丞相长史黄霸阿纵胜，不举劾，俱下狱。有司遂请尊孝武帝庙为世宗庙，奏《盛德》、《文始》、《五行》之舞，天下世世献纳，以明盛德。武帝巡狩所幸郡国凡四十九，皆立庙，如高祖、太宗焉。

胜、霸既久系，霸欲从胜受经，胜辞以罪死。霸曰："'朝闻道，夕死可矣'。"胜贤其言，遂授之。系再更冬，讲论不怠。

至四年夏，关东四十九郡同日地动，或山崩，坏城郭室屋，杀六千余人。上乃素服，避正殿，遣使者吊问吏民，赐死者棺钱。下诏曰："盖灾异者，天地之戒也。朕承洪业，托士民之上，未能和群生。曩者地震北海、琅邪，坏祖宗庙，朕甚惧焉。其与列侯、中二千石博问术士，有以应变，补朕之阙，毋有所讳。"因大赦。胜出为谏大夫给事中，霸为扬州刺史。

胜为人质朴守正，简易亡威仪。见时谓上为君，误相字于前，上亦以是亲信之。尝见，出道上语，上闻而让胜，胜曰："陛下所言善，臣故扬之。尧言布于天下，至今见诵。臣以为可传，故传耳。"朝廷每有大议，上知胜素直，谓曰："先生通正言，无惩前事。"

胜复为长信少府，迁太子太傅。受诏撰《尚书》、《论语说》，赐黄金百斤。年九十卒官，赐冢茔，葬平陵。太后赐钱二百万，为胜素服五日，以报师傅之恩，儒者以为荣。

始，胜每讲授，常谓诸生曰："士病不明经术；经术苟明，其取青紫如俛拾地芥耳。学经不明，不如归耕。"

胜从父子建字长卿，自师事胜及欧阳高，左右采获，又从《五经》诸儒问与《尚书》相出入者，牵引以次章句，具文饰说。胜非之曰："建所谓章句小儒，破碎大道。"建亦非胜为学疏略，难以应敌。建卒自颛门名经，为议郎博士，至太子少傅。胜子兼为左曹太中大夫，孙尧至长信少府、司农、鸿胪，曾孙蕃郡守、州牧、长乐少府。胜同产弟子赏为梁内史，梁内史子定国为豫章太守。而建子千秋亦为少府、太子少傅。

卷之八

魏相丙吉传

[该篇取自《汉书》卷七十四《魏相丙吉传》。]

魏相字弱翁,济阴定陶人也,徙平陵。少学《易》,为郡卒史,举贤良,以对策高第,为茂陵令。顷之,御史大夫桑弘羊客诈称御史止传,丞不以时谒,客怒缚丞。相疑其有奸,收捕,案致其罪,论弃客市,茂陵大治。

后迁河南太守,禁止奸邪,豪强畏服。会丞相车千秋死,先是千秋子为雒阳武库令,自见失父,而相治郡严,恐久获罪,乃自免去。相使掾追呼之,遂不肯还。相独恨曰:"大将军闻此令去官,必以为我用丞相死不能遇其子。使当世贵人非我,殆矣!"武库令西至长安,大将军霍光果以责过相曰:"幼主新立,以为函谷京师之固,武库精兵所聚,故以丞相弟为关都尉,子为武库令。今河南太守不深惟国家大策,苟见丞相不在而斥逐其子,何浅薄也!"后人有告相贼杀不辜,事下有司。河南卒戍中都官者二三千人,遮大将军,自言愿复留作一年以赎太守罪。河南老弱万余人守关欲入上书,关吏以闻。大将军用武库令事,遂下相廷尉狱。久系逾冬,会赦出。复有诏守茂陵令,迁扬州刺史。考案郡国守相,多所贬退。相与丙吉相善,时吉为光禄大夫,与相书曰:"朝廷已深知弱翁治行,方且大用矣。愿少慎事自重,臧器于身。"相心善其言,为霁威严。居部二岁,征为谏大夫,复为河南太守。

数年,宣帝即位,征相入为大司农,迁御史大夫。四岁,大将军霍光薨,上思其功德,以其子禹为右将军,兄子乐平侯山复领尚书事。相因平恩侯许伯奏封事,言:"《春秋》讥世卿,恶宋三世为大夫,及鲁季孙之专权,皆危乱国家。自后元以来,禄去王室,政繇冢宰。今光死，子复为大将军，兄子秉枢机，昆弟诸婿据权势，在兵官。光夫人显及诸女皆通籍长信宫，或夜诏门出入，骄奢放纵，恐寖不制。宜有以损夺其权，破散阴谋，以固万世之基，全功臣之世。"又故事诸上书者皆为二封，署其一曰副，领尚书者先发副封，所言不善，屏去不奏。相复因许伯白，去副封以防壅蔽。宣帝善之，诏相给事中，皆从其议。霍氏杀许后之谋始得上闻。乃罢其三侯，令就第，亲属皆出补吏。于是韦贤以老病免，相遂代为丞相，封高平侯，食邑八百户。及霍氏怨相，又惮之，谋矫太后诏，先召斩丞相，然后废天子。事发觉，伏诛。宣帝始亲万机，厉精为治，练群臣，核名实，而相总领众职，甚称上意。

　　元康中，匈奴遣兵击汉屯田车师者，不能下。上与后将军赵充国等议，欲因匈奴衰弱，出兵击其右地，使不敢复扰西域。相上书谏曰："臣闻之，救乱诛暴，谓之义兵，兵义者王；敌加于己，不得已而起者，谓之应兵，兵应者胜；争恨小故，不忍愤怒者，谓之忿兵，兵忿者败；利人土地货宝者，谓之贪兵，兵贪者破；恃国家之大，矜民人之众，欲见威于敌者，谓之骄兵，兵骄者灭：此五者，非但人事，乃天道也。间者匈奴尝有善意，所得汉民辄奉归之，未有犯于边境，虽争屯田车师，不足致意中。今闻诸将军欲兴兵入其地，臣愚不知此兵何名者也。今边郡困乏，父子共犬羊之裘，食草莱之实，常恐不能自存，难于动兵。'军旅之后，必有凶年'，言民以其愁苦之气，伤阴阳之和也。出兵虽胜，犹有后忧，恐灾害之变因此以生。今郡国守相多不实选，风俗尤薄，水旱不时。案今年计，子弟杀父兄、妻杀夫者，凡二百二十二人，臣愚以为此非小变也。今左右不忧此，乃欲发兵报纤介之忿于远夷，殆孔子所谓'吾恐季孙之忧不在颛臾而在萧墙之内'也。愿陛下与平昌侯、乐昌侯、平恩侯及有识者详议乃可。"上从相言而止。

相明《易经》，有师法，好观汉故事及便宜章奏，以为古今异制，方今务在奉行故事而已。数条汉兴已来国家便宜行事，及贤臣贾谊、晁错、董仲舒等所言，奏请施行之，曰："臣闻明主在上，贤辅在下，则君安虞而民和睦。臣相幸得备位，不能奉明法，广教化，理四方，以宣圣德。民多背本趋末，或有饥寒之色，为陛下之忧，臣相罪当万死。臣相知能浅薄，不明国家大体，时用之宜，惟民终始，未得所繇。窃伏观先帝圣德仁恩之厚，勤劳天下，垂意黎庶，忧水旱之灾，为民贫穷发仓廪，赈乏馁；遣谏大夫博士巡行天下，察风俗，举贤良，平冤狱，冠盖交道；省诸用，宽租赋，弛山泽波池，禁秣马酤酒贮积；所以周急继困，慰安元元，便利百姓之道甚备。臣相不能悉陈，昧死奏故事诏书凡二十三事。臣谨案王法必本于农而务积聚，量入制用以备凶灾，亡六年之畜，尚谓之急。元鼎二年，平原、勃海、太山、东郡溥被灾害，民饿死于道路。二千石不豫虑其难，使至于此，赖明诏振捄，乃得蒙更生。今岁不登，穀暴腾踊，临秋收敛犹有乏者，至春恐甚，亡以相恤。西羌未平，师旅在外，兵革相乘，臣窃寒心，宜早图其备。唯陛下留神元元，帅繇先帝盛德以抚海内。"上施行其策。

又数表采《易阴阳》及《明堂月令》奏之，曰："臣相幸得备员，奉职不修，不能宣广教化。阴阳未和，灾害未息，咎在臣等。臣闻《易》曰：'天地以顺动，故日月不过，四时不忒；圣王以顺动，故刑罚清而民服。'天地变化，必繇阴阳，阴阳之分，以日为纪。日冬夏至，则八风之序立，万物之性成，各有常职，不得相干。东方之神太昊，乘《震》执规司春；南方之神炎帝，乘《离》执衡司夏；西方之神少昊，乘《兑》执矩司秋；北方之神颛顼，乘《坎》执权司冬；中央之神黄帝，乘《坤》、《艮》执绳司下土。兹五帝所司，各有时也。东方之卦不可以治西方，南方之卦不可以治北方。春兴《兑》治则饥，秋兴《震》治则华，冬兴《离》治则泄，夏兴《坎》治则雹。明王谨于尊天，慎于养人，故立羲和之官以乘四时，节授民事。君动静以道，奉顺阴阳，则日月光明，风雨时节，寒暑调和。三者得叙，则灾害不生，五谷熟，丝麻遂，草木茂，鸟兽蕃，民不夭疾，衣食有余。若是，则君尊民说，上下亡怨，政教不违，礼让可兴。夫风雨不时，则伤农桑；农桑伤，则民饥寒；饥寒在身，则亡廉耻，寇贼奸宄所繇生也。臣愚以为阴阳者，王事之本，群生之命，自古贤圣未有不繇者也。天子之义，必纯取法天地，而观于先圣。高皇帝所述书《天子所服第八》曰：'大谒者臣章受诏长乐宫，曰："令群臣议天子所服，以安治天下。"相国臣何、御史大夫臣昌谨与将军臣陵、太子太傅臣通等议："春夏秋冬天子所服，当法天地之数，中得人和。故自天子王侯有土之君，下及兆民，能法天地，顺四时，以治国家，身亡祸殃，年寿永究，是奉宗庙安天下之大礼也。臣请法之。中谒者赵尧举春，李舜举夏，儿汤举秋，贡禹举冬，四人各职一时。"大谒者襄章奏，制曰："可。"'孝文皇帝时，以二月施恩惠于天下，赐孝弟力田及罢军卒，祠死事者，颇非时节。御史大夫朝错时为太子家令，奏言其状。臣相伏念陛下恩泽甚厚，然而灾气未息，窃恐诏令有未合当时者也。愿陛下选明经通知阴阳者四人，各主一时，时至明言所职，以和阴阳，天下幸甚！"相数陈便宜，上纳用焉。

相敕掾史案事郡国及休告从家还至府，辄白四方异闻，或有逆贼风雨灾变，郡不上，相辄奏言之。时丙吉为御史大夫，同心辅政，上皆重之。相为人严毅，不如吉宽。视事九岁，神爵三年薨，谥曰宪侯。子弘嗣，甘露中有罪削爵为关内侯。

丙吉字少卿，鲁国人也。治律令，为鲁狱史。积功劳，稍迁至廷尉右监。坐法失官，归为州从事。武帝末，巫蛊事起，吉以故廷尉监征，诏治巫蛊郡邸狱。时宣帝生数月，以皇曾孙坐卫太子事系，吉见而怜之。又心知太子无事实，重哀曾孙无辜，吉择谨厚女徒，令保养曾孙，置闲燥处。吉治巫蛊事，连岁不决。后元二年，武帝疾，往来长杨、五柞宫，望气者言长安狱中有天子气，于是上遣使者分条中都官诏狱系者，亡轻重一切皆杀之。内谒者令郭穰夜到郡邸狱，吉闭门拒使者不纳，曰："皇曾孙在。他人亡辜死者犹不可，况亲曾孙乎！"相守至天明不得入，穰还以闻，因劾奏吉。武帝亦寤，曰："天使之也。"因赦天下。郡邸狱系者独赖吉得生，恩及四海矣。曾孙病，几不全者数焉，吉数敕保养乳母加致医药，视遇甚有恩惠，以私财物给其衣食。

后吉为车骑将军军市令，迁大将军长史，霍光甚重之，入为光禄大夫给事中。昭帝崩，无嗣，大将军光遣吉迎昌邑王贺。贺即位，以行淫乱废，光与车骑将军张安世诸大臣议所立，未定。吉奏记光曰："将军事孝武皇帝，受襁褓之属，任天下之寄，孝昭皇帝早崩亡嗣，海内忧惧，欲亟闻嗣主。发丧之日以大谊立后，所立非其人，复以大谊废之，天下莫不服焉。方今社稷宗庙群生之命在将军之壹举。窃伏听于众庶，察其所言，诸侯宗室在位列者，未有所闻于民间也。而遗诏所养武帝曾孙名病已在掖庭外家者，吉前使居郡邸时见其幼少，至今十八九矣，通经术，有美材，行安而节和。愿将军详大议，参以蓍龟，岂宜褒显，先使入侍，令天下昭然知之，然后决定大策，天下幸甚！"光览其议，遂尊立皇曾孙，遣宗正刘德与吉迎曾孙于掖庭。宣帝初即位，赐吉爵关内侯。

吉为人深厚，不伐善。自曾孙遭遇，吉绝口不道前恩，故朝廷莫能明其功也。地节三年，立皇太子，吉为太子太傅，数月，迁御史大夫。及霍氏诛，上躬亲政，省尚书事。是时，掖庭宫婢则令民夫上书，自陈尝有阿保之功。章下掖庭令考问，则辞引使者丙吉知状。掖庭令将则诣御史府以视吉。吉识，谓则曰："汝尝坐养皇曾孙不谨督答，汝安得有功？独渭城胡组、淮阳郭徵卿有恩耳。"分别奏组等共养劳苦状。诏吉求组、徵卿，已死，有子孙，皆受厚赏。诏免则为庶人，赐钱十万。上亲见问，然后知吉有旧恩，而终不言。上大贤之，制诏丞相："朕微眇时，御史大夫吉与朕有旧恩，厥德茂焉。《诗》不云乎？'亡德不报'。其封吉为博阳侯，邑千三百户。"临当封，吉疾病，上将使人加绅而封之，及其生存也。上忧吉疾不起，太子太傅夏侯胜曰："此未死也。臣闻有阴德者，必飨其乐以及子孙。今吉未获报而疾甚，非其死疾也。"后病果瘳。吉上书固辞，自陈不宜以空名受赏。上报曰："朕之封君，非空名也，而君上书归侯印，是显朕之不德也。方今天下少事，君其专精神，省思虑，近医药，以自持。"后五岁，代魏相为丞相。

　　吉本起狱法小吏，后学《诗》、《礼》，皆通大义。及居相位，上宽大，好礼让。掾史有罪臧，不称职，辄予长休告，终无所案验。客或谓吉曰："君侯为汉相，奸吏成其私，然无所惩艾。"吉曰："夫以三公之府有案吏之名，吾窃陋焉。"后人代吉，因以为故事，公府不案吏，自吉始。

　　于官属掾史，务掩过扬善。吉驭吏耆酒，数逋荡，尝从吉出，醉欧丞相车上。西曹主吏白欲斥之，吉曰："以醉饱之失去士，使此人将复何所容？西曹地忍之，此不过污丞相车茵耳。"遂不去也。此驭吏边郡人，习知边塞发犇命警备事，尝出，适见驿骑持赤白囊，边郡发犇命书驰来至。驭吏因随驿骑至公车刺取，知虏入云中、代郡，遽归府见吉白状，因曰："恐虏所入边郡，二千石长吏有老病不任兵马者，宜可豫视。"吉善其言，召东曹案边长吏，琐科条其人。未已，诏召丞相、御史，问以虏所入郡吏，吉具对。御史大夫卒遽不能详知，以得谴让。而吉见谓忧边思职，驭吏力也。吉乃叹曰："士亡不可容，能各有所长。向使丞相不先闻驭吏言，何见劳勉之有？"掾史繇是益贤吉。

吉又尝出，逢清道群斗者，死伤横道，吉过之不问，掾史独怪之。吉前行，逢人逐牛，牛喘吐舌。吉止驻，使骑吏问："逐牛行几里矣？"掾史独谓丞相前后失问，或以讥吉，吉曰："民斗相杀伤，长安令、京兆尹职所当禁备逐捕，岁竟丞相课其殿最，奏行赏罚而已。宰相不亲小事，非所当于道路问也。方春少阳用事，未可大热，恐牛近行，用暑故喘，此时气失节，恐有所伤害也。三公典调和阴阳，职所当忧，是以问之。"掾史乃服，以吉知大体。

五凤三年春，吉病笃。上自临问吉，曰："君即有不讳，谁可以自代者？"吉辞谢曰："群臣行能，明主所知，愚臣无所能识。"上固问，吉顿首曰："西河太守杜延年明于法度，晓国家故事，前为九卿十余年，今在郡治有能名。廷尉于定国执宪详平，天下自以不冤。太仆陈万年事后母孝，惇厚备于行止。此三人能皆在臣右，唯上察之。"上以吉言皆是而许焉。及吉薨，御史大夫黄霸为丞相，征西河太守杜延年为御史大夫，会其年老，乞骸骨。病免。以廷尉于定国代为御史大夫。黄霸薨，而定国为丞相，太仆陈万年代定国为御史大夫，居位皆称职，上称吉为知人。

吉薨，谥曰定侯。子显嗣，甘露中有罪削爵为关内侯，官至卫尉太仆。始显少为诸曹，尝从祠高庙，至夕牲日，乃使出取斋衣。丞相吉大怒，谓其夫人曰："宗庙至重，而显不敬慎，亡吾爵者必显也。"夫人为言，然后乃已。吉中子禹为水衡都尉，少子高为中垒校尉。

元帝时，长安士伍尊上书，言："臣少时为郡邸小吏，窃见孝宣皇帝以皇曾孙在郡邸狱。是时，治狱使者丙吉见皇曾孙遭离无辜，吉仁心感动，涕泣凄恻，选择复作胡组养视皇孙，吉常从。臣尊日再侍卧庭上。后遭条狱之诏，吉扞拒大难，不避严刑峻法。既遭大赦，吉谓守丞谁如，皇孙不当在官，使谁如移书京兆尹，遣与胡组俱送京兆尹，不受，复还。及组日满当去，皇孙思慕，吉以私钱顾组，令留与郭徵卿并养数月，乃遣组去。后少内啬夫白吉曰：'食皇孙亡诏令。'时吉得食米肉，月月以给皇孙。吉即时病，辄使臣尊朝夕请问皇孙，视省席蓐燥湿。候伺组、徵卿，不得令晨夜去皇孙敖盪，数奏甘毳食物。所以拥全神灵，成育圣躬，功德已无量矣。时岂豫知天下之福，而徵其报哉！诚其仁恩内结于心也。虽介之推割肌以存君，不足以比。孝宣皇帝时，臣上书言状，幸得下吉，吉谦让不敢自伐，删去臣辞，专归美于组、徵卿。组、徵卿皆以受田宅赐钱，吉封为博阳侯，臣尊不得比组、徵卿。臣年老居贫，死在旦暮，欲终不言，恐使有功不著。吉子显坐微文夺爵为关内侯，臣愚以为宜复其爵邑，以报先入功德。"先是显为太仆十余年，与官属大为奸利，臧千余万，司隶校尉昌案劾，罪至不道，奏请逮捕。上曰："故丞相吉有旧恩，朕不忍绝。"免显官，夺邑四百户。后复以为城门校尉。显卒，子昌嗣爵关内侯。

成帝时，修废功，以吉旧恩尤重，鸿嘉元年制诏丞相御史："盖闻褒功德，继绝统，所以重宗庙，广贤圣之路也。故博阳侯吉以旧恩有功而封，今其祀绝，朕甚怜之。夫善善及子孙，古今之通谊也，其封吉孙中郎将关内侯昌为博阳侯，奉吉后。"国绝三十二岁复续云。昌传子至孙，王莽时乃绝。

赞曰：古之制名，必繇象类，远取诸物，近取诸身。故经谓君为元首，臣为股肱，明其一体，相待而成也。是故君臣相配，古今常道，自然之势也。近观汉相，高祖开基，萧、曹为冠，孝宣中兴，丙、魏有声。是时黜陟有序，众职修理，公卿多称其位，海内兴于礼让。览其行事，岂虚乎哉！

萧望之传

[该篇取自《汉书》卷七十八《萧望之传》。]

萧望之字长倩,东海兰陵人也,徙杜陵。家世以田为业,至望之,好学,治《齐诗》,事同县后仓且十年。以令诣太常受业,复事同学博士白奇,又从夏侯胜问《论语》、《礼服》。京师诸儒称述焉。

是时大将军霍光秉政,长史丙吉荐儒生王仲翁与望之等数人,皆召见。先是,左将军上官桀与盖主谋杀光,光既诛桀等,后出入自备。吏民当见者,露索去刀兵,两吏挟持。望之独不肯听,自引出阁曰:"不愿见。"吏牵持匈匈。光闻之,告吏勿持。望之既至前,说光曰:"将军以功德辅幼主,将以流大化,致于洽平,是以天下之士延颈企踵,争愿自效,以辅高明。今士见者皆先露索挟持,恐非周公相成王躬吐握之礼,致白屋之意。"于是光独不除用望之,而仲翁等皆补大将军史。三岁间,仲翁至光禄大夫给事中,望之以射策甲科为郎,署小苑东门候。仲翁出入从仓头庐儿,下车趋门,传呼甚宠,顾谓望之曰:"不肯录录,反抱关为?"望之曰:"各从其志。"

后数年,坐弟犯法,不得宿卫,免归为郡吏。及御史大夫魏相除望之为属,察廉为大行治礼丞。

时大将军光薨,子禹复为大司马,兄子山领尚书,亲属皆宿卫内侍。地节三年夏,京师雨雹,望之因是上疏,愿赐清闲之宴,口陈灾异之意。宣帝自在民间闻望之名,曰:"此东海萧生邪?下少府宋畸问状,无有所讳。"望之对,以为"《春秋》昭公三年大雨雹,是时季氏专权,卒逐昭公。乡使鲁君察于天变,宜无此害。今陛下以圣德居位,思政求贤,尧舜之用心也。然而善祥未臻,阴阳不和,是大臣任政,一姓擅势之所致也。附枝大者贼本心,私家盛者公室危。唯明主躬万机,选同姓,举贤材,以为腹心,与参政谋,令公卿大臣朝见奏事,明陈其职,以考功能。如是,则庶事理,公道立,奸邪塞,私权废矣。"对奏,天子拜望之为谒者。时上初即位,思进贤良,多上书言便宜,辄下望之问状,高者请丞相御史,次者中二千石试事,满岁以状闻,下者报闻,或罢归田里,所白处奏皆可。累迁谏大夫,丞相司直,岁中三迁,官至二千石。其后霍氏竟谋反诛,望之寖益任用。

是时选博士谏大夫通政事者补郡国守相,以望之为平原太守。望之雅意在本朝,远为郡守,内不自得,乃上疏曰:"陛下哀愍百姓,恐德化之不究,悉出谏官以补郡吏,所谓忧其末而忘其本者也。朝无争臣则不知过,国无达士则不闻善。愿陛下选明经术,温故知新,通于几微谋虑之士以为内臣,与参政事。诸侯闻之,则知国家纳谏忧政,亡有阙遗。若此不怠,成康之道其庶几乎!外郡不治,岂足忧哉?"书闻,征入守少府。宣帝察望之经明持重,论议有余,材任宰相,欲详试其政事,复以为左冯翊。望之从少府出为左迁,恐有不合意,即移病。上闻之,使侍中成都侯金安上谕意曰:"所用皆更治民以考功。君前为平原太守日浅,故复试之于三辅,非有所闻也。"望之即视事。

是岁西羌反,汉遣后将军征之。京兆尹张敞上书言:"国兵在外,军以夏发,陇西以北,安定以西,吏民并给转输,田事颇废,素无余积,虽羌虏以破,来春民食必乏。穷辟之处,买亡所得,县官谷度不足以振之。愿令诸有罪,非盗受财杀人及犯法不得赦者,皆得以差入谷此八郡赎罪。务益致谷以豫备百姓之急。"事下有司,望之与少府李强议,以为"民函明阳之气,有仁义欲利之心,在教化之所助。尧在上,不能去民欲利之心,而能令其欲利不胜其好义也;虽桀在上,不能去民好义之心，而能令其好义不胜其欲利也。故尧、桀之分，在于义利而已，道民不可不慎也。今欲令民量粟以赎罪，如此则富者得生，贫者独死，是贫富异刑而法不壹也。人情，贫穷，父兄囚执，闻出财得以生活，为人子弟者将不顾死亡之患，败乱之行，以赴财利，求救亲戚。一人得生，十人以丧，如此，伯夷之行坏，公绰之名灭。政教一倾，虽有周召之佐，恐不能复。古者臧于民，不足则取，有余则予。《诗》曰'爰及矜人，哀此鳏寡'，上惠下也。又曰'雨我公田，遂及我私'，下急上也。今有西边之役，民失作业，虽户赋口敛以赡其困乏，古之通义，百姓莫以为非。以死救生，恐未可也。陛下布德施教，教化既成，尧舜亡以加也。今议开利路以伤既成之化，臣窃痛之"。

于是天子复下其议两府，丞相、御史以难问张敞。敞曰："少府左冯翊所言，常人之所守耳。昔先帝征四夷，兵行三十余年，百姓犹不加赋，而军用给。今羌虏一隅小夷，跳梁于山谷间，汉但令罪人出财减罪以诛之，其名贤于烦扰良民横兴赋敛也。又诸盗及杀人犯不道者，百姓所疾苦也，皆不得赎；首匿、见知纵、所不当得为之属，议者或颇言其法可蠲除，今因此令赎，其便明甚，何化之所乱？《甫刑》之罚，小过赦，薄罪赎，有金选之品，所从来久矣，何贼之所生？敞备皂衣二十余年，尝闻罪人赎矣，未闻盗贼起也。窃怜凉州被寇，方秋饶时，民尚有饥乏，病死于道路，况至来春将大困乎！不早虑所以振救之策，而引常经以难，恐后为重责。常人可与守经，未可与权也。敞幸得备列卿，以辅两府为职，不敢不尽愚。"

望之、强复对曰："先帝圣德，贤良在位，作宪垂法，为无穷之规，永惟边竟之不赡，故《金布令甲》曰'边郡数被兵，离饥寒，夭绝天年，父子相失，令天下共给其费'，固为军旅卒暴之事也。闻天汉四年，常使死罪人入五十万钱减死罪一等，豪强吏民请夺假貣，^①至为盗贼以赎罪。其后奸邪横暴，群盗并起，至攻城邑，杀郡守，充满山谷，吏不能禁，明诏遣绣衣使者以兴兵击之，诛者过半，然后衰止。愚以为此使死罪赎之败也，故曰不便。"时丞相魏相、御史大夫丙吉亦以为羌虏且破，转输略足相给，遂不施敞议。望之为左冯翊三年，京师称之，迁大鸿胪。

先是乌孙昆弥翁归靡因长罗侯常惠上书，愿以汉外孙元贵靡为嗣，得复尚少主，结婚内附，畔去匈奴。诏下公卿议，望之以为乌孙绝域，信其美言，万里结婚，非长策也。天子不听。神爵二年，遣长罗侯惠使送公主配元贵靡。未出塞，翁归靡死，其兄子狂王背约自立。惠从塞下上书，愿留少主敦煌郡。惠至乌孙，责以负约，因立元贵靡，还迎少主。诏下公卿议，望之复以为"不可。乌孙持两端，亡坚约，其效可见。前少主在乌孙四十余年，恩爱不亲密，边境未以安，此已事之验也。今少主以元贵靡不得立而还，信无负于四夷，此中国之大福也。少主不止，繇役将兴，其原起此"。天子从其议，征少主还。后乌孙虽分国两立，以元贵靡为大昆弥，汉遂不复与结婚。

三年，代丙吉为御史大夫。五凤中匈奴大乱，议者多曰匈奴为害日久，可因其坏乱举兵灭之。诏遣中朝大司马车骑将军韩增、诸吏富平侯张延寿、光禄勋杨恽、太仆戴长乐问望之计策，望之对曰："《春秋》晋士匄帅师侵齐，闻齐侯卒，引师而还，君子大其不伐丧，以为恩足以服孝子，谊足以动诸侯。前单于慕化乡善称弟，遣使请求和亲，海内欣然，夷狄莫不闻。未终奉约，不幸为贼臣所杀，今而伐之，是乘乱而幸灾也，彼必奔走远遁。不以义动兵，恐劳而无功。宜遣使者吊问，辅其微弱，救其灾患，四夷闻之，咸贵中国之仁义。如

---

① 文中注曰："貣音特。"

遂蒙恩得复其位，必称臣服从，此德之盛也。"上从其议，后竟遣兵护辅呼韩邪单于定其国。

是时，大司农中丞耿寿昌奏设常平仓，上善之，望之非寿昌。丞相丙吉年老，上重焉，望之又奏言："百姓或乏困，盗贼未止，二千石多材下不任职。三公非其人，则三光为之不明，今首岁日月少光，咎在臣等。"上以望之意轻丞相，乃下侍中建章卫尉金安上、光禄勋杨恽、御史中丞王忠，并诘问望之。望之免冠置对，天子繇是不说。

后丞相司直繇①延寿奏："侍中谒者良使承制诏望之，望之再拜已。良与望之言，望之不起，因故下手，而谓御史曰'良礼不备'。故事丞相病，明日御史大夫辄问病；朝奏事会庭中，差居丞相后，丞相谢，大夫少进，揖。今丞相数病，望之不问病；会庭中，与丞相钧礼。时议事不合意，望之曰：'侯年宁能父我邪！'知御史有令不得擅使，望之多使守史自给车马，之杜陵护视家事。少史冠法冠，为妻先引，又使卖买，私所附益凡十万三千。案望之大臣，通经术，居九卿之右，本朝所仰，至不奉法自修，踞慢不逊攫，受所监臧二百五十以上，请逮捕系治。"上于是策望之曰："有司奏君责使者礼，遇丞相亡礼，廉声不闻，敖慢不逊，亡以扶政，帅先百僚。君不深思，陷于兹秽，朕不忍致君于理，使光禄勋恽策诏，左迁君为太子太傅，授印。其上故印使者，便道之官。君其秉道明孝，正直是与，帅意亡訾，靡有后言。"

望[编者按：该选本略去加着重号文字。]之既左迁，而黄霸代为御史大夫。数月间，丙吉薨，霸为丞相。霸薨，于定国复代焉。望之遂见废，不得相。为太傅，以《论语》、《礼服》授皇太子。

初，匈奴呼韩邪单于来朝，诏公卿议其仪，丞相霸、御史大夫

---

① 文中注曰："繇音婆。"

定国议曰:"圣王之制,施德行礼,先京师而后诸夏,先诸夏而后夷狄。《诗》云:'率礼不越,遂视既发;相土烈烈,海外有截。'陛下圣德充塞天地,光被四表,匈奴单于乡风慕化,奉珍朝贺,自古未之有也。其礼仪宜如诸侯王,位次在下。"望之以为"单于非正朔所加,故称敌国,宜待以不臣之礼,位在诸侯王上。外夷稽首称藩,中国让而不臣,此则羁縻之谊,谦亨之福也。《书》曰'戎狄荒服',言其来服,荒忽亡常。如使匈奴后嗣卒有鸟窜鼠伏,阙如朝享,不为畔臣。信让行乎蛮貊,福祚流于亡穷,万世之长策也"。天子采之,下诏曰:"盖闻五帝三王教化所不施,不及以政。今匈奴单于称北藩,朝正朔,朕之不逮,德不能弘覆。其以客礼待之,令单于位在诸侯王上,赞谒称臣而不名。"

及宣帝寝疾,选大臣可属者,引外属侍中乐陵侯史高、太子太傅望之、少傅周堪至禁中,拜高为大司马车骑将军,望之为前将军光禄勋,堪为光禄大夫,皆受遗诏辅政,领尚书事。宣帝崩,太子袭尊号,是为孝元帝。望之、堪本以师傅见尊重,上即位,数宴见,言治乱,陈王事。望之选白宗室明经达学散骑谏大夫刘更生给事中,与侍中金敞并拾遗左右。四人同心谋议,劝道上以古制,多所欲匡正,上甚乡纳之。

初,宣帝不甚从儒术,任用法律,而中书宦官用事。中书令弘恭、石显久典枢机,明习文法,亦与车骑将军高为表里,论议常独持故事,不从望之等。恭、显又时倾仄见诎。望之以为中书政本,宜以贤明之选,自武帝游宴后庭,故用宦者,非国旧制,又违古不近刑人之义,白欲更置士人,由是大与高、恭、显忤。上初即位,谦让重改作,议久不定,出刘更生为宗正。

望之、堪数荐名儒茂材以备谏官。会稽郑朋阴欲附望之,上疏言车骑将军高遣客为奸利郡国,及言许、史子弟罪过。章视周堪,堪白令朋待诏金马门。朋奏记望之曰："将军体周召之德，秉公绰之质，有卞庄之威。至乎耳顺之年，履折冲之位，号至将军，诚士之高致也。窟穴黎庶莫不欢喜，咸曰将军其人也。今将军规橅云若管晏而休，遂行日仄至周召乃留乎？若管晏而休，则下走将归延陵之皋，修农圃之畴，畜鸡种黍，竢见二子，没齿而已矣。如将军昭然度行积思，塞邪枉之险蹊，宣中庸之常政，兴周召之遗业，亲日仄之兼听，则下走其庶几愿竭区区，底厉锋锷，奉万分之一。"望之见纳朋，接待以意。朋数称述望之，短车骑将军，言许、史过失。

后朋行倾邪，望之绝不与通。朋与大司农史李宫俱待诏，堪独白宫为黄门郎。朋，楚士，怨恨，更求入许、史，推所言许、史事曰："皆周堪、刘更生教我，我关东人，何以知此？"于是侍中许章白见朋。朋出扬言曰："我见，言前将军小过五，大罪一。中书令在旁，知我言状。"望之闻之，以问弘恭、石显。显、恭恐望之自讼，下于它吏，即挟朋及待诏华龙。龙者，宣帝时与张子蟜等待诏，以行污秽不进，欲入堪等，堪等不纳，故与朋相结。恭、显令二人告望之等谋欲罢车骑将军疏退许、史状，候望之出休日，令朋、龙上之。事下弘恭问状，望之对曰："外戚在位多奢淫，欲以匡正国家，非为邪也。"恭、显奏"望之、堪、更生朋党相称举，数谮诉大臣，毁离亲戚，欲以专擅权势，为臣不忠，诬上不道，请谒者召致廷尉。"时上初即位，不省"谒者召致廷尉"为下狱也，可其奏。后上召堪、更生，曰系狱。上大惊曰："非但廷尉问邪？"以责恭、显，皆叩头谢。上曰："令出视事。"恭、显因使高言："上新即位，未以德化闻于天下，而先验师傅，既下九卿大夫狱，宜因决免。"于是制诏丞相御史："前将军望之傅朕八年，亡它罪过，今事久远，识忘难明。其赦望之罪，收前将军光禄勋印绶，及堪、更生皆免为庶人。"而朋为黄门郎。

后数月，制诏御史："国之将兴，尊师而重傅。故前将军望之傅朕八年，道以经术，厥功茂焉。其赐望之爵关内侯，食邑六百户，给事中，朝朔望，坐次将军。"天子方倚欲以为丞相，会望之子散骑中郎伋上书讼望之前事，事下有司，复奏"望之前所坐明白，无谮诉者，而教子上书，称引亡辜之《诗》，失大臣体，不敬，请逮捕。"弘恭、石显等知望之素高节，不诎辱，建白"望之前为将军辅政，欲排退许、史，专权擅朝。幸得不坐，复赐爵邑，与闻政事，不悔过服罪，深怀怨望，教子上书，归非于上，自以托师傅，怀终不坐。非颇诎望之于牢狱，塞其怏怏心，则圣朝亡以施恩厚。"上曰："萧太傅素刚，安肯就吏？"显等曰："人命至重，望之所坐，语言薄罪，必亡所忧。"上乃可其奏。

显等封以付谒者，敕令召望之手付，因令太常急发执金吾车骑驰围其第。使者至，召望之。望之欲自杀，其夫人止之，以为非天子意。望之以问门下生朱云。云者好节士，劝望之自裁。于是望之卬天叹曰："吾尝备位将相，年逾六十矣，老入牢狱，苟求生活，不亦鄙乎！"字谓云曰："游，趣和药来，无久留我死！"竟饮鸩自杀。天子闻之惊，拊手曰："曩固疑其不就牢狱，果然杀吾贤傅！"是时太官方上昼食，上乃却食，为之涕泣，哀恸左右。于是召显等责问以议不详。皆免冠谢，良久然后已。

望之有罪死，有司请绝其爵邑。有诏加恩，长子伋嗣为关内侯。天子追念望之不忘，每岁时遣使者祠祭望之冢，终元帝世。望之八子，至大官者育、咸、由。

赞曰：萧望之历位将相，籍师傅之恩，可谓亲昵亡间。及至谋泄隙开，谗邪构之，卒为便嬖宦竖所图，哀哉！不然，望之堂堂，折而不桡，身为儒宗，辅佐之能，近古社稷臣也。

赵充国传

［该篇取自《汉书》卷六十九《赵充国辛庆忌传》中赵充国事迹部分。］

赵充国字翁孙，陇西上邽人也，后徙金城令居。始为骑士，以六郡良家子善骑射补羽林。为人沈勇有大略，少好将帅之节，而学兵法，通知四夷事。

武帝时，以假司马从贰师将军击匈奴，大为虏所围。汉军乏食数日，死伤者多，充国乃与壮士百余人溃围陷陈，贰师引兵随之，遂得解。身被二十余创，贰师奏状，诏征充国诣行在所。武帝亲见视其创，嗟叹之，拜为中郎，迁车骑将军长史。

昭帝时，武都氐人反，充国以大将军护军都尉将兵击定之，迁中郎将，将屯上谷，还为水衡都尉。击匈奴，获西祁王，擢为后将军，兼水衡如故。

与大将军霍光定册尊立宣帝，封营平侯。本始中，为蒲类将军征匈奴，斩虏数百级，还为后将军、少府。匈奴大发十余万骑，南旁塞，至符奚庐山，欲入为寇。亡者题除渠堂降汉言之，遣充国将四万骑屯缘边九郡。单于闻之，引去。

是时，光禄大夫义渠安国使行诸羌，先零豪言愿时渡湟水北，逐民所不田处畜牧。安国以闻。充国劾安国奉使不敬。是后，羌人旁缘前言，抵冒渡湟水，郡县不能禁。元康三年，先零遂与诸羌种豪二百余人解仇交质盟诅。上闻之，以问充国，对曰："羌人所以易制者，以其种自有豪，数相攻击，势不一也。往三十余岁，西羌反时，亦先解仇合约攻令居，与汉相距，五六年乃定。至征和五年，先零豪封煎等通使匈奴，匈奴使人至小月氏，传告诸羌曰：'汉贰师将军众十余万人降匈奴。羌人为汉事苦。张掖、酒泉本我地，地肥美，可共击居之。'以此观匈奴欲与羌合，非一世也。间者匈奴困于西方，闻乌桓来保塞，恐兵复从东方起，数使使尉黎、危须诸国，设以子女貂裘，欲沮解之。其计不合。疑匈奴更遣使至羌中，道从沙阴地，出盐泽，过长坑，入穷水塞，南抵属国，与先零相直。臣恐羌变未止此，且复结联他种，宜及未然为之备。"后月余，羌侯狼何果遣使至匈奴藉兵，欲击鄯善、敦煌以绝汉道。充国以为"狼何，小月氏种，在阳关西南，势不能独造此计，疑匈奴使已至羌中，先零、罕、开乃解仇作约。到秋马肥，变必起矣。宜遣使者行边兵豫为备，敕视诸羌，毋令解仇，以发觉其谋。"于是两府复白遣义渠安国行视诸羌，分别善恶。安国至，召先零诸豪三十余人，以尤桀黠，皆斩之。纵兵击其种人，斩首千余级。于是诸降羌及归义羌侯杨玉等恐怒，亡所信乡，遂劫略小种，背畔犯塞，攻城邑，杀长吏。安国以骑都尉将骑三千屯备羌，至浩亹，为虏所击，失亡车重兵器甚众。安国引还，至令居，以闻。是岁，神爵元年春也。

时，充国年七十余，上老之，使御史大夫丙吉问谁可将者，充国对曰："亡逾于老臣者矣。"上遣问焉，曰："将军度羌虏何如，当用几人？"充国曰："百闻不如一见。兵难逾度，臣愿驰至金城，图上方略。然羌戎小夷，逆天背畔，灭亡不久，愿陛下以属老臣，勿以为忧。"上笑曰："诺。"

充国至金城，须兵满万骑，欲渡河，恐为虏所遮，即夜遣三校衔枚先渡，渡辄营陈，会明，毕，遂以次尽渡。虏数十百骑来，出入军傍。充国曰："吾士马新倦，不可驰逐。此皆骁骑难制，又恐其为诱兵也。击虏以殄灭为期，小利不足贪。"令军勿击。遣骑候四望陿中，亡虏。夜引兵上至落都，召诸校司马，谓曰："吾知羌虏不能为兵矣。使虏发数千人守杜四望陿中，兵岂得入哉！"充国常以远斥候为务，行必为战备，止必坚营壁，尤能持重，爱士卒，先计而后战。遂西至西部都尉府，日飨军士，士皆欲为用。虏数挑战，充国坚守。捕得生口，言羌豪相数责曰："语汝亡反，今天子遣赵将军来，年八九十矣，善为兵。今请欲壹斗而死，可得邪！"

充国子右曹中郎将卬，将期门佽飞、羽林孤儿、胡越骑为支兵，至令居。虏并出绝转道，卬以闻。有诏将八校尉与骁骑都尉、金城太守合疏①捕山间虏，通转道津渡。

初，罕、开豪靡当儿使弟雕库来告都尉曰先零欲反，后数日果反。雕库种人颇在先零中，都尉即留雕库为质。充国以为亡罪，乃遣归告种豪："大兵诛有罪者，明白自别，毋取并灭。天子告诸羌人，犯法者能相捕斩，除罪。斩大豪有罪者一人，赐钱四十万，中豪十五万，下豪二万，大男三千，女子及老小千钱，又以其所捕妻子财物尽与之。"充国计欲以威信招降罕开及劫略者，解散虏谋，徼极乃击之。

时上已发三辅、太常徒弛刑，三河、颍川、沛郡、淮阳、汝南材官，金城、陇西、天水、安定、北地、上郡骑士、羌骑，与武威、张掖、酒泉太守各屯其郡者，合六万人矣。酒泉太守辛武贤奏言："郡兵皆屯备南出，北边空虚，势不可久。或曰至秋冬乃进兵，此虏在竟外之册。今虏朝夕为寇，土地寒苦，汉马不能冬，屯兵在武威、张掖、酒泉万骑以上，皆多羸瘦。可益马食，以七月上旬赍三十日粮，分兵并出张掖、酒泉合击罕、开在鲜水上者。虏以畜产为命，今皆离散，兵即分出，虽不能尽诛，亶夺其畜产，虏其妻子，复引兵还，冬复击之，大兵仍出，虏必震坏。"

天子下其书充国，令与校尉以下吏士知羌事者博议。充国及长史董通年以为"武贤欲轻引万骑，分为两道出张掖，回远千里。以一马自佗负三十日食，为米二斛四斗，麦八斛，又有衣装兵器，难以追

---

① 文中注曰："疏读迹。"

逐。勤劳而至，虏必商军进退，稍引去，逐水中，入山林。随而深入，虏即据前险，守后阨，以绝粮道，必有伤危之忧，为夷狄笑，千载不可复。而武贤以为可夺其畜产，虏其妻子，此殆空言，非至计也。又武威县、张掖日勒皆当北塞，有通谷水草。臣恐匈奴与羌有谋，且欲大入，幸能要杜张掖、酒泉以绝西域，其郡兵尤不可发。先零首为畔逆，它种劫略。故臣愚册，欲捐罕、开闇昧之过，隐而勿章，先行先零之诛以震动之，宜悔过反善，因赦其罪，选择良吏知其俗者抚循和辑，此全师保胜安边之册"。天子下其书。公卿议者咸以为先零兵盛，而负罕、开之助，不先破罕、开，则先零未可图也。

上乃拜侍中乐成侯许延寿为强弩将军，即拜酒泉太守武贤为破羌将军，赐玺书嘉纳其册。以书敕让充国曰：

皇帝问后将军，甚苦暴露。将军计欲至正月乃击罕羌，羌人当获麦，已远其妻子，精兵万人欲为酒泉、敦煌寇。边兵少，民守保不得田作。今张掖以东粟石百余，刍稾束数十。转输并起，百姓烦扰。将军将万余之众，不早及秋共水草之利争其畜食，欲至冬，虏皆当畜食，多藏匿山中依险阻，将军士寒，手足皲瘃，宁有利哉？将军不念中国之费，欲以岁数而胜微，将军谁不乐此者！

今诏破羌将军武贤将兵六千一百人，敦煌太守快将二千人，长水校尉富昌、酒泉侯奉世将婼、月氏兵四千人，亡虑万二千人。赍三十日食，以七月二十二日击罕羌，入鲜水北句廉上，去酒泉八百里，去将军可千二百里。将军其引兵便道西并进，虽不相及，使虏闻东方北方兵并来，分散其心意，离其党与，虽不能殄灭，当有瓦解者。已诏中郎将卬将胡越佽飞射士、步兵二校，益将军兵。

今五星出东方，中国大利，蛮夷大败。太白出高，用兵深入敢战者吉，弗敢战者凶。将军急装，因天时，诛不义，万下必全,勿复有疑。

充国既得让,以为将任兵在外,便宜有守,以安国家。乃上书谢罪,因陈兵利害,曰:

臣窃见骑都尉安国前幸赐书,择羌人可使使罕、谕告以大军当至,汉不诛罕,以解其谋。恩泽甚厚,非臣下所能及。臣独私美陛下盛德至计亡已,故遣开豪雕库宣天子至德,罕、开之属皆闻知明诏。今先零羌杨玉(此羌之首帅名王)将骑四千及煎巩骑五千,阻石山木,候便为寇,罕羌未有所犯。今置先零,先击罕,释有罪,诛亡辜,起壹难,就两害,诚非陛下本计也。

臣闻兵法"攻不足者守有余",又曰"善战者致人,不致于人"。今罕羌欲为敦煌、酒泉寇,饬兵马,练战士,以须其至,坐得致敌之术,以逸击劳,取胜之道也。今恐二郡兵少不足以守,而发之行攻,释致虏之术而从为虏所致之道,臣愚以为不便。先零羌虏欲为背畔,故与罕、开解仇结约,然其私心不能亡恐汉兵至而罕、开背之也。臣愚以为其计常欲先赴罕、开之急,以坚其约,先击罕羌,先零必助之。今虏马肥,粮食方饶,击之恐不能伤害,适使先零得施德于罕羌,坚其约,合其党。虏交坚党合,精兵二万余人,迫胁诸小种,附著者稍众,莫须之属不轻得离也。如是,虏兵寖多,诛之用力数倍,臣恐国家忧累繇十年数,不二三岁而已。

臣得蒙天子厚恩,父子俱为显列。臣位至上卿,爵为列侯,犬马之齿七十六,为明诏填沟壑,死骨不朽,亡所顾念。独思惟兵利害至孰悉也,于臣之计,先诛先零已,则罕、开之属不烦兵而服矣。先零已诛而罕、开不服,涉正月击之,得计之理,又其时也。以今进兵,诚不见其利,唯陛下裁察。

六月戊申奏，七月甲寅玺书报从充国计焉。

充国引兵至先零在所。虏久屯聚，解弛，望见大军，弃车重，欲渡湟水，道阨狭，充国徐行驱之。或曰逐利行迟，充国曰："此穷寇不可迫也。缓之则走不顾，急之则还致死。"诸校皆曰："善。"虏赴水溺死者数百，降及斩首五百余人，卤马牛羊十万余头，车四千余两。兵至罕地，令军毋燔聚落刍牧田中。罕羌闻之，喜曰："汉果不击我矣！"豪靡忘使人来言："愿得还复故地。"充国以闻，未报。靡忘来自归，充国赐饮食，遣还谕种人。护军以下皆争之，曰："此反虏，不可擅遣。"充国曰："诸君但欲便文自营，非为公家忠计也。"语未卒，玺书报，令靡忘以赎论。后罕竟不烦兵而下。

其秋，充国病，上赐书曰："制诏后将军：闻苦脚胫、寒泄，将军年老加疾，一朝之变不可讳，朕甚忧之。今诏破羌将军诣屯所，为将军副，急因天时大利，吏士锐气，以十二月击先零羌。即疾剧，留屯毋行，独遣破羌、强弩将军。"时羌降者万余人矣。充国度其必坏，欲罢骑兵屯田，以待其敝。作奏未上，会得进兵玺书，中郎将卬惧，使客谏充国曰："诚令兵出，破军杀将以倾国家，将军守之可也。即利与病，又何足争？一旦不合上意，遣绣衣来责将军，将军之身不能自保，何国家之安？"充国叹曰："是何言之不忠也！本用吾言，羌虏得至是邪？往者举可先行羌者，吾举辛武贤，丞相御史复白遣义渠安国，竟沮败羌。金城、湟中谷斛八钱，吾谓耿中丞，籴二百万斛谷，羌人不敢动矣。耿中丞请籴百万斛，乃得四十万斛耳。义渠再使，且费其半。失此二册，羌人故敢为逆。失之毫厘，差以千里，是既然矣。今兵久不决，四夷卒有动摇，相因而起，虽有知者不能善其后，羌独足忧邪！吾固以死守之，明主可为忠言。"遂上屯田奏曰：

臣闻兵者，所以明德除害也，故举得于外，则福生于内，不可不慎。臣所将吏士马牛食，月用粮谷十九万九千六百三十斛，盐千六百九十三斛，茭藁二十五万二百八十六石。难久不解，繇役不息。又恐它夷卒有不虞之变，相因并起，为明主忧，诚非素定庙胜之册。且羌虏易以计破，难用兵碎也，故臣愚以为击之不便。

　　计度临羌东至浩亹，羌虏故田及公田，民所未垦，可二千顷以上，其间邮亭多坏败者。臣前部士入山，伐材木大小六万余枚，皆在水次。愿罢骑兵，留驰刑应募，及淮阳、汝南步兵与吏士私从者，合凡万二百八十一人，用谷月二万七千三百六十三斛，盐三百八斛，分屯要害处。冰解漕下，缮乡亭，浚沟渠，治湟陿以西道桥七十所，令可至鲜水左右。田事出，赋人二十晦。至四月草生，发郡骑及属国胡骑伉健各千，倅马什二，就草，为田者游兵。以充入金城郡，益积畜，省大费。今大司农所转谷至者，足支万人一岁食。谨上田处及器用簿，唯陛下裁许。

上报曰："皇帝问后将军，言欲罢骑兵万人留田，即如将军之计，虏当何时伏诛，兵当何时得决？孰计其便，复奏。"充国上状曰：

　　臣闻帝王之兵，以全取胜，是以贵谋而贱战。战而百胜，非善之善者也，故先为不可胜以待敌之可胜。蛮夷习俗虽殊于礼义之国，然其欲避害就利，爱亲戚，畏死亡，一也。今虏亡其美地荐草，愁于寄托远遁，骨肉离心，人有畔志，而明主般师罢兵，万人留田，顺天时，因地利，以待可胜之虏，虽未即伏辜，兵决可期月而望。羌虏瓦解，前后降者万七百余人，及受言去者凡七十辈，此坐支解羌虏之具也。

　　臣谨条不出兵留田便宜十二事。步兵九校，吏士万人，留屯以为武备，因田致谷，威德并行，一也。又因排折羌虏，令不得归肥饶之墬①,贫破其众,以成羌虏相畔之渐,二也。居民得并田作,不失农业,三也。军马一月之食,度支田士一岁,罢骑兵以省大费,四也。至春省甲士卒,循河湟漕谷至临羌,以视羌虏,扬威武,传世折冲之具,五也。以闲暇时下所伐材,缮治邮亭,充入金城,六也。兵出,乘危徼幸,不出,令反畔之虏窜于风寒之地,离霜露疾疫瘃堕之患,坐得必胜之道,七也。亡经阻远追死伤之害,八也。内不损威武之重,外不令虏得乘间之势,九也。又亡惊动河南大开、小开使生它变之忧,十也。治湟陿中道桥,令可至鲜水,以制西域,信威千里,从枕席上过师,十一也。大费既省,繇役豫息,以戒不虞,十二也。留屯田得十二便,出兵失十二利。臣充国材下,犬马齿衰,不识长册,唯明诏博详公卿议臣采择。

上复赐报曰:"皇帝问后将军,言十二便,闻之。虏虽未伏诛,兵决可期月而望,期月而望者,谓今冬邪,谓何时也?将军独不计虏闻兵颇罢,且丁壮相聚,攻扰田者及道上屯兵,复杀略人民,将何以止之?又大开、小开前言曰:'我告汉军先零所在,兵不往击,久留,得亡效五年时不分别人而并击我?'其意常恐。今兵不出,得亡变生,与先零为一?将军孰计复奏。"充国奏曰:

臣闻兵以计为本,故多算胜少算。先零羌精兵今余不过七八千人,失地远客,分散饥冻。罕、开、莫须又颇暴略其羸弱畜产,畔还者不绝,皆闻天子明令相捕斩之赏。臣愚以为虏破坏可日月冀,远在来春,故曰兵决可期月而望。窃见北边自敦煌至辽东万一千五百余里,乘塞列隧有吏卒数千人,虏数大众攻之而不能害。今留步士万

---

① 文中注曰:"墬古地。"

人屯田，地势平易，多高山远望之便，部曲相保，为堑垒木樵①，校联不绝，便兵弩，饬斗具。烽火幸通，势及并力，以逸待劳，兵之利者也。臣愚以为屯田内有亡费之利，外有守御之备。骑兵虽罢，虏见万人留田为必禽之具，其土崩归德，宜不久矣。从今尽三月，虏马羸瘦，必不敢捐其妻子于他种中，远涉河山而来为寇。又见屯田之士精兵万人，终不敢复将其累重还归故地。是臣之愚计，所以度虏且必瓦解其处，不战而自破之册也。至于虏小寇盗，时杀人民，其原未可卒禁。臣闻战不必胜，不苟接刃；攻不必取，不苟劳众。诚令兵出，虽不能灭先零，亶能令虏绝不为小寇，则出兵可也。即今同是而释坐胜之道，从乘危之势，往终不见利，空内自罢敝，贬重而自损，非所以视蛮夷也。又大兵一出，还不可复留，湟中亦未可空，如是，徭役复发也。且匈奴不可不备，乌桓不可不忧。今久转运烦费，倾我不虞之用以澹一隅，臣愚以为不便。校尉临众幸得承威德，奉厚币，拊循众羌，谕以明诏，宜皆乡风。虽其前辞尝曰"得亡效五年"，宜亡它心，不足以故出兵。臣窃自惟念，奉诏出塞，引军远击，穷天子之精兵，散车甲于山野，虽亡尺寸之功，媮得避嫌②之便，而亡后咎余责，此人臣不忠之利，非明主社稷之福也。臣幸得奋精兵，讨不义，久留天诛，罪当万死。陛下宽仁，未忍加诛，令臣数孰得计。愚臣伏计孰甚，不敢避斧钺之诛，昧死陈愚，唯陛下省察。

充国奏每上，辄下公卿议臣。初是充国计者什三，中什五，最后什八。有诏诘前言不便者，皆顿首服。丞相魏相曰："臣愚不习兵事利害，后将军数画军册，其言常是，臣任其计可必用也。"上于是报充国曰："皇帝问后将军，上书言羌虏可胜之道，今听将军，将军计善。其上留屯

---

① 文中注曰："樵同谯。"
② 文中注曰："媿同嫌。"

田及当罢者人马数。将军强食，慎兵事，自爱！"上以破羌、强弩将军数言当击，又用充国屯田处离散，恐虏犯之，于是两从其计，诏两将军与中郎将卬出击。强弩出，降四千余人，破羌斩首二千级，中郎将卬斩首降者亦二千余级，而充国所降复得五千余人。诏罢兵，独充国留屯田。

明年五月，充国奏言："羌本可五万人军，凡斩首七千六百级，降者三万一千二百人，溺河湟饥饿死者五六千人，定计遗脱与煎巩、黄羝俱亡者不过四千人。羌靡忘等自诡必得，请罢屯兵。"奏可。充国振旅而还。

所善浩星赐迎说充国，曰："众人皆以破羌、强弩出击，多斩首获降，虏以破坏。然有识者以为虏势穷困，兵虽不出，必自服矣。将军即见，宜归功于二将军出击，非愚臣所及。如此，将军计未失也。"充国曰："吾年老矣，爵位已极，岂嫌伐一时事以欺明主哉！兵势，国之大事，当为后法。老臣不以余命壹为陛下明言兵之利害，卒死，谁当复言之者？"卒以其意对。上然其计，罢遣辛武贤归酒泉太守官，充国复为后将军卫尉。

其秋，羌若零、离留、且种、儿库共斩先零大豪犹非、杨玉首，及诸豪弟泽、阳雕、良儿、靡忘皆帅煎巩、黄羝之属四千余人降汉。封若零、弟泽二人为帅众王，离留、且种二人为侯，儿库为君，阳雕为言兵侯，良儿为君，靡忘为献牛君。初置金城属国以处降羌。

诏举可护羌校尉者，时充国病，四府举辛武贤小弟汤。充国遽起奏："汤使酒，不可典蛮夷。不如汤兄临众。"时汤已拜受节，有诏更用临众。后临众病免，五府复举汤，汤数醉酗羌人，羌人反畔，卒如充国之言。

初，破羌将军武贤在军中时与中郎将卬宴语，卬道："车骑将军张安世始尝不快上，上欲诛之，卬家将军以为安世本持橐簪笔事孝武帝数十年，见谓忠谨，宜全度之。安世用是得免。"及充国还言兵事，武贤罢归故官，深恨，上书告卬泄省中语。卬坐禁止而入至充国莫府司马中乱屯兵下吏，自杀。

充国乞骸骨，赐安车驷马、黄金六十斤，罢就第。朝庭每有四夷大议，常与参兵谋，问筹策焉。年八十六，甘露二年薨，谥曰壮侯。传子至孙钦，钦尚敬武公主。主亡子，主教钦良人习诈有身，名它人子。钦薨，子岑嗣侯，习为太夫人。岑父母求钱财亡已，忿恨相告。岑坐非子免，国除。元始中，修功臣后，复封充国曾孙伋为营平侯。

初，充国以功德与霍光等列，画未央宫。成帝时，西羌尝有警，上思将帅之臣，追美充国，乃召黄门郎杨雄即充国图画而颂之，曰：

　　明灵惟宣，戎有先零。先零昌狂，侵汉西疆。汉命虎臣，惟后将军，整我六师，是讨是震。既临其域，谕以威德，有守矜功，谓之弗克。请奋其旅，于罕之羌，天子命我，从之鲜阳。营平守节，娄奏封章，料敌制胜，威谋靡亢。遂克西戎，还师于京，鬼方宾服，罔有不庭。昔周之宣，有方有虎，诗人歌功，乃列于《雅》。在汉中兴，充国作武，赳赳桓桓，亦绍厥后。

充国为后将军，徙杜陵。辛武贤自羌军还后七年，复为破羌将军，征乌孙至敦煌，后不出，征未到，病卒。子庆忌至大官。

[编者按：该选本略去中间文字。]

赞曰：秦汉已来，山东出相，山西出将。秦时将军白起，郿人；王翦，频阳人。汉兴，郁郅王围、甘延寿，义渠公孙贺、傅介子，成纪李广、李蔡，杜陵苏建、苏武，上邽上官桀、赵充国，襄武廉褒，狄道辛武贤、庆忌，皆以勇武显闻。苏、辛父子著节，此其可称列者也，其余不可胜数。何则？山西天水、陇西、安定、北地处势迫近羌胡，民俗修习战备，高上勇力鞍马骑射。故《秦诗》曰："王于兴师，修我甲兵，与子皆行。"其风声气俗自古而然，今之歌谣慷慨，风流犹存耳。

梅福传

[该篇取自《汉书》卷六十七《杨胡朱梅云传》中梅福事迹部分。]

梅福字子真,九江寿春人也。少学长安,明《尚书》、《穀梁春秋》,为郡文学,补南昌尉。后去官归寿春,数因县道上言变事,求假轺传,诣行在所条对急政,辄报罢。

是时成帝委任大将军王凤,凤专势擅朝,而京兆尹王章素忠直,讥刺凤,为凤所诛。王氏浸盛,灾异数见,群下莫敢正言。福复上书曰:

臣闻箕子佯狂于殷,而为周陈《洪范》;叔孙通遁秦归汉,制作仪品。夫叔孙先非不忠也,箕子非疏其家而畔亲也,不可为言也。昔高祖纳善若不及,从谏若转圜,听言不求其能,举功不考其素。陈平起于亡命而为谋主,韩信拔于行陈而建上将。故天下之士云合归汉,争进奇异,知者竭其策,愚者尽其虑,勇士极其节,怯夫勉其死。合天下之知,并天下之威,是以举秦如鸿毛,取楚若拾遗,此高祖所以亡敌于天下也。孝文皇帝起于代谷,非有周召之师,伊吕之佐也,循高祖之法,加以恭俭。当此之时,天下几平。繇是言之,循高祖之法则治,不循则乱。何者?秦为亡道,削仲尼之迹,灭周公之轨,坏井田,除五等,礼废乐崩,王道不通,故欲行王道者莫能致其功也。孝武皇帝好忠谏,说至言,出爵不待廉茂,庆赐不须显功,是以天下布衣各厉志竭精以赴阙廷自衒鬻者不可胜数。汉家得贤,于此为盛。使孝武皇帝听用其计,升平可致。于是积尸暴骨,快心胡越,故淮南王安缘间而起。所以计虑不成而谋议泄者,以众贤聚于本朝,故其大臣势陵不敢和从也。方今布衣乃窥国家之隙，见间而起者，蜀郡是也。及山阳亡徒苏令之群，蹈藉名都大郡，求党与，索随和，而亡逃匿之意。此皆轻量大臣，亡所畏忌，国家之权轻，故匹夫欲与上争衡也。

士者，国之重器；得士则重，失士则轻。《诗》云："济济多士，文王以宁。"庙堂之议，非草茅所当言也。臣诚恐身涂野草，尸并卒伍，故数上书求见，辄报罢。臣闻齐桓之时有以九九见者，桓公不逆，欲以致大也。今臣所言非特九九也，陛下距臣者三矣，此天下士所以不至也。昔秦武王好力，任鄙叩关自鬻；缪公行伯，繇余归德。今欲致天下之士，民有上书求见者，辄使诣尚书问其所言，言可采取者，秩以升斗之禄，赐以一束之帛。若此，则天下之士发愤懑，吐忠言，嘉谋日闻于上，天下条贯，国家表里，烂然可睹矣。夫以四海之广，士民之数，能言之类至众多也。然其俊杰指世陈政，言成文章，质之先圣而不缪，施之当世合时务，若此者，亦亡几人。故爵禄束帛者，天下之厎石，高祖所以厉世摩钝也。孔子曰："工欲善其事，必先利其器。"至秦则不然，张诽谤之罔，以为汉殴除，倒持泰阿，授楚其柄。故诚能勿失其柄，天下虽有不顺，莫敢触其锋，此孝武皇帝所以辟地建功为汉世宗也。今不循伯者之道，乃欲以三代选举之法取当时之士，犹察伯乐之图，求骐骥于市，而不可得，亦已明矣。故高祖弃陈平之过而获其谋，晋文召天王，齐桓用其仇，亡益于时，不顾逆顺，此所谓伯道者也。一色成体谓之醇，白黑杂合谓之驳。欲以承平之法治暴秦之绪，犹以乡饮酒之礼理军市也。

今陛下既不纳天下之言，又加戮焉。夫鸢鹊遭害，则仁鸟增逝；愚者蒙戮，则知士深退。间者愚民上疏，多触不急之法，或下廷尉，而死者众。自阳朔以来，天下以言为讳，朝廷尤甚，群臣皆承顺上指，莫有执正。何以明其然也？取民所上书，陛下之所善，试下之廷尉,廷尉必曰"非所宜言,大不敬。"以此卜之,一矣。故京兆尹王章资质忠直,敢面引廷争,孝元皇帝擢之,以厉具臣而矫曲朝。及至陛下,戮及妻子。且恶恶止其身,王章非有反畔之辜,而殃及家。折直士之节,结谏臣之舌,群臣皆知其非,然不敢争,天下以言为戒,最国家之大患也。愿陛下循高祖之轨,杜亡秦之路,数御《十月》之歌,留意《亡逸》之戒,除不急之法,下亡讳之诏,博鉴兼听,谋及疏贱,令深者不隐,远者不塞,所谓"辟四门,明四目"也。且不急之法,诽谤之微者也。"往者不可及,来者犹可追。"方今君命犯而主威夺,外戚之权日以益隆,陛下不见其形,愿察其景。建始以来,日食地震,以率言之,三倍春秋,水灾亡与比数。阴盛阳微,金铁为飞,此何景也!汉兴以来,社稷三危。吕、霍、上官皆母后之家也,亲亲之道,全之为右,当与之贤师良傅,教以忠孝之道。今乃尊宠其位,授以魁柄,使之骄逆,至于夷灭,此失亲亲之大者也。自霍光之贤,不能为子孙虑,故权臣易世则危。《书》曰:"毋若火,始庸庸。"势陵于君,权隆于主,然后防之,亦亡及已。

上遂不纳。

成帝久无继嗣,福以为宜建三统,封孔子之世以为殷后,复上书曰:

臣闻"不在其位,不谋其政"。政者职也,位卑而言高者罪也。越职触罪,危言世患,虽伏质横分,臣之愿也。守职不言,没齿身全,死之日,尸未腐而名灭,虽有景公之位,伏历千驷,臣不贪也。故愿壹登文石之陛,涉赤墀之途,当户牖之法坐,尽平生之愚虑。亡益于时,有遗于世,此臣寝所以不安，食所以忘味也。愿陛下深省臣言。

臣闻存人所以自立也，雍人所以自塞也。善恶之报，各如其事。昔者秦灭二周，夷六国，隐士不显，[编者按：该选本略去加着重号文字，据中华书局标点本加。]佚民不举，绝三统，灭天道，是以身危子杀，厥孙不嗣，所谓雍人以自塞者也。故武王克殷，未下车，存五帝之后，封殷于宋，绍夏于杞，明著三统，示不独有也。是以姬姓半天下，迁庙之主，流出于户，所谓存人以自立者也。今成汤不祀，殷人亡后，陛下继嗣久微，殆为此也。《春秋经》曰："宋杀其大夫。"《穀梁传》曰："其不称名姓，以其在祖位，尊之也。"此言孔子故殷后也，虽不正统，封其子孙以为殷后，礼亦宜之。何者？诸侯夺宗，圣庶夺適。传曰"贤者子孙宜有土"，而况圣人，又殷之后哉！昔成王以诸侯礼葬周公，而皇天动威，雷风著灾。今仲尼之庙不出阙里，孔氏子孙不免编户，以圣人而歆匹夫之祀，非皇天之意也。今陛下诚能据仲尼之素功，以封其子孙，则国家必获其福，又陛下之名与天亡极。何者？追圣人素功，封其子孙，未有法也，后圣必以为则。不灭之名，可不勉哉！

福孤远，又讥切王氏，故终不见纳。

初，武帝时，始封周后姬嘉为周子南君，至元帝时，尊周子南君为周承休侯，位次诸侯王。使诸大夫博士求殷后，分散为十余姓，郡国往往得其大家，推求子孙，绝不能纪。时匡衡议，以为"王者存二王后，所以尊其先王而通三统也。其犯诛绝之罪者绝，而更封他亲为始封君，上承其王者之始祖。《春秋》之义，诸侯不能守其社稷者绝。今宋国已不守其统而失国矣，则宜更立殷后为始封君，而上承汤统，非当继宋之绝侯也，宜明得殷后而已。今之故宋，推求其嫡，久远不可得；虽得其嫡，嫡之先已绝，不当得立。《礼记》孔子曰：

'丘,殷人也。'先师所共传,宜以孔子世为汤后。"上以其语不经,遂见寝。至成帝时,梅福复言宜封孔子后以奉汤祀。绥和元年,立二王后,推迹古文,以《左氏》、《穀梁》、《世本》、《礼记》相明,遂下诏封孔子世为殷绍嘉公。语在《成纪》。是时,福居家,常以读书养性为事。

至元始中,王莽颛政,福一朝弃妻子,去九江,至今传以为仙。其后,人有见福于会稽者,变名姓,为吴市门卒云。

赞曰:昔仲尼称不得中行,则思狂狷。观杨王孙之志,贤于秦始皇远矣。世称朱云多过其实,故曰:"盖有不知而作之者,我亡是也。"胡建临敌敢断,武昭于外。斩伐奸隙,军旅不队。梅福之辞,合于《大雅》,虽无老成,尚有典刑;殷监不远,夏后所闻。遂从所好,全性市门。云敞之义,著于吴章,为仁由己,再入大府,清则濯缨,何远之有?